Georg Stein / Volkhard Windfuhr (Hg.)

EIN TAG IM SEPTEMBER

11. 9. 2001

HINTERGRÜNDE · FOLGEN PERSPEKTIVEN

Mit Beiträgen von:
Adonis, Jörg Armbruster, Sadik Jalal al-Azm, Micha Brumlik,
Friedemann Büttner, Rudolph Chimelli, Wilhelm Dietl, Nadeem
Elyas, Heiko Flottau, Karim El-Gawhary, Kai Hafez, Amr Hamzawy,
Navid Kermani, Michael Lüders, Mohssen Massarrat, Jürgen W.
Möllemann, Reinhard Mutz, Horst-Eberhard Richter, Gernot
Rotter, Edward W. Said, Mahmoud Hamdi Saksuk, Rafik Schami,
Udo Steinbach, Peter Waldmann, Ludwig Watzal, Stefan Wild,
Volkhard Windfuhr

Vorwort von
Butros Butros-Ghali

PALMYRA

Folgende Beiträge sind im Original erschienen in:

Gernot Rotter (*Der Spiegel*, 39/2001), Navid Kermani (*Süddeutsche Zeitung*, 11. November 2001), Michael Lüders (*Frankfurter Rundschau*, 9. Februar 2002), Reinhard Mutz (*Friedensgutachten 2002*), Edward W. Said (*Al-Ahram Weekly*, 11.-17. Oktober 2001), Adonis (*Al-Hayat*, 8. November 2001 und 21. Februar 2002; in deutscher Übersetzung teilweise erschienen in der Wochenzeitung *Die Zeit*, 29. November 2001). Diese Beiträge wurden für die Buchausgabe überarbeitet und aktualisiert. Bei den anderen Texten handelt es sich um Originalbeiträge.

Gesamtkonzept: Georg Stein

Die Deutsche Bibliothek – CIP-Einheitsaufnahme
Ein Titeldatensatz für diese Publikation ist bei
der Deutschen Bibliothek erhältlich

Originalausgabe
© Copyright 2002 by PALMYRA VERLAG
Hauptstraße 64, 69117 Heidelberg
Telefon 06221/165409, Telefax 06221/167310
e-mail: palmyra-verlag@t-online.de
www.palmyra-verlag.de
Alle Rechte vorbehalten
Lektorat: Georg Stein und Christa Schönrich
Umschlaggestaltung: Georg Stein und Christoph Morlok
Umschlagfotos: dpa und Reuters
Satz: Christoph Morlok
Druck und Bindung: Grafische Großbetriebe Pustet, Regensburg
Printed in Germany
ISBN 3-930378-40-X

Inhalt

Einleitung

Die verheerenden Terroranschläge vom 11. September 2001 haben die Welt geschockt wie kaum ein zweites Ereignis in der jüngsten Geschichte. Die neue Form des internationalen Terrorismus führte zu weitreichenden weltpolitischen Veränderungen, die mit dem Afghanistankrieg ihren Anfang nahmen und deren langfristige Auswirkungen noch nicht eindeutig erkennbar sind. Eine weitere Destabilisierung des Nahen Ostens und der arabisch-islamischen Welt sowie eine tiefer werdende Kluft zwischen dem Westen und dem Islam zeichnen sich jedoch als Resultate der Anschläge und des Militäreinsatzes gegen das Talibanregime bereits ab.

Nicht zuletzt die Komplexität und Schnellebigkeit der politischen Ereignisse im Zusammenhang mit dem 11. September bedingen ein nach wie vor weit verbreitetes Informationsdefizit hinsichtlich der Ursachen und Folgen der Terroranschläge. Dem soll dieses Buch als umfassende Gesamtdarstellung der Hintergründe und Auswirkungen der Anschläge entgegenwirken.

Neben der Abhandlung verschiedener wichtiger Einzelaspekte nimmt die Darstellung der arabisch-islamischen Welt und ihr Verhältnis zum Westen dabei einen breiten Raum ein. Speziell zu diesem Themenkomplex produzierten in den Monaten nach den Terroranschlägen eine Vielzahl bekannter und weniger bekannter Autoren sowie verschiedene Möchtegernexperten eine wahre Flut von Publikationen, die noch keineswegs abgeebbt ist. Die Vielfalt der Veröffentlichungen hat jedoch die Irritationen und Unklarheiten im Umgang mit dem Islam und der arabischen Welt nicht beseitigt. Im Gegenteil: Existierende Vorurteile wurden in vielen Fällen weiter gefestigt, während spezifische Begriffsbestimmungen nicht selten falsch interpretiert wurden.

Die Herausgeber dieses Buches hoffen daher, mit den Texten ausgewiesener Kenner der Materie zur Versachlichung der Diskussion beizutragen und wichtige Fakten emotionsfrei darzustellen, die für das Gesamtverständnis des komplexen Themas von Bedeutung sind. Zudem möchten sie die Notwendigkeit nichtmilitärischer Konfliktlösungen unterstreichen und eindringlich für einen Dialog zwischen dem Westen und dem Islam appellieren; Huntingtons These vom »Kampf der Kulturen« wird in dem Buch von verschiedenen Autoren kritisch in Frage gestellt.

Ob es gelingt, dabei mitzuhelfen, »ein Knäuel zu entwirren«, wie der ägyptische Literaturnobelpreisträger Nagib Machfus die notwendige Trennung von Spreu und Weizen gerne nennt, kann allerdings nur die Zukunft zeigen.

Georg Stein und Volkhard Windfuhr, Juli 2002

Für eine neue Weltordnung und den Dialog der Kulturen

Vorwort von
Butros Butros-Ghali

Am 11. September 2001 hielt die Welt den Atem an: Angesichts der furchtbaren Anschläge von New York und Washington schien die Menschheit für einen Moment wie gelähmt. Die grenzenlose Bestürzung in den Wochen und Monaten nach den tragischen Ereignissen hat sich seither teilweise gelegt, die Horrorbilder haben sich weitgehend verflüchtigt und die unsägliche Beklommenheit ist geschwunden. Die internationale Völkergemeinschaft hat jedoch erkannt, daß mit den Anschlägen ein neues Kapitel in der Geschichte begonnen hat: Die Welt scheint unwiderruflich in eine Ära des »Danach« zu gleiten, in einen völlig neuartigen Zeitabschnitt. Ich glaube in der Tat, daß die Anschläge vom 11. September eine neue Trennlinie zwischen unserer Vergangenheit und unserer Zukunft gezogen haben – ebenso unerbittlich, wie es die Atombomben auf Nagasaki und Hiroschima bewirkt haben. Es steht heute außer Frage, daß das Jahr 2001 nicht nur ein Jahr des Übergangs in ein neues Jahrhundert und ein neues Jahrtausend, sondern aufgrund der ungeheuerlichen Ereignisse zugleich auch ein Jahr der geopolitischen Weichenstellung war.

Wenn man auf das 20. Jahrhundert zurückschaut und sich sowohl die Vielzahl als auch das Ausmaß der Kriege ins Gedächtnis ruft, welche das letzte Jahrhundert zu einem außergewöhnlich blutigen Zeitabschnitt gemacht haben, fallen vor allem zwei Fakten auf: zum einen die ungewöhnlich rasche Aufeinanderfolge von einschneidenden Ereignissen im letzten Jahr-

zehnt des vorigen Jahrhunderts, genauer gesagt: die sich über-
stürzenden Veränderungen seit dem Fall der Berliner Mauer
1989; zum anderen die rasante Durchsetzung der Globalisierung, die zahlreiche unserer tief verwurzelten Wertvorstellungen über Bord wirft ohne jegliche Rücksichtnahme auf Distanz
und Zeit. Die Kehrseite dieser Entwicklung schlug sich negativ
auf den Nationalstaat nieder, dessen Territorium seine Referenz-
bedeutung weitgehend verlor. Gleichzeitig büßte das Individuum einen Teil seiner Identität ein.

Zweifelsohne implizieren beide Faktoren, die das ausgehende 20. Jahrhundert prägten, eine gegenseitige Abhängigkeit.
Während sich die Globalisierung zu etablieren begann, orientierten sich die internationalen Beziehungen mehr und mehr am
jeweiligen Status des Kalten Krieges, der anschließenden Nach-
kriegsära und jenes Zeitalters, das mit den Anschlägen vom 11.
September begann und am ehesten als »neue globale Unordnung« bezeichnet werden kann; denn seit dem 11. September
durchleben wir die dritte Phase der internationalen Beziehungen.

Wie kann man die neue Krise – auf den gegenwärtigen Zustand des globalen Beziehungsnetzes ist nur der Begriff Krise
anzuwenden – in ihrer Komplexität und Bedeutung erfassen?
Wie sollen wir damit umgehen? Welche Lehren sollen wir aus
den Anschlägen ziehen, und wie sind die dadurch ausgelösten
Reaktionen zu bewerten? Das sind nur einige der Fragen, mit
denen die Menschheit konfrontiert ist.

Doch bevor ich bestimmte Überlegungen zu diesem Thema
anstelle, möchte ich noch einige Anmerkungen zum geopolitischen Umfeld der letzten Jahrzehnte machen. Dabei geht es mir
um Dinge, die direkt mit den Irritationen und Zweifeln zusammenhängen, die seit dem 11. September die Völkergemeinschaft
und die öffentliche Meinung beschäftigen.

In der Zeit des Kalten Krieges unterlagen Konflikte einem
doppelten Kriterium; sie verliefen mehr oder weniger nach einem bipolaren Muster: Politische Virulenz und militärische
Gewaltausbrüche wurden gewöhnlich von einem bestimmten
Staat oder einer bestimmten Staatengruppe ausgelöst. Mit ande-

ren Worten: der Feind oder die konfliktauslösende Partei waren in jedem Fall eindeutig erkennbar; die relevanten Zuordnungen waren klar. Das war die Quintessenz des vielzitierten Gleichgewichts des Schreckens. Mit dem Ende des Kalten Krieges verschwand jedoch der bipolare Charakter der Konflikte, das globale Gleichgewicht zerbrach. Innerhalb der Grenzen souveräner Staaten brachen Konflikte aus, bestehende Konfliktherde weiteten sich aus, während die früheren Supermächte politisches Desinteresse an den Tag legten und sich auch wirtschaftlich nicht sonderlich betroffen fühlten.

Resultat dieser unheilvollen Entwicklung ist eine nicht mehr kontrollierbare Unordnung, eine Art Chaos, und das um so mehr, als die politisch bedingten Ausbrüche von Gewalt unter dem Eindruck der fortschreitenden Globalisierung durch eine zusätzliche soziale und kulturelle Komponente angeheizt wurden. Besonderes Gewicht kommt dabei den mit der Globalisierung einhergehenden sozialen Diskrepanzen zu, was sich in der virulenten Antiglobalisierungsbewegung niederschlägt.

Die Ereignisse vom 11. September 2001 sind im weiteren Zusammenhang mit dieser schwer qualifizierbaren »Nichtordnung« zu sehen, da die Kategorien von gestern heute nicht mehr passen. Was genau hat sich auf der internationalen Politikbühne seit dem 11. September nun verändert? Erstens: Es hat sich die Erkenntnis durchgesetzt, daß die Entstehung von Gewalt und der Umgang damit nicht länger ausschließlich in den Zuständigkeitsbereich von Staaten gehören. Gewalt kann vielmehr von beliebigen Verursachern ausgelöst werden, wie andererseits der Staat kein Monopol auf Konfliktbehandlung und das Begegnen von Gewalt oder Gewalteindämmung hat.

Zweitens: Die »entwickelten« Länder, um sie begrifflich von den noch in der Entwicklung befindlichen abzuheben, haben durch die Schockwellen des 11. September die Tatsache zur Kenntnis nehmen müssen, daß die Entstehung von Gewalt heute nicht länger auf geographisch begrenzte Zonen, das heißt auf unterentwickelte Länder beschränkt ist, sondern daß in der jetzt anbrechenden neuen Ära alle Staaten gleichermaßen betroffen sind. Selbst die Supermacht USA bildet diesbezüglich keine Ausnahme mehr – alle sind den gleichen Gefahren ausgesetzt.

Daraus ergibt sich die Vorstellung, daß wir alle zunehmend aufeinander angewiesen und voneinander abhängig sind, was wiederum ein von allen Menschen geteiltes Gefühl der Hilflosigkeit impliziert. Hieraus resultiert auch die Suche nach einem Modus, unsere strategischen Konzepte den neuen Gegebenheiten einer vom Sog der Globalisierung geprägten Welt anzupassen, und zwar dergestalt, daß die Globalisierungseffekte für alle sichtbar werden.

Dabei ist natürlich nicht auszuschließen, daß auch kriminelle Elemente und Terroristen aus der neuen Weltlage Nutzen ziehen. Das wichtigste Merkmal der organisierten Kriminalität, des Drogenhandels und des Terrorismus besteht darin, daß das Phänomen sich aus dem engen nationalen oder territorialen Rahmen gelöst hat; für die Terroristennetze sind Grenzen bedeutungslos geworden. Sie machen sich die Vorteile zunutze, die ihnen die Globalisierung bietet, und profitieren von den Lükken im Netzwerk der Globalisierung. Angefangen vom Asylrecht bis zu Finanzierungsmodalitäten, von Waffenkäufen bis zu Ausbildungslagern: der Terrorismus ist ein Feind ohne Territorium geworden und zugleich eine latente Gefahr auf den Territorien aller Staaten.

Trotz dieses Tatbestands setzt die Völkergemeinschaft diesem Phänomen weiterhin herkömmliche nationale, bestenfalls regionale Bekämpfungspraktiken entgegen. Das bedeutet aber eine Anfälligkeit solcher Staaten, in denen schwache Regierungen außerstande sind, terroristische Aktivitäten unter Kontrolle zu halten. In solchen Ländern bewegen sich Terroristen denn auch nahezu völlig unbehelligt.

Das zweite neue Element, das die Terroristen eingeführt haben, ist eine neue Waffe, gegen die die aufwendigsten und kompliziertesten Verteidigungs- und Sicherungssysteme nutzlos sind: Die Attentäter setzen Passagierflugzeuge wie Raketen ein und lassen sie auf Gebäude stürzen, in denen sich Zivilisten befinden. Die Terrorszene von heute unterscheidet sich zudem durch ein weiteres Novum: Der Krieg findet zwischen völlig ungleichen Parteien statt. Es fehlt jegliche strategische Symmetrie in bezug auf die zum Einsatz kommenden Waffen wie auch bezüglich der am Schlagabtausch involvierten Kräfte. Auf der einen Seite stehen ein paar zum Selbstmord bereite Kamikazekämpfer, auf der anderen steht eine Supermacht. Auf der einen Seite handelt es sich um ein Vernichtungspotential im Wert von einigen Millionen Dollar, auf der anderen um Sachschäden in Milliardenhöhe, zu denen die Kosten des Feldzugs gegen den Terrorismus hinzugerechnet werden müssen.

Das Gleichgewicht des Schreckens, das die zweite Hälfte des 20. Jahrhunderts beherrscht hatte, verwandelt sich also in ein Ungleichgewicht des Schreckens. Dazu trägt der moderne Terrorismus noch ein viertes Markenzeichen: Die neue Waffe der Terroristen, deren Effizienz auf so furchtbare Weise unter Beweis gestellt wurde, lädt andere Terrorgruppen geradezu ein, ähnlich vorzugehen. Es ist in der Tat zu befürchten, daß in Zukunft Anschläge nach dem gleichen Muster verübt werden.

Diese vier Besonderheiten des modernen Terrorismus sollten ausreichen, um eine neue Verteidigungsstrategie zu entwickeln. Es wäre nämlich gefährlich, der neuen Weltkrise mit Methoden zu begegnen, die während des Kalten Krieges erdacht wurden und auf nationalstaatlichen Konzepten basieren. Eine neue Strategie ist um so dringlicher, da die herkömmlichen Instrumentarien, die in der Zeit nach dem Kalten Krieg angewandt wurden, schon damals kaum noch griffen.

Damit nun zu den Reaktionen auf die Anschläge vom 11. September, insofern sie sich auf die veränderte Gesamtlage auswirken. Zunächst geht es dabei um sogenannte Beweisstücke für das angebliche Heraufziehen eines unausweichlichen Aufeinanderprallens unterschiedlicher Zivilisationen beziehungsweise Kulturen, eines nicht mehr aufzuhaltenden Zusammenstoßes zwischen dem Westen und dem Orient sowie zwischen dem Christentum und dem Islam. Die Behauptung vom Zusammenprall der Kulturen bedeutet jedoch, den Terroristen in die Hände zu spielen, zumal dann, wenn wir akzeptierten, daß ihre Aktionen etwas mit kulturellen Werten – nach ihrer Auslegung mit dem Islam – zu tun haben, womit sie dann ihre Aktionen rechtfertigen. Täuschen wir uns nicht! Es geht doch nicht darum, einer Kultur den Prozeß zu machen, sondern die politischen Machenschaften anzuprangern, die mit einer Kultur getrieben werden!

Unser Hauptanliegen sollte deshalb darin bestehen, den Dialog der Kulturen zu unserer politischen Priorität zu machen, und zwar sowohl auf nationaler als auch auf internationaler Ebene. Ich glaube außerdem, daß man aus den sporadischen Ausbrüchen von Jubel nach Bekanntwerden der Anschläge ein Aufbegehren all jener herauslesen muß, die man mit ihren Kriegen, ihrem Leiden und ihrem Elend allein gelassen hat. Wir leben in einer Welt, in der die Menschenleben nicht an ein und derselben Meßlatte gemessen werden. Wir werden einen großen Schritt nach vorne machen, sobald wir auf die Ermordung von eineinhalb Millionen Ruandern oder Hunderten von Palästinensern genauso reagieren, wie wir auf die Opfer der Anschläge vom 11. September reagiert haben. In unserer Welt sind die Menschenleben nicht gleichwertig, sogar ganze Weltregionen und Kontinente werden unterschiedlich bewertet. Wir werden einen großen Schritt vorankommen, wenn uns bewußt wird, daß die Krisen, die vielfachen Formen des Elends und die Konflikte, die heute fern von uns stattfinden, unsere Probleme von morgen sein werden.

Unsere zweite Aufgabe sollte darin bestehen, angesichts der von der Globalisierung bedingten himmelschreienden Ungerechtigkeiten und des allgemeinen politischen Durcheinanders das Interesse an einer echten und ausgewogeneren, von allen akzeptierten Weltordnung wiederzubeleben. Das erfordert meiner Ansicht nach, dafür zu sorgen, daß das Gefühl der Zugehörigkeit zu einer internationalen Gemeinschaft wieder entsteht. Danach sollten alle, nicht nur die Mächtigen, an der Entscheidungsfindung über die weltweit notwendigen Maßnahmen teilhaben. Das wiederum setzt voraus, daß man sich Gedanken über ein weltweit gültiges Sozialsystem macht und die neuen, nicht staatlich eingebundenen Akteure integriert. Angesichts der neuen Armut bedeutet dies jedoch, nicht länger an den herkömmlichen Formen entwicklungspolitischer Wohltätigkeit festzuhalten.

Als unmittelbare Reaktion auf die Anschläge vom 11. September versuchten die Vereinigten Staaten, sich auf das existierende multilaterale System zu stützen. Alles, was anschließend erfolgte, ging auf diese Haltung zurück. Bereits am 12. September verabschiedete der Weltsicherheitsrat eine entsprechende Resolution, weitere Entschließungen wurden von der UNO-Vollversammlung abgesegnet.

Schaut man sich jedoch an, wie die USA ihren Krieg seither führen, wird deutlich, daß sich die Vereinigten Staaten wieder auf eine eindeutig unilaterale Handlungsweise zurückbewegt haben, also wieder im Alleingang vorgehen. Daher sollte darauf hingearbeitet werden, die USA wieder in ein wirklich internationales Konzept einzubinden – ein System, das sie ja bewußt blockiert haben. Geben wir doch zu, daß die Solidarität, die Washington in seiner Konfrontation mit dem Terrorismus zuteil wird, gleichbedeutend ist mit der Konsequenz, andere Staaten von der Pflicht zu entbinden, sich über die Art und Weise, wie die Welt regiert wird, eine Meinung zu bilden. Geben wir doch zu, daß die USA als Weltsupermacht die internationalen Beziehungen unseres Planeten allein und ganz nach ihrem Gusto bestimmen und gleichzeitig an mehreren Fronten diplomatisch oder militärisch präsent sein können und damit gleichzeitig Richter und Anwalt sind. Geben wir doch zu, daß es auf dem globalen Schachbrett keinen Platz zu geben scheint für neue Supermächte wie China, Rußland, Indien oder die Europäische Union.

Ich bin davon überzeugt, daß der 11. September den Weg zu einer anderen Welt geebnet hat, und vielleicht wird diese andere Welt noch instabiler und noch inkohärenter sein. Es kann aber auch sein, daß uns das Jahr 2001 die Notwendigkeit hat erkennen lassen, einen Dialog der Kulturen zu etablieren, die Nord-Süd-Beziehungen zu überdenken und ein Modell für ein neues gesellschaftliches Gleichgewicht zu erarbeiten. Es kann sein, daß die Anschläge vom 11. September 2001 den Entschluß reifen lassen, das multilaterale Prinzip auf alle Akteure der menschlichen Gemeinschaft auszuweiten und eine neue Weltordnung zu erarbeiten. Voraussetzung für diese neue Weltordnung ist nicht zuletzt eine nüchterne, umfassende Bestandsaufnahme der Hintergründe und Folgen der Anschläge vom 11. September. Hierzu eignen sich die Beiträge in diesem Buch – dem ich viele Leser wünsche – in hervorragender Weise.

Paris, Mai 2002

(Aus dem Arabischen von
Volkhard Windfuhr)

1. Kapitel

Was war neu an den Anschlägen vom 11. September?

Peter Waldmann

E s besteht ein breiter Konsens darüber, daß die Anschläge
vom 11. September 2001 eine entscheidende Zäsur darstellen und mit ihnen eine neue Ära des Terrorismus begonnen hat. Worauf beruht diese Einhelligkeit im Urteil der Politiker, wissenschaftlichen Experten und Medienvertreter? Auf
einer objektiven Analyse der Hintergründe und Strukturmerk-
male der Anschläge oder nicht vielmehr auf dem immensen Schaden, den sie angerichtet, und dem überwältigenden Eindruck,
den sie hinterlassen haben? Bei dem folgenden Versuch, die Stich-
haltigkeit des aufgestellten Urteils zu überprüfen, wird von vier
Fragen ausgegangen: Inwiefern sprengten die Anschläge von ihrer Dimension und Intention her den Rahmen dessen, was man
bisher unter Terrorismus verstand? Wie steht es um die Täter
und ihre Ziele, was war an ihnen neu oder vertraut? Liegt in der
Planung der Anschläge, ihrer Logistik und der Professionalität
der Durchführung etwas unverwechselbar Neues? Und schließlich: Wie wurde auf das Desaster vom 11. September reagiert,
worin bestanden seine unmittelbaren und – soweit wir sie bisher
überblicken können – mittelbaren Auswirkungen?

1. In seiner klassischen Form, wie er um die Mitte des 19.
Jahrhunderts »erfunden« wurde, stellt Terrorismus eine primär
expressiv-symbolische Form der Gewalt dar. Terroristen geht
es nur zweitrangig um den Zerstörungseffekt ihrer Angriffe, sie

verstehen diese primär als Signale und Botschaften, die bestimmte Emotionen und entsprechende Verhaltensreaktionen erzeugen sollen: Verunsicherung, Furcht und Schrecken bei ihren Feinden, Hoffnung, Sympathie und Schadenfreude bei den wirklichen oder vermuteten Anhängern. Wird dieses »klassische« terroristische Kalkül im Falle der Anschläge des 11. September nicht allein durch das schiere Ausmaß des angerichteten Schadens gesprengt, war hier wirklich mehr beabsichtigt als Massenmord?

Eine zuverlässige Antwort auf diese Frage zu geben ist nicht möglich, da die Attentäter kein Bekennerschreiben hinterlassen haben. Dieses Fehlen einer Erklärung, die Auskunft über die Urheber des Anschlags und deren Zielsetzungen geben würde, ist allgemein kennzeichnend für den religiös inspirierten Terrorismus, der seit Mitte der achtziger Jahre weltweit auf dem Vormarsch ist. Hatten die marxistischen und die ethnisch-nationalistischen Gruppen, die bis dahin die terroristische Szene beherrschten, stets in mündlichen oder schriftlichen Erklärungen die Hintergründe einer Tat erläutert oder zumindest deren Bekennerschaft reklamiert, so bleiben uns die religiös motivierten Täter, wie übrigens auch die rechtsextremistischen Terroristen, solche Erklärungen meist schuldig. In noch einem weiteren Punkt unterscheiden sich religiös-politisch motivierte Gruppen von anderen Formen des Terrorismus, nämlich in der hohen Opferzahl. Bereits in den neunziger Jahren stellten Experten mit Besorgnis fest, daß die Zahl der zum internationalen Terrorismus[1] gehörenden Anschläge zwar tendenziell rückläufig sei, sich gleichzeitig aber die Zahl der Toten und Verwundeten pro Anschlag kontinuierlich erhöht habe. Schuld daran trage der religiöse Terrorismus, der einen überdurchschnittlichen Blutzoll fordere.

Selbst wenn man diese schon seit einiger Zeit sich abzeichnende Tendenz in Rechnung stellt, waren die Anschläge vom 11. September mit ihren mehreren Tausend Toten ein Novum. Hier starben mit einem Schlag mehr Menschen als bis dahin in sämtlichen zum internationalen Terrorismus zählenden Anschlägen zusammen. Ungeachtet dieses quantitativen Sprungs sollte man in ihnen aber nicht voreilig einen blindwütigen Zerstörungswillen am Werk sehen, wie dies einige Kommentatoren getan haben. Gegen diese Annahme sprechen die Ziele der Angriffe, die Art der Tatausführung und nicht zuletzt ein bekanntgewordener Videofilm mit Aussagen Bin Ladens. Wie immer man die Anschläge im einzelnen interpretieren mag, es können kaum Zweifel bestehen, daß mit dem World Trade Center und dem Pentagon Einrichtungen getroffen werden sollten, denen ein hoher symbolischer Stellenwert zukommt, da sie den wirtschaftlichen und militärischen Hegemonieanspruch der USA verkörpern und darüber hinaus in den Augen gläubiger Muslime vermutlich die verkommene, heuchlerische Moral der ganzen westlichen Welt. In bezug auf die Tatausführung erscheint vor allem die zeitliche Aufeinanderfolge der beiden Anschläge auf das World Trade Center bemerkenswert. Als sich das zweite Flugzeug knapp zwanzig Minuten nach dem ersten in den noch stehenden Zwillingsturm hineinbohrte, konnte der Pilot davon ausgehen, daß mittlerweile sämtliche Bildschirme der Welt die grauenvollen Ereignisse in New York verfolgten, so daß ihm ein maximaler Publizitätseffekt sicher war. Dazu paßt der Kommentar Bin Ladens auf der erwähnten Videokassette, die Taten (gemeint sind die Anschläge vom 11. September) sprächen eine Sprache, die alle Sprachen der Welt in den Schatten stelle. Deutlicher kann man es nicht ausdrücken, daß die Anschläge primär als »Propaganda der Tat« (so die klassische Formel der Anarchisten des 19. Jahrhunderts) gedacht waren.

2. Die Anschläge richteten sich gegen Bauten und Institutionen der USA im eigenen Land. Das war zweifellos ein Novum. Die USA, ihre Bürger und Einrichtungen, zählen zwar schon seit Jahrzehnten zu den bevorzugten Zielen des internationalen Terrorismus, die Angriffe fanden aber fast stets außerhalb des nordamerikanischen Territoriums statt. Typische Aktivitäten in diesem Sinne waren etwa Flugzeugentführungen (in den siebziger Jahren) oder Geiselnahmen nordamerikanischer Unternehmer in Kolumbien (in den achtziger und neunziger Jahren). Die einzige nennenswerte Ausnahme von dieser Regel war der mißglückte frühere Anschlag auf das World Trade Center im Fe-

bruar 1993. Dagegen haben sich die USA ihrerseits, besonders während des Kalten Krieges, wiederholt subversiver Methoden bedient, um verdächtige, mit dem Ostblock sympathisierende Regime auszuhöhlen oder zu Fall zu bringen. Erinnert sei etwa an die *covered actions* der CIA gegen das sozialistische Allende-Regime in Chile, welche die Machtergreifung 1973 durch Pinochet vorbereiten halfen, oder an die unverblümte US-Unterstützung für die sogenannten Contras, die von Honduras aus der sandinistischen Regierung in Nicaragua in den achtziger Jahren durch Sabotageakte und eine Guerillakampagne aufs schwerste zusetzten. Neu ist also weniger, daß von außen gesteuerte terroristische Gruppen einen Staat angreifen, als vielmehr, daß die USA, die einzige verbliebene Weltmacht, selbst zur Zielscheibe eines solchen Angriffs geworden sind.

Und neu ist bis zu einem gewissen Grade auch, daß hinter diesen Angriffen keine politische Organisation, sondern ein Privatmann steht. Das Gros terroristischer Anschläge ging und geht auf das Konto politischer Oppositionsgruppen, die keine Chance sehen, ihre Ziele legal durchzusetzen, und deshalb zur Gewalt greifen. Dies galt und gilt sowohl für sozialrevolutionäre Organisationen wie die deutsche RAF, die Roten Brigaden in Italien oder die Tupamaros in Uruguay als auch für ethnisch-nationalistische Bewegungen wie die nordirische IRA oder die *Tamil Tigers* auf Sri Lanka. Diese Gewaltverbände stellen also bereits im Kern einen Gegenstaat dar, der den etablierten Eliten das Herrschaftsmonopol streitig macht.

Daneben ist seit einiger Zeit die aus dem China der zwanziger Jahre des vergangenen Jahrhunderts bekannte Figur des Warlords, vor allem in der Dritten Welt, zu neuem Leben erwacht. Warlords sind Kriegsfürsten, sie leben vom Krieg und für den Krieg. Sie gelangen überall dort zur Entfaltung, wo der Staat das Gewaltmonopol eingebüßt oder nie besessen hat. Warlords erheben keinen Anspruch auf formelle Herrschaft und Souveränität, sondern binden ihre Anhänger und Gefolgsleute an sich durch eine Kombination aus materiellen Anreizen und persönlicher Loyalität.

Bin Laden ist nicht der Führer einer politischen Oppositionsgruppe im traditionellen Sinne, sondern eher ein neuer Warlord-Typus. Wenngleich er sich durchaus darauf versteht, die finanziellen Mittel zu beschaffen, um die materiellen Bedürfnisse und Interessen seiner Gefolgschaft zu befriedigen, verfolgen die von ihm initiierten bewaffneten Aktionen doch vor allem ein spirituelles Ziel: den Schutz der heiligen Stätten des Islam und der umfassenden »islamischen Nation«, vor allem vor der Gefahr, die ihnen angeblich von »Juden und Kreuzzüglern« droht. Dieses dominierende religiöse Motiv verleiht dem von ihm geführten terroristischen Feldzug von vornherein eine überregionale Dimension. Daß er dabei den Westen und insbesondere die USA zum Hauptfeind erkoren hat, ist eher untypisch für religiösen Fundamentalismus beziehungsweise Terrorismus, der sich vorzugsweise gegen Abtrünnige und Abweichler der eigenen Konfessionsgruppe richtet.[2] Doch nachdem seine Angriffe einmal diese Hauptstoßrichtung genommen haben, ist es nicht weiter erstaunlich, daß seine Bewegung zum Sammelbecken für radikale Muslime aller möglichen Strömungen und Nationen geworden ist.

3. Spätestens an dieser Stelle scheint es angebracht, auf die logistischen Besonderheiten der Anschläge vom 11. September einzugehen. Liegt hier, etwa in der räumlichen Differenzierung von Schulungs- beziehungsweise Koordinationszentrum, Vorbereitungszone und eigentlichem Operationsfeld oder dem arbeitsteiligen Zusammenwirken der verschiedenen Akteure, möglicherweise der eigentlich innovative Zug dieser Angriffe? Die Antwort kann erneut nur bedingt bejahend ausfallen. Beispielsweise ist die Aufteilung zwischen einem Schon- und Rückzugsraum, wo sich die Mitglieder einer terroristischen Organisation relativ ungezwungen bewegen können, und der eigentlichen Angriffszone, wo sie im Untergrund operieren müssen, ein seit langem vertrautes Muster. Vor allem den Führungsstäben derartiger Gewaltverbände, bei denen die Informations- und Weisungsstränge zusammenlaufen, kommt sehr zugute, wenn sie sich nicht ständig tarnen und verstecken müssen. So hatte

das Leitungsgremium der IRA stets seinen Sitz in Dublin, die Führungskader der baskischen ETA residierten in Südfrankreich, die sandinistische Befreiungsfront nutzte die südliche Grenzzone Nicaraguas zu Costa Rica, um ihre Angriffe gegen das Somoza-Regime vorzubereiten, usw. Originell war also nicht die geographische Entflechtung zwischen dem Operationsgebiet der Attentäter vom 11. September (die USA) und deren Schulungs- und Koordinationszentrum in Afghanistan, sondern die damit verbundene weltumspannende Arbeitsteilung, in die auch Deutschland als Zwischenetappe und Vorbereitungsraum mit einbezogen war.

Ähnliche Vorbehalte lassen sich bei anderen, angeblich gänzlich neuen Zügen in Verbindung mit den Anschlägen von New York anbringen, etwa der Organisationsform von Al-Qaida oder der benutzten Waffentechnik. Unter Experten ist seit längerem bekannt, daß die religiös motivierten terroristischen Organisationen und Zellen, die in den letzten fünfzehn Jahren entstanden sind, in ihrem Aufbau nur bedingt mit ihren marxistischen oder ethno-nationalistischen Vorgängern zu vergleichen sind. An die Stelle straff hierarchisch strukturierter Verbände mit klaren Weisungs- und Kontrollbefugnissen, die nach außen hermetisch abgeschottet waren, sind »flache«, teilweise lose miteinander verknüpfte Gruppen von kleiner oder mittlerer Größe getreten, die insgesamt flexibler sind und über keine feste Führungsspitze verfügen, sondern allenfalls die Autorität geistlicher Führer anerkennen. Der mit Vorliebe in diesem Zusammenhang verwendete Ausdruck »Netzwerk« sagt mehr über die Verlegenheit aus, den strukturellen Besonderheiten dieser Gruppen gerecht zu werden, als daß er den analytischen Zugriff auf sie erleichtern würde. Beispielsweise tappen wir trotz des umfangreichen schriftlichen Materials, das mittlerweile über die Al-Qaida existiert, weiterhin im dunkeln hinsichtlich der genauen Struktur der Informations- und Finanzströme zwischen der ehemaligen Zentrale in Afghanistan und den über die halbe Welt verteilten operativen Zellen sowie hinsichtlich der Frage der relativen Autonomie beziehungsweise Abhängigkeit der letzteren.[3]

Bezüglich der Vorgehensweise und Waffentechnik sind drei Neuerungen erwähnenswert, durch die sich die Septemberanschläge von vergleichbaren früheren Angriffen abheben. Das ist zum ersten die sorgfältige zeitliche und operative Abstimmung zwischen mehreren, voneinander unabhängigen Aktionen. Zweitens wurden erstmals zivile Flugzeuge für einen Massenmord eingesetzt; eine solche Pervertierung ziviler Technologie scheint zwar schon früher von terroristischen Gruppen in Erwägung gezogen worden zu sein, wurde jedoch nie vollzogen. Drittens erfuhr die Figur des Selbstmordterroristen eine bemerkenswerte Fortentwicklung. Durch die Schulung zum Piloten verwandelte er sich in ein weit gefährlicheres destruktives Werkzeug, als es der Hamasanhänger darstellt, der einen um seinen Leib geschlungenen Sprengstoffgürtel zur Explosion bringt. Andererseits sind die Attentäter mit der Wahl ihrer Mittel, so klug diese auch ausgesucht waren, keineswegs dem waffentechnischen Konservativismus untreu geworden, der Terroristen generell nachgesagt wird. Bezeichnenderweise benutzten sie Teppichmesser, um die Mannschaft sowie die Passagiere der entführten Flugzeuge in Schach zu halten. Der immer wieder prognostizierte Einsatz von Massenvernichtungswaffen (sogenannte ABC-Waffen) durch sie ist ausgeblieben. Obwohl es nicht an Gerüchten und Spekulationen über den Einkauf und die Experimente mit biologischen, chemischen oder sogar atomaren Waffen durch die Gruppe um Bin Laden gefehlt hat, zählt es weiterhin zu den fragwürdigen Privilegien von Staaten, unter ihnen die USA, solche Waffen nicht nur hergestellt und mit ihnen gedroht, sondern sie auch effektiv zum Einsatz gebracht zu haben.

Faßt man die bisherigen Überlegungen zusammen, so ergibt sich aus ihnen eine doppelte Schlußfolgerung. Zum einen bedeuteten die Anschläge vom 11. September eine Steigerung, Perfektionierung und teilweise neue Kombination bereits bekannter terroristischer Taktiken und Techniken. Diese Steigerung resultierte sowohl aus dem Bestreben der Attentäter, die Weltmacht USA an ihrem Entscheidungsnerv zu treffen, als auch aus dem Ziel, den gesamten Globus mit der Gewaltbotschaft zu erreichen. Insofern lassen sich die Anschläge als erstes Beispiel für nicht nur versuchten, sondern vollendeten globalen Terrorismus charakterisieren. Die Islamisten, die sie geplant und durchgeführt haben, traten damit »erfolgreich« in die Fußstapfen der Palästinenser, die den internationalen Terrorismus in den siebziger Jahren gewissermaßen neu erfunden hatten, um auf ihre Entrechtung hinzuweisen. Auf der anderen Seite tut man sich jedoch – abgesehen von der gewaltigen Opferzahl – schwer, in den Anschlägen etwas prinzipiell Neues, einen qualitativen Sprung zu entdecken. Ob man die Motive und Ziele der Akteure heranzieht, auf ihre Organisationsform oder die Logistik und Waffentechnik hinweist – stets begegnet man nur der Fortentwicklung und neuen Kombination bereits bekannter Ansätze und Elemente zu einem besonders reifen und elaborierten Anschlagsmuster.

Was ist dann eigentlich neu an den Anschlägen? Meine These lautet: Es sind weniger die Art und Form der Anschläge selbst als die überzogenen Reaktionen auf sie sowie ihre mittelfristigen Auswirkungen. Ich beschränke mich bei dem Versuch, sie zu belegen, auf die militärischen und außenpolitischen, die innenpolitisch-rechtlichen sowie die sozialpsychologischen Konsequenzen der Anschläge.

4. Die Attentäter beabsichtigten vermutlich mit ihrem Angriff, die USA zu einem bewaffneten Gegenschlag zu provozieren, der den »Heiligen Krieg« auslösen und zu der Vertreibung der »Juden und Kreuzzügler« von den heiligen Stätten und generell aus den islamischen Ländern führen sollte. Der Krieg fand statt, er nahm aber einen anderen Verlauf, als sich die Provokateure erhofft hatten. Nach einer zermürbenden wochenlangen Bombenkampagne wurde das Regime der Taliban gestürzt, wurden die Lager von Al-Qaida zerschlagen und wurde die Anhängerschaft Bin Ladens aufgerieben oder zur Flucht gezwungen. Das Neue an der Situation war, daß ein singuläres terroristisches Ereignis nicht nur einen Vergeltungsschlag nach sich zog, sondern einen längeren militärischen Feldzug, der zwar fast allein von den geschädigten USA geführt wurde, in den aber, zu-

mindest pro forma, ein Großteil der westlichen, östlichen und südlichen Staaten als Allianzpartner der Vereinigten Staaten einbezogen war. Man kann bezweifeln, ob ein kriegerisches Unternehmen dieser Art geeignet ist, die vom religiösen Terrorismus ausgehende Gefahr längerfristig zu bannen. Nachdem man sich aber einmal, auch im Nato-Rat, auf die militärische Formel als beste Gegenstrategie gegen den Terrorismus festgelegt hatte, entwickelte diese eine merkwürdige Eigendynamik. Auf die militärische Überlegenheit der Israelis gestützt, versucht Ariel Sharon inzwischen, das Palästinenserproblem ausschließlich mit brachialen Mitteln zu lösen. Und haben die USA nicht kürzlich jedem Staat, der auf seinem Territorium die Niederlassung der versprengten Reste von Al-Qaida duldet, einen Bombenkrieg wie gegen Afghanistan angedroht?

Innenpolitisch hatten die Anschläge in den westlichen Staaten eine jähe Zunahme von Kontrollen aller Art zur Folge. Bald zeigte sich, daß dies nicht nur ein vorübergehender Zustand war, sondern der Vorbote einer generellen Aufwertung des Sicherheitsgedankens gegenüber rechtsstaatlichen Freiheiten und Garantien. In den USA wie auch in Deutschland wurde alsbald eine Reihe von Maßnahmen teils allein von der Exekutive beschlossen, teils zusätzlich durch die Parlamente abgesegnet, welche die Rechte Verdächtiger zugunsten der Sicherheits- und Strafverfolgungsbehörden einschränkten, die Kompetenzabgrenzung zwischen den Geheimdiensten und der Polizei relativierten und generell die Kontrollmöglichkeiten der Exekutive weit in den privaten Bereich hinein vorschoben. In den USA übertrug man darüber hinaus die Aburteilung terroristischer Straftaten von Ausländern Militärgerichten und diskutierte ernsthaft die Einführung der Folter, um verstockte Verdächtige zum Reden zu bringen. In Deutschland griff man erneut auf das Instrument der sogenannten Rasterfahndung zurück, deren Nützlichkeit unter Experten mehr als umstritten ist. Generell kann man sich des Eindrucks nicht erwehren, daß ein Großteil des von der politischen Führungsspitze der westlichen Staaten entwickelten hektischen Aktivismus mehr dazu bestimmt war, das Sicherheitsgefühl der Bürger zu stärken, als zur Erhöhung ihrer faktischen Sicherheit beizutragen. Dies gilt vor allem für Deutschland, wo die sukzessiv geschnürten »Sicherheitspakete« angesichts des Umstands, daß es noch zu keinem einzigen religiös motivierten Anschlag gekommen ist, geradezu gespenstisch anmuten.

Ein dritter, unmittelbar mit der Verschärfung der Sicherheitsbestimmungen zusammenhängender Folgeaspekt der Anschläge sind ihre sozialpsychologischen Auswirkungen. Das Gros der neuen gesetzlichen Maßnahmen bezieht sich auf eine bestimmte Bevölkerungsgruppe, die Zuwanderer aus vorwiegend islamischen Staaten. Diese Bevölkerungsgruppe sieht sich plötzlich unter einen generalisierten Verdacht gestellt und vermehrtem Diskriminierungsdruck ausgesetzt. Dadurch vertieft sich ihr Mißtrauen, vergrößern sich die latent bereits vorhandenen Spannungen zwischen den Zuwanderern islamischen Glaubens und Einheimischen. Erstere ziehen sich mehr noch als bisher auf ihre ethnische Herkunftsgruppe zurück und schotten sich gegenüber der Gastgesellschaft ab. Längerfristig wird dadurch ihre soziale Integration behindert und der innere Zusammenhalt der westlichen Gesellschaften geschwächt.

Politiker, öffentliche Meinungsmacher und nicht wenige Experten haben in den Anschlägen vom 11. September etwas prinzipiell Neues gesehen, durch das die bisherigen Formen des Terrorismus in den Schatten gestellt wurden. Dabei sind sie, ohne es zu merken, der terroristischen Logik aufgesessen, die auf einen maximalen Schock- und Skandaleffekt abzielt. Im Sinne dieser Logik knüpften die Attentäter durchaus an die klassische Tradition des Terrorismus an, der einmal als eine Gewaltstrategie bezeichnet wurde, die mit besonders spektakulären Mitteln wenig spektakuläre Ziele verfolgt. Strukturell betrachtet, bildeten die Anschläge vom 11. September die Fortentwicklung und Perfektionierung großenteils bereits früher erprobter Techniken und Modelle. Was sie in den Rang des Einmaligen, gänzlich Unvorhersehbaren erhob, war erst ihre Perzeption durch die von den Anschlägen Betroffenen sowie die übertriebenen Reaktionen, die darauf folgten.

Peter Waldmann

Anmerkungen

1. Nach Schätzungen entfallen auf den internationalen Terrorismus, in den laut gängiger Definition Täter beziehungsweise Opfer unterschiedlicher Nationalität involviert sein müssen, rund zehn Prozent aller terroristischen Anschläge.
2. Diese Umkehrung der üblichen Rangfolge hängt offenbar mit dem Wahhabismus, einer in Saudi-Arabien, dem Herkunftsland Bin Ladens, verbreiteten Variante des Islam zusammen.
3. Klar scheint jedoch zu sein, daß die sogenannte Schläfertheorie, die eine Art Befehls- und Gehorsamsautomatismus zwischen den Mitgliedern der externen Zellen und der fernen Zentrale unterstellt, der Psychodynamik, der im westlichen Ausland lebende Muslime unterliegen, nicht gerecht wird.

2. Kapitel

Woher kommt der Haß?

Gernot Rotter

Viele Medien im Westen und besonders in den USA äußerten sich im Kontext der Anschläge vom 11. September überaus verwundert über das Ausmaß des Hasses, der Terroristen aus dem islamischen Kulturraum bewegen kann, gegen Menschen im Westen Taten zu begehen, die Tausenden das Leben kosten und materielle Schäden hervorrufen, die unsere wirtschaftlichen Grundlagen zu zerstören drohen. Gleichzeitig streben zahlreiche Muslime aus verschiedenen Staaten danach, in den Westen zu gelangen, um sich und ihren Familien hier eine lebenswerte Zukunft aufzubauen, die ihnen in ihrer Heimat wegen der dort herrschenden Bürgerkriege, wegen politischer Unterdrückung oder schlicht aus wirtschaftlicher Not heraus nicht möglich ist. Sind Muslime per se also irrational, wie es so mancher Kommentar in den vergangenen Monaten suggerierte?

Szenenwechsel: Sommer 1982 in Beirut. Der Westteil der Stadt ist von israelischen Truppen besetzt. Vor dem Wohnblock, in dem unser Appartement liegt, steht ein israelischer Panzer. Ein israelischer Soldat hat sich mit entblößtem Oberkörper auf ihm ausgestreckt, um ein Sonnenbad zu nehmen. Ein Araber, vielleicht ein Libanese, vielleicht ein palästinensischer Flüchtling, geht auf dem Gehsteig an dem Panzer vorbei, und der israelische Soldat spuckt auf ihn herunter. Auf die bestürzten Vorhaltungen meiner Frau sagt der Soldat: »Was wollt ihr denn?! Die Araber sind unsere Indianer.«

Die Palästinenser – Muslime wie Christen unter ihnen – werden seit Jahrzehnten und paradoxerweise seit dem Abschluß der Osloer Friedensverträge in verstärktem Maße alltäglich kleinen und großen Demütigungen ausgesetzt, ganz zu schweigen von den wirtschaftlichen und gesellschaftlichen Folgen der nun schon über eine Generation währenden rigorosen Besatzung. Dies und das sich in blindwütigen und letztlich hilflosen Verzweiflungstaten äußernde Aufbäumen der Palästinenser haben den Haß auf beiden Seiten inzwischen irrationale Formen annehmen lassen.

Trotz aller immer wieder zutage tretenden politischen Uneinigkeit zwischen den arabischen und islamischen Staaten herrscht zwischen den Bürgern dieser Staaten ein nicht nur immer wieder verbal bekundetes, sondern auch emotional tief empfundenes Solidaritätsgefühl, und dies vor allem dann, wenn eine reale oder vermeintliche Bedrohung von außen, aus einem anderen Kulturkreis, empfunden wird. Und Israel gehört in arabischen und muslimischen Augen einem anderen Kulturkreis an, nämlich dem von den USA dominierten Westen, und wird – je nach politisch-ideologischer Ausrichtung – als letzter Vorposten des »westlichen Imperialismus« oder des »christlichen Kreuzfahrertums« gesehen.

Szenenwechsel: Ende 1990. Die USA entsenden Truppen nach Saudi-Arabien, um die Iraker aus Kuwait zu vertreiben. Das Fundamentalistenblatt *As-Sabah* in Kairo läßt in einer Überschrift den amerikanischen Präsidenten George Bush den Arabern zurufen: »Hier sind wir wieder, Saladin.« Und 1994, als die Serben das mehrheitlich von muslimischen Bosniern bewohnte Sarajewo belagern, ist in *Al-Ahram*, der bedeutendsten ägyptischen und keines islamistischen Extremismus verdächtigen Tageszeitung, die Überschrift zu lesen: »Sarajewo, das neue Granada?«

Die islamische und im besonderen Maße die arabische Welt ist seit Ende des 19./Anfang des 20. Jahrhunderts – als zunächst vor allem Briten und Franzosen, seit der Gründung Israels auch immer massiver die USA, im Nahen Osten eingriffen, was vor allem für letztere auch heute noch gilt – von einer tiefen kulturellen Verunsicherung erfaßt worden. Jedem arabischen Jugendlichen wird in der Schule eingehend vermittelt, welch große zivilisatorische Überlegenheit die arabische Welt im Mittelmeerraum jahrhundertelang besaß und welche geistigen und naturwissenschaftlichen Erkenntnisse sie dem damals zivilisatorisch unterentwickelten christlichen Abendland vermittelt hat. Und die arabischen Jugendlichen fragen sich, warum sich die zivilisatorische (und auch die militärische) Überlegenheit nun ins Gegenteil verkehrt hat. An dieser Stelle kommt dann die Stunde der simplifizierenden Demagogen und Verschwörungstheoretiker. Diese sehen vor allem zwei Ursachen für die Unterlegenheit, die Unterentwicklung und die – zumindest in den meisten islamischen Staaten herrschende – materielle Not großer Teile der Bevölkerung: erstens eine globale Verschwörung des gesamten Westens mit dem Ziel, die islamische Welt zu vernichten; und zweitens den eigenen Verrat an den ursprünglichen islamischen Werten, wobei diese theologisch meist völlig unausgebildeten Demagogen sich selbst anmaßen zu definieren, worin diese ursprünglichen islamischen Werte bestehen.

So erklären sich auch die oben zitierten Überschriften. Saladin, jener muslimische Sultan, der Gotthold Ephraim Lessing in seinem Schauspiel *Nathan der Weise* als Vorbild für einen weisen und toleranten Staatsmann diente, gilt in der arabischen Welt als Heros, der dank seines starken Glaubens die christlichen Kreuzfahrer 1187 aus Jerusalem und dem Heiligen Land vertrieb, so wie es bei entsprechender religiöser Entschlossenheit auch heute gelingen werde, Israel und damit den Westen aus dem Heiligen Land und überhaupt aus der islamischen Welt wieder zu vertreiben. Auch Granada in der zweiten aufgeführten Überschrift hat für die arabische Welt einen ungeheuren Symbolcharakter, war doch diese Stadt in Andalusien ein glänzender Ausdruck arabisch-islamischer Kultur. Mit ihrer Eroberung 1492 und der gleichzeitigen und anschließenden Verfolgung und Vertreibung der Muslime (und Juden!) im Zeichen der barbarischen christlichen Inquisition endete eine siebenhundertjährige muslimische Epoche Andalusiens. Die in der oben erwähnten Überschrift vollzogene Gleichsetzung von Granada und Sara-

jewo sollte dem Leser suggerieren: Wie die christliche Eroberung Granadas die endgültige Verdrängung der Muslime aus Spanien einleitete, so wird die Eroberung Sarajewos auch die endgültige Ausmerzung der Muslime auf dem Balkan bedeuten. Daß
es dann ausgerechnet eine westliche Allianz unter der Führung
der USA war, die den Muslimen auf dem Balkan dieses Schicksal ersparte, wurde von islamistischen Eiferern nicht gewürdigt,
hingegen durchaus von anderen muslimischen Autoren, die auch
die passive Rolle muslimischer Staaten eher bedauerten.

Für die meisten Menschen im Westen überraschend und gewiß nur schwer nachvollziehbar ist das Argumentieren mit jahr-
hundertealten Ereignissen als Beleg für eine immerwährende Verschwörung im Westen gegen die islamische Welt. Es zeigt sich
darin eine im Denken vieler gläubiger Muslime verankerte un-
gebrochene Geschichtswahrnehmung, eine Heilsgeschichte, die
mit Muhammad begann, bis heute andauert und gegen westliche Hegemonialbestrebungen verteidigt werden muß. (Diese hi-
storisierende Sichtweise erhält ungewollterweise Unterstützung
von konservativen religiösen Kreisen in Israel, die das Existenz-
recht des israelischen Staates und die Fortsetzung der Besatzungspolitik ebenfalls mit religiösen historischen Argumenten
verteidigen, indem sie das Alte Testament als von Gott erstelltes
Bodenkataster ansehen.) Die betont antiwestliche Grundhaltung
in Verbindung mit der Vorstellung, die eigene Religion werde
verraten, macht in extremen religiösen Zirkeln auch vor den eigenen Staatsführungen nicht Halt, wenn diese – wie etwa in Jordanien oder in Ägypten – eine eindeutig prowestliche Position
einnehmen. Zuweilen machen die Islamisten nicht einmal Halt
vor den eigenen muslimischen Mitbürgern, die sie bereits völlig
von dem *taghrib*, der Verwestlichung, durchdrungen und von
der *almaniya*, dem Säkularismus, infiziert sehen. Der ultrareligiö-
se Eiferer Anwar al-Gundi, der seit den sechziger Jahren als
Essayist und Literaturkritiker in Ägypten wirkte, sah sogar den
Zerfall der islamischen Welt in zahlreiche Einzelstaaten letztlich als Werk einer westlichen Verschwörung. Während al-Gundi
aber zumindest öffentlich nie zu Gewalttaten aufgefordert hat,

ging Sayid Qutb, auch er ein ehemaliger Literaturkritiker (also auch kein Theologe) und einer der ideologischen Ziehväter des modernen fundamentalistischen Terrors in Ägypten und anderen Ländern, einen Schritt weiter. Ende der fünfziger und Anfang der sechziger Jahre des letzten Jahrhunderts bezeichnete er in einem seiner im Gefängnis entstandenen Werke die damalige ägyptische Regierung unter Gamal Abdel Nasser und die ägyptische Gesellschaft als in die »vorislamische Barbarei« (*jahiliya*) zurückgefallen und forderte einen bewaffneten Kampf zur Wiederherstellung der allein Gott zustehenden Herrschaftsgewalt (*hakimiya*).

Sayid Qutb, der seine Agitation schließlich mit dem Leben bezahlte und dessen Werke heute zur Pflichtlektüre eines jeden islamistischen Terroristen gehören, sah natürlich die »vorislamische Barbarei« auch in der westlichen Welt walten. Diese besitze »keine menschlichen Werte mehr, mit denen sie ihr eigenes Gewissen von ihrer Existenzberechtigung überzeugen könnte«. In Dutzenden von Pamphleten und Büchern haben besonders seit den achtziger Jahren des letzten Jahrhunderts radikalislamistische Autoren diese angebliche Wertelosigkeit des Westens in zuweilen geradezu unglaublicher Weise an die Wand gemalt. Bei der Lektüre muß der einfache Leser, der den Westen nicht aus eigener Anschauung kennt, den Eindruck gewinnen, daß in den westlichen Demokratien alle Moralvorstellungen verlorengegangen seien, der pure Materialismus herrsche, der individuelle Egoismus alles Handeln bestimme, Gewalt und Kriminalität die Normalität seien, daß der Drogen- und Alkoholkonsum die westliche Welt ohnehin bald zerstören werde, daß vor dem Hintergrund einer generellen Promiskuität alle Familienstrukturen in Auflösung begriffen seien und eine generelle Vereinsamung einsetze, daß die Frauen sich halbnackt durch die Straßen bewegten und Freiwild für jedermann seien, daß natürlich der Westen ständig darauf sinne, nicht nur militärisch, sondern auch durch die Propagierung der westlichen Demokratie und den Export obiger Unwerte in die islamische Welt, diese mit in das moralische und physische Verderben zu reißen und daß deshalb schließlich ein Zusammenstoß zwischen der islamischen und der westlichen Welt unausweichlich sei, womit Samuel P. Huntington mit seiner These vom *Clash of Civilizations* von unerwarteter Seite Schützenhilfe erhält.

Angesichts derartiger abstruser, simplifizierender und plakativer, deshalb bei manchen einfachen Menschen der Region auch auf fruchtbaren Boden fallender Feind- und Haßbildprodukte, ist es fast erstaunlich, daß ihre extremistischen und verblendeten Anhänger immer noch eine Minderheit in der islamischen Welt darstellen.

Aber auch die besonnene Mehrheit im Nahen und Mittleren Osten, die selbstkritisch und realistisch die Versäumnisse und Fehlentwicklungen der islamischen Welt im politischen und gesellschaftlichen Bereich erkennt und das Modell der westlichen Demokratie mit der möglichst strikten Trennung von Religion und Staat durchaus als erstrebenswerte Alternative ansieht, äußert Kritik an westlichen Verhaltensweisen. Und diese vielfach berechtigte Kritik sollte der Westen wirklich ernst nehmen, denn dies allein kann die Voraussetzung dafür schaffen, daß nach dem Militärschlag der USA gegen Afghanistan eine dauerhafte und friedliche Entwicklung dieser Region eingeleitet werden kann.

Häufigster Kritikpunkt dieser gemäßigten Mehrheit sind die Doppelzüngigkeit, Einäugigkeit und zuweilen auch die schlichte Heuchelei der westlichen Nahostpolitik. Immer wieder werden in der arabischen Welt Fragen wie die folgenden gestellt:

- Warum läßt der Westen aufgrund der Erinnerung an den barbarischen Holocaust Israel bei der Unterdrückung der Palästinenser gewähren, obwohl diese die Opfer der Opfer des Holocausts, an dem sie keine Schuld trifft, geworden sind und weiter zu werden drohen?
- Warum wird Israel, obwohl es Dutzende von UN-Resolutionen – selbst solche, die die USA nicht durch ihr Veto verhindert haben – mißachtet hat, nicht zur Rechenschaft gezogen wie jeder andere Staat in der Welt, im Extremfall auch mit militärischen Mitteln?

- Warum fordert der Westen die Einführung demokratischer Strukturen im Nahen Osten und brandmarkt mehrere Staaten wegen angeblicher Unterstützung terroristischer Aktivitäten zu »Schurkenstaaten«, während etwa Saudi-Arabien, das bislang nicht der Hauch einer Demokratisierung gestreift hat und massiv extremistische Terrorbewegungen unterstützt hat – wie zum Beispiel (in Zusammenarbeit mit der CIA!) die Taliban –, aus durchsichtigen wirtschaftlichen Interessen gehätschelt und gepflegt wird?

Um diese besonnene Mehrheit nicht auch noch den Terroristen in die Arme zu treiben, gilt es, solche Fragen ernst zu nehmen. Der Westen und vor allem die USA, aber auch Israel müssen die Hände ergreifen, die ihnen Yassir Arafat in Palästina und Muhammad Khatami im Iran entgegenstrecken.

Ein letzter Szenenwechsel: Am 15. Mai 1998 saß ich im Foyer des King-David-Hotels in Jerusalem und wartete auf die Ankunft einer älteren, in Krakau geborenen israelischen Dame, die dem Holocaust nur mit knapper Not entgangen war. Ich hatte eine Freundschaft und einen regen Briefkontakt zu ihr entwickelt, obwohl wir in der politischen Bewertung des Nahostkonflikts meist konträrer Ansicht waren. Sie hatte mich bei unserer ersten Begegnung damit schockiert, daß sie auf meine Frage, wie viele Palästinenser sie seit ihrer Ankunft in Israel 1948 denn kennengelernt habe, entrüstet antwortete: »Natürlich keinen.« Nun wartete ich auf sie, weil sie mir nach langem Zureden versprochen hatte, mich zu einer mir befreundeten palästinensischen Familie in der Altstadt von Jerusalem zu begleiten, bei der ich wohnte und die sich auf den Besuch erwartungsfroh vorbereitet hatte. Doch als sie kam, eröffnete sie mir als erstes, daß sie doch viel zu große Angst habe, daß »diese Terroristen« sie umbringen könnten. Genau dies ist jedoch die Schwelle, über die nicht nur die Israelis – und natürlich auch die Palästinenser –, sondern auch wir im Westen gehen müssen. Es gilt, die Barriere des in den Köpfen auf beiden Seiten längst gefestigten Bildes vom unausweichlichen *Clash of Civilizations* niederzureißen und anstelle des Hasses, der beide Seiten blind zu machen droht, ein Klima des zwischenmenschlichen Vertrauens gedeihen zu lassen.

Im Grunde beantworten die beiden geschilderten Begebenheiten bereits die Frage nach dem Haß zahlreicher Muslime auf den Westen. Der israelische Soldat, dessen Heimatstaat seine Existenz westlicher Initiative als Wiedergutmachung für den deutschen Holocaust verdankt, steht für die Arroganz des Westens schlechthin, der – in den Augen von Muslimen und von Arabern im besonderen – die Muslime als Menschen zweiter Klasse betrachtet. Und der Vergleich von Sarajewo und Granada in der arabischen Presse zeigt zweierlei: Erstens, daß den meisten Muslimen durchaus die grausame Bekämpfung der Muslime in Spanien durch die christliche Inquisition und der Verlust der letzten kulturellen und politischen islamischen Hochburg in Europa Ende des 15. Jahrhunderts bewußt sind; und zweitens, daß der Westen nach der Wahrnehmung vieler Muslime nur nach einem strebt, nämlich der Vertreibung der Muslime aus der westlichen Welt generell und letztlich der Vernichtung des Islam überhaupt.

3. Kapitel

Gläubige und Ungläubige

Über Osama Bin Laden

Navid Kermani

Osama Bin Laden spricht ein schönes Arabisch. Weder unterlaufen ihm Wendungen des Dialekts, wie es bei der heutigen Führergeneration der arabischen Welt zu beobachten ist, noch verwechselt er die komplizierten Flexionsendungen, wie es selbst Intellektuellen geschieht. Er wählt altertümliche Worte, die den gebildeten Arabern aus der religiösen Literatur und der klassischen Poesie vertraut sind, und hütet sich vor allen Neologismen. Die atemberaubend differenzierte Artikulation der hocharabischen Konsonanten sowie die Modulation und Länge der Vokale könnten präziser sein – daran merkt man die fehlende theologische Ausbildung, die mit der Rezitation des Koran auch das wohlklingende Arabisch vermittelt –, aber andererseits ist es gerade die bemühte Bescheidenheit des Ausdrucks, die ans Herz der Glaubensbrüder zu rühren trachtet. Wenn Gewand und Ort der Aufnahme eine prophetische Aura erzeugen sollen, knüpft die sprachliche Askese an die militärische und politische Unterlegenheit der frühen Muslime an, die durch die Reinheit ihres Glaubens vielfach kompensiert worden ist. Noch im Fehlen von Betonungen kündet seine Rhetorik vom puritanisch-wahhabitischen Geist, der angeblich mit jenem des göttlich Gesandten identisch ist.

Man findet eine ähnliche Zurückhaltung gegenüber dem ästhetischen Glanz im Protestantismus, während die muslimische

Tradition, an die Sprachgewalt des Koran anknüpfend, die Pracht der Worte immer betont und gelehrt hat. Erben dieser Tradition sind die großen, oft libertären arabischen Dichter der Gegenwart wie Adonis oder Mahmoud Darwisch, die ihre Verse beim Vortrag als Klangwerk inszenieren. Erben sind aber auch die politischen und religiösen Führer der heutigen arabischen Welt, die die Banalität oder gar das offen Betrügerische ihrer Aussagen in Schwulst und Pathos zu ertränken suchen. Speziell sie sind es, von denen der Mann in den Bergen sich absetzt, indem er auf die klare Ruhe des Ausdrucks setzt.

Man merkt den Bruch mit der herrschenden Tradition am deutlichsten, wenn Osama Bin Laden Wendungen des Koran zitiert: Wo andere Redner die Stimme grotesk zu heben und wieder zu senken pflegen, sobald sie die Offenbarung sprechen, fährt Osama Bin Laden im gleichen betulichen Tonfall fort, als wolle er allein durch die Vernunft seiner Botschaft überzeugen. Daß der Verzicht auf alle Rhetorik in dieser Situation, da ihn die westliche Welt zum wahnsinnigen Terroristen und Ausbund des Bösen stilisiert, selbst das klügste rhetorische Mittel ist – wer weiß, bis zu welchem Grade er selbst es übersieht. Jedenfalls ist Osama Bin Laden mit einer kaum fünfminütigen Ansprache innerhalb der islamischen Welt ein mindestens ebenso großer Mediencoup gelungen wie George W. Bush in den Vereinigten Staaten, als dieser sich innerhalb von Tagen vom verunsicherten, verbal um sich schießenden Cowboy in den entschlossenen Weltstaatsmann verwandelte.

Der Ungleichheit der militärischen Instrumente – hier ein paar Teppichmesser, um die Supermacht zu demütigen, dort die größte Militärmaschinerie der Welt, um eines der ärmsten Länder der Welt zu bombardieren – entspricht die Unterschiedlichkeit der propagandistischen Mittel: hier eine Videokamera, dort ein Heer aus Beratern, Fernsehstationen und Agenturen. Dabei richten sich die Kontrahenten ausschließlich an die jeweils eigene, islamische beziehungsweise westliche Öffentlichkeit, selbst dort, wo sie der Form nach die des Gegners ansprechen. Daß Osama Bin Laden den Amerikanern droht, soll ihn jenen als unerschrokkenen Vorkämpfer empfehlen, die sich selbst von Amerika bedroht fühlen. Daß George W. Bush nach den Aussetzern des Anfangs nicht müde wird, den Islam zu loben, kann höchstens das potentiell schwankende Europa und allenfalls noch die amerikanischen Muslime erreichen. In der islamischen Welt selbst kommen die freundlichen Worte angesichts der amerikanischen Außenpolitik im Nahen Osten selbst den schärfsten Kritikern des Islamismus genauso zynisch vor wie die Essenspakete, die seine Armee nebst Bomben über Afghanistan abwerfen ließ. Wenn es der amerikanischen Administration darum gegangen wäre, die Öffentlichkeit in den islamischen Ländern zu gewinnen, hätte sie sich ein stärkeres Mandat der Vereinten Nationen eingeholt; sie hätte auch die Beweise für ihre Anschuldigungen in nachvollziehbarer Weise vorgelegt und ihre Strategie tatsächlich auf die Bekämpfung des Terrorismus ausgerichtet, anstatt sich nun auch in Zentralasien dauerhaft militärisch einzurichten und dabei Waffen einzusetzen, die erkennbar nicht dazu geeignet sind, einzelne Schlupflöcher auszuräuchern.

Bis zu seiner ersten Videoansprache vom Dezember 2001 war Osama Bin Laden für die islamische Welt mehr ein Phantom als eine reale Gestalt. Gewiß, in einzelnen Ländern sind seine Biographien verbreitet, aber die Mehrheit der Menschen kannte ihn aus den wenigen Interviewausschnitten, die CNN, BBC und *Al-Jazira* von ihm wiederholt haben. Bevor ihn die CIA vor ein paar Jahren zum Chefterroristen ausrief – kurz nachdem sie ihm zum letzten Mal Begleitschutz gewährt hatte –, war er praktisch unbekannt. Er hat keine Bücher veröffentlicht, kein Manifest entworfen, keine Doktrin entwickelt, keine auch nur vage umrissene Lehre vorgestellt, nicht einmal Reden mitschneiden lassen – er war der Feind der Vereinigten Staaten, und das genügte den Extremisten, um ihn als väterlichen Freund anzunehmen. Daß der Chef von vielleicht drei-, vielleicht fünftausend Extremisten es überhaupt geschafft hat, zum Hauptgegner der gesamten westlichen Welt ausgerufen zu werden, daß er in den Medien weltweit als Gegenspieler des amerikanischen Präsidenten agiert und nicht als der Kriminelle und Mörder, der er ist, übertrifft schon alles, was sich selbst der intelligenteste Terrorist hätte erhoffen können.

Aber nun sprach dieses Phantom plötzlich zu den Menschen in der islamischen Welt und wirkte überhaupt nicht wie der Dämon, als der er präsentiert worden war. Zwar drückte sich in seinem Wort ein fanatischer Kampfeswille aus, aber er sprach nicht wie ein Fanatiker, sondern leise, behutsam, in einem schlichten, überzeugenden Arabisch. Und beängstigend vieles von dem, was er sagte, entspricht dem, was viele, auch ganz und gar friedliche Menschen in der muslimischen Welt denken, aber nur wenige Politiker in dieser Einfachheit zu sagen wagen: über das Leid der Palästinenser, die Rolle der amerikanischen Außenpolitik, die doppelten Standards und das Gefühl, vom Westen täglich erniedrigt und entwürdigt zu werden. So einseitig das Bild ist, so ist es gewiß nicht einseitiger als das Bild, das preisgekrönte Experten, als Bestseller verkaufte Bücher und unsägliche Dokumentationen hierzulande von der islamischen Welt zeichnen.

Um die bislang friedliche Mehrheit der Muslime auf seine Seite zu ziehen, mußte Osama Bin Laden mit seiner ersten Videoansprache bis zum Dezember 2001 warten. Solange die Vereinigten Staaten Afghanistan nicht bombardiert hatten, wäre es aussichtslos gewesen, breitere Bevölkerungsschichten anzusprechen, da keine Aussicht bestand, die Rolle des Aggressors abzuschütteln. Wie alle Kriegsherren mußte er sich zunächst zum Opfer deklarieren, um die eigenen Angriffe – und damit den Tod unschuldiger Menschen – zu legitimieren. Deshalb hat er sich, obwohl er doch innerhalb einer rein terroristischen Logik mit ihnen prahlen könnte, keineswegs zu den Anschlägen in New York und Washington bekannt, sondern sie lediglich als gerechte Strafe begrüßt. Nun aber, nach den von ihm gewiß schon erwarteten, wenn nicht ersehnten Bombardements, konnte er seinen Kampf als Verteidigung ausgeben, ohne allseits verlacht zu werden; er konnte die Amerikaner Terroristen nennen und das bombardierte afghanische Volk als Kronzeuge gegen die Vereinigten Staaten anführen, um an die Solidarität der Glaubensbrüder zu appellieren. Man muß gar nicht an George W. Bushs

Wort vom »Kreuzzug« oder Silvio Berlusconis Ankündigung, die islamische Welt zu erobern, erinnern, um darauf hinzuweisen, daß die Mechanik und die Religiosität des Arguments im Westen so unbekannt nicht ist. Wenn der amerikanische Präsident in einer seiner Ansprachen die Bereitschaft einer Viertklässlerin lobte, ihm ihren Dad »zu geben«, ist das beinah identisch mit Äußerungen aus muslimischen »Märtyrerfamilien«.

Osama Bin Laden wird nicht die Mehrheit der Muslime überzeugen. Die meisten Menschen in der islamischen Welt durchschauen seine einfach gestrickte Masche, und ausgerechnet der Staatspräsident der Islamischen Republik Iran, Muhammad Khatami, hat sie in dankenswerter Klarheit benannt. Osama Bin Laden ist ein mutmaßlicher Massenmörder, seine Auslegung des Islam widerspricht allen anerkannten Lehrmeinungen. Aber jene, die dazu neigen, ihm Glauben zu schenken, sind nach dieser Ansprache, soweit man das aus Telefonaten und Kommentaren erahnen kann, nicht mehr nur versprengte Radikale, sondern breitere Schichten, jedenfalls in der arabischen Welt, in Indonesien und in Pakistan. In diesen Ländern schlägt die öffentliche Meinung zwar nicht um, droht sich aber doch signifikant zugunsten des Terroristen zu verschieben.

Auch vor der Ansprache konnte man nicht damit rechnen, daß die meisten Araber oder Pakistanis sich wie ihre Führer vorbehaltlos auf die Seite der Vereinigten Staaten stellten; doch noch viel weniger schien die Rechnung der Terroristen aufzugehen, einen Aufstand der Muslime gegen ihre eigenen Führer anzuzetteln. Seit dem Dezember 2001 besteht jedoch die konkrete Gefahr, daß eine politisch hochrelevante Minderheit in der islamischen Welt dazu neigt, aus Bushs manichäischer Rhetorik und seinem Diktum, daß es in diesem Kampf »keine Neutralität« gibt, einen fatalen Schluß zu ziehen, nämlich ihm zu glauben. Das ist der Schluß, den Osama Bin Laden ihnen vorschlägt, wenn er davon spricht, daß die ganze Welt nun in zwei Lager geteilt sei – das Lager der Gläubigen und das Lager der Ungläubigen.

4. Kapitel

Zeit zum Umdenken

Die Anschläge vom 11. September im Kontext der Globalisierung

Horst-Eberhard Richter

Der Globalisierungskritik von *Attac* geht es direkt um grundlegende materielle Veränderungen der globalen Unordnung im Finanzsystem, in Wirtschaft und Handel, in der Umwelt und in der Friedenspolitik. Es ist aber zu erkennen, daß all den beanstandeten Übeln eine verbindende falsche Philosophie zugrunde liegt, die in unserer westlichen Kultur zu einer Art von Ersatzglauben geworden ist. Dieser hat sich allmählich aus dem Aufbegehren gegen die mittelalterliche Unmündigkeit herausgebildet. An die Stelle einstiger Gottergebenheit ist ein grenzenloses Bemächtigungsstreben getreten. Ziel aller Fortschrittshoffnungen ist die Erringung einer grenzenlosen Unabhängigkeit geworden. In einer ungezügelten Konkurrenz scheint der Erwerb einer überlegenen Vormachtstellung dem Menschen eine Selbststärkung ohnegleichen zu versprechen. Dabei ist es notwendigerweise zu einer verheerenden egoistischen Entzweiung gekommen, indem eine Minderheit von Starken sich auf Kosten einer großen Mehrheit von Schwächeren überlegene Privilegien erkämpft hat. So hatte es bereits den Anschein, als wäre die Führungsmacht des Westens mit ihrem hochentwickelten militärischen und wirtschaftlichen Potential sowie mit der fortgeschrittensten künstlichen Intelligenz nahe am Ziel der ersehnten vollständigen Freiheit und Unverletzbarkeit angelangt.

43

Am 11. September 2001 ist diese Illusion jedoch wie eine Seifenblase zerplatzt. Es war nicht nur die Illusion der US-Amerikaner, sondern die der gesamten westlichen Zivilisation. Eine kleine Schar nur mit Messern bewaffneter Verschwörer hat dem Westen die Brüchigkeit seines megalomanischen Stärkekults demonstriert. Wäre der Schlag aus einem mächtigen Feindstaat erfolgt, könnte man diesen in einem heroischen Krieg besiegen und das eigene Weltbild retten. Statt dessen kam die Idee zu den Überfällen in New York und Washington offenbar aus einem der ärmsten Länder, ausgeführt von Männern, die sich für ihren Gott zu opfern glaubten. Es war der makabre Beweis dafür, daß unsere gegenseitige Abhängigkeit in der Welt durch keine noch so große Übermacht auf der einen Seite und keine noch so armselige Ohnmacht auf der anderen aufgehoben wird.

Genau dies stellte der amerikanische Politikwissenschaftler Benjamin Barber schon unmittelbar nach der Katastrophe in einem offenen Brief an den amerikanischen Präsidenten fest: »Terrorismus ist die negative und verzerrte Form der gegenseitigen Abhängigkeit, die wir in der positiven und nützlichen Form nicht anzuerkennen bereit sind.« Noch einmal mit anderen Worten: Terrorismus ist ein Produkt destruktiver Abhängigkeit, eine entstellte Form der Globalisierung.

Ins Positive gewendet, besagt diese Diagnose: Der Westen muß endlich einsehen, daß auf dieser Erde alle gegenseitig aufeinander angewiesen sind und daß wir nur in Anerkennung dieser Verbundenheit jemals eine Kultur des Friedens erreichen können. Der Egoismus des Westens, der zu einer rücksichtslosen, nie dagewesenen Machtrivalität entartet ist, hat den Blick für die ganz einfache Wahrheit verstellt, daß wir nur in einer ebenbürtigen und gleichberechtigten Gegenseitigkeit auf Dauer unsere Probleme lösen können. Dazu gehört ein gerechtes und faires Teilen. Ein Höchstmaß an Sicherheit kann nie gegeneinander, sondern nur miteinander geschaffen werden. Aber dazu muß sich erst einmal ein angemessenes Bewußtsein herausbilden.

Ansätze dazu hat es bereits gegeben. In Südafrika zum Beispiel haben die Häuptlinge unter Führung von Nelson Mandela dafür gesorgt, daß der Apartheidsterrorismus nicht von einem blutigen Rachefeldzug abgelöst wurde. In Israel/Palästina war der Terrorismus für fast drei Jahre gestoppt, als die Vereinbarungen von Oslo den Palästinensern einen eigenen Staat und einen Rückgewinn besetzter Gebiete in Aussicht stellten. Der Kurs der Verständigung sorgte für ein promptes Abebben der Gewalt, die erst wieder aufloderte, als Yitzhak Rabin ermordet wurde und der Verständigungswille schwand. Der Kalte Krieg wurde überwunden, als man Sicherheit nicht mehr gegeneinander, sondern durch Michail Gorbatschows neues Denken miteinander suchte.

Die Lehre heißt also: Mehr Sicherheit gibt es nur durch eine Politik größerer sozialer Gerechtigkeit auf der Basis von Ebenbürtigkeit und Gleichberechtigung. Das allein ist eine konstruktive Friedenspolitik, die den Terrorismus seines Nährbodens beraubt.

Was wir im Zusammenhang mit dem Afghanistankrieg aber erlebt haben, war eine reine Antistrategie: ein Krieg gegen eines der ärmsten Länder der Welt, der in Kauf nahm, etwa sieben Millionen Afghanen einem tödlichen Elend im anbrechenden Winter auszuliefern; ein Krieg, der den Haß in den islamischen Krisenregionen aufs neue schürte und dem Terrorismus mit Sicherheit reichlich Nachwuchs zuführte.

Um die eigene Verirrung zu durchschauen, muß der Westen erst einmal lernen, sich in die Lage derer einzufühlen, die er in seiner Megalomanie endgültig als Verlierer hinter sich gelassen zu haben glaubt. Aber dazu muß er erst dialogfähiger werden, muß er ein neues Zuhören erlernen. Bezeichnenderweise hat im Westen kaum einer vor dem 11. September über das Ausmaß des Hasses in gewissen armen islamischen Ländern Bescheid gewußt. Es ist der Haß, aus dem eine Gruppe von bürgerlich angepaßten, intelligenten und disziplinierten Männern den Antrieb zu ihren wahnwitzigen Anschlägen geschöpft hat. Dabei war die Explosion ohnmächtiger Wut im Kleinformat alltäglich im Nahen Osten wahrzunehmen gewesen. Während der Westen seine Kunst perfektioniert hatte, die Manipulierbarkeit islamischer Feudalherren und ihrer Cliquen für eigene Interessen auszunutzen, kümmerte er sich um die Seelenlage der verarmten Massen in jenen Ländern kaum. Nun muß er sich von Orhan Pamuk, dem bedeutendsten Schriftsteller der Türkei, eben dieses fatale Desinteresse als gefährliches Versäumnis vorhalten lassen: »Der Westen hat leider keine Vorstellung von dem Gefühl der Erniedrigung, das eine große Mehrheit der Weltbevölkerung durchlebt und überwinden muß, ohne den Verstand zu verlieren oder sich auf Terroristen, radikale Nationalisten oder Fundamentalisten einzulassen. Heute ist das Problem des Westens weniger, herauszufinden, welcher Terrorist in welchem Zelt, welcher Gasse, welcher fernen Stadt an einem neuen Sprengsatz bastelt, um dann auf ihn Bomben regnen zu lassen. Das Problem des Westens ist vielmehr, die seelische Verfassung der Armen, Erniedrigten und stets im ›Unrecht‹ stehenden Mehrheit zu verstehen, die nicht in der westlichen Welt lebt.«

So weit Orhan Pamuk. Aber will der Westen überhaupt verstehen? Will er von seinem hohen Roß herabsteigen und sich auf gleicher Augenhöhe in einen Dialog einlassen? Denn es geht ja nicht um ein Verstehen, wie der Arzt die Verfassung eines hilfesuchenden Kranken erforscht, sondern um die Überwindung einer fatalen Entfremdung, die gemeinsam zu überwinden ist. Und dabei steht dem Westen bisher seine egoistische Arroganz im Wege. Aus der Warte seiner vermeintlich für alle verbindlichen Leitkultur leitet er wie selbstverständlich einen Herrschafts- und Bevormundungsanspruch ab, bestimmt er den Umgang mit den anderen vornehmlich von den eigenen Ansprüchen her und wundert sich dann am Ende, wenn auf der Gegenseite aus Demütigung und Unterdrückung die Obsession erwächst, für den eigenen Gott gegen das Reich der egoistischen Selbstvergötterung bis zur märtyrerhaften Selbstaufopferung zu kämpfen.

Nun spricht man aber davon, daß das Weltgewissen sich wieder stärker vernehmbar macht. Nach dem 11. September schlug es zunächst ganz eindeutig für das Mitfühlen und Mittrauern mit den Betroffenen des Terrors. Ebenso klar fiel das Votum der inneren Stimme für entschlossene Verfolgung und Bestrafung der Schuldigen aus. Erleichterung und Dankbarkeit verdiente sich der amerikanische Präsident für seinen anfänglichen Verzicht auf militärische Vergeltungsschläge, zu denen sich sein Vorgänger Bill Clinton nach den Anschlägen von Nairobi und Daressalam im August 1998 hatte prompt hinreißen lassen. Hoffnung weckte auch die amerikanische Ankündigung, daß Palästina bald einen eigenen Staat bekommen muß. Man erinnerte sich, daß der Terrorismus im Nahen Osten schon mal fast drei Jahre lang überwunden schien, als der Osloer Friedensprozeß den Palästinensern einen unabhängigen Staat und die Rückgabe besetzter Gebiete verhieß. Aber dann gab es doch Krieg. Dazu schrieb Gerhard Krumreich in der *Süddeutschen Zeitung*: »Nichts, gar nichts hat in der Logik der internationalen Politik jetzt dazu gezwungen, Bombenangriffe auf Afghanistan zu fliegen und damit – gegen den Trend des neuen Weltgewissens – die alten Solidaritäten der sich unterdrückt fühlenden Völker und Regionen gegen den imperialistischen Weltpolizisten wiederzubeleben.«

Es waren die gleichen täglichen militärischen Erfolgsberichte wie im Jugoslawienkrieg: Bombengeschwader und *Cruise-Missiles* gegen eines der ärmsten Länder, wobei noch nicht einmal gewiß war, ob von hier aus die Anschläge vom 11. September organisiert wurden. Hunderttausende auf der Flucht, Tausende von Kindern vor dem Verhungern, vergebliche Hilferufe von Hilfsorganisationen. War das noch gerechte Selbstverteidigung oder nachvollziehbare Strafaktion? Es erschien dann wie ein widerwilliges Geständnis, als eine der ersten abgefeuerten Raketen ausgerechnet vier humanitäre UNO-Helfer tötete, die mit Minenräumen auf afghanischem Boden betraut waren – ein »Kollateralschaden«, der sich ausnahmsweise nicht verschweigen ließ. Wieviel wird man später von ähnlichen Fehlschlägen hören? Vom Jugoslawienkrieg wurde nachträglich berichtet, daß von 90 000 Tonnen abgeworfener amerikanischer Bomben 60 000 nicht die beabsichtigten Ziele getroffen hätten.

Eine Riesenchance ist fürs erste verpaßt, nämlich den Schock vom 11. September auszunutzen, um zusammen mit den besonnenen Mehrheiten der beunruhigten islamischen Länder eine Solidarität der Vernunft zu schmieden. Der Afghanistankrieg machte hingegen Massen von Unschuldigen zu Opfern, die vor den Bomben ohne zureichende Versorgungschancen in den beginnenden eisigen afghanischen Winter flohen. Unfaßbar – oder doch verständlich?

Genau betrachtet, liegt die amerikanische Reaktion durchaus konsequent auf der Linie des herkömmlichen westlichen Denkens, weswegen ja auch alle Bündnispartner prompt und uneingeschränkt Bündnistreue bis hin zu militärischem Beistand gelobt haben. Warum hat man schließlich mit der stärksten Wirtschaft, den großartigsten Waffen und dem teuersten Sicherheitsdienst eine überragende Vormachtstellung errungen, wenn deren Fundament ausgerechnet von einer vergleichsweise winzigen Rebellentruppe aus einer scheinbar hoffnungslos rückständigen Region zertrümmert werden könnte? Der unangemessene kriegerische Aufwand läßt sich also nur so deuten, daß man um die Brüchigkeit dieses Fundaments ernstlich fürchtet. Man will sich noch einmal einreden, was durch die Attentate gerade widerlegt worden ist. Nämlich, daß man auf dem Weg des Fortschritts die Mittel erobert habe, um die früher in Gottergebenheit gesuchte Sicherheit in der Welt aus eigener Kraft garantieren zu können. Der Herr über Atome, Gene, künstliche Intelligenzen will kundtun, daß er zumindest für eine elitäre Minderheit erreichen könne oder fast schon erreicht habe, was er mit den beiden gigantischen Türmen in Manhattan symbolisch vor sich selbst und vor aller Welt demonstrieren wollte, nämlich seine vermeintlich erklommene Stufe einer Beinahe-Allmacht.

Die USA haben den größten, teuersten und technisch bestgerüsteten Geheimdienst der Welt, von allen Ländern wegen seiner enormen Ausstattung beneidet. Dennoch hat dieser total versagt. Im deutschen Bundesnachrichtendienst haben strengstens überprüfte Mitarbeiter zum Teil in hohen Stellen gesessen, die für die andere Seite spioniert haben. Man kann Kontrolle und

Überwachung auf den modernsten technischen Stand bringen, aber es gibt keinen Schutz gegen verräterische Überwacher. In dem ersten Teil des Films *Jurassic Park* wurde das symbolisch vorgeführt. Das perfekteste technische Überwachungssystem schirmte die Menschen gegen die Dinosaurier-Ungeheuer ab, die eine böse Feindmacht symbolisierten. Aber die Korruptionsanfälligkeit des Oberkontrolleurs der Anlage bewirkte den Zusammenbruch des großartigen Sicherheitssystems. Solange man nicht in die Köpfe der Menschen hineinschauen kann – und das wird man nie können –, gibt es keinen hundertprozentigen Schutz gegen schlaue Täter, die in fabelhaft angepaßter Unauffälligkeit unter uns leben. Aber es ist leicht, ein Klima der Angst, des Mißtrauens und der Denunziationsbereitschaft zu fördern, das die mühsam errungenen Freiheiten des demokratischen Rechtsstaates gefährdet.

Die von Innenminister Otto Schily angekündigte verschärfte Überwachungspolitik bedeutet eine Übertragung des Kriegsgeistes auf die Innenpolitik. Sie schürt eine argwöhnische Stimmung, die jetzt schon Hunderttausende im Land zu spüren bekommen, die fremdländisch aussehen, die arabisch sprechen oder Kopftücher tragen. Ich erinnere mich an meine Kindheit in Hitlerdeutschland, als in den Schulen das Erkennen jüdischer Gesichts- und Körpermerkmale geübt wurde. In einem Land mit unserer Tradition von Ethnozentrismus und Rassenvorurteilen sollte alles unterlassen werden, was das erreichte Vertrauen im pluralistischen Zusammenleben gefährdet.

Ich bin neben anderem auch Psychiater. In diesem Beruf kann man immer wieder beobachten, wie abnorm argwöhnische Menschen es fertigbringen, um sich herum eine Atmosphäre zu schaffen, in der es am Ende nur noch Verfolgte und Verfolger gibt. Die Betreffenden stecken ihre Umgebung mit ihrer Verfolgungsangst an und schaffen eine unsichtbare feindselige Barriere gegen ein vermeintlich bösartiges System, das nur Schlimmes im Sinne hat. Genau das passiert zur Zeit in großem Stil. Anstatt gezielt die Terrornetze zu bekämpfen, die sich in Asien, aber auch in Europa und in den USA selbst gebildet haben, wird die

ganze Welt ähnlich wie im Kalten Krieg gespalten in die guten
Verfolgten und die bösen Verfolger. Den Schatten des Bösen
weitet man immer mehr aus. Er fällt auf diverse islamische Länder und auf verdächtige Minderheiten im Herzen der westlichen
Industrieländer selbst. Dies geschieht aus der Unfähigkeit heraus, auf die Anschläge mit gesunder Besonnenheit zu reagieren.

Mit dem Verlust der inneren Sicherheit hat es noch eine Bewandtnis eigener Art. Warum treibt es nach dem 11. September
wieder so viele Menschen in die Kirchen? Es ist eine Angst auf-
gebrochen, die nicht nur von der Erwartung neuer Anschläge
herrührt und die nicht nur Hysterie ist wie jene nach der ersten
Aidswelle. Die Menschen spüren, daß etwas nicht mehr in Ordnung ist, daß sie mit der ihnen verordneten westlichen Solidarität nicht wirklich dem Guten gegen das Böse dienen und daß sie
mit der weiteren Zerstörung eines ohnehin bereits kaputten
Landes und der Vertreibung Hunderttausender in unsägliches
Elend etwas Falsches tun. Sie ahnen, daß diese Art der sogenannten Vergeltung überall dort neuen Haß säen muß, wo der
Terrorismus seinen Ursprung hat. Und mancher begreift wohl,
daß die Bomben und Raketen eher dazu dienen, trotzig den
Machtegoismus als Leitmotiv der eigenen Kultur in einem Augenblick zu bestätigen, da dessen Bankrott eingestanden werden müßte. Jede abgeworfene Bombe soll zur Verdrängung der
Einsicht beitragen, daß der Westen umdenken muß und daß die
Strategie, die zur materiellen Übermacht einer Minderheit über
eine ohnmächtige abgekoppelte Mehrheit geführt hat, am Ende
ist. Sie hat eine Menschheit auseinandergerissen, die nur in einer fairen globalen Zusammenarbeit überlebensfähig ist.

Diese Spaltung muß überwunden werden. Indem der Krieg
die Kluft noch weiter aufreißt und die moralische Krise, die
wahre innere Unsicherheit des Westens noch weiter vertieft, muß
die Notwendigkeit zu einem radikalen Umdenken begriffen
werden. Die Bewegung der Globalisierungskritiker und die Ziele
von *Attac* sind genau in diesem Sinne zu verstehen. Es geht um
die fundamentale Abkehr von der spalterischen egomanen Weltanschauung, nach welcher die Sieger in der neoliberalen Kon-

kurrenzschlacht berufen sind, bei den Verlierern die Dürftigkeit, die Schwäche und das Leiden zurückzulassen, um sich selbst zu einer grandiosen narzißtischen Freiheit und Unbekümmertheit aufzuschwingen. Diese Vision ist pleite. Das in ihr verewigte Prinzip der Ungerechtigkeit ist am Ende. Für manche hatte es schon den Anschein, als hätten die staatssozialistischen Regime die Idee der sozialen Humanisierung in den eigenen Untergang mit hineingezogen. Statt dessen ist zu begreifen, daß genau diese Idee nicht nur weiterhin lebensfähig, sondern für eine Weiterentwicklung unserer Kultur lebensnotwendig ist.

Als Psychoanalytiker weiß ich, daß moralische Appelle wenig fruchten, wenn sich nicht spontan die Bereitschaft zu einem Wandel meldet. Und nun scheint es, daß diese Bereitschaft international spürbar ist. Den Zustrom zu *Attac* deute ich als eines der einschlägigen Signale. Als Sozialpsychologe finde ich auch ein Indiz in empirischen Untersuchungen, die Elmar Brähler und ich periodisch durchführen, um die Befindlichkeiten und Einstellungen der westdeutschen Bevölkerung zu verfolgen. Wir benutzen dazu ein inzwischen in zahlreichen Ländern gebräuchliches Testverfahren. Dabei zeigt sich, daß ein seit Ende der siebziger Jahre anhaltender Trend zu einer egoistischen Ellbogenmentalität bei gleichzeitiger Verarmung sozialer Sensibilität von der Mitte der neunziger Jahre ab nachgelassen hat. Die Menschen entdecken, daß sie sich wieder mehr um andere Menschen sorgen und soziale Pflichten ernster nehmen müssen. Im ganzen empfinden sie mehr Zusammengehörigkeit und Verantwortlichkeit. Ohne diese Befunde überzubewerten, kann man sie doch vielleicht mit Vorsicht als eines der Zeichen dafür deuten, daß sich im allgemeinen Bewußtsein etwas bewegt. Es wird wieder entdeckt, was Adam Smith, vor zweieinhalb Jahrhunderten theoretischer Begründer der liberalen Marktwirtschaft, entschieden behauptete, daß nämlich in der menschlichen Natur eine Anlage wirksam sei, die einem Überwuchern der Egoismen entgegenstehe. Er schrieb ein dickes Buch über ethische Gefühle, das keine moralischen Appelle enthält, sondern lediglich eine Beschreibung der normalen seelischen Verfassung des Menschen, so wie er sie sah. Er stellte eine Benevolence fest, eine natürliche Mitmenschlichkeit, die einen Zerfall der Menschheit in ökonomische Sieger und Verlierer verhüten werde. Ebenso haben sein Freund, der Philosoph David Hume, und Jean-Jacques Rousseau daran geglaubt, daß die menschliche Gemeinschaft nicht erst durch eine vertragliche Ordnung, sondern schon zuvor durch natürliche psychische Bindungskräfte zusammengehalten werde. Die Tugend der Gerechtigkeit entsteht erst auf der Basis des Mitfühlens, des Mitleids, erklärte Arthur Schopenhauer. Heute sind wir daran gewöhnt, solch eine Einschätzung als romantische Gutmenschen-Utopie belächelt zu sehen.

Wenn wir uns aber selbst besinnen, müssen wir doch eingestehen, daß auch unser gemeinsamer Einsatz für eine gerechtere Welt wesentlich mitgespeist wird durch die Unerträglichkeit der Ungerechtigkeiten, unter denen die Benachteiligten leiden. Wir fühlen uns beschämt, wenn wir nicht den Ohnmächtigen gegen die Arroganz der Macht beistehen. Wir fühlen uns korrupt, wenn wir dazu schweigen, daß zum Beispiel im Irak allmonatlich viertausend bis fünftausend kleine Kinder durch die Sanktionen sterben, weil das Material für die Reparatur der zerbombten Wasserwerke und Reinigungsanlagen nicht eingeführt werden darf, so daß für die Mehrheit der Landbevölkerung nur verseuchtes Trinkwasser zur Verfügung steht. Und wie im Falle des Irak sollte uns auch der Afghanistankrieg belehren, daß menschliches Leben ungleich zählt.

Es liegt im Wesen ehrlichen Trauerns, daß es Menschen zusammenführt, erst recht das Trauern um Menschen, die Opfer von Gewalt geworden sind. Es läßt an die Zerbrechlichkeit unseres Lebens denken und daran, daß wir darauf angewiesen sind, es miteinander zu schützen. Wir alle sind hilfsbedürftig und zugleich mit der Bereitschaft zum Helfen ausgestattet. Nie wird uns unsere existentielle Situation deutlicher vor Augen geführt als in Katastrophen, die uns das Aufeinander-Angewiesen-Sein auf unmittelbarste Weise spüren lassen. Wir sind elementar auf Gegenseitigkeit angelegt, und daraus sollte die Einsicht erwachsen, daß wir in Achtung voreinander gerecht zu teilen haben.

Um so mehr macht es wütend, wenn uns das Gegenteil verord-
net wird, nämlich ähnlich wie im Kalten Krieg wieder eine geistige Spaltung der Welt. Diesmal heißt es nicht: Entweder ihr
seid für uns, oder ihr seid für den Kommunismus. Neuerdings
heißt es vielmehr: Entweder ihr seid für uns oder für den Terrorismus. Damals war es der Kommunist Michail Gorbatschow,
der mit seiner Losung von der Humanisierung der internationalen Beziehungen die Spaltung überwand, als die Gefahr der
gemeinsamen Selbstzerstörung den Menschen den Atem raubte.
Diesmal muß der Westen mit der Umbesinnung anfangen.
Anstatt den kriegführenden Amerikanern hundertmal Gehorsam zu geloben, was schönfärbend in Solidarität umbenannt
wird, sollten sich die Verbündeten zusammen mit ihrer Führungsmacht endlich daran machen, sich von der Krankheit der
gemeinsamen Megalomanie zu kurieren, die an der gewaltträch-
tigen Unordnung der Welt die Hauptschuld trägt. Aber dieser
Selbstheilungsprozeß ist schmerzlich. Also muß die globalisie-
rungskritische Bewegung Druck machen, um die Heilungsan-
strengung zu forcieren. Denn die Krankheit ist chronisch, und
ihre Viren verfügen inzwischen über erhebliche Resistenz. *Attac* ist, wenn ich es richtig sehe, gefaßt darauf, mit allen Klischees aus der Kiste der politischen Kriegsführung bombardiert
zu werden: als Anarchisten, linke Utopisten, pubertäre Aufrüh-
rer, rückständige Klassenkämpfer, bestenfalls als blauäugige Welt-
verbesserer. *Attac* ist nicht das neue Weltgewissen, aber seine
Chance ist es, diese innere Stimme in der moralischen Krise zu
nutzen, die gewiß in den Wirren des ungerechten Kriegs immer
lauter werden wird. Indessen müssen wir aufpassen, daß am Ende
nicht wieder nur ein flüchtiges Läuterungsritual herauskommt,
das wie ein Katzenjammer folgenlos vorübergeht – siehe die rasche Verdrängung des Vietnamkriegs oder der fast tödlichen
gemeinsamen Selbstbedrohung im Kalten Krieg.

Möge irgendwann in Afghanistan Grabesstille eintreten und
der Terrorismus erlahmen, so stehen einer Kultur des Friedens
immer noch die schwerwiegenden Ungerechtigkeiten der Globalisierung entgegen, die den Nährboden für neuen Terroris-

mus in sich bergen. Ernst Ulrich von Weizsäcker, Vorsitzender der Bundestagskommission zur Globalisierung der Weltwirtschaft, hat mit Recht nach vermehrtem Engagement der außerparlamentarischen Demokraten verlangt, um der Verwilderung der Globalisierung entgegenzuwirken. Er selbst befürwortet die Einführung der Tobinsteuer auf Devisentransaktionen. Aber weder für eine Bändigung der aus den Fugen geratenen Finanzmärkte noch für die Beherrschung der globalen Umweltkrise, noch etwa für die Eindämmung von Aids in Afrika erweisen sich die zuständigen internationalen Institutionen als ausreichend wirksam. Überall siegt noch immer egoistischer Machtwille mit dem Herrschaftsmittel des Geldes über den sozialen Verantwortungssinn. Hier setzt nun *Attac* an mit der Forderung, die Prioritäten umzukehren. *Attac* bringt gezielt die Stimmen derer zu Gehör, die als Verlierer der Globalisierung auf der Strecke zu bleiben drohen. Das Motiv *Attacs* ist keine Wohltätigkeitsattitüde, sondern die alternative Grundüberzeugung, daß nicht der spalterische Egokult, sondern nur ein internationales Gemeinschaftsbewußtsein eine tragfähige Weltordnung schaffen kann. Dazu muß dem Begriff Solidarität wieder die Bedeutung verschafft werden, die man ihm in der Ära Willy Brandt zuerkannte, nämlich die, Beistand für die Schwächeren und Benachteiligten zu sein – also nicht Gehorsam in einer in Gut und Böse gespalten Welt, sondern umgekehrt kritisches Engagement für eine gerechte und ebenbürtige Gemeinschaft aller.

Aber noch einmal zurück zum Thema der Sicherheit im eigenen Land. Da gibt es neben den beschlossenen problematischen Überwachungsbestimmungen noch eine schon längst eingeführte Praxis in Form einer »Gedankenpolizei«, die ohne Verordnungen in einem Zusammenwirken von Unterdrückung und Anpassungsbereitschaft funktioniert. Ähnlich wie schon im Jugoslawienkrieg läßt man kaum Kritik an dem Zerstörungswerk von Bomben und Raketen aufkommen. Die Grünen-Vorsitzende Claudia Roth muß sich hinter der britischen UN-Kommissarin Mary Robinson verstecken, wenn sie einen besseren Schutz der Zivilbevölkerung anmahnt. Otto Schily fuhr dem Amerikafreund Egon Bahr in der Talkshow von Sabine Christiansen wie einem Schuljungen über den Mund, als dieser nur ganz vorsichtig eine kritisch-analytische Bemerkung über die Vereinigten Staaten machte. Ich selbst durfte im ARD-Frühstücksfernsehen nicht weiterreden, als ich die fünfhunderttausend Kinder erwähnte, die nach UNESCO-Ermittlungen durch die amerikanischen Sanktionen im Irak gestorben sind. Richard Herzinger rügte im *Tagesspiegel* das staatliche Fernsehen, weil es mir unkommentiert erlaubt hatte zu sagen, daß Rache oft aus einem kleineren Unheil ein noch größeres mache. Ich dachte an das allen bekannte Beispiel des Michael Kohlhaas.

Fast alle großen deutschen Zeitungen ließen kritische Analysen und Kommentare zum Afghanistankrieg nur von Amerikanern, Indern, Türken oder anderen Ausländern zu, und das auch fast nur im Feuilleton und nicht im politischen Teil. Die verordnete und von Bundeskanzler Gerhard Schröder dutzendfach gelobte uneingeschränkte Solidarität gegenüber den USA verbot jeden Einwand gegen die Bombardements, die Hunderttausende zur schutzlosen Flucht in den eisigen afghanischen Winter trieben. Wem das unerträglich scheint, der ist Antiamerikanist, der ist für Bin Laden, ist auf der Seite der Terroristen usw.

Daß diese perfide Einschüchterung gelingt, ist aber nur zum Teil Folge des ausgeübten Drucks. Zum anderen Teil ist es ein verbreitetes freiwilliges Einknicken. Renommierte Journalisten fürchten um ihre gute Verbindung zu Spitzenpolitikern, die nur solche zum gemeinsamen Frühstück oder zu Interviews haben wollen, die ihnen gefällig sind. Darüber hinaus funktioniert weithin eine moralisch verklärte Ergebenheit: Die Dankbarkeit für die genossene amerikanische Hilfe erlaube nichts anderes als widerspruchslose Gefügigkeit. Wer allerdings eine Neigung zu Hörigkeit, die gern als Anstand und Pflichttreue hochgelobt wird, als eine hierzulande typische Anfälligkeit vorzufinden meint, den ärgert nicht nur die Disziplinierungskampagne von Otto Schily, sondern außerdem der Mangel an Zivilcourage bei denen, die sich den Mund verbieten lassen.

5. Kapitel

Der Kampf ums Öl, der Afghanistankrieg und die Außenpolitik der USA

Mohssen Massarrat

I. »Kampf der Kulturen« und Grenzen der Differenzierungsfähigkeit

Die Terroranschläge vom 11. September 2001 trafen ins Herz der einzigen verbliebenen Supermacht. »Das Welthandelszentrum ein aufgetürmter Trümmerhaufen, das Pentagon schwer angeschlagen, das Weiße Haus geräumt, der Präsident auf der Flucht, die US-Regierung im atombombensicheren Bunker in Nebraska – umfassender konnte eine Supermacht nicht gedemütigt werden«, schrieb Martin Altmeyer sechs Tage nach dem Ereignis in der *Frankfurter Rundschau*.[1] Ob die Täter sich über diese Dimension ihres Verbrechens im klaren waren, mag dahingestellt sein. Ihre Tat hat jedenfalls tiefe Wunden in der seelischen Verfassung jener Amerikaner hinterlassen, die sich mit allem, was Amerika darstellt, voll identifizieren; der Anschlag traumatisierte sie und erschütterte ihr Selbstwertgefühl.

Die Selbstmordattentäter waren – nach allem, was bisher bekannt wurde – zu allem entschlossene Islamisten. Sie kamen aus einer Region, die seit der islamischen Revolution im Iran einen neuen Machtfaktor auf der weltpolitischen Arena darstellt und von den Vereinigten Staaten beziehungsweise dem Westen insgesamt als eine neue politische Herausforderung empfunden wird. Die vermeintliche Bedrohung der »westlichen Zivilisation« durch den Islam, die seit dem 11. September an die Wand gemalt wird, fördert erneut das Schwarzweißdenken zur Aufteilung der Welt in feindliche Lager: islamische gegen christliche Welt, Morgenland gegen Abendland, Gottesstaat gegen westliche Demokratie, Finsternis gegen Aufklärung, Vor- und Antimoderne gegen die Moderne; diese Art des zweigeteilten Denkens erfuhr durch die Anschläge eine neuerliche Renaissance. So verwundert es kaum, daß Samuel P. Huntingtons Thesen über den *Clash of Civilizations* wieder hoch gehandelt werden. Tatsächlich lieferten auch die exorbitante Instrumentalisierung der jeweiligen kulturellen Werte durch die extremistischen Eliten der islamischen wie der christlichen Welt und die Wiederbelebung historisch verwurzelter Feindbilder den vermeintlich empirischen Beleg für Huntingtons simple Interpretationsmuster einer höchst komplexen Wirklichkeit.

Die moralische Legitimation für den Krieg der USA gegen das Talibanregime in Afghanistan und das Kriegsziel der Vernichtung jener, die »unsere Freiheiten, unsere Werte und unsere Zivilisation hassen« (George W. Bush), sowie die Ankündigung von Rache »gegen den neuen Kreuzzug, den der Westen erneut zur Vernichtung des Islam vorbereitet« (Osama Bin Laden), sind Ausdruck jenes zweigeteilten Denkschemas, das einer differenzierten Wahrnehmung der tieferen Hintergründe eines hochaktuellen Konflikts keinen Raum läßt. Während der harte Kern der Taliban und der Al-Qaida von Bin Laden seinen entschlossenen Kampf bis zur Selbstvernichtung ankündigte, forderte George W. Bush von Amerikas Verbündeten im Kampf gegen den Terrorismus die bedingungslose Unterordnung. So wurde selbst das Ausloten von Lösungsalternativen zur Bekämpfung des internationalen Terrorismus zu einem aussichtslosen Unterfangen. In diesem Kampf zwischen Gut und Böse wurden die afghanische Zivilbevölkerung und die zivilisatorischen, demokratischen Errungenschaften stark in Mitleidenschaft gezogen; das friedenspolitische Ziel der Verbannung des Kriegs als

Mittel der Politik rückte in weite Ferne. Das Diktum des US-Präsidenten »Wer nicht für uns ist, unterstützt den Terrorismus« hat in Europa und in Deutschland mit der »uneingeschränkten Solidarität« der rot-grünen Bundesregierung und dem Junktim zwischen der Vertrauensfrage von Bundeskanzler Gerhard Schröder und der Zustimmung zur deutschen Beteiligung am Krieg in Afghanistan seine für die deutsche Außenpolitik folgenreichen Spuren hinterlassen. Hinzu kam das Diktat von Außenminister Joschka Fischer nach dem Motto »Alles oder Nichts« auf dem Parteitag der Grünen in Rostock. Krieg als Mittel der Politik wurde auch in Deutschland wieder salonfähig.

Der Krieg in Afghanistan zur Bekämpfung eines Terrorismus, der nicht nur dort, sondern auch in Saudi-Arabien lokalisiert ist und der sein Netz in anderen arabisch-islamischen Ländern sowie darüber hinaus in Europa und vor allem in den Vereinigten Staaten selbst ausgebreitet hat, stellt einen Anachronismus dar. Hinsichtlich der Bekämpfung des internationalen Terrornetzes war der Krieg nämlich so gut wie wirkungslos, und in der arabisch-islamischen Welt wurde er zum wirkungsvollsten Mittel für noch mehr Haß gegen den Westen und die USA sowie für das Heranwachsen einer neuen Generation von Selbstmordattentätern. Die Unterstützung einiger islamischer Staaten für die Antiterrorallianz schützt nicht davor, daß dieser Krieg von vielen Muslimen als ein neuer westlicher Kreuzzug gegen den Islam empfunden wird. Genausowenig konnte die Mitwirkung zahlreicher islamischer Staaten in der antiirakischen Allianz im zweiten Golfkrieg verhindern, daß das islamistisch-antiamerikanische Lager um Osama Bin Laden beträchtlichen Zulauf aus allen arabischen Staaten erhielt. Wie der zweite Golfkrieg und der fortdauernde Bombenkrieg gegen den Irak reiht sich auch der Afghanistankrieg in die Eskalationslogik von Huntingtons »Kampf der Kulturen« ein und trägt dazu bei, daß Huntingtons Vision ganz im Sinne der *self-fulfilling prophecy* Realität wird. Huntingtons Gedankengebäude und Logik[2] erschweren in der Praxis die Möglichkeit zur Beobachtung und Analyse der globalen Konflikte beträchtlich. So wird ausgeblendet, daß die

Wurzeln der Konflikte primär nicht zwischen, sondern innerhalb der Kulturen zu suchen sind, daß die rasante, ökonomisch
eindimensional und machtpolitisch asymmetrisch strukturierte
Globalisierung in den letzten fünfzig Jahren tiefgreifende soziale Risse und gefährliche Kulturbrüche hervorgerufen hat und
daß selbst der militante Islamismus als eine Reaktion auf diese
asymmetrisch strukturierte Globalisierung zu begreifen ist.[3] Die
Täter des Verbrechens vom 11. September 2001 sind das Produkt der individuellen und kollektiven Identitätskrise in der islamischen Welt, die in den Globalisierungsprozeß eingebettet
ist. Es könnte durchaus zutreffen, daß darüber hinaus auch pathologische Wahnvorstellungen oder apokalyptische Vernich-
tungsphantasien eine beträchtliche Rolle bei dem perfekt inszenierten Inferno gespielt haben. Die politisch und wissenschaftlich weiterführende Frage ist allerdings, wie es dazu kommen
konnte, daß auf das Inferno nicht nur in der islamischen Welt,
sondern auch im christlichen Lateinamerika, in China, in Indi-
en und in der gesamten Dritten Welt mit Gleichgültigkeit,
klammheimlicher Freude oder gar offener Zustimmung reagiert
wurde.[4] Woher stammt der offenbar über Jahrzehnte aufgestau-
te antiamerikanische Haß in der arabisch-islamischen Welt und
weit darüber hinaus? Zur Beantwortung dieser Frage sollen im
folgenden verschiedene ineinandergreifende Dimensionen und
Problemfelder dargestellt werden.

II. Die Bedeutung des Erdöls, die geopolitische Doppelstrategie der USA und der 11. September

Der Nahe und Mittlere Osten in der energie- und geopolitischen Doppelstrategie der USA

Der Krieg der Vereinigten Staaten gegen die Taliban in Afghanistan war das jüngste Glied einer Kette der inzwischen über ein
halbes Jahrhundert andauernden Geschichte angloamerikani-

scher Interventionen im Nahen und Mittleren Osten und nun auch in Zentralasien. Die ereignisreichen politischen Entwicklungen wie die Niederschlagung der Demokratiebewegung im Iran Anfang der fünfziger Jahre, die Schah-Diktatur als regionale Supermacht, die islamische Revolution im Iran, das Phänomen Saddam Hussein, der islamische Fundamentalismus, die Taliban und Osama Bin Laden – sie alle sind ohne diese Interventionsgeschichte nicht zu verstehen.

Dies gilt auch für die Terroranschläge auf das World Trade Center und das Pentagon am 11. September 2001, wobei sich die Kette der Interventionen und der im Nahen und Mittleren Osten seit fünf Jahrzehnten andauernden Gewalteskalation nun global zu schließen scheint. In diesem Zusammenhang ergeben sich folgende Fragen: Hatten es die Vereinigten Staaten mit dem Luftkrieg gegen die Taliban in Afghanistan in erster Linie darauf abgesehen, die strategischen Öl- und Gastransportrouten zum Indischen Ozean freizubomben? Welche Ziele verfolgen die USA eigentlich mit ihrem Engagement im Mittleren Osten und in Zentralasien? Geht es um den Kampf gegen den Terrorismus, um die Befreiung des Irak von Saddam Hussein, um einen dauerhaften Frieden im Nahen Osten, um den Kampf für eine demokratische Entwicklung in dieser Region? Oder geht es in erster Linie um nichts weniger als die Verfolgung eigener geopolitischer Ziele in einer Region mit den größten fossilen Energieressourcen der Welt und um die Festigung der eigenen Hegemonialpolitik gegenüber Rußland, China und den westlichen Verbündeten Japan und Europa?

Bis zum Sturz des Osmanischen Reiches und der Ghadjaren-Dynastie im Iran zu Beginn des 20. Jahrhunderts herrschte im Nahen und Mittleren Osten die »Orientalische Despotie«. Danach begann in der Türkei, im Iran sowie in Ägypten und Syrien ein Prozeß der Modernisierung und des *nation building*, der mit unterschiedlichem Tempo und unterschiedlicher Fundierung vorangetrieben wurde. Der Wahlsieg Mohammed Mossadeghs 1951 im Iran bei der ersten freien Wahl eines Parlaments in der Geschichte des Nahen und Mittleren Ostens signalisierte eine neue Epoche der längst fälligen und nun nachzuholenden Demokratisierung in der Region. Durch die Überwindung endogener Hindernisse der hoffnungsvoll begonnenen Demokratisierung – zum Beispiel durch die schrittweise Zurückdrängung des Einflusses mächtiger Großgrundbesitzer und Stammesfürsten sowie durch den Abbau der zentralistischen Machtstrukturen diverser Monarchien und die Fortentwicklung demokratischer Strukturen – wären dieser Region im letzten halben Jahrhundert aller Wahrscheinlichkeit nach manche Entwicklungen und Ereignisse (vor allem nationalistische und fundamentalistische Strömungen) sowie sehr viel Leid und Zerstörung durch die beiden Golfkriege (1980-1988 beziehungsweise 1991) erspart geblieben. Dabei wäre auch die ausländische Unterstützung der zarten Demokratisierungsansätze, die gerade begonnen hatten, in der Gesellschaft Wurzeln zu schlagen, durchaus für diese Entwicklung förderlich gewesen.

Doch es kam alles anders. Die Golfregion wurde wegen der dort lagernden ergiebigsten Ölquellen der Welt in erster Linie zum geostrategischen Objekt, und der gesamte Nahe und Mittlere Osten geriet in den Sog des Ost-West-Konflikts. Fortan bestimmten die geostrategischen Ölinteressen der USA und die Eindämmung des sowjetischen Einflusses die Außenpolitik des Westens gegenüber den Staaten dieser Region.

Bereits die europäischen Kolonialmächte hatten zu Beginn des letzten Jahrhunderts die strategische Bedeutung des Öls erkannt. »Und die Macht, die das Erdöl besitzt, wird die Welt besitzen«, prophezeite etwa 1920 der französische Industrielle und Senator Henri Berenger.[5] Und derjenige, der den Mittleren Osten mit den größten und produktivsten Ölreserven der Welt beherrscht, würde in der Lage sein, seinen Einfluß auf die Welt nachhaltig geltend zu machen. Die USA als neue Supermacht zögerte daher nach dem Ende des Zweiten Weltkriegs auch nicht, diese Erkenntnis zur Richtschnur des eigenen außenpolitischen Handelns zu machen. Der einflußreiche US-Außenpolitiker George F. Kennan ordnete in den fünfziger Jahren des letzten Jahrhunderts dementsprechend der Kontrolle über die Ölquellen des Mittleren Ostens die Funktion einer »Vetomacht über die Alliierten, über Europa und Japan« zu, »so daß es sehr wichtig wäre, diese nicht aus der Hand zu geben«. So wundert es auch kaum, daß das State Department das Öl des Mittleren Ostens als »gewaltige strategische Reserve, als das größte materielle Gut der Weltgeschichte« einstufte.[6] Die Vetomacht der USA bestand in einer Doppelstrategie mit einer energiepolitischen und einer geopolitischen Komponente: Zum einen sollte alles unternommen werden, um sich selbst und den eigenen Verbündeten eine störungsfreie Ölversorgung zu niedrigen Preisen (Wirtschaftswachstum durch Billigöl) sicherzustellen. Zum anderen sollte mittels Kontrolle der Golfregion die strukturelle Grundlage geschaffen werden, um die eigenen militärischen Verbündeten in Westeuropa und Japan, die gleichzeitig auch ökonomische Rivalen in der Weltwirtschaft sind, nicht nur direkt durch ihre militärische Führungsrolle und die Einbindung in die Nato, sondern auch indirekt durch die »Ölwaffe« zu dominieren beziehungsweise in Schach zu halten.

Die Blockkonfrontation zwischen den USA und der Sowjetunion überdeckte diese US-Doppelstrategie. Durch das Szenario, den Mittleren Osten vor dem Zugriff der Sowjetunion zu schützen und so die Erpreßbarkeit des Westens zu verhindern, wurde während des Kalten Krieges einerseits der inneratlantische Konsens hergestellt, gleichzeitig wurden aber durch eine politisch-militärische Intervention im Mittleren Osten Erpressungsstrukturen und Fähigkeiten geschaffen, die auch gegen eigene Bündnispartner gerichtet waren. Diese Doppelstrategie der Vereinigten Staaten in ihren Beziehungen zu Japan und Europa hat über Jahrzehnte – so in der Anti-Irak-Allianz 1990 und auch neuerdings in der Antiterrorallianz beziehungsweise im Afghanistankrieg – bis heute ihre Gültigkeit in der Außen- und Geopolitik der USA behalten und wirft ein neues Licht auf das peinlich vasallenhafte Verhalten der Europäer in Krisensituationen wie 1990 und zur Zeit des Afghanistankriegs im Jahre 2001. Alle US-Präsidenten, Präsidentenberater sowie Außen- und Verteidigungsminister haben ganz besonders darauf geachtet, die

Grundlagen dieser Doppelstrategie nicht zu gefährden und sie allen revolutionären Umwälzungen im Mittleren Osten zum Trotz räumlich auszubauen und außenpolitisch sowie militärisch zu untermauern. Das überragende geostrategische Interesse der USA an den Ölquellen des Mittleren Ostens ist unter anderem durch folgende Positionsbestimmungen belegt: die sogenannte Carter-Doktrin vom Januar 1980[7], die unmißverständliche Feststellung des ehemaligen Energieministers James Schlesinger von 1989[8] auf der Weltenergiekonferenz in Montreal sowie die an Deutlichkeit bezüglich des Anspruchs der USA auf die Ölvorräte der Golfregion unübertroffene Aussage von Präsident George Bush von 1990: »Unsere Wirtschaft, unsere Lebensart, unsere Freiheit und die Freiheit befreundeter Länder auf der ganzen Welt, alles würde leiden, wenn die Kontrolle über die großen Ölreserven der Welt in die Hände Saddam Husseins fiele.«[9]

Nach dem Zusammenbruch der Sowjetunion übernahmen die sogenannten »Schurkenstaaten« die Rolle des potentiellen Aggressors in der US-Doppelstrategie, zunächst in Gestalt der fundamentalistischen Ayatollahs im Iran und dann in Gestalt des machthungrigen Saddam Hussein mit nationalistisch legitimierten Expansionsgelüsten.

Zentralasien und die Region des Kaspischen Meers: Diversifizierung der Energiequellen und Transportrouten

Die traumatischen Auswirkungen der Ölpreissprünge von 1973/74 und 1979[10] veranlaßten die Vereinigten Staaten, ihre Rohstoffquellen und Transportrouten zu diversifizieren und Verknappungs- beziehungsweise »Strangulierungs«-Situationen soweit wie möglich zu vermeiden. Die Diversifizierung entwickelte sich somit zu einem substantiellen Element zur Absicherung und Fortentwicklung der energie- und geopolitischen Doppelstrategie der USA. Die massiven Aktivitäten der US-amerikanischen Konzerne und Regierungen in Ost- und Westafrika zur Erschließung neuer Energiequellen in den letzten zwei Jahrzehnten gehen in diese Richtung.[11] Eine gewichtigere Alternative zu den insgesamt dürftigen Ölquellen Afrikas bildet allerdings die Region des Kaspischen Meers, in der sich die zweitgrößten Ölquellen nach der Golfregion und die weltweit wichtigsten Erdgasquellen befinden. Diese neue energie- und geopolitische Option fiel nach dem Zusammenbruch der Sowjetunion und der Unabhängigkeit der zentralasiatischen Republiken in den neunziger Jahren den Vereinigten Staaten als Geschenk des Himmels quasi in den Schoß. Seither pilgern Mitarbeiter multinationaler Ölkonzerne scharenweise in die neue Ölregion und machen in Kasachstan, Usbekistan, Turkmenistan und Aserbaidschan ihre Aufwartung. Die US-Konzerne betreiben hierbei intensive Lobbyarbeit und rekrutieren einflußreiche Berater, darunter Richard Cheney, ehemaliger Verteidigungsminister und heutiger Vizepräsident unter George W. Bush, sowie Zbigniew Brzezinski, früher Sicherheitsberater von Präsident Carter.[12] Mit von der Partie sind auch die Ölkonzerne Amaco, Unocol, Texaco und Exxon Mobil, die alle bereits mehrere Milliarden US-Dollar für die Öl- und Gasproduktionsanlagen beziehungsweise Pipelineprojekte investiert haben. Gleichzeitig unterzeichneten die Vereinigten Staaten unter dem Vorwand eines »humanitären« Einsatzes 1996 mit Usbekistan sowie danach mit Kasachstan und Kirgisistan das *Central Asia Bataillons Abkommen*[13], welches die Grundlage für gemeinsame Manöver bildete und darüber hinaus auch den langfristigen Aufbau von Militärstützpunkten vorsah. Zu diesen Maßnahmen der Einbindung neuer, zentralasiatischer Republiken in die eigene geopolitische Diversifizierungspolitik und Doppelstrategie gehörte auch, den Kaukasusrepubliken Georgien, Kasachstan, Aserbaidschan und den zentralasiatischen Staaten Usbekistan, Turkmenistan und Tadschikistan auf dem Nato-Gipfel von 1999 den Status von »Nato-Partnerschaftsländern« zuzuerkennen.[14] Die Einbindung Zentralasiens in »Amerikas Strategie der Weltherrschaft auf dem eurasischen Schachbrett«, so Brzezinski in seinem Buch *Die einzige Weltmacht*[15], gewinnt mit Hinblick auf die Volksrepublik China als aufsteigende regionale Supermacht und geopolitischer

Rivale der USA in Ostasien mit wachsendem Bedarf nach Energieimporten eine zusätzliche strategische Bedeutung. Was bisher für Europa und Japan in der energie- und geopolitischen Doppelstrategie der USA galt, gilt in Zukunft auch – angesichts ihrer zu erwartenden Abhängigkeit von Öl- und Gasimporten – für die Volksrepublik China.

Zu der Diversifizierung von Erdöl- und Gasquellen kommt die Diversifizierung der Transportrouten hinzu: (a) die russische Route von Kasachstan über Rußland zum russischen Schwarzmeerhafen Noworossijsk, (b) die Mittelmeerroute westlich vom Kaspischen Meer über Aserbaidschan, Armenien, Georgien und die Türkei oder über den Iran und die Türkei zum türkischen Mittelmeerhafen Ceyhan und schließlich (c) die Afghanistanroute östlich vom Kaspischen Meer über Turkmenistan, Afghanistan und Pakistan zum Persischen Golf und Indischen Ozean. Nahezu alle Kriege und Konflikte der letzten Jahre im Raum des Kaukasus und der Türkei (armenisch-aserbaidschanische, tschetschenisch-russische, georgische, kurdisch-türkische) und in Zentralasien, vor allem die Kriege innerhalb und gegen Afghanistan, haben direkt oder indirekt mit dem Interesse der USA zu tun, den Zugriff zu den Energiequellen einer neuen Region abzusichern.

Das Afghanistan-Pipelineprojekt, die Taliban und Osama Bin Laden

Durch die Diversifikation der Energiequellen und -routen soll die Abhängigkeit der USA von einer einzigen Quelle aufgehoben und der eigene Handlungsspielraum zur Umsetzung der Doppelstrategie maximiert werden. Die Energiequellen des Kaspischen Meers könnten sich allerdings nur dann als eine ernsthafte Alternative zu den Energiequellen der Golfregion etablieren, wenn außer den beiden möglichen, von Rußland beziehungsweise Iran abhängigen Routenoptionen eine direkt unter

amerikanischer Kontrolle stehende weitere Öl- und Gastrans-
portroute erschlossen würde. So kommt dem Afghanistan-Pipelineprojekt eine Schlüsselrolle zu. Denn nur so kann auch der
Einfluß Rußlands oder des Iran zurückgedrängt und eine mögliche geopolitische Koalition dieser Staaten, die Amerikas Vorherrschaft beeinträchtigen könnte, von vornherein aussichtslos
gemacht werden. Die Idee einer derart beschaffenen Diversifizierung geht auf den jetzigen Berater des in Zentralasien akti-
ven US-Ölkonzerns Amaco und einstigen Förderer der afghanischen Volksmudschahedin bei der Vertreibung der sowjetischen Armee aus Afghanistan, Zbigniew Brzezinski, zurück, der
mehr als jeder andere US-Politiker die Bedeutung Eurasiens in
»Amerikas Strategie der Vorherrschaft« hervorgehoben hat. So
plädiert er dafür, »den derzeit herrschenden Pluralismus (!) auf
der Landkarte Eurasiens zu festigen und fortzuschreiben. Dies
erfordert ein hohes Maß an Taktieren und Manipulieren, damit
keine gegnerische Koalition zustande kommt, die schließlich
Amerikas Vorrangstellung in Frage stellen könnte, ganz abgesehen
davon, daß dies einem einzelnen Staat so schnell nicht gelänge.«[16]
Folgt man der Feststellung der herausragenden Rolle des Af-
ghanistan-Pipelineprojekts in der energie- und geopolitischen
Doppelstrategie der Vereinigten Staaten, so erscheint die Afgha-
nistanpolitik der USA seit 1995 in einem neuen Licht. Es ging
dabei in erster Linie um die Realisierung eben dieses Projekts,
koste es was es wolle und mit wem auch immer. So wurde im
März und Oktober 1995 die turkmenische und pakistanische
Zustimmung für das Projekt eingeholt. Die Taliban, »eine Schöp-
fung des pakistanischen Geheimdienstes«, waren hierbei schon
zu Beginn des Jahres 1995 erstmals auf der politischen Bühne
aufgetaucht. »Vermutlich von der CIA und Saudi-Arabien finanziert«[17], eroberten sie im September 1996 Kabul. Michael
Bearden (Vertreter der CIA in Afghanistan während des Kriegs
gegen die Sowjetunion und heute eine Art halboffizieller Sprecher der CIA) faßt die damalige Stimmung der Amerikaner so
zusammen: »Diese Typen (die Taliban) waren nicht einmal die
schlimmsten, etwas hitzige junge Leute; aber das war immer noch

besser als der Bürgerkrieg. Sie kontrollierten das gesamte Gebiet zwischen Pakistan und den Erdgasfeldern Turkmenistans. Vielleicht war das doch eine ganz gute Idee, dachten wir, wenn wir eine Erdölpipeline durch Afghanistan bauen und das Gas und die Rohstoffe auf den neuen Markt befördern können. Alle wären zufrieden.«[18]

Die Geostrategen und Außenpolitiker der USA hat also weder der Steinzeitfundamentalismus der Taliban noch die Perspektivlosigkeit ihrer Politik für die afghanische Bevölkerung im geringsten interessiert. Ihnen ging es offenbar allein um politische »Stabilität« in Afghanistan und die Sicherheitsgarantie für das Afghanistan-Pipelineprojekt. In Afghanistan wiederholt George W. Bush, was sein Vater 1991 im Konflikt mit dem Irak vormachte. Beide waren und sind, wie keine anderen US-Präsidenten zuvor, sehr eng mit der US-Ölindustrie verbunden und in ihren Wahlkämpfen von den Spenden der Ölkonzerne abhängig. George W. Bush ernannte zu seinem engsten Beraterteam Leute, die zur Führungsriege der US-Ölkonzerne gehörten, darunter Vizepräsident Richard Cheney und die Sicherheitsberaterin Condoleezza Rice.[19] Es war daher durchaus kein Zufall, daß George W. Bush kurz nach seiner Amtsübernahme ankündigte, die fossile Energienutzung stärker als bisher in den Vordergrund der Energiepolitik stellen zu wollen, und daß er demzufolge im März 2001 die Klimavereinbarungen des Protokolls von Kyoto aufkündigte. Um so dringlicher wurde für die neue US-Regierung das Afghanistan-Pipelineprojekt. Ganz in diesem Sinne hatte sie – wie *Le Monde diplomatique* im Januar 2002 ausführlich berichtete – die Verhandlungen mit den Taliban intensiviert und bis Ende Juli 2001 fortgesetzt. Dabei stand die Auslieferung von Osama Bin Laden keineswegs im Vordergrund. Ganz im Gegenteil waren »die Amerikaner damals so sehr vom Zustandekommen der Verhandlungen (mit den Taliban) überzeugt, daß das FBI seine Untersuchung über eine mögliche Beteiligung Bin Ladens … am Anschlag auf den amerikanischen Zerstörer *USS Cole* … auf Veranlassung des State Departments einstellen muß«.[20] Der für Bin Laden zuständige

FBI-Abteilungsleiter, John O'Neill, trat daher im August 2001 aus Protest gegen diese Behinderungen zurück.[21]

Tatsächlich hätte Osama Bin Laden, wie der damalige sudanesische Verteidigungsminister General Erwa der *Washington Post* mitteilte, bereits 1996, als er sich im Sudan aufhielt, ausgeliefert werden können. Doch Washington lehnte das Auslieferungsangebot des Sudan mit Rücksicht auf mögliche Unruhen in Saudi-Arabien und eine eventuelle Destabilisierung des saudischen Königshauses ab.[22] Laut *Washington Post* vom 2. Oktober 2001 gab es damals innerhalb der US-Administration eine intensive Diskussion darüber, »ob die Vereinigten Staaten Bin Laden verfolgen und anklagen oder ihn wie einen Mitstreiter in einem Untergrundkrieg behandeln sollten. Ganz offensichtlich hat man sich dafür entschieden ›to treat him like a combattant in an underground war‹.«[23] Diese Behauptung mag unsere Phantasie in bezug auf die taktischen Spielchen der Geostrategen überschreiten, man kann sie allerdings auch nicht ganz von der Hand weisen, zumal bisher unwidersprochen ist, daß auch Saddam Hussein durch die amerikanische Seite nicht daran gehindert wurde, Kuwait militärisch zu besetzen – ganz im Gegenteil.[24]

Ob die unheiligen Allianzen zwischen Washington und Saddam Hussein[25] beziehungsweise zwischen Washington und Osama Bin Laden durch die CIA geplant und gezielt Schritt für Schritt umgesetzt wurden, bleibt Spekulation. Fakt ist allerdings, daß ohne die Besetzung Kuwaits durch Saddam Hussein die direkte militärische Präsenz der USA in Dhahran und Riad (Saudi-Arabien) sowie in Kuwait, das heißt in unmittelbarer Reichweite der größten Erdöllagerstätten der Welt, genauso unwahrscheinlich gewesen wäre wie die Errichtung neuer US-Militärstützpunkte in Zentralasien (Usbekistan, Kirgisistan) und entlang der Öl- und Gastransportrouten in der Region des Kaspischen Meers ohne Osama Bin Laden und den 11. September. Die Kommandos, die das World Trade Center zerstörten, wurden jedenfalls erst Mitte August aktiviert, nachdem sich Ende Juli 2001 ziemlich klar herauskristallisiert hatte, daß die Taliban nicht bereit sein würden, sich US-Bedingungen zu unterwerfen, und nachdem die US-Verhandlungsführer den Taliban nach Aussage des an den Verhandlungen beteiligten ehemaligen pakistanischen Außenministers, Niaz Naik, mit Militäraktionen gedroht hatten.[26] Diese Militäraktion hat tatsächlich stattgefunden: die Taliban sind weggebombt, die Al-Qaida-Verbände entweder aufgerieben, verhaftet oder auf der Flucht.

Eine öffentliche Gerichtsverhandlung für die gefangenen Talibankämpfer ist jedoch nicht vorgesehen. Sie werden jenseits der Rechtsstaatlichkeit in Guantánamo Bay von einem US-Militärtribunal abgeurteilt. Ob der geflüchtete Osama Bin Laden tatsächlich in einen Untergrundkrieg getrieben wird, der die Rechtfertigung für die Fortsetzung der Militäraktionen gegen den internationalen Terrorismus liefert, bleibt abzuwarten. Fakt ist, daß Saddam Hussein und die von ihm ausgehende Bedrohung gegen die Herrschaftshäuser arabischer Ölpotentaten am Persischen Golf den USA dazu verhilft, ihre Militärstützpunkte in der Golfregion aufrechtzuerhalten und von den umfangreichen Rüstungsexporten in den gesamten Nahen und Mittleren Osten zu profitieren.[27]

Als Resultat des Afghanistankriegs sind die USA nun dabei, entlang der neuen Öl- und Gastransportrouten Militärstützpunkte zu errichten, um ihren globalen Anspruch auf die Vorherrschaft[28] mittels Kontrolle der Ölquellen gegenüber Europa, Japan und nunmehr auch der Volksrepublik China zu untermauern. Zu der Diversifizierungsstrategie der USA gehört neben der Diversifizierung der Ölquellen und Transportrouten auch die Errichtung von Militärstützpunkten für den Nachschub von Kriegsmaterial im gesamten eurasischen Raum. Vor diesem Hintergrund erscheint auch das US-Engagement auf dem Balkan – insbesondere im Kosovokonflikt – und die in der Nähe von Priština errichtete Militärbasis *Camp Bondsteel*, einer der größten US-Militärstützpunkte außerhalb der Nato, in einem neuen Licht.[29]

Diese Ausführungen wären unvollständig, blieben zwei Ironien des Afghanistankriegs unerwähnt. Erstens die Tatsache, daß ausgerechnet jemand wie Osama Bin Laden, der die amerikanische Ölpolitik als Grund für seinen antiamerikanischen Haß anführte und damit auch die Terroranschläge gegen die USA rechtfertigte,[30] selbst zu einer Art Verbündeten der USA umfunktioniert wird, um die bisherige Energie- und Geopolitik zu festigen und auszubauen. Und zweitens die bittere Wahrheit, daß ausgerechnet die rot-grüne Bundesregierung, die bei den internationalen Klimaverhandlungen zur Reduzierung des fossilen Energieverbrauchs für sich eine Vorreiterrolle reklamiert, mit ihrer »uneingeschränkten Solidarität« im Afghanistankonflikt den Vereinigten Staaten hilft, ihre Politik der forcierten Nutzung fossiler Energien durchzusetzen und damit alle Ergebnisse des Klimaprotokolls von Kyoto zunichte zu machen. So schließt sich wieder der Teufelskreis der energie- und geopolitischen Doppelstrategie der USA.

Rüstungswettlauf, Krieg und Islamismus anstelle von Demokratisierung und friedlicher Entwicklung

Was die politische Klasse der USA bei der Verfolgung ökonomischer und geostrategischer Ziele von den Menschen in der arabischen Welt jenseits aller ideologischen Phrasen über Demokratie, westliche Werte und Menschenrechte wirklich hält, sagte unumwunden der ehemalige US-Energieminister James Schlesinger auf dem 15. Kongreß des Weltenergiebeirats 1992 in Madrid: »Das, was das amerikanische Volk aus dem Golfkrieg gelernt hat, ist, daß es wesentlich leichter und wesentlich lustiger ist, den Leuten im Vorderen Orient in den Hintern zu treten, als Opfer zu bringen und die Abhängigkeit Amerikas im Hinblick auf das importierte Öl zu begrenzen. Diejenigen, die mich gut kennen, werden verstehen, daß ich es niemals wagen würde, einen Ausdruck zu verwenden, wie eben von mir getan, wenn dieser nicht auch auf höchster Regierungsebene so akzeptiert würde.«[31]

Die US-Politik im Nahen und Mittleren Osten seit der Mitte des letzten Jahrhunderts und nun auch in Zentralasien entspricht auf der ganzen Linie jedenfalls ziemlich genau der durch Schlesinger auf den Punkt gebrachten Wertschätzung. Nicht zuletzt auch dank dieser Politik setzte sich in der Region eine andere Entwicklung durch, als man ursprünglich hoffnungsvoll erwartet hatte: 1953 wurde die demokratisch gewählte Regierung Mossadegh im Iran mit Hilfe der CIA gestürzt, dann das Schah-Regime zu einer regionalen Supermacht militärisch aufgerüstet. Dadurch wurde ein gigantischer Rüstungswettlauf am Persischen Golf in Gang gesetzt, an dem sich auch die Sowjetunion nun ihrerseits durch die Aufrüstung des Irak aktiv beteiligte.

Der Rüstungswettlauf entlud sich schließlich im ersten (irakisch-iranischen) Golfkrieg (1980-1988) und dann im zweiten Golfkrieg (1991). Im ersten Golfkrieg wurde das irakische Regime Saddam Husseins vom Westen gegen den Iran unterstützt und militärisch gestärkt, um es dann im zweiten Golfkrieg mit erheblichem militärischen Aufwand zu besiegen.[32] Daß dieses – auch aus der eigenen geostrategischen Perspektive, wie die irakische Besetzung Kuwaits vor Augen führte – äußerst risikoreiche Ausspielen von zwei islamischen Staaten am Persischen Golf in den Augen der Menschen dieser Region Mißtrauen erweckte und Haß erzeugte, kann nicht geleugnet werden. Jedenfalls wurden damit den ohnehin antiwestlich gesinnten Islamisten neue Argumente an die Hand gegeben, die westliche und US-amerikanische Politik im Nahen und Mittleren Osten bei der eigenen Bevölkerung als einen gezielten Angriff gegen den Islam insgesamt anzuprangern. Nicht weniger verhängnisvoll waren die Folgen der Errichtung amerikanischer Militärstützpunkte vor allem in Saudi-Arabien – dem Hüter der bedeutendsten islamischen Heiligtümer in Mekka und Medina. Diese amerikanische Präsenz empörte die Muslime nicht nur auf der Arabischen Halbinsel, sondern wurde in allen arabischen Ländern und in der gesamten islamischen Welt als erneute Demütigung empfunden. Osama Bin Laden und sein Al-Qaida-Netzwerk haben auf diesem fruchtbaren Boden ihre furchterregende Größe und Anhängerschaft gewonnen.

Über ein halbes Jahrhundert erlebten die Menschen im Nahen und Mittleren Osten zudem eine politisch-militärische Kooperation des Westens und der Sowjetunion mit diktatorischen Regimen. Hinzu kamen als negative Erfahrungen Militärinterventionen, Waffenimporte, Kriege, Zerstörung und menschliches Leid. Es gibt kein einziges Beispiel dafür, daß Ansätze zur Demokratisierung in der Region von außen gefördert wurden, daß die westlichen Industriestaaten ihre eigenen Werte wie Pluralismus, Meinungsfreiheit und Schutz der Menschenrechte glaubhaft als Richtschnur ihrer Beziehungen mit den Staaten des Nahen und Mittleren Osten zugrunde gelegt hätten. Wie sollten die islamischen Bevölkerungen dieser Region die positiven politischen Errungenschaften des Westens auch wahrnehmen und übernehmen, wenn sie durch eigene Erfahrungen und politische Erlebnisse nicht diese positiven Werte, sondern im Gegenteil die negativen Auswirkungen einer puren Interessenpolitik kennengelernt hatten. Dadurch wurde die Demokratisierung in der Region um Jahrzehnte zurückgeworfen und den Völkern im Nahen und Mittleren Osten beträchtlicher Schaden zugefügt; den kurzfristigen amerikanischen und westlichen Interessen hat dies jedoch nicht geschadet – ganz im Gegenteil. Es gibt einen eindeutigen Zusammenhang zwischen den nationalistisch-islamistischen Regimen, den beiden Golfkriegen, den gigantischen Rüstungsexporten in die Golfregion in den letzten dreißig Jahren und den sinkenden Ölpreisen. Letztere gelten bekanntlich als wichtigster Stabilitätsfaktor für die florierenden Volkswirtschaften der kapitalistischen Industrieländer. Durch die Terroranschläge auf das World Trade Center und das Pentagon hat sich jedoch das Konzept einer Destabilisierungsstrategie mit »kalkulierbarem Risiko« als Bumerang erwiesen. Die auf eigenen kurzfristigen ökonomischen und geostrategischen Interessen basierende Politik der USA und des Westens wird durch den globalisierten Terrorismus eingeholt. Wie die drohende Klimakatastrophe als Reaktion der Natur auf ein nur kurzsichtig ausgerichtetes ökonomisches Handeln der reichen Eliten in den Industrie- und Entwicklungsländern gesehen werden muß, ist der globalisierte Terrorismus die politische Reaktion auf die Art und Weise der Aufrechterhaltung und Absicherung des Systems.

Insofern tragen alle westlichen Staaten, allen voran die USA, eine beträchtliche Mitverantwortung für das Desaster vom 11. September.

III. Andere Hintergründe und Dimensionen des 11. September

Der israelisch-palästinensische Konflikt

Der israelisch-palästinensische Konflikt ist zweifelsohne der wichtigste Kristallisationspunkt, aus dem alle antiwestlichen arabisch-nationalistischen und islamistischen Bewegungen ihre politische Kraft und Legitimation schöpfen. Israel ist die größte, auch mit Atomwaffen ausgerüstete Militärmacht im Nahen und Mittleren Osten und weigert sich, gerade wegen seiner militärischen Überlegenheit, seine Besatzungspolitik in Palästina zu beenden. Das Land stellt vielmehr täglich seine Überlegenheit als Besatzungsmacht demonstrativ zur Schau, indem es palästinensische Häuser zerstört, palästinensischen Grund und Boden beschlagnahmt, die Freiheiten der Menschen einschränkt, Palästinenser willkürlich ins Gefängnis steckt, Aktivisten von Widerstandsgruppen liquidiert, die gewählten Führungspersönlichkeiten erniedrigt und die Palästinenser als Volk demütigt.[33] Die Palästinenser wiederum reagieren auf die von ihnen empfundene Ungerechtigkeit und Ohnmacht mit der Al-Aqsa-Intifada beziehungsweise mit terroristischen Anschlägen.

Bei den Arabern und Muslimen in der ganzen Welt verursacht die Demütigung und Unterdrückung der Palästinenser Wut und Ohnmachtsgefühle, die sich in einzelnen Ländern wie Ägypten bereits in Terroranschlägen gegen westliche Touristen entluden beziehungsweise zu Anschlägen gegen die eigenen korrupten Regierungen führten, die sich mit Rücksicht auf die USA gegenüber dem israelisch-palästinensischen Konflikt eher in Zurückhaltung üben.

Die Vereinigten Staaten gelten in den Augen der arabisch-islamischen Völker als entscheidende Schutzmacht der israelischen Besatzungspolitik und daher als mitverantwortlich für die Demütigung der Araber und Muslime. Zu den schmerzlichen Wahrheiten des auch nach dem Terroranschlag vom 11. September gegen die USA weiter eskalierenden israelisch-palästinensischen Konflikts gehört, daß Israel offensichtlich der Fortsetzung des gegenwärtigen Zustands der Besatzung auf der einen sowie der Intifada und des islamistischen Terrors auf der anderen Seite einen höheren Rang beimißt als der Aufgabe seiner Besatzungspolitik und der Schaffung eines dauerhaften Friedens.

Die islamistische Hamas wurde vom Osloer Friedensprozeß ausgeschlossen und boykottierte ihrerseits die Friedensverhandlungen, indem sie durch Terroranschläge in Israel eine Eskalation der Gewalt in Gang setzte. An dieser Gewalteskalation beteiligten sich jedoch auch jüdische Fundamentalisten. Yitzhak Rabin selbst wurde Opfer dieser Gewalteskalation, die sich nach dessen Tod weiter zuspitzte und nun droht, zu einem offenen Bürgerkrieg in Palästina zu werden und das Ende des Friedensprozesses sowie der Palästinensischen Nationalbehörde herbeizuführen. Auch in diesem Zusammenhang wird das Verhalten der US-Regierung in der islamisch-arabischen Welt als Desinteresse beziehungsweise Parteinahme für die unversöhnliche Politik des israelischen Ministerpräsidenten Ariel Sharon angesehen.

Der Sprung von der Tradition
in die Moderne und die Folgen

In den islamischen Ländern wie in der gesamten Dritten Welt vollzieht sich gegenwärtig eine historisch längst fällige gesellschaftliche Transformation und Industrialisierung, die mit tiefgreifenden sozialen Brüchen, mit Entfremdung, Entwurzelung und individuellen Identitätskrisen einhergeht. Der Globali-

sierungsdruck verstärkt diesen Prozeß. Die nachhaltigste Form
soziokultureller und sozialpsychologischer Aufarbeitung dieses unabdingbaren und konfliktträchtigen Prozesses, der in
Europa über einen Zeitraum von zwei Jahrhunderten stattgefunden hat, ist die Demokratisierung und Selbstbestimmung.
Durch Einmischung, Intervention und Unterstützung korrupter und diktatorischer Regime (Verhinderung der in den fünfziger Jahren des letzten Jahrhunderts begonnenen Demokratisierung) sowie durch das Überstülpen eigener Industrialisierungsmuster haben die großen westlichen Industriestaaten, allen voran die USA, mit dazu beigetragen, daß die sozialpsychologische
und soziokulturelle Aufarbeitung der gesellschaftlichen Transformation unterbrochen und verzerrt wurde beziehungsweise
überhaupt nicht stattfand. Die große Masse der Entwurzelten
empfindet so durch alle sozialen Gruppen hindurch die dabei
erlittene Identitätskrise als einen fremdgesteuerten Angriff auf
die eigenen kulturellen Werte und ist daher dazu prädestiniert,
Feindbildern zu folgen, ihr Heil in nationalistischen beziehungsweise fundamentalistischen Perspektiven zu suchen und gleichzeitig das Ausland, den Westen und die USA, für das eigene Leid
verantwortlich zu machen.

Asymmetrische Globalisierung
und die ungerechte Güterverteilung

Die von der reichen Elite in der Welt, den internationalen Konzernen und den ihnen nahestehenden Finanzinstitutionen gelenkte ökonomische Globalisierung hat die ungleiche Einkommensverteilung in der Welt in den letzten Jahrzehnten vergrößert.
Über eine Milliarde Menschen in der Dritten Welt kämpfen um
das tägliche Brot und fristen ein verzweifeltes Dasein. Die in dieser Ungerechtigkeit schlummernden sozialen und politischen
Instabilitätsfaktoren können unmöglich militärisch eingedämmt
werden. Die asymmetrisch strukturierte Globalisierung unter

ökonomischer, technologischer, medialer, kultureller und macht-politischer Hegemonie der USA und des reichen Nordens ist ein in sich konflikt- und gewaltbeladenes Modell. Dem privile-gierten reichen Norden unter der Schutzmacht der Welthandels-organisation (WTO), der seine Beziehungen zu den Staaten des Südens nach der ökonomischen beziehungsweise geostrategi-schen Nützlichkeit als Militär-, Rohstoff- und Ölbasis ordnet und mit antidemokratischen Regimen politisch und militärisch paktiert, stehen die Regionen des Elends, der Sehnsucht nach Menschenwürde und Gerechtigkeit gegenüber. Die sozioöko-nomische Verelendung und die kulturelle Entwurzelung bei gleich-zeitiger Zurschaustellung des Reichtums der Eliten durch glo-balisierte Kommunikationssysteme stellen den fruchtbarsten Nährboden für das Gedeihen von Terrorismus, Drogenhandel und mafiosen Netzwerken von heute und morgen dar.

IV. Für eine eigenständige europäische Außenpolitik

Eine Reduzierung der Ursachen des internationalen Terroris-mus auf Osama Bin Laden und seine Organisation Al-Qaida, auf den extremistischen Islamismus oder gar auf den Islam selbst führt grundlegend in die Irre. Vielmehr sind es die sozioökono-mischen Defizite und kulturellen Brüche, Ungerechtigkeiten und Demütigungen sowie die Mißachtung politischer, ökonomischer und kultureller Selbstbestimmung der Menschen, die Extremis-mus und Gewaltbereitschaft hervorrufen und im Islamismus sowie arabischen Nationalismus im Nahen und Mittleren Osten, im serbischen Nationalismus auf dem Balkan, im hinduistischen Fundamentalismus in Indien, in religiös kanalisierten Gewaltaus-brüchen in Indonesien, im christlichen Fundamentalismus in den USA und im jüdischen Fundamentalismus in Israel ihre Aus-drucksform finden. Die soziale und wirtschaftliche Schieflage zwischen den reichen Industrieländern und den Staaten der Dritten Welt sowie die Terroranschläge vom 11. September sind

Ausdruck einer tiefgreifenden Instabilität der Welt. Die Vereinigten Staaten tragen für diese Misere beträchtliche Mitverantwortung durch ihre auf kurzfristige Ölinteressen orientierte Nah- und Mittelostpolitik, durch ihre Politik des doppelten Standards, durch ihr Nein zum Teststopp für Atomwaffen und zur Ächtung von Biowaffen sowie durch ihre Politik der Schwächung der Vereinten Nationen. Die Vereinigten Staaten müßten gerade anläßlich des 11. September 2001 erkennen, daß eine Fortsetzung dieser utilitaristischen, auf ein Nullsummenspiel ausgerichteten, nicht kooperativen Politik sich langfristig nicht rechnet und auf dem besten Wege ist, weitere Katastrophen heraufzubeschwören. Die Reformkräfte in Europa haben hier eine nicht zu unterschätzende Aufgabe, um dem gegenzusteuern. Eine gerechtere Weltwirtschaftsordnung, ein dauerhafter Frieden im Nahen und Mittleren Osten und eine nachhaltige Energieversorgung Europas erfordern eine eigenständige europäische Außen- und Friedenspolitik. Die uneingeschränkte Solidarität mit den Vereinigten Staaten versperrt allerdings diese Perspektive.

Literatur

Abramovici, Pierre: Dubiose Kontakte zwischen Washington und den Taliban. In: *Le Monde diplomatique (Deutsche Ausgabe)*, Januar 2002.

Altmeyer, Martin: Renaissance zweier Welten. Der Terror und die narzisstische Kränkung. In: *Frankfurter Rundschau*, 19.9.2001.

Bröckers, Mathias: Pack schlägt sich, Pack verträgt sich. Die Bush-Bin Laden-Connection. In: *Telepolis*, 20.11.2001 (wysiwyg: //http://www.heise.de).

Bröckers, Mathias: In Memoriam John O'Neill. Der kaltgestellte Jäger Bin Ladens starb im World Trade Center. In: *Telepolis*, 24.11.2001 (wysiwyg://http://www.heise.de); 2001a.

Brzezinski, Zbigniew: Die einzige Weltmacht. Amerikas Strategie der Vorherrschaft. Frankfurt/M. 2001.

Chomsky, Noam/Beinin, Joel u.a.: Die neue Weltordnung und der Golfkrieg. Grafenau 1992.

Denny, Ludwell: Ölquellen, Kriegsquellen. Zürich/Leipzig 1930.

Farhat-Naser, Sumaya: Die einen feiern und wir anderen trauern. Eine Palästinenserin blickt zurück: Ein Volk wächst und blüht auf den Trümmern eines anderen Volkes. In: *Frankfurter Rundschau*, Sonderausgabe: 50 Jahre Israel, 29.4.1998.

Huntington, Samuel P.: Kampf der Kulturen. München 1996.

Kronenberger, Hans: Blut für Öl. Der Kampf um die Ressourcen. Wien 1999.

Langer, Felicia: Laßt uns wie Menschen leben. Schein und Wirklichkeit in Palästina. Göttingen 1996.

Massarrat, Mohssen: Weltenergieproduktion und Neuordnung der Weltwirtschaft. Frankfurt/M./New York 1980.

Massarrat, Mohssen: Der Gottesstaat auf dem Kriegsschauplatz. In: *Peripherie*, Nr. 29, 1988.

Massarrat, Mohssen: Der Golfkrieg: Historische, politische, ökonomische und kulturelle Hintergründe. In: Stein, Georg (Hg.): Nachgedanken zum Golfkrieg. Heidelberg 1991.

Massarrat, Mohssen: Islamischer Orient und christlicher Okzident: Gegenseitige Feindbilder und Perspektiven einer Kultur des Friedens. In: *Osnabrücker Jahrbuch Frieden und Wissenschaft*, 6/1999.

Massarrat, Mohssen: Die unheilige Allianz mit dem irakischen Diktator. In: *Wissenschaft und Frieden*, Nr. 1/1999; 1999a.

Massarrat, Mohssen: Das Dilemma der ökologischen Steuerreform. Plädoyer für eine nachhaltige Klimapolitik durch Mengenregulierung und neue politische Allianzen. 2., stark erw. Aufl., Marburg 2000.

Massarrat, Mohssen: Der Nato-Krieg gegen die Bundesrepublik Jugoslawien. Lehren für eine pazifistische Perspektive und eine europäische Friedenspolitik. In: *Osnabrücker Jahrbuch Frieden und Wissenschaft*, 7/2000; 2000a.

Müller, Harald: Das Zusammenleben der Kulturen. Ein Gegenentwurf zu Huntington. Frankfurt/M. 1998.

Pitzke, Marc: *Die Woche*, 19.10.2001.

Said, Edward W.: Frieden in Nahost. Essays über Israel und Palästina. Heidelberg 1997.

Salinger, Pierre/Laurent, Eric: Krieg am Golf. Das Geheimdossier. Die Katastrophe hätte verhindert werden können. München 1991. Yergin, Daniel: Der Preis. Die Jagd nach Öl, Geld und Macht. Frankfurt/M. 1991.

Anmerkungen

1 Altmeyer, Martin: Renaissance zweier Welten. Der Terror und die narzisstische Kränkung. In: *Frankfurter Rundschau*, 19. 9.2001.
2 Vgl. dazu Huntington 1996 und zur Kritik an Huntingtons Hypothesen Müller 1998.
3 Ausführlicher dazu siehe Massarrat 1999.
4 Vgl. dazu: *Der Spiegel*, 38/2001, S. 166. Darin wird berichtet, daß in Lateinamerika »der Angriff auf das Herz der USA ... nicht nur Trauer und Entsetzen auslöst«, daß dort »auch klammheimliche Freude zu spüren« war.
5 »Denn er wird das Meer durch die Schweröle beherrschen, die Luft durch die feinstraffinierten Öle und das Land durch Benzin und die Leuchtöle. Außerdem wird er seine Mitmenschen wirtschaftlich beherrschen aufgrund des phantastischen Reichtums, den er vom Erdöl herleiten wird – dieser wundervollen Substanz, welche heute gesuchter und wertvoller ist als selbst Gold.« (Berenger, zit. nach Denny 1930, S. 15).
6 Vgl. dazu Chomsky 1992, S. 33.
7 »Der Versuch einer auswärtigen Macht, die Kontrolle des Persischen Golfes zu übernehmen, wird als Angriff auf die vitalen Interessen der USA betrachtet. Sie wird mit allen Mitteln einschließlich militärischer Gewalt zurückgewiesen werden« (Präsident Carters Erklärung *State of the Union*, 23. Januar 1980).
8 »Welche Großmacht auch immer die Kontrolle über die Energieressourcen in der Golfregion erringt, sie wird dadurch in großem Ausmaß auch die Entwicklung der Welt beherrschen. Ein dritter Weltkrieg, sollte er stattfinden, würde wahrscheinlich um die Energiequellen in der Golfregion geführt werden.« Auf der

Weltenergiekonferenz 1989 in Montreal; zit. nach Müller, Michael: *Die Tageszeitung*, 13.8.1991.

9 Zit. nach Yergin 1991, S. 950.

10 Über die Ursachen der Ölpreissprünge vgl. ausführlicher Massarrat 1980.

11 Und damit einhergehend auch die Zuspitzung von Konflikten und Kriegen zwischen den Warlords in West- und Zentralafrika um tatsächliche oder für die Zukunft antizipierte Pfründe. Näheres dazu siehe Massarrat 2000, S. 122f. und Kronenberger 1999.

12 Näheres dazu vgl. Abramovici 2002.

13 Näheres dazu ebd.

14 Siehe Massarrat 2000, S. 172.

15 Brzezinski 2001.

16 Brzezinski 2001, S. 282f.

17 Ausführlicher dazu siehe Abramovici 2002.

18 Pièces à conviction, *France 3*, 18.10.2001; zit. nach Abramovici 2002.

19 »In Afghanistan wird nicht nur gegen Terror, sondern auch um Öl und Gas gekämpft – von einer Regierung, die eng mit der Ölindustrie verbunden ist.« (Pitzke 2001).

20 Abramovici 2002.

21 Dies berichten die beiden französischen Geheimdienstexperten Jean-Charles Brisard und Guillaume Dasquié in ihrem Buch *Die verbotene Wahrheit. Die Verstrickungen der USA mit Osama bin Laden*. Zürich/München 2002; vgl. dazu auch Bröckers 2001a.

22 Bröckers 2001, S. 4.

23 Ebd.

24 Zu diesem Ergebnis kamen Pierre Salinger (Chefkorrespondent der amerikanischen Fernsehanstalt ABC für Europa und den Nahen Osten) und Eric Laurent (freier Journalist) in ihrem 1991 veröffentlichten Buch *Krieg am Golf*. Auf die Frage an Salinger, daß, »wenn man Ihr Buch liest, man meinen könnte, die Vereinigten Staaten hätten alles getan, um die Krise heraufzubeschwören und den Emir von Kuwait, Jabir el-Sabah, dazu getrieben, Saddam Hussein herauszufordern«, antwortet er: »Ja, man kann sagen, daß die Amerikaner nichts getan haben, um den Konflikt

zu verhindern, im Gegenteil« (Zitat auf dem Umschlag des Buches).

25 Ausführlicher zu dieser unheiligen Allianz siehe Massarrat 1999a.

26 Ausführlicher Abramovici 2002 und Bröckers 2001a.

27 Ausführlicher dazu vgl. Massarrat 1999a.

28 Daß die hier dargestellte Doppelstrategie der USA mittels Öl- und Geopolitik die strukturelle Abhängigkeit von fossilen Energieimporten voraussetzt, erklärt, weshalb Rußland aufgrund seiner eigenen umfangreichen Energieressourcen jenseits der Reichweite dieser energie- und geopolitischen Doppelstrategie liegt und daß es versucht, seinen schwindenden Einfluß in Zentralasien nicht ganz zu verlieren.

29 Näheres dazu vgl. Massarrat 2000a.

30 »Amerika stiehlt uns das Öl. Sie behaupten, es wäre wichtig für sie. Amerika ist der größte Terrorist aller Zeiten. Nichts wird Amerika davon abhalten, so weiterzumachen, außer man zahlt es ihnen mit gleicher Münze heim.« Notiert aus einem nach dem 11. September über diverse Sender ausgestrahlten Interview ohne Zeitangabe.

31 Vgl. dazu Sarkis 1993.

32 Ausführlicher zu beiden Golfkriegen vgl. Massarrat 1988 und 1991.

33 Ausführlicher dazu u.a. Said 1997, Langer 1996 und Farhat-Naser 1998.

6. Kapitel

Militärische Gewalt schafft neue Probleme

Afghanistan nach dem Krieg: Zwischen Wunschdenken und Realität

Michael Lüders

Vordergründig scheint alles zum Besten: Die Amerikaner haben die Taliban besiegt, und Osama Bin Laden ist auf der Flucht. Derweil besorgen die Europäer die Friedenssicherung in Afghanistan, jedenfalls in Kabul und Umgebung – nach Dirty Harry nun also die Minima Moralia. So viel guter Wille war selten: Allein die Bundesregierung wird in den nächsten fünf Jahren mindestens dreihundert Millionen Euro in den Wiederaufbau eines Landes investieren, das vor dem 11. September kaum jemanden interessierte. Ein Gesinnungswandel, der Unterstützung verdient, weil er Teilen der notleidenden Bevölkerung zugute kommt und dem Land nach zweiundzwanzig Kriegsjahren erstmals eine Friedensperspektive eröffnet.

Allerdings reicht der Einfluß der Interimsregierung unter Hamid Karsai kaum über die Hauptstadt hinaus, und daran dürfte sich auf absehbare Zeit nur wenig ändern. Außerhalb Kabuls liegt die Macht nämlich in den Händen alter wie neuer Kriegsherren und Kommandeure, die Wegezoll erheben, plündern, töten, ihr eigenes Faustrecht anwenden. Nicht einmal die wichtigste Straßenverbindung von Kabul über Jalalabad und den Khaiberpaß nach Pakistan ist gegenwärtig (Februar 2002) sicher.

Deswegen droht Afghanistan noch immer eine Hungerkatastrophe, erreichen die ausländischen Hilfslieferungen in der Regel nur die größeren Städte auf dem Luftweg. Die Sicherheitslage ist ähnlich desaströs wie vor dem Aufstieg der Taliban, die ihren Siegeszug Ende 1994 von Kandahar aus antreten konnten, weil die Bevölkerung, der allgegenwärtigen Anarchie und Willkür überdrüssig, sie zunächst als Befreier ansah.

Seit dem Abzug der sowjetischen Streitkräfte 1989 wurde Afghanistan von Milizen- und Clankämpfen heimgesucht, häufig entlang ethnischer und religiöser Trennungslinien. Die Taliban versuchten, das Land unter paschtunischer Vorherrschaft zu einen, und scheiterten an ihrer rückständigen Stammesideologie, die sie als »islamisch« ausgaben. Entgegen der in westlichen Medien und in der Politik vorherrschenden Auffassung verdankt sich die erstaunlich schnelle Niederlage der Taliban nur zum Teil amerikanischen Bomben, auch nicht unbedingt dem »Volkswillen«, dem Haß auf ihre jahrelange Schreckensherrschaft. Ausschlaggebend war vielmehr eine der wenigen Konstanten im afghanischen Endloskrieg: der Wechsel lokaler Kommandeure auf die Seite der jeweiligen Sieger gegen gute Bezahlung und klare Versprechen. Eine Faustregel besagt, daß die »Eroberung« einer afghanischen Provinz etwa eine Million Dollar kostet. Der Usbekengeneral Rashid Dostum soll gar zweihundertfünfzig Millionen Dollar von den Amerikanern erhalten haben für seine – wiederholt mörderischen – Verdienste im Kampf gegen die Taliban. Die Milizionäre »aufgekaufter« Kriegsgegner haben zumeist nichts zu befürchten und können in ihre Heimatdörfer zurückkehren – wie auch geschehen nach dem Fall der letzten Talibanhochburgen in Kundus und Kandahar.

Die relative Waffenruhe im Land, die Abwesenheit offener Gewalt jenseits von Banditentum haben ihren Grund weniger in der Einsicht aller Beteiligten, die Regierung Karsai sei ein Retter in der Not. Vielmehr wissen die Kriegsherren, allen voran Dostum und der ehemalige Präsident Burhanuddin Rabbani, daß es im Augenblick unklug wäre, sich offen gegen den Willen von Amerikanern und Europäern zu stellen. Diese Warlords werden Karsai so lange unterstützen, wie der Preis stimmt und sie Rücksicht nehmen müssen. Ist die politische und mediale Karawane erst einmal weitergezogen, weil die Antiterrorallianz ein anderes Land ins Visier genommen hat, sieht die Welt schon wieder ganz anders aus. Dann erst kommt die Stunde der Wahrheit.

Hierzulande gilt der Sturz der Taliban als ein Sieg über die Finsternis des islamischen Fundamentalismus, der die westliche Zivilisation bedroht, nicht allein in Form von Terror. Machtpolitik wird verklärt als menschliche Mission: lächelnde Frauen, die ihre Burka, den vergitterten Schleier, abgelegt haben. Solche Bilder, in fast allen Zeitungen zu sehen, legen den Eindruck nahe, der Antiterrorkrieg sei das Werk von Gleichstellungsbeauftragten. Im Dezember 2001 reiste die deutsche Entwicklungshilfeministerin Heidemarie Wieczorek-Zeul nach Kabul und erklärte die Förderung afghanischer Frauen zu einem Hauptanliegen ihrer Entwicklungspolitik. Dagegen ist selbstredend nichts einzuwenden – im Gegenteil. Aber gerade die Frauenfrage zeigt, wie sehr das westliche Bild Afghanistans von Wunschdenken geprägt ist.

Die afghanischen Frauen gehörten, neben den ethnischen und religiösen Minderheiten, zu den am meisten von den Taliban heimgesuchten Bevölkerungsgruppen. Doch die bei uns vorherrschende Auffassung, nun seien die Frauen »befreit« und sähen einer glänzenden Zukunft entgegen, ist schlichtweg absurd. Paschtunisches Stammesdenken verbannt Frauen seit Jahrhunderten aus der Öffentlichkeit und zwingt sie unter einen Ganzkörperschleier. Die Taliban haben die Entrechtung der Frau in den Rang einer Ideologie erhoben, nicht jedoch »erfunden«. Deswegen wagen nur wenige Frauen, die Burka abzulegen, selbst in Kabul. Auf dem Land ist daran ohnehin nicht zu denken, auch in Pakistan sind paschtunische Frauen, von wenigen Ausnahmen abgesehen, außer Haus grundsätzlich verschleiert und haben kaum die Möglichkeit, einer Arbeit nachzugehen. Stammestraditionen zu überwinden braucht Zeit und Geduld, nicht spektakuläre Gesten. König Amanullah hat in den zwanziger Jahren, inspiriert von den weitreichenden Reformen Kemal Atatürks, lokalen Herrschern Geld gegeben, Bestechungsgeld, damit die Mädchen in ihrem Einflußbereich zur Schule gehen dürfen. Die Herrscher haben das Geld dankend angenommen, die Schulen allerdings blieben den Mädchen noch Jahrzehnte versperrt.

Die Dämonisierung der Taliban dient der zusätzlichen Legitimation des amerikanischen Militäreinsatzes, hilft aber nicht, die Probleme Afghanistans zu lösen. Um beim Beispiel der Frauen zu bleiben: Die in Pakistan ansässige afghanische Frauengruppe *Rawa* berichtet, im Herrschaftsbereich der Nordallianz würden Frauen genauso entrechtet wie zuvor unter den Taliban, inklusive Zwangsheirat, Vergewaltigungen und der Steinigung von Ehebrecherinnen. Davon ist bei uns wenig zu erfahren – es paßt politisch und medial nicht so recht ins Bild. Mit dem Petersberg-Abkommen vom 5. Dezember 2001 wurde die Nordallianz, ein loses Bündnis marodierender Anti-Taliban-Milizen und Bodentruppe der Amerikaner, in den Rang einer Staatsmacht erhoben. Der politische Wille im Westen besagt: jetzt wird alles gut. Auf die Bomben folgt der Wiederaufbau, wir umarmen unsere neuen afghanischen Freunde so lange mit Geld und gutem Willen, bis sie dankbar und selig lächelnd die Waffen strecken.

Wunschdenken, wie gesagt. Afghanistan ist erst der Anfang im weltweit geführten Kampf gegen den Terror, der die westliche Politik in den nächsten Jahren maßgeblich bestimmen wird. Unabhängig von allen völkerrechtlichen und moralischen Erwägungen (rechtfertigt der Tod von etwa dreitausend Menschen in den USA am 11. September den Tod von mindestens ebensovielen afghanischen Zivilisten seit Beginn der amerikanischen Bombenangriffe?) zeigt bereits der Einsatz in Afghanistan, daß militärische Gewalt neue Probleme schafft, die noch sehr viel gefährlicher und unberechenbarer sind als die alten. Wie in einer kommunizierenden Röhre sind politische Allianzen, Akteure und Konflikte in der Region miteinander verwoben, und jeder Druck von außen wirkt auf die Kräfteverhältnisse an anderer Stelle. Das zeigt die Eskalation der Spannungen zwischen den beiden Atommächten Pakistan und Indien bis hin zur offenen Kriegsdrohung, die auf die veränderten Machtstrukturen in Afghanistan zurückzuführen ist.

Nach dem 11. September hatte sich Pakistan im Kampf gegen die Taliban und das Al-Qaida-Netzwerk uneingeschränkt auf die Seite Washingtons gestellt. Auf amerikanischen Druck ließ Islamabad die Taliban fallen, die jahrelang vom pakistanischen Inlandsgeheimdienst ISI unterstützt wurden, finanziell und militärisch. Die Nordallianz, nunmehr in Kabul an der Macht, ist antipakistanisch eingestellt, womit die Militärregierung unter Pervez Musharraf folglich ihren politischen Hinterhof in Afghanistan eingebüßt hat. Als Gegenleistung erwartet Islamabad amerikanischen Druck auf Indien in der Kaschmirfrage, aus der sich Washington bislang allerdings heraushält.

Seit Beginn der neunziger Jahre führen militante islamistische Gruppen einen Guerillakrieg gegen die indische Armee in dem von beiden Seiten beanspruchten Kaschmir, aktiv unterstützt vom pakistanischen Militär. Die Armee, die einzige funktionierende Institution in Pakistan, braucht den Dauerkonflikt mit Indien, um ihre dominante Rolle in Staat und Gesellschaft zu legitimieren. Der Terroranschlag radikaler Islamisten auf das indische Parlament Mitte Dezember 2001 war eine Art »Vorwärtsverteidigung« nationalistisch gesinnter Militärkreise in Pakistan, um Washington in eine Vermittlerrolle hineinzuzwingen. War schon Kabul verloren, sollte wenigstens Kaschmir gewonnen werden. Der Schuß ging gewissermaßen nach hinten los: Indien beschuldigte nunmehr Pakistan, den Terrorismus zu fördern, und Präsident Musharraf blieb keine andere Wahl, als die radikalen Mudschahedin-Gruppen zu verbieten.

Innerhalb von nur drei Monaten hat Pakistan also seinen politischen Einfluß in Afghanistan weitgehend eingebüßt und eine schwere strategische Niederlage im Dauerkonflikt mit Indien erlitten. Nichts Geringeres als die Legitimation der Armee steht auf dem Spiel, und sie wird handeln, indem sie zum Beispiel unzufriedene paschtunische Stämme, Kriegsherren und Kommandeure in Afghanistan gegen die Interimsregierung in Kabul aufwiegelt, in der die Paschtunen, die Bevölkerungsmehrheit, nur unzureichend vertreten sind. Die Zeichen stehen eindeutig auf Sturm. Der Preis für den Sturz der Taliban ist die Gefahr zunehmender Spannungen zwischen Indien und Pakistan sowie eine neue Runde im innerafghanischen Machtkampf. Was folgt nun daraus? Den Terror aus Angst vor den Unwägbarkeiten militärisch nicht zu bekämpfen? Das Al-Qaida-Netzwerk ist ohne Anwendung von Gewalt nicht zu zerschlagen, daran besteht kein Zweifel. Aber Washington verbindet, und darin liegt die Gefahr, den Kampf gegen den Terrorismus mit machtpolitischen Eigeninteressen, nicht zuletzt mit schlichten Rachemotiven. Das religiös anmutende Sendungsbewußtsein eines Antiterroreinsatzes, den das Weiße Haus als »grenzenlose Gerechtigkeit« bezeichnet, wird zudem den Haß auf die Allmacht und Selbstgefälligkeit des Westens in weiten Teilen der islamischen Welt schüren und eine neue Generation von Gewalttätern hervorrufen – nicht heute, nicht morgen, aber in fünf bis zehn Jahren.

Ob gewollt oder ungewollt, der Antiterroreinsatz schafft gefährliche Instabilitäten. Die nächsten Kriegsziele sind, allen Dementis zum Trotz, deutlich abzusehen: Somalia, der Jemen und vor allem der Irak. In beiden Ländern wurden amerikanische Marines Opfer von Terroranschlägen aus dem Umfeld Osama Bin Ladens: 1993 in Mogadischu, im Rahmen eines UN-Einsatzes zur Bekämpfung der Hungersnot in Somalia, durch den Abschuß zweier Hubschrauber; und im Oktober 2000 explodierte eine Bombe an der Bordwand des Zerstörers *USS Cole* im Hafen von Aden. Der Tod von insgesamt fünfunddreißig Marines verlangt aus amerikanischer Sicht Vergeltung. In Somalia werden vor allem die äthiopische Armee und »gekaufte« lokale Milizen den Bodenkampf gegen einen weithin unsichtbaren Feind führen, über dessen Größenordnung nichts bekannt ist. Nach Beendigung dieser Mission dürften auch die letzten Ansätze einer staatlichen Infrastruktur in Somalia zerstört sein, kriminelle Milizen als politische Stellvertreter westlicher Interessen fungieren sowie die regionalen Spannungen anwachsen, vor allem zwischen Äthiopien und Eritrea.

Nicht minder absurd wäre ein Angriff auf den Jemen. Die Regierung in Sana kontrolliert nur Teile des Landes, die tatsächliche Macht liegt in den Händen von Stammesführern. Der jemenitische Präsident Ali Abdallah Saleh, der eindeutig dem prowestlichen Lager zuzurechnen ist, würde eine Militärintervention in seinem Land politisch nicht überleben. Die Zentralmacht wäre diskreditiert und geschwächt. Nutznießer wären die islamischen Fundamentalisten, die zweitstärkste Partei im Parlament, sowie die Stämme, die jeden Einfluß Sanas auf ihre Interessen ablehnen. Die Gefahr ist groß, daß der Kampf gegen den Terror im Jemen »herrschaftsfreie Räume« schafft, die für die Zentralmacht endgültig verlorengehen. Ein besseres Refugium könnten sich die »Glaubenskämpfer« um Bin Laden kaum wünschen, zumal die unzugängliche Bergwelt des Jemen eine ideale Basis ist, um den Guerillakrieg nach Saudi-Arabien zu tragen, die wichtigste Ölquelle der westlichen Welt.

Der GAU wäre allerdings ein Militärschlag gegen den Irak. Saddam Hussein habe bislang nicht deutlich gemacht, daß er sich gegen den Terrorismus stelle, erklärte der US-Vizeverteidigungsminister Paul Wolfowitz in einem Interview mit der *New York Times*. Bagdad bleibe daher im Blickfeld der USA. Demzufolge reicht im Antiterrorkampf offenbar schon eine unbefriedigende Rhetorik als Kriegsgrund. Spätestens ein Angriff auf den Irak dürfte in der arabisch-islamischen Welt eine Explosion auslösen; ein anarchischer, gewalttätiger Aufstand der Straße, der Gedemütigten und der Globalisierungsverlierer, spontane Racheakte und Anschläge, die sich gleichermaßen gegen westliche Einrichtungen und die verhaßten Regime richten. Vor allem, wenn zeitgleich die Lage in den von Israel besetzten Palästinensischen Gebieten weiter eskaliert; wenn sich in der islamischen Welt der Eindruck verstärkt, daß Israel nach Belieben internationales Recht mißachten darf, während ein islamisches Land jederzeit mit westlichen Sanktionen zu rechnen hat, sofern nur irgendwie das Zauberwort »Terror« fällt.

Die Konzeptionslosigkeit amerikanischer Politik im Nahen und Mittleren Osten jenseits von militärischer Präsenz und

Kriegsführung wird sich bitter rächen. Überall fehlen dem Westen verläßliche Akteure für eine demokratische Transformation und somit für eine dauerhafte Konfliktentschärfung. Das Programm der politischen Eliten in der arabisch-islamischen Welt heißt Selbstbereicherung und Machterhalt, gelegentlich gepaart mit Ideologie, mal nationalistischer, mal islamistischer Färbung. Ihr politisches Überleben wird wesentlich durch die USA, die stärkste Regionalmacht in der Region, garantiert, am sichtbarsten durch ihre Militärpräsenz in den Golfstaaten. Ausgerechnet Saudi-Arabien jedoch, eine Brutstätte des islamistischen Terrors und Hauptfinanzier islamistischer Strömungen von Marokko bis Indonesien, sieht sich keinem nennenswerten Druck ausgesetzt, seinen destabilisierenden Ideologie-Export zu unterbinden. Die »grenzenlose Gerechtigkeit« endet, wo wirtschaftliche und strategische Interessen beginnen.

Wirksam ist der Terror nur zu bekämpfen, sofern ihm der gesellschaftliche Nährboden entzogen wird. Das bedeutet nichts Geringeres, als die Erneuerung der arabisch-islamischen Welt konstruktiv zu begleiten. Darin läge eine der größten, wenn nicht die größte Herausforderung westlicher Politik in den kommenden Jahren und Jahrzehnten. Gemeint ist nicht die Fortsetzung bisheriger Interessen- und Machtpolitik mit anderen Mitteln. Erforderlich ist vielmehr eine grundlegende Neuorientierung, angefangen mit der grundsätzlichen Bereitschaft, die arabisch-islamische Welt als gleichberechtigt anzusehen, nicht allein als strategische Verfügungsmasse. Im Schatten eines omnipotenten Westens, der seine Spielregeln diktiert, fällt es den gemäßigten und säkularen Kräften in der Region sehr schwer, ihrerseits Gehör zu finden. Gegenwärtig verfügt jedes Regime über den Freibrief, im Namen des Antiterrorkampfes nach Belieben gegen Oppositionelle vorzugehen oder die eigene Repression als Antiterrormaßnahme darzustellen, von Algerien über Israel bis nach Indien und Malaysia.

Solche Überlegungen sind in der hiesigen Öffentlichkeit nicht unbedingt populär. Die vorherrschende Meinung besagt: Die Terroranschläge in Amerika waren ein Angriff auf das westliche

Wertesystem. Deswegen befinde sich der Westen im Krieg mit dem radikalen Islam, der seinerseits zum Heiligen Krieg, zum Jihad, gegen die Ungläubigen aufgerufen habe. Die einzige Antwort auf die terroristische Bedrohung sei uneingeschränkte Solidarität mit den Vereinigten Staaten und, wenn nötig, Bomben, Bomben und nochmals Bomben. Allenthalben wabert der unselige »Kampf der Kulturen«. *Der Spiegel* veröffentlichte zum Jahresende 2001 eine Titelgeschichte, gewidmet den »Intellektuellen«, die »im Kampf gegen den islamischen Terror mit neuem Selbstbewußtsein für die Werte der freien Welt« eintreten. Auf ihren Schultern ruht schwere Last, denn »die unverschleierte Würde des Westens«, seine »geistige Tradition ist es wert, verteidigt zu werden – auch gegen den Islam«. Gegen den Islam, wohlgemerkt, nicht etwa gegen den islamischen Fundamentalismus. Nein, die Gefahr liegt offenbar in der Religion an sich, den Glaubensinhalten von weltweit 1,3 Milliarden Menschen.

Wer so denkt, offenbart eine Mentalität, die dem propagandistischen Weltbild islamischer Fundamentalisten gegenüber dem Westen ebenbürtig ist. Eine solche Haltung ist zynisch, weil sie diejenigen mit Verachtung straft, die, oftmals unter Lebensgefahr, Freiheit und Rechtsstaatlichkeit einfordern, gleichermaßen bedroht von den Geheimdiensten und den Mordaufrufen islamistischer Terroristen wie etwa in Algerien. Nicht nur der Terrorismus bedroht die offene Gesellschaft, das große Freiheitsangebot des Westens. Sie ist auch gefährdet durch unsere eigene Selbstgefälligkeit, die Attitüde des Siegers – die Unfähigkeit, uns selber auch nur ansatzweise aus der Perspektive der anderen zu sehen.

7. Kapitel

Warum Mustafa Bin Laden gut findet

Reaktionen auf den 11. September in der arabischen Welt

Jörg Armbruster

Unweit des ARD-Nahostbüros in Kairo hat Mustafa, der Schuhputzer, seinen Stand. Gewöhnlich gehe ich alle zwei bis drei Tage zu ihm, um mir für ein ägyptisches Pfund den Kairoer Straßenstaub von den Schuhen putzen zu lassen. Wir plaudern dann immer ein wenig, soweit meine Sprachkenntnisse das zulassen. So weiß ich, daß er jeden Morgen um neun den arabischen Dienst der BBC hört. In Sachen Palästina ist er der am besten informierte Schuhputzer weit und breit, vermutlich besser informiert als viele andere Ägypter. Kein dummer Mann, dieser Schuhputzer Mustafa, wenn auch ein ziemlich kauziger und kantiger, dachte ich – bis der 11. September kam.

Als ich mich zwei Tage später vor ihn zum Schuheputzen hinstellte, sah er mich spöttisch an, grinste und sagte nur drei Worte: »Bin Laden kweies!« »Bin Laden ist gut!« Den Amerikanern geschehe es schließlich recht, lachte er schadenfroh. Will er mich ärgern, oder ist Mustafa angesichts der Bilder aus New York und Washington ganz einfach ausgerastet, oder hat ein heimlicher Terroristenfreund, der jetzt sein wahres Gesicht zeigt, all die Jahre meine Schuhe geputzt? Mein Freund Mustafa war nicht der einzige, von dem ich in den nächsten Tagen und Wochen solche Sätze zu hören bekam. Bei Gesprächen in Kaffeehäusern waren das die typischen Antworten: »Es ist gut, daß dies endlich einmal geschehen ist, auch wenn es mir um die Menschen leid tut. Die Amerikaner haben das aber verdient. Das ist die Folge ihrer arroganten Politik«, sagte zum Beispiel ein Zweiundzwanzigjähriger, der sich als Maschinenbaustudent Hassan vorstellt. Keiner widersprach in dem hauptsächlich von Jugendlichen besuchten Internetcafé. Sein Freund Mohammed sah sogar die wunde arabische Seele gerächt: »Wenn es wirklich Bin Laden war, dann kann man doch endlich sehen, wozu Araber wirklich fähig sind. Es ist gut, wenn die Welt weiß, daß wir auch noch da sind und die arabische Stimme auf der Welt noch etwas gilt.« Und ein paar Tage nach den Anschlägen in den USA war es in Kairo der letzte Schrei, per Mobiltelefon SMS (*Short Message Service*) zu verschicken, die den Topterroristen zusammen mit der Aufforderung abbildeten: »Helft Bin Laden.« Die klammheimliche Zustimmung, die damals Fernsehberichte aus Palästinenserlagern zeigten, war auch unter Studenten in Kairo verbreitet, und nicht nur in Kairo und nicht nur unter Studenten.

Wie die ägyptische Regierung hatte auch die jordanische sehr schnell und sehr deutlich die Attentate verurteilt. In Jordanien wollte ich daher von Zeitungsredakteuren wissen, wie sie die Ereignisse in den USA kommentieren. Keine seriöse Zeitung des Landes hatte Verständnis für Bin Ladens Verbrechen gezeigt, allerdings hätte die staatliche Zensur einen solchen Artikel ohnehin aus dem Blatt genommen. Zweifel an der Urheberschaft Bin Ladens waren daher das, was der Zensor noch am ehesten durchgehen ließ; denn die USA hatten lange keine schlüssigen Beweise seiner Täterschaft öffentlich gemacht. Doch selbst in diesem Zusammenhang werden den jordanischen Zeitungsmachern noch enge Fesseln angelegt. »Die Leser möchten am liebsten, daß diese Verdächtigungen gegen Bin Laden und Afghanistan aus der Welt geschafft werden, weil Bin Laden eine ziemlich große Sympathie in der Bevölkerung hat«, beschrieb uns der politische Redakteur der regierungsnahen Tageszeitung

El-Ray, Basil Rafaaja, sein Dilemma; seine Leser hätten Angst, daß Islam und Terrorismus gleichgesetzt werden –»das müssen wir berücksichtigen.« Bei jedem Kommentar steht also auch ein Stück Glaubwürdigkeit der Zeitung auf dem Spiel; denn die Redakteure müssen genauso berücksichtigen, daß Jordaniens König Abdallah den USA nahezu uneingeschränkte Unterstützung zugesagt hat. Zweifel an der Täterschaft Bin Ladens sind daher staatlicherseits nicht erwünscht. Die Bevölkerung weigert sich aber, sich dieser Bevormundung zu beugen; außerdem seien doch die Israelis die wahren Terroristen. Sie unterdrückten und töteten die Palästinenser, so die einhellige Meinung in Jordanien. Nur, gegen diesen Staatsterrorismus unternehme niemand etwas. Schon gar nicht die USA, so die weitverbreitete Meinung; die unterstützten schließlich die Israelis und seien somit genauso verantwortlich. Könnte es daher nicht sein, daß vielleicht sogar Israel hinter den Anschlägen steckt, um sie den Arabern in die Schuhe schieben zu können? Als Zeitungsmacher Basil versucht, diesen für viele Jordanier gar nicht so abwegigen Gedanken als Karikatur in einer Ausgabe zu bringen, schlägt die Zensur sofort zu: die Karikatur darf nicht erscheinen. Der ungeliebte Nachbar soll nicht verärgert werden und der große Verbündete auch nicht. Auf die vielleicht manchmal abwegigen Gefühle der Bevölkerung wird dagegen kaum Rücksicht genommen. Kein Wunder, daß arabische Regierungen wie die Jordaniens bei der eigenen Bevölkerung schnell in Verruf geraten, nicht viel mehr als Vasallen des Westens zu sein und damit die arabische, besonders aber die islamische Sache verraten zu haben.

Die USA beteuerten zwar von Anfang an, keinen Feldzug gegen den Islam zu planen. Doch diese Absichtserklärungen wurden in der islamischen Welt kaum gehört, und man vertraut solchen Äußerungen ohnehin nur selten. Und als George W. Bush in einer seiner ersten Reden nach den Anschlägen unbedacht das Wort vom »Kreuzzug« benutzt, steht für die meisten Muslime fest, daß die demokratischen Kulturnationen des Westens einen Krieg gegen die barbarischen und fanatischen Muslime führen wollen. Der Islam solle getroffen werden, der Terrorist Osama Bin Laden sei nur ein Vorwand. Die arabische und islamische Welt sei wieder einmal Ziel eines christlichen Kreuzzuges, so wie sie es in den vergangenen Jahrhunderten immer wieder erleben mußte. Der ohnehin tiefsitzende und in der arabischen Welt weitverbreitete Antiamerikanismus findet durch die Anschläge von New York und Washington paradoxerweise seine Bestätigung, obgleich die USA diesmal Opfer sind und nicht Täter. Berichte über gelegentliche Verfolgungen von Arabern in einigen Städten der Vereinigten Staaten bestätigen diese Haltung ebenso wie die Äußerung des italienischen Ministerpräsidenten Berlusconi von der angeblichen Überlegenheit des christlichen Westens über den islamischen Orient. Und Osama Bin Laden benutzt geschickt dieses Minderwertigkeitsgefühl vieler Araber, die sich vom Westen erniedrigt und ausgenutzt fühlen. Die Kernaussage eines seiner vom Fernsehsender *Al-Jazira* verbreiteten Videos ist: »Unsere Gemeinschaft erfährt diese Erniedrigung und Entwürdigung seit mehr als achtzig Jahren« (*Frankfurter Allgemeine Zeitung*, 12.10.2001). Eine solche Aussage findet Zustimmung in der arabischen Welt. Gemeint sind alle Araber. In erster Linie aber zielt der Satz auf die Palästinenser und die Iraker, für deren Leid allein die Vereinigten Staaten verantwortlich gemacht werden. Einseitige Parteinahme zugunsten Israels, die Verhinderung israelkritischer Resolutionen des UN-Sicherheitsrats durch die USA und die ständige Verlängerung der Sanktionen gegen den Irak, die dort zu einer humanitären Tragödie geführt haben – all diesen Vorwürfen gegen die Nahostpolitik der USA widerspricht kaum ein Araber. Breite Zustimmung findet aber auch Bin Ladens Polemik gegen die arabischen Regierungen. Die meisten seien Lakaien des Westens, die ohne Rücksicht auf das Wohl des eigenen Volkes und des Islam den Willen der Ungläubigen vollstrecken. Sie seien Helfershelfer eines modernen Kolonialismus, der raffinierter daherkomme, aber letztendlich nichts anderes sei als der, der in der ersten Hälfte des 20. Jahrhunderts die arabische Welt ausgebeutet habe.

Jörg Armbruster

Diese schlichten Kernaussagen der Bin-Laden-Videos fallen in
der arabischen Welt auf fruchtbaren Boden, besonders bei Ägyp-
tern und Jordaniern, deren Länder Friedensverträge mit Israel
abgeschlossen haben. Von den Regierungen dieser Länder gibt
es kaum mehr als verbale Verurteilungen der israelischen Besatzungspolitik in den Palästinensischen Gebieten. Die Nähe und
Abhängigkeit dieser Länder von den USA und der Friedensvertrag mit Israel, so sagt uns in Amman ein Zeitungsredakteur,
der lieber anonym bleiben will, sind zu einer politischen Zwangs-
jacke geworden. Vorteile aus dieser Politik können die meisten
Jordanier nicht erkennen. Im Gegenteil: Das bis vor wenigen
Jahren noch relativ liberale politische Klima in Jordanien ist in
der letzten Zeit erheblich rauher geworden. Antiisraelische Stu-
dentendemonstrationen auf dem Universitätscampus von Amman werden regelmäßig von der jordanischen Polizei niederge-
knüppelt und die Studenten mit Wasserwerfern auseinanderge-
trieben. »Eines Tages werden sich unsere Demonstrationen nicht
mehr nur gegen Israel richten, sondern auch gegen den König«,
sagte uns ein Studentenführer. Versammlungen mit mehr als zehn
Personen müssen in Jordanien nach einem neuen, allerdings vor
dem 11. September erlassenen Gesetz drei Tage vorher bei der
Polizei beantragt werden. Und die oppositionellen Islamisten
mit ihrem politischen Zusammenschluß, der *Islamic Action Front*,
bekommen seit dem 11. September so gut wie nie eine Geneh-
migung, hatten sie doch eine Woche nach den Anschlägen jede
Zusammenarbeit mit den USA für islamfeindlich erklärt. Um
Freitagspredigten in den Moscheen besser kontrollieren zu können, muß der Text von Regierungszensoren nun vorher geneh-
migt werden. Außerdem hat König Abdallah das Parlament aufgelöst und die für November 2001 anstehenden Parlamentswah-
len um ein Jahr verschoben. Bei ihnen hätte die *Islamic Action
Front* gute Chancen gehabt, wieder eine starke Fraktion zu bilden. Das bedeutet, der Haschemitenkönig regiert ein Jahr lang
ohne parlamentarische Kontrolle. Einer der führenden Radikalen des Landes, Scheich Abdel Munim Abu Zant, beschimpfte
denn auch Jordaniens politische Elite als »Führer, die sich selbst

als Sklaven an Amerika verkauft haben für einen Krieg, der sich gegen die islamische Welt richtet« (*Time*, 24.12.2001). Der besser englisch als arabisch sprechende König Abdallah ist jedenfalls im Westen weitaus beliebter als in seinem eigenen Land. Wirklich gefährdet ist seine Herrschaft aber nicht. Doch schon lange war in Jordanien der Graben zwischen Regierenden und Regierten nicht mehr so tief wie gegenwärtig. Über sechzig Prozent der Jordanier sind palästinensischer Herkunft, haben also Verwandte in den Gebieten jenseits des Jordans und wissen, was dort passiert. Weit über die Hälfte der Bevölkerung lehnt also die zurückhaltende Politik des Königs gegenüber Israel genauso ab wie die uneingeschränkte Unterstützung der Antiterrorallianz. Viele dieser Jordanier billigen den Selbstmordterrorismus gegen Israel.

Außerdem steckt das Land, das über keine nennenswerten Bodenschätze verfügt, in einer derartig verzweifelten wirtschaftlichen Dauerkrise, daß, so sagen manche Ökonomen, ihm gar nichts anderes übrigbleibt, als sich von Geldgebern am Golf, von der Wirtschaftsgroßmacht USA und sogar von dem ungeliebten Nachbarn Israel abhängig zu machen. Gerade zwischen diesen beiden Ländern gibt es inzwischen beachtlich wachsende Wirtschaftsbeziehungen. Trotz Al-Aqsa-Intifada hat sich ihr Handelsvolumen in den Jahren 2000/2001 fast verdoppelt. Israelische Unternehmer investieren in jordanische Fabriken, schaffen Arbeitsplätze und sorgen so für ein Stück sozialen Friedens im armen Haschemitenstaat. Israel investiert auch deswegen so gerne in Jordanien, weil die Stundenlöhne hier noch niedriger sind als in den Palästinensergebieten. Und eine Intifada gibt es hier auch nicht. Man spricht zwar nicht gerne über diese israelisch-jordanischen Joint Ventures, die ein wenig versteckt in eingezäunten Industrieparks betrieben werden – »Besuch nur nach Voranmeldung« –, aber selbst reiche Palästinenser investieren in solche lukrativen Unternehmen, zumal sie den Exportweg in die USA öffnen; denn die in Jordanien hergestellten und mit israelischem Geld finanzierten Produkte können zollfrei nach Amerika exportiert werden. Das schafft eine Abhängigkeit, die jordanische Ökonomen jedoch in Kauf nehmen. Die Islamisten sprechen dagegen inzwischen vom Ausverkauf des Landes. Wer aber allzu laut gegen diese Geschäfte mit dem Feind protestiert, riskiert eine Gefängnisstrafe, so wie der Vorsitzende des von den Islamisten dominierten jordanischen Gewerkschaftsbundes, Ali Abu Sukar, der regelmäßig zur Jagd auf Wirtschaftskollaborateure aufruft. »Wir drohen nicht mit Gewalt«, sagt er, »aber wir veröffentlichen die Namen solcher Unternehmer auf schwarzen Listen.« Sind die Islamisten also die besseren Jordanier? Wohl kaum. Denn ein Rezept, wie auf islamisch korrektem Weg Arbeitsplätze geschaffen werden können, haben die jordanischen Muslimbrüder auch nicht.

Jordanien befindet sich also in der Zerreißprobe: Auf der einen Seite unterstützt der König so uneingeschränkt wie kein anderes arabisches Land die von den USA geführte Antiterrorallianz; auf der anderen Seite lehnt eine große Mehrheit der Bevölkerung diese Politik ab. Jordanien ist das einzige arabische Land, das ein Kontingent eigener Truppen nach Afghanistan geschickt hat. Diese in Nordafghanistan stationierte Sanitätseinheit muß womöglich verwundete Al-Qaida-Kämpfer versorgen, die ebenfalls aus Jordanien stammen. Die jordanische Jugend stellte für Bin Laden nämlich ein erfolgreiches Rekrutierungsziel dar. Allein 1999 verließen über einhundert junge Jordanier das Land, um sich Bin Laden anzuschließen. Alle waren Anfang zwanzig, die meisten stammten aus der Islamistenhochburg Salt. Wie viele in ihren Einsatzgebieten Tschetschenien oder Afghanistan getötet worden sind, ist nicht bekannt. Erfahren die Familien vom Tod ihrer Söhne, dann feiern sie die Gefallenen als Märtyrer – heimlich; denn offiziell existieren diese toten Al-Qaida-Kämpfer nicht. Die Zeitungen dürfen nicht über sie berichten. Wer es dennoch tut, bekommt Schwierigkeiten. Das hindert die Nachbarn aber nicht, bei den Eltern der Gefallenen Kondolenzbesuche zu machen, und sei es nur, um ihren Protest gegen die USA-hörige Politik des Königs zu demonstrieren. Im Land hinterlassen diese arabischen Afghanis tiefe Spuren. Sieben Terrorgruppen ehemals aus Jordanien stammender Afghanistankämpfer sind in den letzten Jahren vom Geheimdienst in Amman aufgedeckt worden, mehr als in jedem anderen arabischen Land. Bei zwei sind Verbindungen zu Bin Ladens Al-Qaida nachgewiesen. Eine dieser beiden Gruppen – deren Anführer, Raed Hijazi, ein jordanisch-amerikanischer Taxifahrer aus Boston, inzwischen zum Tode verurteilt ist – hatte geplant, in der Milleniumsnacht zwei von israelischen Touristen und christlichen Pilgern besuchte Hotels anzugreifen. Das Ziel all dieser Gruppen war, Jordanien zu destabilisieren.

»Die Anschläge vom 11. September haben im Nahen Osten sichtbar gemacht«, sagt einer der führenden politischen Publizisten des Nahen Ostens, Said K. Aburish, »daß der Graben zwischen den Präsidenten und den Königen auf der einen und ihren Völkern auf der anderen Seite von Tag zu Tag immer tiefer wird. So tief wie nach dem 11. September war er noch nie. Die Eliten werden verachtet als die Hilfspolizisten der USA im Nahen Osten. Das wird in Zukunft immer häufiger zu Konflikten führen.« Zunehmende Verachtung der eigenen Regime und tiefsitzender Antiamerikanismus sind gepaart mit Begeisterung für den Topterroristen, der immer mehr zur Legende, zum bewunderten Volkshelden wird, weil er ausspricht, was den Mann auf der Straße oft frustriert; und dies gilt nicht nur für Jordanien oder Ägypten. Bin Ladens Verbrechen lehnen die meisten Araber zwar ab, trotz der klammheimlichen Freude, die sie in Gesprächen spüren lassen; sie begeistern sich aber an der Idee, daß ein Araber die Verwundbarkeit der USA demonstriert hat, und diese Idee hat ein Gesicht – das von Bin Laden. »So gesehen nützt es gar nichts, wenn der Westen Bin Laden jagt und tötet. Ihm werden viele Bin Ladens nachfolgen«, so die düstere Prognose des aus Palästina stammenden Aburish. »Wir haben hier im Nahen Osten keinen Mangel an Terroristen, solange nicht die wichtigsten Probleme endlich gelöst sind: der Palästinakonflikt, die Kontrolle des Öls und vor allem die kritiklose Unterstützung der Diktaturen im Nahen Osten durch die USA und Europa.«

Dazu gehört in erster Linie Saudi-Arabien, der wichtigste Bündnispartner der USA im Nahen Osten. Das Land verfügt über ein vom Westen gestütztes autokratisches Regime, das schon seit Jahrzehnten praktiziert, was der Westen im Iran oder im talibanregierten Afghanistan als Religionsdiktatur verurteilt hatte: einen ausschließlich am Koran und seinen Gesetzen ausgerichteten Staat, der Demokratie als religionsfeindlich ablehnt. Saudi-Arabien ist das Land, aus dem Osama Bin Laden stammt und aus dem fünfzehn der neunzehn Attentäter, die in den Flugzeugen über New York, Washington und Pennsylvania saßen, kommen. »Das ist kein Zufall«, sagt Aburish, »Saudi-Arabien ist der fundamentalistischste Staat der ganzen Welt, der vermutlich so ziemlich alle islamistischen Gruppen unterstützt hat, die man sich vorstellen kann, auch Terrorgruppen. Der Westen will das jedoch nicht zur Kenntnis nehmen, weil er das Öl der Saudis braucht.«

Die saudische Regierung wollte lange diese für den Zustand ihres Landes entlarvenden Tatsachen nicht wahrhaben. »Wer kann mit Sicherheit sagen, daß diese Saudis auch die Täter waren«, zweifelt der saudische Innenminister Prinz Naif Ibn Abdal Aziz im *Spiegel* (17.12.2001) die amerikanischen Ermittlungen an, »wir Saudis haben noch keinen Beweis, daß die Täter Saudis waren.« Erst am 6. Februar 2002, also fünf Monate nach dem 11. September, räumte der Innenminister ein, daß fünfzehn von neunzehn Attentätern tatsächlich aus seinem Königreich stammten. Die Zweifel sind kein Wunder; denn andernfalls müßten die Saudis zugeben, daß sie indirekt für die Anschläge mitverantwortlich sind. Jahrelang hatten sie mit vielen Millionen Petrodollars das Talibanregime in Afghanistan gehätschelt, ebenso auch andere islamistische Organisationen wie die Hamas in den Palästinensergebieten, die sich ohne die Millionenbeträge aus dem ölreichsten Land der Erde kaum ihre aufwendigen Sozialprogramme mit Kindergärten, Schulen und Krankenhäusern hätte leisten können. Und der inzwischen abgesetzte Fundamentalistenchef des Sudan, Hassan at-Turabi, rühmte sich lange bester Beziehungen zum saudischen Königshaus; und all dies mit Wissen der Amerikaner, die mit Rücksicht auf ihre Ölinteressen diese Politik duldeten. Bis zum 11. September. Dieser Tag war für die Saudis ein mehrfaches Desaster, denn die Angriffe richteten sich gegen eine christliche Nation, die Truppen in Saudi-Arabien stationiert hat – und damit nach den Vorstellungen der Muslime den heiligen Boden besudelt. Das nicht nur bei Islamisten als korrupt und verwestlicht geltende saudische Herrscherhaus sollte also gleich mitgetroffen werden. Es habe seine religiösen Pflichten verletzt und könne sich nicht mehr Hüter der Heiligen Stätten nennen, ein Titel, den die Saudis ohnehin von den jordanischen Haschemiten usurpiert hatten; durch die Truppenstationierung sei zudem die Legitimität des saudischen Herrscherhauses in Frage gestellt. Das saudische Projekt »Taliban« war damit kläglich gescheitert und zu einem gefährlichen Bumerang geworden. Rein äußerlich waren die Ölprinzen aus der Wüste ihren Ziehkindern am Hindukusch gute Vorbilder, denn in ihrem Reich ist seit Jahrzehnten aus religiösen Gründen so ziemlich das gleiche verboten wie in Afghanistan, als dort noch die bärtigen Gotteskrieger herrschten: kein Kino oder Theater, keine öffentliche Musik; Staatsreligion ist der Islam, jede andere Religionsausübung ist bei Strafe verboten; Frauen dürfen nicht Auto fahren und nur total verschleiert in der Öffentlichkeit erscheinen. Wer gegen diese engen Vorschriften verstößt, der bekommt es mit der nicht eben zimperlichen Religionspolizei zu tun. Kritik am Königshaus wird genauso unerbittlich verfolgt. Dabei wächst die Unruhe im Land. Mehr als ein Drittel der siebzehn Millionen Saudis sind Jugendliche unter achtzehn Jahren. Doch Jobs für sie gibt es viel zu wenig. Auf zwanzig Prozent schätzen Experten die Jugendarbeitslosigkeit in dem Land, das über ein Viertel der Welterdölvorräte verfügt bei extrem niedrigen Förderkosten. Trotz dieses Reichtums kann sich das Land schon lange nicht mehr selbst finanzieren. Im Jahreshaushalt 2002 klafft ein Loch von zwölf Milliarden Dollar, das nur durch Kredite gestopft werden kann. Saudi-Arabien, für seine Bürger einst Wohlfahrtsstaat mit Rundumversorgung, kann sich heute diese horrend teuren Wohltaten nicht mehr leisten.

Im Gegenteil: In einem der reichsten Länder der Erde gibt es eine wachsende Armut. Das saudische Herrschaftsprinzip, durch den Wohlfahrtsstaat die Loyalität der Bürger zu kaufen, funktioniert immer schlechter. Auf der anderen Seite leben die rund achttausend Prinzen, die zum Königshaus gehören, in Saus und Braus. Korruption und Unterschlagungen sind keine Seltenheit. Selbst von Callgirl-Ringen hinter Palastmauern berichten amerikanische Zeitungen unter Berufung auf den amerikanischen Geheimdienst CIA. Kein Wunder, daß der gebürtige Saudi Osama Bin Laden, dessen Ziel ohnehin auch der Sturz des saudischen Königshauses ist, unter den Jugendlichen insgeheim viele Bewunderer hat.

Noch läuft das System Saud, das ganz einfach so funktioniert: Nichts geschieht im Land ohne Zustimmung des Königshauses. Das aber ist völlig überaltet: König Fahd, vierundsiebzig und schwer krank, Kronprinz Abdullah ebenfalls über siebzig, der Innenminister Prinz Naif Ibn Abdal Aziz knapp darunter. Greise regieren Jugendliche, »die noch nicht einmal den kleinen Finger bewegen dürfen ohne Zustimmung des Monarchen«, sagt Said K. Aburish, Autor eines kritischen Buches über das Haus Saud. Der 11. September hat seiner Meinung nach die Grenzen dieses Systems so deutlich wie noch nie aufgezeigt: »Die Allianz mit den USA wird in Zukunft nicht mehr so ohne weiteres funktionieren. Man kann nicht auf der einen Seite der fundamentalistischste Staat der Welt sein und auf der anderen der engste US-Verbündete im Nahen Osten. Der 11. September hat gezeigt, wie tief das Land im Innern gespalten ist. Tiefe Risse gibt es zwischen Königshaus und Volk, aber auch zwischen Königshaus und den orthodoxen Vertretern des Islam, die bislang eine entscheidende Säule der Macht waren. Ich erwarte den allmählichen Niedergang des Hauses Saud.«

Ob Saudi-Arabien oder Jordanien oder Ägypten: in so gut wie keinem Land des Nahen Ostens hat in den Wochen und Monaten nach dem 11. September eine selbstkritische Suche nach den Ursachen für den Terrorismus eingesetzt. Keines der autoritären Regime war bereit, nach innen zu schauen. Die Frage,

was läuft bei uns falsch, daß unsere Kinder sich zu Selbstmordattentätern ausbilden lassen und Tausende von Menschen mit in
den Tod reißen?, diese Frage wurde so gut wie nicht gestellt.
Entweder werden die Täter als Verrückte abgetan, oder es gibt
Schuldzuweisungen an den Westen, der den Palästinakonflikt
nicht löse – eine bei den Politikmachern im Nahen Osten be-
liebte Abwehrtechnik, um nicht die eigenen Schwachstellen benennen zu müssen. Im Vordergrund stand und steht auch heute
noch die Frage, wie erhalte ich meine Macht?, und nicht die Frage, was muß ich verbessern? Selten gab es so selbstkritische Äußerungen wie die des ägyptischen Kolumnisten der regierungsnahen Zeitung *Al-Ahram*, Fahmi Howeidy, der in einem Kommentar die arabischen Eliten angreift: »Die regierenden Eliten
haben hart daran gearbeitet, jede Entwicklung eines islamischen
Politikmodells zu verhindern.« Und weiter fragt er zornig: »Wer
behauptet eigentlich, daß Osama Bin Laden den politischen Islam verkörpert? Er hat damit nichts zu tun. Er ist das ausschließliche Produkt der autoritär und repressiv herrschenden politischen Systeme im Nahen Osten.«

In keinem Land der Region außer im Libanon hat in den letzten fünfzig Jahren ein Regierungswechsel durch Wahlen stattgefunden. In den meisten Staaten herrschen seit Jahrzehnten
dieselben Eliten, mit der Folge, daß einige dieser Länder immer
mehr dem politischen Altersstarrsinn verfallen. Und dort, wo
der Generationswechsel auf dynastische Weise schon vollzogen
ist, bewegt sich auch kaum etwas. Die jungen Könige und Präsidenten haben weder in Syrien noch in Jordanien oder in Marokko ihre Versprechen von mehr Demokratie eingelöst. In Syrien wurden die Debattierclubs, die unmittelbar nach der Amts-
einführung des jungen Präsidenten Bashar al-Assad entstanden
waren, nach einem Jahr wieder aufgelöst und die Verantwortlichen vor Gericht gestellt. Durch einen solchen Mangel an öffentlicher Debatte zeichnen sich die meisten arabischen Länder
aus. In so gut wie keinem haben die Bürger ein funktionieren-
des Ventil, über das sie ihrem Unmut und ihrer Unzufriedenheit Luft machen könnten. Kein Wunder, daß die Islamisten

leichtes Spiel haben, mit ihren einfachen Parolen das Feld zu besetzen. Dabei wäre gerade mit ihnen eine Diskussion über die Zukunft des Nahen Ostens spannend; denn unter ihnen gibt es brillante Köpfe. Doch in Ägypten dürfen noch nicht einmal die für das Parlament kandidieren, die für Reformen im Sinne des Islam eintreten und nicht etwa für eine islamistische Revolution. Diese politischen Zustände haben nur wenig mit Islam zu tun, viel aber mit den verkrusteten politischen Strukturen der Region. Der Westen ist nicht schuldlos an dieser Entwicklung, denn er stützt diesen für ihn bequemen Status quo. Dies ist nicht ungefährlich, denn er kann so leicht zum Opfer seiner eigenen Nahostpolitik werden. Schließlich trägt diese dazu bei, daß zwingend notwendige Reformen in den Ländern nicht stattfinden können. Irgendwann einmal aber wird der Kessel überkochen.

Das spüren auch Menschen wie mein Freund Mustafa, der Schuhputzer, der jeden Morgen die BBC-Nachrichten hört, also weiß, was in der Welt los ist. Ich gehe immer noch zu ihm. Und wir freuen uns jedesmal, wenn wir uns sehen. Über Politik reden wir allerdings nur noch selten – lieber über das Wetter.

8. Kapitel

Der Zwiespalt der Machtlosen

Die Araber und der Westen

Karim El-Gawhary

Gut einen Monat nach dem 11. September feierte Bin Laden sein großes Debüt in Kairo. Mitten im Gewühl des Dattelmarktes unter einer Nilbrücke im Norden der Stadt, zwischen Säcken voller brauner Früchte, Scharen eifriger Käufer, umworben von ebenso geschäftigen Bauern und Kleinhändlern, wurde er feilgeboten: »Bin Laden«, der König der braunen Frucht, von beachtlicher Größe, durchzogen mit süßlichem Saft, erst vor kurzem mit viel Liebe von den edelsten Palmen im Osten der südägyptischen Stadt Assuan gepflückt – das Gegenteil zu jener vertrockneten mickrigen Sorte, die auf dem gleichen Markt der weniger kaufkräftigen Kundschaft unter dem Namen »George Bush« angeboten wurde. Nicht eine bestimmte Sorte schien dieses Schicksal zu ereilen, sondern der Ausschuß der acht Millionen ägyptischen Dattelpalmen.

Wie sehr müssen die Araber den Westen hassen, um derartig zynisch ihre Produkte mit dem Namen jenes Mannes zu vermarkten, der den USA auf seine blutige Art und Weise den Krieg erklärt hat, fragt sich da der westliche Beobachter. Doch gerade wenn er glaubt, die Araber überführt zu haben, erlebt er möglicherweise eine andere Szene.

Die libanesische Bekaa-Ebene gilt als Hizbollah-Land. Es sind die schwarz uniformierten Kämpfer der schiitischen Guerillaorganisation, die hier das Sagen haben. Sie stehen auch an der Einfahrt zum »Drive In«, der zur McDonald's-Filiale führt, die hier wenige Monate vor dem 11. September neu eröffnet worden war. Jeden Freitag haben sie dort ihre gelben Banner aufgezogen zum Zeichen, daß an diesem Ort Spenden für die militante Islamistenorganisation gesammelt werden, und es gibt eine ganze Reihe von McDonald's-Kunden, die zwischen dem Obolus an die islamistische Guerilla und einem kurzen Lunch bei der US-Fastfoodkette keinen Widerspruch empfinden. Der örtliche McDonald's-Filialleiter bestätigt, keine Probleme mit den Leuten von der Hizbollah zu haben. Im Gegenteil: Freitags nach dem Mittagsgebet kommen sogar einige der religiösen Scheichs höchstpersönlich dort zum Essen, meist, weil sie von ihren Kindern dazu gedrängt werden, fügt der Chef des Hauses süffisant hinzu. Es gibt Fälle, da erkundigen sich die Scheichs, ob das Fleisch auch sicher auf islamische Art und Weise geschlachtet wurde, wofür die Fastfood-Mitarbeiter stets das entsprechende Zertifikat bereithalten. Also: alles in Ordnung zwischen McDonald's und der Hizbollah?

Am besten läßt sich das Verhältnis der Araber zum Westen und speziell zu den USA wohl mit dem Wort »ambivalent« beschreiben. Ein paar Dutzend Araber sind, ihrer radikalen Ansicht nach, durch die Selbstmordanschläge des 11. September zu Märtyrern geworden und haben damit vermeintlich den Weg ins himmlische Paradies gefunden. Doch gleichzeitig stehen jeden Tag in den arabischen Hauptstädten Tausende von Arabern Schlange vor den Konsulaten westlicher Staaten, um mit einem der begehrten Visa die Eintrittskarte ins vermeintlich irdische Paradies zu ergattern. Was könnte die arabischen Widersprüche gegenüber dem Westen mehr verdeutlichen?

Auch die unmittelbaren arabischen Reaktionen auf den 11. September waren von dieser Zwiespältigkeit gekennzeichnet. Da wurde geschwankt zwischen dem Schock über den Tod Tausender ziviler Opfer auf *Ground Zero* und einer gewissen Schadenfreude, daß die USA endlich das bekommen haben, was sie in all den Jahren im Nahen Osten politisch ausgesät hatten.

Letzteres nahm gelegentlich überhand, etwa als ein Kairoer Taxifahrer am 12. September an einer roten Ampel stehend seiner Freude kaum Einhalt gebieten konnte. »Möge Gott den Amerikanern jeden Tag einen solchen Schlag versetzen«, rief er durchs offene Autofenster den verblüfften anderen Autofahrern entgegen. Der ägyptische Politologe Muhammad Sid Ahmed beschreibt das Ereignis so: »Die Anschläge vom 11. September hatten zwei Komponenten für die Menschen in der arabischen Welt – die moralische Komponente und die Genugtuung über die Effektivität. Erstere, der Schock über die blutige, menschenverachtende Tat, war oft überschattet von der zweiten, dem Gefühl, als Machtloser endlich einmal effektiv gegen ein Symbol der Macht zugeschlagen zu haben.«

Der Westen als Alliierter Israels

Es war nicht das Symbol irgendeiner entfernten Macht, das da mit dem World Trade Center in Schutt und Asche ging, es war der Inbegriff einer Macht, deren Politik zu den täglichen negativen arabischen Erfahrungen zählt. Nicht der Westen als solcher, beispielsweise Dänemark, Schweden, Frankreich oder Deutschland, wurde da angegriffen, nicht die USA im speziellen, sondern deren Politik. »Das Problem ist aus arabischer Sicht nicht so sehr der Westen oder seine Werte, sondern das, was der Westen oder, genauer gesagt, die USA uns antun«, sagt der ehemalige ägyptische Diplomat Tachseen Baschir. Oder anders ausgedrückt: Das zwiespältige arabische Gefühl gegenüber den Anschlägen vom 11. September rührt nicht daher, daß die Angestellten im World Trade Center Alkohol trinken, Schweinefleisch essen und dem vorehelichen Sex frönen. Es sind vielmehr konkrete politische Erfahrungen, die zu dem arabischen Zwiespalt führen.

Bin Laden selbst hat in seinen Videoansprachen während des Afghanistankriegs weniger mit generellen Themen der westlichen Zivilisation als vielmehr mit ständigen Hinweisen auf die US-Politik in Palästina und im Irak mobilisiert. Also mit jenen Themen, die den kollektiven arabischen Gemützszustand anspre-

Karim El-Gawhary

chen, immer auf der Verliererseite zu stehen. Der Nahostkonflikt und die einseitige Parteinahme der USA für Israel stehen
dabei im Zentrum dieses Gefühls, stets den kürzeren zu ziehen.
»Wenn wir heute den arabischen Antiamerikanismus betrachten, dann entspringt er zu neunzig Prozent der strategischen
Allianz zwischen Washington und Israel«, glaubt beispielsweise der ägyptische Politologe Muhammad Sayed Said, der jahrelang am Al-Ahram-Zentrum für Strategische Studien in Kairo
geforscht hat und nach dem 11. September neuer Bürochef der
ägyptischen Tageszeitung *Al-Ahram* in Washington wurde. »Was
erwartet man, wenn US-Außenminister Colin Powell das mas-
senhafte Niederwalzen palästinensischer Häuser durch israelische Bulldozer als einen Akt der Selbstverteidigung beschreibt«,
fragt er. Der Terminus »israelische Besatzung« des Gazastrei-
fens und des Westjordanlands kommt keinem US-Politiker über
die Lippen. Von den Palästinensern wird erwartet, für eine friedliche Besatzung zu sorgen, während von den Israelis kein Ende
der Besatzung eingeklagt wird. Derartiges, so Said, stürze selbst
den prowestlichsten Araber in eine tiefe Depression.

Auch als Folge des 11. September bekamen die Araber in Sachen Nahostkonflikt ihre Machtlosigkeit erneut zu spüren. So,
als hätte man im Westen die politischen Zusammenhänge zwischen dem israelisch-palästinensischen Konflikt und dem 11.
September verstanden, begannen US-Präsident George W. Bush
und der britische Premier Tony Blair wenige Wochen nach den
Anschlägen, von der Notwendigkeit eines lebensfähigen palästinensischen Staates zu sprechen. Aber eben nur solange, bis
der Krieg in Afghanistan »gewonnen« und es nicht mehr so wichtig war, die arabischen Staaten bei der Antiterrorstange zu halten.

Gleichzeitig begann man in Washington, laut über weitere
Ziele im Antiterrorkampf nachzudenken. Mit Ausnahme Somalias lagen alle anderen Ziele in der arabischen Welt – sei es
der Irak, der Jemen, die libanesische Hizbollah oder der Sudan.
Wen wundert es da, daß die Araber sich des Gefühls nicht
erwehren können, stets als Bösewichter die Zielscheibe abzu-
geben?

In der Tat geht diese arabische Empfindung durch alle politischen Strömungen. »Die USA ignorieren in ihrer Allianz mit Israel sämtliche arabischen Rechte. Sie zerstören den Irak, und es ist kein Zufall, daß auf der amerikanischen Liste der Schurkenstaaten überwiegend arabische Staaten stehen«, meint dazu der radikale Islamist Muntazir Zayat, einer der wichtigsten Anwälte militanter islamistischer Gruppen in Ägypten. Diese Aussage eines radikalen Islamisten würden alle Araber aller politischen Strömungen sofort unterschreiben, egal, ob es sich um konservative Islamisten oder um liberale Intellektuelle handelt.

Der Westen als Freund der arabischen Despoten

Sind die negativen Auswirkungen westlicher Politik in puncto Nahostkonflikt und Irak auf die arabische Sichtweise gegenüber dem Westen offensichtlich, gibt es noch einen zweiten indirekten Grund für die arabische Abneigung gegenüber dem Westen. Gemeint ist die westliche Parteinahme im angespannten Verhältnis der Araber zu ihren eigenen Herrschern. Keine einzige arabische Regierung ist tatsächlich demokratisch gewählt, kein einziger arabischer Herrscher kann ernsthaft zur Rechenschaft gezogen und abgewählt werden. Ein arabischer Bürger oder Untertan kann bei den großen Entscheidungsprozessen, die sein Land betreffen, nicht mitbestimmen. Dagegen steht und fällt mit dem Willen und dem Einverständnis des Westens so manches arabische Regime. So zählen die USA heute zu den wichtigsten Unterstützern arabischer Despotien, beispielsweise der korrupten Königshäuser am Golf. Hierbei handelt es sich um eine alte Tradition. Bereits kurz vor dem Ende des Zweiten Weltkriegs, im Februar 1945, kam es auf dem Kriegsschiff *USS Quincy* im ägyptischen Suez zu einem historischen Treffen des US-Präsidenten Franklin D. Roosevelt mit dem saudischen König Ibn Abdal Aziz al-Saud. Die Familie Saud war schon damals für ihre Verschwendung bekannt. Der König kam mit zweihundert lebenden Schafen angereist, und in seiner Kabine fand einer der

Schiffsoffiziere einen ganzen Sack mit potenzfördernden Mitteln. Der Handel zwischen den beiden Staatsführern, der bis heute Geltung hat, war schnell abgeschlossen: Saudi-Arabien liefert das Öl, und die USA sorgen für die Sicherheit, nicht Saudi-Arabiens, nicht der saudischen Bürger, sondern der königlichen Familie Saud. Für Iman Hamdi, Politologieprofessorin an der Amerikanischen Universität in Kairo (AUC), liegt bei derartigen politischen Geschäften einer der wichtigsten Gründe für den arabischen Unwillen gegen den Westen. »Der Westen hält unsere korrupten Regime am Leben, damit diese in dessen Interesse arbeiten«, erklärt sie. So ist im Laufe der Jahre zwischen dem Westen und so manchem arabischen Regime eine solide Interessengemeinschaft entstanden, aus der die arabischen Bürger und deren Anliegen aber stets ausgeschlossen blieben. Immer ist der Deal der gleiche: Das arabische Regime sorgt wahlweise für billiges Öl, dezente Beziehungen zu Israel und Stabilität, der Westen sichert im Gegenzug das Überleben des Regimes.

Der 11. September hat in mancherlei Hinsicht diese unrühmliche Zusammenarbeit zwischen dem Westen und den undemokratischen arabischen Regimen sogar verstärkt, ist doch beispielsweise der US-Geheimdienst mehr denn je auf die Zusammenarbeit mit den repressiven arabischen Sicherheitsapparaten angewiesen. Einige arabische Regime brüsteten sich nach dem 11. September gar mit der Effektivität ihrer brutalen Sicherheitsapparate. Sie seien im Antiterrorkampf führend, war immer wieder zu hören. Klar ist, daß sich der US-Geheimdienst CIA nach dem 11. September immer wieder mit den Kollegen in der arabischen Welt zusammengesetzt hat, um aus deren wertvollen Erfahrungen mit radikalen Islamisten zu lernen. Früher gerieten arabische Regime wenigstens gelegentlich vor dem Westen aufgrund ihrer armseligen Menschenrechtsbilanz unter Rechtfertigungsdruck. Damit, so fürchten arabische Menschenrechtler, ist es jetzt erst einmal vorbei. In Zukunft können die Regime gegen ihre Opposition vorgehen und dergleichen im Namen der Terrorbekämpfung rechtfertigen, ohne dafür international zur Rechenschaft gezogen zu werden. Der 11. September hat somit die Zusammenarbeit der autokratischen arabischen Regime mit dem Westen im Namen der Stabilität und des Antiterrorkampfes und damit den Unwillen der arabischen Untertanen noch verstärkt. Der Diplomat Tachseen Baschir meint dazu: »Demokratie gehört trotz schöner Worte sicherlich nicht zu den westlichen Exportprodukten in unsere Region.« Interessant ist in diesem Zusammenhang, daß die lautesten antiwestlichen Töne meist von jenen kommen, die gleichzeitig auch in Opposition zu ihren eigenen arabischen Regimen stehen, seien es Linke, Nationalisten oder Islamisten. Bin Laden geht mit gutem Beispiel voran. Er agitiert mindestens genausosehr gegen das saudische Königshaus und andere »verräterische« arabische Regime wie gegen den »ungläubigen« Westen.

Aber der Westen enttäuscht nicht nur politisch, sondern auch wirtschaftlich und entwicklungspolitisch. Gerade bei eigentlich »prowestlichen« Arabern herrscht oft das Gefühl vor, auch in diesem Bereich außen vor gelassen zu werden. »In Wirklichkeit sind wir für den Westen nur ein billiger Öllieferant und ein Markt, der dessen Produkte kauft. Wir stellen etwas dar, was man sich einfach nehmen kann, für dessen Entwicklung man aber nichts zu tun braucht«, glaubt Baschir. Es seien im wesentlichen Produkte und Dienstleistungen für die Reichen, die der Westen zu bieten habe. So empfindet Baschir auch alle westlichen Appelle an die Araber, sich nicht radikal, sondern moderat zu verhalten, als heuchlerisch. Der Westen, so Baschir, wolle jedoch keinen Preis für unsere moderate Haltung bezahlen und nichts in die Entwicklung unserer menschlichen Potentiale, etwa in unsere Ausbildung, investieren. Schließlich wolle man einen Markt und keinen Konkurrenten.

Der Westen als Bedrohung der islamischen Identität

»Der Kulturkampf ist eine westliche Erfindung, in Wirklichkeit dreht sich alles um Politik«, antwortet der radikale Islamist Muntazir Zayat auf die Frage nach dem schwierigen Verhältnis zwischen der arabischen Welt und dem Westen. Also doch keine christliche versus islamische Welt? Lange hält Zayat seine Linie nicht durch, und schon bald trägt er vehement seine Argumente über den »westlichen Angriff auf die islamische Identität« vor. US-Präsident George W. Bush hatte nach dem 11. September seinen Feldzug gegen den Terrorismus ausgerechnet als »Kreuzzug« tituliert. Daß er dieses Wort später zurückgenommen hat, konnte Zayat nicht mehr überzeugen; es sei halt doch ein Freudscher Versprecher gewesen. Jeder wisse, daß es sich in Wahrheit um einen Kreuzzug handele, meint auch der ägyptische Psychologieprofessor Muhammad Abu Nil. Es gehe dem Westen darum, die islamische Mentalität zu verändern. Gerade nach dem 11. September sei es deutlich geworden, daß der Westen den islamischen Glauben selbst modifizieren wolle. So habe er beispielsweise immer wieder dem Islam das Prinzip des Jihad abgesprochen und ihm seine eigene Islaminterpretation entgegengesetzt, ohne ein Konzept des Widerstands und der Verteidigung der Umma – der islamischen Gemeinde.

In der Tat scheint der 11. September und die westliche Reaktion darauf zwar nicht die Islamisten selbst, aber deren Gedankengut in den arabischen Gesellschaften insgesamt gestärkt zu haben. So fand in der arabischen Welt spiegelverkehrt zu den westlichen Diskussionen über den »Kampf der Kulturen« eine Debatte über die Verteidigung der islamischen Werte statt. In unzähligen islamistischen Publikationen wird diese Frage seitdem debattiert. »Amerika möchte unseren islamischen Diskurs verändern, um einen zersetzten und verschlissenen Islam zu schaffen, der nichts mehr ausrichten kann«, heißt es dazu beispielsweise in der Publikation *Mukhtar Islami*, einer Art islamistischer *Reader's Digest*, der von fliegenden Zeitungshändlern an jeder größeren Straßenkreuzung Kairos feilgeboten wird.

Islamisten mögen sich nach dem 11. September als Organisationen bedeckt halten, aber dafür ist der islamistische Diskurs, der stets die Unterschiede zum Westen betont, zum Allgemeingut geworden, erklärt der Politologe Muhammad Sayed Said. Die Angst, das Eigene zu verlieren, geht um. Der Westen wolle in der islamischen Welt eine Kopie von sich selbst schaffen.«Von uns wird verlangt, den Westen zu akzeptieren, ohne daß dieser gleiches tut«, heißt es auch in einem mit »Warum der gegenseitige Haß?« überschriebenen Artikel in der in London erscheinenden saudischen Tageszeitung *Ash-Sharq al-Awsat*.

Der Diplomat Baschir empfindet sowohl das westliche Gerede vom Kampf der Kulturen als auch den islamistischen Diskurs vom »Bewahren der islamischen Identität« als irrational. »Sowohl antiislamische als auch antiwestliche Regungen mögen reelle Grundlagen haben, weiter bringt uns weder das eine noch das andere«, meint dazu auch der ägyptische Politologe Ahmed Abdallah. Beide stimmen darin überein, daß die Bruchlinie nicht allein zwischen dem Westen und der islamischen Welt, sondern direkt durch ihre eigene Gesellschaft verläuft. »Es ist auch ein Kampf zwischen uns und uns«, sagt Baschir, »jenen, die auch in einer islamischen Gesellschaft Verschiedenheit und Mannigfaltigkeit anerkennen, und anderen, deren einzige Referenz Fußnoten der Vergangenheit sind, mit denen sie über Gegenwart und Zukunft herrschen wollen.«

Nach dem 11. September wurde der Mufti von Saudi-Arabien gefragt, ob es *halal*, also islamisch korrekt sei, einem Kranken Blumen zu bringen. Die verblüffende Antwort des Muftis: es sei *haram* – islamisch untersagt –, da es lediglich westliches Verhalten kopiere, und das sei der beste Weg zum Teufel. »Wen wundert es da«, sagt der ägyptische Publizist und ehemalige Diplomat Hussein Amin gegenüber der ägyptischen Wochenzeitung *Cairo Times*, »daß der Westen den Islam nicht versteht, wenn liberale muslimische Intellektuelle perplex sind, mit welchen obskuren Spielarten des Islam sie selbst konfrontiert sind.«

Bin Laden als falscher
Robin Hood der Machtlosen

Selbst das negative Bild des Westens ist vielschichtig. Der Westen als Kreuzzügler, als Kolonisator, als Alliierter Israels, als

Unterstützer archaischer politischer Regime – für die Araber gibt es viele gute Gründe, skeptisch in Richtung Westen zu blicken. Manchmal übernimmt der Westen sogar die Rolle des Sündenbocks für alles. »Der Westen ist für uns wie ein Kleiderbügel, auf den wir alle unsere dreckige Wäsche hängen«, beschreibt der Strategieforscher Muhammad Sayed Said dieses Phänomen. Oft ersetzt der Antiamerikanismus oder die Abneigung gegenüber dem Westen die nötige arabische Selbstkritik. »Der Westen hat hart gearbeitet, um das zu erreichen, was er erreicht hat. Warum soll er uns das gratis geben?«, heißt es in einem Kommentar der ägyptischen Tageszeitung *Al-Ahram* unter dem Titel »Wir und der Westen.« Der Autor vergleicht die Araber mit einem Fußballteam, das verloren hat und dafür den Schiedsrichter oder das Wetter, nur nicht sich selbst verantwortlich macht. Der starke Westen, sagt Baschir, führt uns täglich unsere Machtlosigkeit vor. »Doch anstatt nach den Gründen dafür zu fragen, verhalten wir uns wie ein impotenter Mann, der täglich seine Frau schlägt.«

Das Gefühl der Impotenz war nicht immer vorhanden, auch wenn für den ägyptischen Psychologen Muhammad Abu Nil der Westen während der letzten Jahrhunderte in der arabischen Psyche stets als mächtiger Kolonisator auftrat. Die Frage ist, warum sich das »Haß-den-Westen-Syndrom« in den letzten zwei Jahrzehnten in der arabischen Welt ganz besonders verschlimmert hat. Eigentlich hätte es doch in der postkolonialen Zeit einfacher werden müssen. Tatsache ist, daß es in den siebzig Jahren britischer Kolonialherrschaft in Ägypten keine einzige Tat gegen die westlichen Kolonialherren gegeben hat, die auch nur annähernd mit dem 11. September gleichzusetzen wäre.

Das habe, meint der Politologe Muhammad Sid Ahmed, vor allem mit einer veränderten Grundstimmung zu tun. Selbst in den schlimmsten Kolonialzeiten herrschte die Hoffnung des Antikolonialismus und der großen Befreiungsbewegungen, später folgten die großen nationalen Projekte. Die damalige Hoffnung auf Veränderung wurde in den letzten Jahrzehnten durch Verzweiflung und das Gefühl der Machtlosigkeit ersetzt. »Was immer die Araber tun, am Ende wird es stets einem anderen zum Vorteil gereichen«, sagt Sid Ahmed. Wer dieses Prinzip der Ausweglosigkeit einmal verstanden hat, der landet bald bei Bin Laden. Machtlose feiern schnell denjenigen, der vermeintlich etwas gegen die Macht unternimmt. »Das ist unser Dilemma«, sagt Baschir. »Wir können weder Bin Laden noch die arabischen Afghanen unterstützen, aber gleichzeitig sind sie die einzigen, die irgend etwas tun. Wir müssen etwas unternehmen, um unsere Situation zu verändern.« Was Bin Laden getan hat, wird von vielen Arabern als falsch angesehen, aber gleichzeitig erntete er dafür eine gewisse Anerkennung, überhaupt etwas gemacht zu haben. »Die Menschen warten auf den Messias, einen Jesus oder einen Saladin«, beschreibt der jordanische Theaterdirektor Hisham Yanes die Stimmung. Inzwischen sind auch die ersten arabischen Gedichte über Bin Laden aufgetaucht, etwa das eines jordanischen Lehrers unter dem Titel *Der Löwe vom Golf* mit der bezeichnenden Zeile: »Bin Laden, du hast versucht, die Verzweiflung in uns zu töten.« So wurde mangels Alternative und aus der Mutlosigkeit heraus ein Mörder Tausender unschuldiger Zivilisten zum falschen arabischen Robin Hood erkoren.

9. Kapitel

Islam, Menschenrechte und Gewalt

Udo Steinbach

Die Überschrift zu diesem Beitrag signalisiert Irritation. Tatsächlich kann nicht daran vorbeigesehen werden, daß die Terroranschläge vom 11. September 2001 in islamischen Koordinaten verortet und gerechtfertigt wurden. Dieser Umstand bedarf einer vertieften Erklärung. Denn wieder und wieder wird zu Recht darauf verwiesen, daß der Begriff »Islam« aus den gleichen Wurzelkonsonanten (s-l-m) wie das arabische Wort für »Frieden« (salam) gebildet wird. »Frieden« aber und das horrende Szenario vom 11. September – wie paßt das zusammen?

Irritation herrscht im Westen auch darüber, daß überhaupt Religion in die politische Dimension gerückt werden könnte. Es gehört zum Grundbestand europäischer Überzeugungen, daß Religion und Politik getrennte Bereiche sind. Religionskriege größeren Ausmaßes wurden in Europa, dem »christlichen Abendland«, zuletzt im Dreißigjährigen Krieg ausgetragen. Mit dem Westfälischen Frieden (1648) sollte eine politische Ordnung etabliert werden, in der sich Staaten und Regierungen ausschließlich auf der Grundlage von Interessen und anderen weltlichen Erwägungen und Tatbeständen leiten lassen würden. Der Konflikt zwischen Katholiken und Protestanten in Nordirland wird als marginal und zutiefst unzeitgemäß empfunden; er gilt eher als Bestätigung der Regel. In den Konflikten auf dem Balkan, namentlich um Bosnien-Herzegowina in den neunziger Jahren, wurden zwar auch religiöse Untertöne laut, unübersehbar aber war der Krieg eine Auseinandersetzung um Machtpolitik, in der die Religion als identitätsstiftendes Element eher am Rande beschworen wurde. Die Trennung von Politik und Religion gilt auch für andere Weltreligionen bzw. -kulturen. Es ist schwer vorstellbar, daß der Terrorakt vom 11. September etwa innerhalb des Hinduismus oder Buddhismus hätte festgemacht werden können. Bei ihnen handelt es sich um Religionen im Sinne von Glaubensüberzeugungen des einzelnen. Sie mögen zwar eine gewisse Bedeutung für die innere Verfaßtheit hinduistischer beziehungsweise buddhistischer Gesellschaften haben, nach außen lassen sie sich jedoch als Politik legitimierende Religionssysteme nicht gebrauchen. Auch der Konfuzianismus als eine weltliche Wertordnung gibt keine Rechtfertigung für politische Gewaltakte her.

Überhaupt scheint die islamische Religion die einzige geistige Kraft zu sein, die nach dem Ende des Kommunismus weltweit Menschen zu mobilisieren vermag, allerdings nicht im Sinne eines geschlossenen Auftretens oder einer homogenen Grundeinstellung zu den Herausforderungen der Welt des beginnenden 21. Jahrhunderts. Aber eine globale Betroffenheit von Muslimen über Grundtatbestände, die ihre religiös-politische Überzeugung berühren, ist kaum zu übersehen. So hat das Verbrechen vom 11. September durchaus in weitesten Teilen der islamischen Welt zwischen Nordafrika und Indonesien Menschen bewegt, die sich, wenn auch auf ganz unterschiedliche Weise, betroffen fühlten. Die Palästinafrage treibt Muslime auch weit außerhalb des arabischen Raumes um. Sie steht für Entwicklungen im 20. Jahrhundert, von denen sie sich weithin – negativ – betroffen fühlen. Der Konflikt in Afghanistan in den neunziger Jahren hat Muslime aus allen Teilen der Welt als Kämpfer gegen den gottlosen Kommunismus angezogen. Ähnliches gilt für andere, auch zeitgenössische Konflikte in und am Rande der islamischen Welt. Soziale Fragen im Zusammenhang mit Entwicklungsproblemen im islamischen Raum lassen Menschen in unterschiedlichen Teilen der Welt nach Lösungen in islamischer Dimension suchen. Und weit verbreitet sind Gefühle von Unbehagen und Auflehnung gegenüber »dem Westen«, insbesondere dessen Vormacht, den USA. In diesem Klima der Betroffenheit, das mit dem eigentümlichen Verhältnis von Religion und Politik zusammenhängt, ist im Extremfall auch ein Osama Bin Laden anzusiedeln. Er steht für die diffuse Entschlossenheit, die bestehenden Verhältnisse – die, unter welchen Vorzeichen auch immer, als inakzeptabel empfunden werden – gegebenenfalls auch durch gewalttätige Aktionen zu verändern. Das menschenverachtende Verbrechen vom 11. September läßt fast zwangsläufig die Frage nach dem Stellenwert des einzelnen, mithin nach den Menschenrechten, ins Blickfeld treten. Welchen Stellenwert hat der Mensch, wenn sich einzelne für eine haarsträubende Glaubenstat, für ein Verbrechen hergeben? Und wie hoch ist der Respekt für den Menschen, wenn die Tötung Unbeteiligter nicht nur nicht vermieden, sondern im Gegenteil bewußt ins Kalkül gezogen wird, um die Wirkung des Verbrechens zu maximieren? Daß dies am 11. September nicht zum ersten Mal geschehen ist, läßt die lange Kette islamistisch begründeter Gewalttaten in den neunziger Jahren, wo immer und gegen welchen Gegner sie auch begangen wurden, erkennen.

Diese Fragen erhalten ihre Dringlichkeit durch die unübersehbaren Defizite bei der Verwirklichung der Menschenrechte in weitesten Teilen der islamischen Welt. Die politische Landschaft ist durch autokratische Regime gekennzeichnet, in denen der Bürger wenig gilt. Der Staat und die Stabilität des Regimes sind übergeordnete Kategorien, denen der Mensch unterworfen wird. In nicht wenigen Staaten gilt selbst bei formal weitgehend vollzogener Säkularisierung das islamische Recht oder Elemente davon. Die Präambeln der Verfassungen zahlreicher islamischer Staaten besagen, daß die Scharia – und hier gibt es eine erhebliche Bandbreite des Geltungsbereichs – die wichtigste Quelle der Gesetzgebung sei. Die religiöse Dimension behält also eine hohe Relevanz im Verhältnis von Staat und Bürger und beschränkt weiter die Geltung der Menschen- und Bürgerrechte. So ist die Frage berechtigt, ob Gewalttätigkeit nach innen und Gewaltbereitschaft nach außen in einem Zusammenhang stehen. Im Extremfall sollte dies auf die Frage nach der religiösen Begründung militanter, ja terroristischer Aktivitäten hinauslaufen. Was bringt Menschen beziehungsweise Regime dazu, Gewalttätigkeit, Krieg und gegebenenfalls Terrorismus in religiöse Koordinaten zu rücken? Hängen der Mangel an Menschenrechten aufgrund der Einordnung des Menschen in ein religiöses Ordnungssystem und Gewaltausübung nach außen im Namen der Religion zusammen?

Umgekehrt ist mit Blick auf Europa und den säkularisierten Westen zu fragen, in welcher Weise die Trennung des Säkularen vom Religiösen die Ausübung von Gewalt beeinflußt (vermindert) hat und ob die Geltung der Menschenrechte, die Etablierung demokratischer Ordnungen und die Respektierung von Pluralität gleichsam die andere Seite des Abrückens von Gewaltausübung im Namen der Religion darstellen.

Religiöser und gesellschaftlicher Raum im Islam

Zunächst einmal muß festgestellt werden, daß auch der Islam für die überwältigende Mehrheit seiner Anhänger zuallererst eine Religion ist, die ihm die Perspektive eröffnet, seinem Leben eine Dimension der Transzendenz und der Unterordnung unter den Willen und zugleich die Gnade und Barmherzigkeit Gottes zu vermitteln. Religion ist damit ein Phänomen der alltäglichen Lebensgestaltung durch die Vergegenwärtigung Gottes in seinem Wort beziehungsweise die Erfüllung religiöser Rituale. Die Befolgung des göttlichen Gesetzes ist ein Teil der Glaubensausübung und bedeutet nicht ipso facto die ständige Mobilisierung der Entschlossenheit, die darauf abzielt, die politische und gesellschaftliche Ordnung in eine spezifische religiös-politisch-rechtliche Verfaßtheit umzuwandeln beziehungsweise sogar diese Ordnung nach außen zu propagieren oder gewaltsam zu expandieren. Neben der Orthodoxie hat sich in allen Teilen der

islamischen Welt ein breiter Strom mystischen Denkens und
Fühlens auf der Grundlage islamischer Begriffe und religiöser
Vorstellungen herausgebildet. Hier geht es ausdrücklich um die
Perfektionierung des Menschen mit Blick auf seine Beziehung
zu Allah und um die Beschreitung eines langen Weges vielfälti-
ger Exerzitien mit dem Ziel, das menschliche Individuum letztendlich in der Erscheinungsform Gottes aufgehen zu lassen. Die
Mystik stellt die individuelle Vervollkommnung in den Mittelpunkt religiöser Bemühungen des Menschen, so daß die Bedeutung der Gesellschaft und ihrer wie immer durch die Religion
geprägten Verfaßtheit zurücktritt. Wie für andere Religionen
auch, wird man also feststellen müssen, daß der Masse der Muslime die Legitimierung von Gewalt, sei es im privaten oder öf-
fentlich-politischen Bereich, fremd ist. Wenn denn doch der Bezug von Gewalttätigkeit, Kriegführung und Terror zu Begriffen
und religiösen Wertvorstellungen des Islam in den vergangenen
Jahrzehnten gelegentlich wieder – und manchmal sogar mit besonderer Intensität und Brutalität – hergestellt worden ist, so
handelt es sich hier nicht um die normale Erscheinungsform muslimischer Frömmigkeit, sondern um extreme Interpretationen.
Diese sind in ihren jeweiligen politischen und gesellschaftlichen
Kontexten festzumachen; zugleich ist die religiöse Begrifflichkeit, mit der Gewaltakte begründet und gerechtfertigt und mit
der Menschen für diese Gewaltakte mobilisiert werden, damit
zu erläutern.

Ohne Zweifel freilich ist der Islam auch eine Religion, die
zugleich eine politische Dimension hat. Das Dasein eines im
vollen Sinne gläubigen Muslims vollzieht sich – wenn auch in
vielfältig unterschiedlicher Form – mit Blick auf die Gesellschaft
als ganze. Auf eine saloppe Formel gebracht, läßt sich feststellen, daß der Verkünder des Islam, der Prophet Muhammad,
weder den Kreuzestod erlitten (Jesus) noch unter einem Baum
meditierend Erleuchtung erhalten hätte (Buddha). Die frühe
muslimische Gemeinde zog sich auch nicht in Katakomben zurück, wenn sie von den weltlichen Gewalten drangsaliert wurde. Und ein Diktum wie: »Gebt dem Kaiser, was des Kaisers ist,

und Gott, was Gottes ist« ist aus der islamischen Überlieferung nicht bekannt. Als der Druck der Mekkaner auf die Gemeinde der Muslime, die der örtlichen Vielgötterei beharrlich die Vorstellung von dem einen Gott entgegenhielt, zu groß wurde, verließ der Prophet mit seiner Gemeinde das feindselige Mekka und begab sich in das nahe Medina, wo ihm die Möglichkeit erwuchs, auf der Grundlage der offenbarten Weisungen Gottes an die Gläubigen ein Gemeinwesen aufzubauen, dessen Legitimation untrennbar verbunden war mit der Befolgung der Gebote, die von Gott durch den Propheten der Gemeinde erteilt wurden. Acht Jahre nach seiner Auswanderung wurde Mekka von Medina aus erobert (630), und beim Tode des Propheten (632) war die gesamte Arabische Halbinsel bereits der islamischen Gemeinde (*umma*), die in Medina ihren Mittelpunkt hatte, einverleibt.

Bezeichnend ist, daß das Datum der Auswanderung der Muslime von Mekka nach Medina, mithin also der Gründung eines staatlichen Gemeinwesens auf der Grundlage des Islam, zum Beginn der islamischen Zeitrechnung wurde (622). Man zählte nicht etwa vom Geburtstag des Propheten oder vom Beginn der Offenbarung, sondern von dem Tage an, da die Gemeinde als politisch-gesellschaftliche Größe Realität wurde.

Der Auftrag, über den *jihad fi sabil Allah* (die Bemühung auf dem Wege Gottes) das »Gebiet des Kriegs« (*dar al-harb*) dem »Gebiet des Islam« (*dar al-islam*) einzuverleiben, ist bezeichnend für die Untrennbarkeit des säkularen und religiösen Raums. Im Unterschied zum Christentum kennt der Islam keine Kirche, also die Trennung von Sacerdotium und Imperium. Für den Gläubigen in seiner *umma* bedeutet die Religion zugleich Rechtleitung in seinem privaten wie öffentlich-gesellschaftlichen Leben. Im Mittelalter mögen im christlichen Europa beide Bereiche zeitweilig auf das engste aneinander angenähert worden sein – religiöser und politischer Bereich blieben aber eine Zweiheit. Vor dem Hintergrund der Zwei-Lichter-Theorie wurde gestritten, welches »Licht« wen bescheine – wer also der Mond und wer die Sonne sei: Papst oder Kaiser. Am Ende des Mittelalters setzte ein Trennungsprozeß von Staat und Kirche ein. Demgegenüber läßt sich das Verhältnis von Gesellschaft und Religion im Islam mit einer Medaille vergleichen: Sie läßt sich nicht spalten – die weltlich-gesellschaftliche Seite ohne die religio (Rückbindung) an die Transzendenz ist ebenso wesenlos wie die religiöse Dimension ohne ihre Wirkung im politisch-gesellschaftlichen Raum.

Insbesondere im 20. Jahrhundert – auf diese Entwicklung kann hier im einzelnen nicht eingegangen werden – sind nachhaltige Bemühungen unternommen worden, die Medaille doch zu spalten und auf diese Weise das Entwicklungsdefizit weiter Teile der islamischen Welt zu überwinden, das muslimische Eliten zwischen Nordafrika und Indonesien der Verquickung von Politik und Religion zuschrieben. Diese Entscheidung, die gegen Ende des 20. Jahrhunderts vor allem seitens der Islamisten (Fundamentalisten) nachhaltig bekämpft wurde, hat sich in nicht wenigen Ländern in der islamischen Welt behaupten können und bildet bis in die Gegenwart die Grundlage der politischen Ordnungen. Ein gläubiger Muslim mag dies zwar aus praktischen Gründen nachvollziehen; emotional jedoch stehen viele Muslime der Säkularität skeptisch bis nachhaltig ablehnend gegenüber. In ihrem persönlichen Leben und in ihrer Gesellschaft versuchen sie, sich so weit an den Geboten und Gesetzen des Islam zu orientieren, wie dies nach Lage der Dinge möglich ist. Die Aufrechterhaltung der Säkularität als der Grundlage des Gemeinwesens ist noch immer das Anliegen von Eliten, die dies im Namen der Staatsraison von oben verordnen und überwachen. Eine – wie etwa in Europa oder in Amerika – selbstverständliche Voraussetzung einer politischen Ordnung, innerhalb derer der Mensch mit seinen Rechten seinen Platz findet, den er nicht zuletzt auch gegen die Religion verteidigt, ist dies jedoch noch nicht.

Ein Tag im September

Die Herausforderung des Westens

Vor diesem Hintergrund ist es in der Neuzeit immer wieder zu gewalttätigen Reaktionen auf die Auseinandersetzung zwischen Teilen der islamischen Welt und dem Westen gekommen. Das gilt für die wahhabitische Bewegung, die etwa Mitte des 18. Jahrhunderts im heutigen Saudi-Arabien zur Macht gekommen ist. Der Führungsanspruch der Familie Saud verband sich mit einer extrem konservativen Interpretation des Islam, die von dem Theologen Muhammad Ibn Abd al-Wahhab ausging. Diese Entwicklung war nicht zuletzt eine Reaktion auf das Eindringen westlicher »Neuerungen« in den religiös-politischen Körper des Osmanischen Reiches, das seit dem Ende des 17. Jahrhunderts unübersehbare Anzeichen innerer und äußerer Schwächung zeigte. In unterschiedlicher Intensität hat sich die wahhabitische Bewegung bis in die Gegenwart erhalten. Der Export eines konservativen Islam hatte zum Ziel, westlichen Einfluß fernzuhalten und die islamische Welt im Zeichen eines konservativen Islamverständnisses zu stärken. Seit Anfang der siebziger Jahre des 20. Jahrhunderts konnte sich der Wahhabismus auf erhebliche finanzielle Ressourcen aus dem Verkauf von Erdöl und Erdgas stützen; die Virulenz traditionalistischer und im wesentlichen antiwestlicher Bewegungen in weitesten Teilen der islamischen Welt ist ohne erhebliche Zuwendungen seitens islamisch-konservativer Kreise auf der Arabischen Halbinsel kaum zu verstehen. Auch der islamische Widerstand gegen die sowjetische Invasion in Afghanistan (1979-1989), bei der Osama Bin Laden, Sohn einer reichen saudischen Familie, eine wichtige Rolle spielte, ist aus wahhabitischen Kreisen finanziell ausgestattet worden.

Eine andere für das Verständnis des Verhältnisses zwischen dem Westen und Teilen der islamischen Welt wesentliche Entwicklung war die von Ayatollah Khomeini angeführte Islamische Revolution im Iran und die Gründung der Islamischen Republik dort Anfang 1979. Hier gelang es zum ersten (und bislang einzigen) Mal, ein Regime zu beseitigen, das auf umfassende Weise den Interessen des Westens, insbesondere der USA, verbunden, ja – in der Wahrnehmung zahlreicher Iraner selbst – unterworfen war. Eine »islamische Ordnung« trat an die Stelle eines verwestlichten Systems; islamische Werte ersetzten westliche Ordnungsvorstellungen und westliche Kulturelemente. Aus der Entfremdung schien der islamische Iran wieder zu seiner eigentlichen Identität zurückgekehrt zu sein. Der dem Iran durch das irakische Regime unter dem Diktator Saddam Hussein Ende 1980 aufgezwungene Krieg nahm in seinem weiteren Verlauf ideologische antiwestliche Züge an. Khomeinistischer Propaganda gemäß sollte der Krieg »über Kerbala nach Jerusalem« führen. Ohne diese mobilisierende und emotionale Formel zu erklären, seien hier nur die Umrisse des weitreichenden politischen Programms angedeutet: Die Befreiung Kerbalas, des für die Schiiten – nach Mekka und Medina – heiligsten Platzes, von der Herrschaft des »gottlosen Tyrannen« Saddam Hussein steht für die Befreiung der islamischen Welt von ihren inneren Feinden (und damit sind nahezu alle Potentaten und die dem Westen verfallenen Eliten gemeint). Danach ist das Ziel die Befreiung von Jerusalem (Al-Quds), das heißt die Befreiung des Heiligen Landes von äußeren Feinden des Islam: den Zionisten und den USA. Mit der Gründung der Hizbollah im Libanon (1982) gelang es dem Iran, eine zweite Front aufzumachen. Hier standen sich muslimische Kämpfer khomeinistischer Gesinnung und Israel gegenüber, das 1982 weite Teile des Landes besetzt hatte. Gewalttätige Akte, die auch Terror einschlossen, führten dazu, daß Israel 1984 den Libanon bis auf die sogenannte Sicherheitszone im Süden räumen mußte. Damit war Gewalttätigkeit im Zeichen des Islam weithin gerechtfertigt und machte nun während der neunziger Jahre unter anderem in Algerien, Ägypten und Palästina Schule. Der Rückzug Israels aus der selbsterklärten Sicherheitszone im Mai 2000 wurde als Sieg gefeiert. Als etwa vier Monate später (28.9.2000) die Al-Aqsa-Intifada ausbrach, inspirierten sich palästinensische Selbstmordattentäter an der »siegreichen« Strategie der Hizbollah.

Die skizzenhafte Übersicht läßt erkennen, daß sich politische Kräfte im Namen des Islam dem Vordringen »des Westens« in seinen politischen, wirtschaftlichen und kulturellen Erscheinungsformen entgegenstellten. Dieser Widerstand freilich hatte zu keiner Zeit eine verbindliche religiös-politische beziehungsweise ideologische Grundlage; er war auch nicht flächendeckend, sondern flackerte in unterschiedlichen Phasen der Auseinandersetzung mit dem Westen an unterschiedlichen Plätzen in unterschiedlicher Form auf. Islamistische Gewalttätigkeit, die auch den Terror als Instrument der militanten Strategie akzeptierte, war jedoch im wesentlichen eine Erscheinungsform des Widerstands im ausgehenden 20. und beginnenden 21. Jahrhundert. Die Terroranschläge vom 11. September 2001 haben als Gewaltakt also eine längere Vorgeschichte. Der wesentliche Unterschied zu vorangegangenem islamistischen Terror liegt in der Dimension des Feindbildes. Gewalttätigkeit seit den siebziger Jahren hatte eher lokale Ziele: Israel und die als »westlich« denunzierten Regime oder einzelne Objekte in den jeweiligen islamischen Gesellschaften. Osama Bin Laden dagegen hatte gelernt, in globalen Dimensionen zu denken und zu handeln. Sein Einsatz im Afghanistan der achtziger Jahre war in den Dimensionen des globalen Ost-West-Konflikts erfolgt – Ziel der Militanz war die Supermacht Sowjetunion. Nach dem Wechsel des Feindbildes und der Aufnahme des Kampfes mit der nunmehr einzigen global handelnden Macht, den USA, gelang es ihm – seit 1996 von Afghanistan aus –, mit der Al-Qaida ein globales Netzwerk antiwestlicher und insbesondere antiamerikanischer Militanz zu knüpfen. Ziel war die Vertreibung »des Westens« aus der islamischen Welt. In diesem Zusammenhang wurden die Ziele des Terrorakts vom 11. September sorgfältig gewählt: das Pentagon als Symbol amerikanischer militärischer Vormachtstellung und das World Trade Center als Ausdruck wirtschaftlicher Globalisierung, angeführt durch die USA.

In dem Obengenannten wird angedeutet, daß »der Westen« offensichtlich eine Herausforderung an das religiös-kulturelle und politische Selbstverständnis von Teilen der islamischen Welt darstellt. Die sich die vergangenen zweieinhalb Jahrhunderte hindurch zunehmend artikulierende westliche Dominanz wird in eine ideologische Dimension transformiert, die ideologische Abwehrkräfte weckt. Dabei zeigt sich, daß der Islam selbst zu einer Ideologie transformiert werden kann. Dieser Schritt bedarf »nur« einer selektiven Umdeutung zentraler Begriffe im Islam; einfache Frömmigkeit und die Entschlossenheit, für die »Sache des Islam« zu kämpfen, liegen eng beieinander.

Naturgemäß ist der angedeutete historische Tatbestand mit Blick auf die Geschichte der islamischen Welt insgesamt sowie auf die Beziehung zwischen dieser und der nichtislamischen Nachbarschaft, insbesondere Europa, nur ein kleiner Ausschnitt. Nach dem Stillstand der arabischen Eroberungen hat sich bekanntlich ein vielfältiges Netz politischer, handelsmäßiger und auch kultureller Verflechtungen zwischen beiden Seiten herausgebildet. Zwar war die Koexistenz immer wieder durch kriegerische Einbrüche – zum Beispiel die Kreuzzüge – gefährdet, doch im großen und ganzen hat es anhaltende Phasen eines fruchtbaren Austauschs gegeben. Gegen Ende des 13. Jahrhunderts setzten die Osmanen die Expansion des »Gebiets des Islam« auf ihre Weise fort und drangen dabei weiter nach Europa vor, als es den Arabern je gelungen war. Mit dem 16. Jahrhundert entwickelten sich diplomatische, wirtschaftliche und später auch kulturelle Beziehungen zwischen dem Osmanischen Reich und seinen europäischen Nachbarn.

Erst nach der gescheiterten zweiten Belagerung von Wien (1683) ging es kontinuierlich mit dem Osmanischen Reich bergab. Bis zu seinem Ende (1918 bzw. 1923/24) waren die Beziehungen durch anhaltende Kriegshandlungen gekennzeichnet, die nur von kurzen Waffenstillständen und Friedensvereinbarungen unterbrochen waren. Das eigentliche Problem lag nunmehr nicht länger in der unübersehbaren europäischen Überlegenheit, sondern in der Uneinigkeit unter den europäischen Imperialmächten, wer von der Zerlegung des Fells des osmanischen Bären am Ende am nachhaltigsten profitieren würde. Zwar verstanden sich die Sultane als islamische Herrscher, und der Islam prägte Herrschaftssystem, Gesellschaftsform, individuelles Leben und Kultur. Zugleich aber waren Herrschaftsausübung und wirtschaftliches Handeln auch durch weite säkulare Freiräume bestimmt. Erst mit dem unübersehbaren Niedergang versuchten die Herrscher, den Islam zur Mobilisierung der Bevölkerung zu instrumentalisieren. So gewann die Idee des islamischen Kalifats im 19. Jahrhundert wieder eine erhöhte politische Bedeutung. Insgesamt vermochte die Injektion des Islam in den Körper des »kranken Mannes am Bosporus« keine nachhaltige Wirkung zu erzielen.

Während auf islamischer Seite die Religion – ob im Zusammenhang mit der Politik des Osmanischen Reiches oder mit dem Widerstand islamischer Kräfte gegen die einsetzende Verwestlichung – eine insgesamt gesehen große Bedeutung hatte, beschleunigte sich in Europa der Prozeß der Säkularisierung, das heißt der Trennung des politischen vom religiösen Bereich. Mit dem Ende des Dreißigjährigen Kriegs (1648) entstand ein europäisches Staatensystem, bei dessen Auseinandersetzungen untereinander die Religion eine allenfalls untergeordnete Rolle spielte. Treibende Kraft wurden nationale Interessen. Mit der Aufklärung erfuhr die Säkularisierung von Politik und Gesellschaft ihre konzeptuelle Grundlegung. In der Formulierung von Menschenrechten außerhalb aller staatlichen, gesellschaftlichen, kulturellen und vor allem religiösen Kontexte war die Religion als Faktor in Politik und Gesellschaft ausgeschaltet. Damit freilich war die europäische Welt nach innen wie nach außen nicht friedlicher geworden. In den europäischen Staaten und Gesellschaften selbst konnten Menschen- und Bürgerrechte nur zögerlich gegen die Herrschenden durchgesetzt werden. Im 20. Jahrhundert wurden sie durch totalitäre Ideologien wie den Kommunismus und den Faschismus außer Kraft gesetzt. Der Mensch verlor seine Rechte angesichts der Geltung gesellschaftlicher beziehungsweise rassistischer Kriterien, die über den einzelnen hinausgingen. Die Folgen waren verheerend. Nach außen setzten europäische Mächte ihren imperialen und kolonialen Expansionsdrang fort. Die Menschenrechte anderer Völker, die Objekte europäischer Eroberungslust beziehungsweise wirtschaftlicher Interessen waren, wurden ignoriert oder bewußt negiert.

Udo Steinbach

Ganze Völker außerhalb Europas – so in Afrika und Amerika – wurden ausgerottet. Zwar geschahen diese Untaten nicht im Namen der Religion, doch war der Westen (Europa) weit davon entfernt, seine Politik an den Werten zu orientieren, die er unablässig verkündete. Offensichtlich war es dem Christentum nicht gelungen, in seinem Orbit die Menschen im Sinne der christlichen Gebote zu zivilisieren. Zwischen der Botschaft und dem, was die Menschen im säkularen Raum taten, bestand – und besteht – eine tiefe Kluft. Im 20. Jahrhundert kam es in Europa bei der Durchsetzung säkularer Ideologien zu den brutalsten und menschenverachtendsten Exzessen. Im vormaligen Raum des Heiligen Römischen Reiches Deutscher Nation vernichtete ein rassistisches Regime alle Menschen in seinem Herrschaftsbereich, die als »Untermenschen« der Entwicklung der eigenen Rasse entgegenstanden. Und im Raum des »Dritten Rom« zog eine kommunistische Avantgarde gegen all jene zu Felde, die ihr auf dem Weg der Umwandlung ihrer Gesellschaft zu einer ideologisch verkündeten »klassenlosen Gesellschaft« im Wege standen. Allein im Zweiten Weltkrieg, bei dem es in hohem Maße um die Vorherrschaft rassistischer und kommunistischer Ideologien ging, kamen zwanzig Millionen Menschen ums Leben.

Gewalt und Identitätsverlust

Die Erfahrung von Gewalttätigkeit hat das Verhältnis zwischen der islamischen Welt und »dem Westen« in den vergangenen zweieinhalb Jahrhunderten in hohem Maße geprägt. Mit dem Niedergang des Osmanischen Reiches im 18. Jahrhundert begann die schrittweise Unterwerfung der islamischen Welt durch die europäischen Imperialmächte. Die napoleonische Expedition (1798) kann symbolisch als der Beginn der Unterwerfung der Muslime in der näheren und weiteren Nachbarschaft Europas in allen Facetten von Politik, Wirtschaft, Gesellschaft und Kultur verstanden werden. Systematisch wurde das Osmanische

Reich reduziert; daß sich der Niedergang so lange hinzog, war wesentlich der Tatsache zuzuschreiben, daß sich die europäischen Mächte auf seine Beerbung nicht verständigen konnten. Einem geschlossenen Frieden oder Waffenstillstand folgte der Ausbruch neuer bewaffneter Auseinandersetzungen nach europäischem Gutdünken. Nordafrika, der Nahe und Mittlere Osten wurden der europäischen politischen und wirtschaftlichen Zukunftsplanung unterworfen. 1830 besetzte Frankreich Algerien, um es schließlich als »Algérie française« zum Teil des französischen Mutterlands zu machen. Nach 1892 verfestigte sich die britische Herrschaft über Ägypten – nicht zuletzt mit Blick auf die Kontrolle des Suezkanals im Zusammenhang mit britischen Interessen auf dem Indischen Subkontinent. Das grüne Licht aus London für die Schaffung einer »jüdischen Heimstätte« in Palästina (Balfour-Erklärung von 1917) war ein weiterer symptomatischer politischer Zug, die Kontrolle der Region zu verfestigen. Diese wurde um so wichtiger, je mehr nach den ersten Ölfunden und Abschlüssen von Verträgen zur Ausbeutung und zum Vertrieb des Erdöls der Nahe und Mittlere Osten zu einer primären Interessenregion europäischer Mächte geworden war. Großbritannien und Frankreich – auch Rußland kann mit Blick auf die Behandlung der muslimischen Völker in Zentralasien und im Kaukasus nicht außer acht gelassen werden – hatten sich 1916 die Einflußzonen aufgeteilt; und sie setzten diesen Einfluß in immer neuen Formen der Einmischung in die Politik der formell unabhängig werdenden Länder durch. Eine dauernde Manipulation und anhaltende – auch militärische – Einmischung waren die Folge. 1948 entstand der Staat Israel, von den Menschen im Nahen Osten wahrgenommen als Produkt europäischer Gewalttätigkeit vergangener Jahrzehnte. Lediglich die Türkei konnte nach einem harten Befreiungskrieg ihre Unabhängigkeit erringen und an Respektabilität gegenüber den europäischen Mächten gewinnen. Auch dem Iran gelang es, sich der vollständigen imperialen Unterwerfung zu widersetzen; erst 1940 unternahm es Großbritannien im Hinblick auf die britischen Interessen im Zweiten Weltkrieg (in Abstimmung

Udo Steinbach

mit Rußland), den Schah abzusetzen und seinen Sohn zum Nachfolger zu machen. Das britisch-amerikanische Interesse an dem Land blieb aber anhaltend stark. Mit dem Ende des Zweiten Weltkriegs traten im Nahen Osten die USA als dominierende Macht die Nachfolge der europäischen Staaten an. Bezeichnend ist zunächst, daß die gewalttätige Einmischung Großbritanniens und Frankreichs in Ägypten im Jahre 1956 mit dem Ziel, die Verstaatlichung des Suezkanals rückgängig zu machen, nicht zuletzt am amerikanischen Widerstand scheiterte. Danach aber übte Washington eine strikte Kontrolle über die Region aus. Ziel war es, zu verhindern, daß eine verstärkte Einflußnahme Moskaus diese globale Machtbalance gefährden würde. Zunehmend wurden die USA jedoch als Macht gesehen, die dem Freiheits- und Entwicklungsdrang der islamischen Völker im Nahen Osten und darüber hinaus im Wege stand.

Islamische Eliten haben auf die Herausforderung durch den Westen reagiert. Ein Modernisierungsprozeß setzte ein, der – ausgehend vom Militär – bald Teile der Verwaltung, des Rechtswesens, der politischen und gesellschaftlichen Verfaßtheit sowie des Schul- und Ausbildungswesens erfaßte. Mit der selektiven Verwestlichung waren Erwartungen verbunden, die Anpassung an die so offenkundig überlegene Seite werde die innere und äußere Resistenz in der Auseinandersetzung mit dem Westen stärken. Der Prozeß der Verwestlichung verlief in unterschiedlichen Teilregionen der islamischen Welt mit unterschiedlicher Intensität. Insgesamt aber brachte er nicht die erhoffte Wirkung. Der Niedergang des Osmanischen Reiches in der Konfrontation mit europäischen Mächten setzte sich fort; und andere Teile der islamischen Welt, etwa in Afrika, Zentralasien, Südasien und Südostasien, gerieten immer tiefer unter die koloniale Herrschaft europäischer Mächte. Erst mit dem Ende des Ersten Weltkriegs setzten nachhaltige Bemühungen ein, die Unabhängigkeit von den Kolonialmächten zu erringen; diese wurden von säkularen Eliten durchgesetzt, die sich an einer

129

weitgehenden Nachahmung westlicher Ordnungsvorstellungen orientierten.

Der unvollendete Erneuerungsprozeß prägt Bewußtsein und Selbstbewußtsein vieler Muslime in der Gegenwart. Sie haben sich ihren eigenen religiösen, kulturellen und wertemäßigen Traditionen entfremdet, ohne sie ganz aufzugeben. In einer Mischung von Erwartung und schlechtem Gewissen haben sie sich dem Westen geöffnet, ohne freilich die tiefgreifende Veränderung durchzumachen, aus der heraus die Dynamik Europas in der Neuzeit erwachsen ist. Ein Identitätsproblem ist somit in weiten Teilen der islamischen Welt feststellbar: Die Verwurzelung in den Werten der Tradition wurde schwächer. Auch wenn weiterhin der Islam einen starken Orientierungsrahmen im religiösen und persönlich-gesellschaftlichen Leben des Muslims bietet, so hat er seine Rolle als essentielle sinn- und legitimationsstiftende Kraft in Staat und Gesellschaft weitgehend verloren. Auf der anderen Seite reflektieren die gesellschaftlichen und politischen Ordnungen in der islamischen Welt zwar Elemente moderner politischer Verfassungen, sie bleiben aber unvollkommene Nachahmungen westlicher Systeme, die nicht von der umfassenden Zustimmung des Bürgers getragen werden. Viele Muslime stehen also zwischen Tradition und Moderne – einer Tradition, zu der sie sich noch immer zurücksehnen, und einer Moderne, die als Nachahmung nur einen oberflächlichen Firnis darstellt. Nur ausnahmsweise – die Türkei ist ein Beispiel hierfür – hat eine tiefergehende Modernisierung stattgefunden und überkommene Traditionen und Loyalitäten ersetzt. Aber selbst in diesem Falle ist nicht zu verkennen, daß noch immer viele Türken dem Westen mißtrauen. Wird dieser sie wirklich als seinesgleichen annehmen? Entsprechende Zweifel sind im Verlauf des Annäherungsprozesses zwischen der Türkei und der Europäischen Union immer wieder angemeldet worden. Tatsächlich war die Politik des Westens, Europas und der USA mit Blick auf die islamische Welt nicht von vorbehaltloser Offenheit und Aufrichtigkeit gekennzeichnet. Ein Interesse an umfassender Entwicklung in der islamischen Welt in Richtung auf Gleichstellung und Gleichberechtigung kann kaum festgestellt werden. Die Entstehung des Staates Israel und der Verlauf des israelisch-arabischen Konflikts sind symptomatisch für die Blockaden auf dem Weg wechselseitiger Respektierung und Annäherung. Elemente der skizzierten Probleme im Verhältnis zwischen dem Westen und der islamischen Welt können auch in der Reaktion auf die Herausforderung anderer Kulturen und der mit ihnen verbundenen Religionen wiedererkannt werden. Die Heftigkeit der Reaktion aber, die gegen Ende des 20. Jahrhunderts zu einem virulenten religiösen Fundamentalismus geführt hat, muß aus der im islamisch geprägten Raum eigentümlichen Nähe von religiöser und gesellschaftlich-politischer Dimension gesehen werden, die den Islam kennzeichnet.

Das Aufeinanderbezogensein von Glauben und Gesellschaft wird in der Koran-Sure 3, Vers 110 auf den Punkt gebracht. Dort heißt es: »Ihr seid die beste Gemeinde« (*kuntum khaira ummatin*). Dies ist nicht allein im Sinne religiöser Perfektion gemeint. Die »beste Gemeinde« muß auch in ihrer realen gesellschaftlichen und politischen Existenz ihre »Vollkommenheit« manifestieren. Das von Gott selbst gesprochene vollkommene Wort wird als Aufruf an den Gläubigen verstanden, die Vollkommenheit der Offenbarung auch im Zustand seiner Gemeinde (*umma*) sichtbar zu machen.

Über Jahrhunderte haben Muslime mit den Defiziten islamischer Staatswesen gelebt; immer wieder haben sie Kompromisse machen müssen und sich daran gewöhnt. Doch solange man gleichsam unter sich war, konnte man die Fehlentwicklungen ignorieren. Die Kreuzfahrer waren nach etwa zwei Jahrhunderten wieder aus der Region vertrieben; die Mongolen, die im 13. Jahrhundert weite Teile des islamisch geprägten Raums verwüsteten und 1258 Bagdad, die Hauptstadt des Kalifats, zerstörten, nahmen schließlich den islamischen Glauben an. Anders verhält es sich mit der Gestaltung der Beziehungen zwischen der islamischen Welt und dem Westen seit dem 18. Jahrhundert. Bereits oben war angesprochen worden, daß von Gleichheit und Gleichwertigkeit nicht mehr gesprochen werden konnte. Die islamische Welt war dem Westen unübersehbar nach- und untergeordnet.

Auch im beginnenden 21. Jahrhundert ist der Zustand der islamischen Welt zwischen dem Atlantik und dem Pazifik Lichtjahre von der Qualität jener islamischen Gesellschaft entfernt, zu der der Muslim aufgerufen ist. Politisch vom Westen dominiert, gesellschaftlich und wirtschaftlich von anhaltend schweren Krisen geplagt, von Regierungen geführt, denen Ansehen unter den Bürgern fehlt, sind weite Teile der islamischen Welt nur durch das Vorhandensein von Rohstoffen, insbesondere Erdöl und Erdgas, »interessant«. Aber auch bei deren Ausbeutung und Verkauf sind sie den Gesetzen eines Marktes unterworfen, dessen Regeln nicht von den Produzenten selbst gestaltet werden. Die Unrast, die seit Anfang der siebziger Jahre die Politik in der Region unter dem Stichwort des islamischen Fundamentalismus prägt, ist wesentlich auch als Versuch zu bewerten, den Prozeß des Verfalls aufzuhalten, Selbstbewußtsein und Selbstachtung zurückzufinden und das Gefälle zum Westen auszugleichen. Auch die Terroranschläge vom 11. September, deren Koordinaten zugleich religiöser und politisch-gesellschaftlicher Natur sind, können in diesen Kontext eingeordnet werden.

Vor dem Hintergrund der Gewalterfahrung durch den Westen ist der Terrorakt vom 11. September auch als Befreiungsschlag zu verstehen. Mangels anderer Handlungsspielräume vergewissert sich der Terrorist vor dem negativen Hintergrund seiner Geschichte wieder seiner selbst im Gewaltakt. Aus dem Gefühl der Verunsicherung sucht er seine Identität als Muslim und als Handelnder zurückzugewinnen. Die Religion, die ihn seine Machtlosigkeit schmerzhaft verspüren läßt, weil sie ihm eine ganz andere Vision von seiner Gemeinde eingepflanzt hat, als diese sich in der Gegenwart darstellt, gibt ihm zugleich die Rechtfertigung seines Handelns, wenn er den Text der Offenbarung nur »richtig« versteht. Auch weiß er um die mobilisierende und aufrüttelnde Wirkung der Tat, wenn er sie in die Dimension des Islam stellt. Die scheinbar unbezwingbare Vormacht des Westens mit den USA als Motor einer Globalisierung, die dem

Muslim als Verschwörung erscheint, hat sich als verwundbar entpuppt. Damit ist zugleich eine Perspektive auf Nachahmung eröffnet: Der Weg scheint frei, nunmehr daran zu gehen, die Geschichte zu revidieren und den Wiederaufstieg zu beginnen, der an seinem Ende die islamische *umma* zur »besten Gemeinde« werden lassen soll. Im Gewaltakt werden die Ambiguitäten der Identität zwischen Tradition und Moderne zugunsten der Tradition geklärt. Die Entfremdung wird durch ein bedingungsloses »Bekenntnis« zum Islam überwunden. Der Westen mit seinen scheinbaren Verlockungen, die sich als Strategie erwiesen haben, den Muslim durch Entfremdung von seiner Religion zu schwächen, wird mit einem brutalen Schlag zurückgewiesen.

Menschenrechte angesichts doppelter Standards

In den skizzierten Kontext läßt sich auch die Problematik der Menschenrechte in der islamischen Welt einordnen. Von dem Standard ihrer Verwirklichung, der nach dem Zweiten Weltkrieg in westlichen Ländern gesetzt wurde, sind große Teile der islamischen Welt weit entfernt. Diese Feststellung ist naturgemäß zunächst von der Qualität der Regime in der Region nicht zu trennen. Darüber hinaus aber ist festzustellen, daß das in der religiös geprägten Tradition wurzelnde Verständnis des Menschen zwar auch Gemeinsamkeit mit dem westlichen Menschenbild, zugleich jedoch erhebliche und nachhaltige Unterschiede aufweist. Die vom Westen und den von ihm geprägten internationalen Organisationen ausgehende Herausforderung, Menschenrechte zu verwirklichen, trägt mithin zu der Verunsicherung und Identitätskrise bei, welche den Gesamtzustand der Gesellschaften in der islamischen Welt zwischen einer zum Teil verlorenen Tradition und einer noch nicht gewonnenen Moderne charakterisieren.

Gemeinsam ist für das Christentum und den Islam die Grund-
auffassung von der Würde des Menschen. In beiden Religionen
steht der Mensch im Mittelpunkt des Schöpfungsakts. Allerdings
zeigen sich dabei bereits unterschiedliche Akzentsetzungen: Die
christlich-jüdische Schöpfungsgeschichte betont die Gottähn-
lichkeit des Menschen. Damit hängt die Forderung zusammen,
sich die Erde »untertan« zu machen. Im Koran wird demgegenüber wiederholt die gleichsam physiologische Dimension her-
ausgestellt: Der Mensch sei aus Erde (aus einem Samentropfen)
geschaffen. Mit dieser bescheideneren Selbstauffassung des Menschen geht die Betonung des Menschen als »Stellvertreter« (*khalifa*) einher: Der Mensch ist der Sachwalter Gottes auf Erden;
dann ist er ipso facto auf Allah als den Gesetzgeber und »Sou-
verän« bezogen. Wie beim Verhältnis von säkularem und religiösem Bereich, so sind die christlich und islamisch geprägten
Räume auch beim Menschenbild unterschiedliche Wege gegangen. In Europa konnte sich der Mensch mit der Renaissance
von der Religion emanzipieren, indem seine Individualität betont wird; er entfaltet schöpferische Kräfte, die – wenn auch in
menschlicher Dimension – der Schöpferqualität Gottes nahekommen. In islamischer Dimension dagegen ist menschliches
Handeln von der Verantwortung vor Gott im Lichte des geof-
fenbarten Wortes geprägt. Ihm bleibt er als »Stellvertreter« unterworfen. Die menschliche Individualität führt nicht zur Ver-
absolutierung des einzelnen und seines Ego. Der autonome
Mensch, wie er sich insbesondere in der Neuzeit in Europa entwickelt hat und der sich nach einem verinnerlichten Sittenge-
setz verhält, ist für einen gläubigen Muslim schwer nachvollziehbar. Dieses Verständnis von Verantwortung steht der Auffassung von Freiheit entgegen, die sich in Europa ausgeprägt
hat. Der sich verabsolutierende und freisetzende, mit unverrück-
baren Menschenrechten ausgestattete Mensch, dessen Freiheit
lediglich von der Freiheit des anderen begrenzt wird, hat in der
islamischen Religion keinen Platz gefunden; nirgendwo erkennt
man eine Andeutung der faustischen Dimensionen der Selbst-
entfaltung und Selbstverwirklichung. Der kategorische Impe-

rativ Immanuel Kants, nach dem der Mensch so handeln soll, daß die Maxime seines Handelns Grundlage einer allgemeinen Gesetzgebung werden kann, ergibt in islamischer Dimension wenig Sinn. Der Mensch ist insofern frei, als er durch Gott und dessen Wort sowie durch die Belange der Gemeinschaft Gottes in die Pflicht genommen wird, aus seiner freien Willensentscheidung heraus diese Pflicht wahrnimmt und akzeptiert.

Die kurzen Ausführungen über die Verschiedenheit des Menschenbildes sowie die Unterschiede im Dreieck von Mensch, Gesellschaft und Religion im Christentum und Islam lassen erkennen, daß in islamischer Perspektive das in Europa entstandene Konzept von Menschenrechten nicht problemlos nachzuvollziehen ist. Die Emanzipation des Menschen von der Religion ist einer der Grundtatbestände europäischer Geschichte. Die Entwicklung mündete in die Säkularität, auf der die politischen und gesellschaftlichen Ordnungen im Westen beruhen. Daß dem Menschen »an sich« Rechte außerhalb aller religiösen, gesellschaftlichen und kulturellen Kontexte zukommen, ist für einen Muslim nicht nachvollziehbar, da für ihn der Zustand seiner Gesellschaft mit der Wirksamkeit religiöser Gebote untrennbar verbunden ist. Nach seiner Auffassung, nach der er Sachwalter (*khalifa*) Gottes in der Gemeinde ist, verbindet sich der Anspruch auf Rechte mit der Verpflichtung zu gottgewolltem Handeln in der und für die Gemeinschaft.

Nicht nur diese grundlegenden Divergenzen machen in der islamischen Welt die Verwirklichung der Menschenrechte im europäischen Sinne problematisch. Vielmehr hat auch die politische Praxis Europas in der Interaktion mit außereuropäischen Kulturkreisen die Menschenrechte nicht nur populär gemacht. Auch die Gesellschaften Europas sind in weiten Teilen erst nach dem Ende des Zweiten Weltkriegs zu einer – noch immer unvollkommenen – Verwirklichung des Konzepts der Menschenrechte nach innen und nach außen übergegangen. Die Geschichte der Neuzeit hat ihre Dynamik nicht zuletzt aus einer Verbindung der Befreiung des Individuums mit der Expansion von Herrschaft erhalten. In den imperialen Unternehmungen innerhalb Europas selbst wie – vor allem – bei der imperialen und kolonialen Durchdringung weitester Teile der Welt in Afrika, Amerika und Asien sind Menschenrechte ignoriert beziehungsweise teilweise dramatisch verletzt worden. Die Verachtung anderer Kulturen als »primitiv« oder – gegenüber der islamischen Welt – »rückständig« war der Hintergrund einer *mission civilisatrice*, deren Ziel in der Verbreitung des europäischen Menschenbildes lag. Daß sich dahinter zugleich politischer Herrschaftswille und ökonomische Interessen auftaten, ist ein historisches Faktum. Auch in der Gegenwart noch ist der Vorwurf der »doppelten Standards« ein kontinuierlich gehörter Vorbehalt, wenn es darum geht, sich dem europäischen Konzept des Menschen und der Menschenrechte zu öffnen. Ständig handele der Westen – Europa und die USA – gegen seine hochgehaltenen Prinzipien; die Verwirklichung westlicher Interessen und der Umgang mit Menschenrechten werden in ein und demselben Kontext gesehen. Im Falle der islamisch geprägten Nachbarschaft Europas, insbesondere des arabischen Raums, tritt in diesem Zusammenhang der israelisch-arabische Konflikt ins Bild: Die Entstehung des Staates Israel zu Lasten des palästinensischen Volkes steht dem arabischen Anspruch auf politische Gerechtigkeit entgegen. Hinter der dominanten Rolle Israels in der Region wird – nicht völlig zu Unrecht – westliche Interessenpolitik, vor allem im Hinblick auf die Rohstoffe der Region, gesehen. Daß sich Israel mit Blick auf die Befolgung der Resolutionen internationaler Organisationen, insbesondere der UNO, in einem Freiraum befindet, wird als Beweis der »doppelten Standards« im Namen westlicher Interessen verstanden.

Im übrigen war es mit der Verwirklichung der Menschenrechte auch im Innern europäischer Staaten nicht weit her. Nur langsam entwickelten sich in den meisten dieser Staaten demokratische Partizipationsformen; Rassismus und Intoleranz, Diskriminierung von Frauen, Spannungen und Feindseligkeiten zwischen religiösen Gemeinschaften waren an der Tagesordnung. Im 20. Jahrhundert waren Nationalsozialismus und Kommunismus Ideologien von nachhaltiger Wirkung. Während ersterer die rassistische Intoleranz bis zur Auslöschung von Millionen von Juden und anderen »rassisch Minderwertigen« praktizierte, wurden im Einflußgebiet des letzteren von einer gesellschaftlichen und politischen »Avantgarde« mit »richtigem Bewußtsein« Millionen von Menschen im Namen der Verwirklichung einer klassenlosen Gesellschaft verfolgt. Erst nach dem Zweiten Weltkrieg (ergänzt durch den Zusammenbruch der Sowjetunion Ende der achtziger Jahre) konnte sich in Europa eine politische Ordnung entfalten, die auf gemeinsam geteilten politischen Wertvorstellungen mit den Menschenrechten als Mittelpunkt beruht.

Wenn oben von einem defensiven Selbstverständnis vieler Muslime in der Begegnung mit dem Westen die Rede war, so gilt dies auch für die Menschenrechte. Hochzeit eines islamischen Menschenrechtsverständnisses war die Epoche der frühen Entfaltung der islamischen Gemeinde unter dem Propheten und seinen unmittelbaren Nachfolgern. Die auf Gott bezogene Ordnung schien sich etabliert zu haben, und der Mensch nahm an der Aufgabe teil, sie zu verbreiten. Der Mensch als »Statthalter« war aufgerufen, die vollkommene Ordnung gemeinsam mit einer Führung zu etablieren, die auch ihrerseits in der Ausführung des Willens Gottes gemeinsam mit den Gläubigen ihre ihr von Gott gewiesene Aufgabe sah. Nie war die Welt für den Muslim so »in Ordnung« wie in jenen frühen Jahrzehnten der islamischen Geschichte. Bereits mit der ersten Dynastie, den Omaijaden, zeichnet sich das Dilemma ab, das das Verhältnis von Staat und »Bürger« bis in die jüngste Zeit kennzeichnen sollte. Herrschaft verselbständigte sich in hohem Maße gegenüber der Gesellschaft und legitimierte sich formal durch einen religiös-politischen Bezug auf das mehr und mehr nur noch schattenhaft fortbestehende Kalifat. Die Ausarbeitung des islamischen Gesetzes war die Antwort auf die Herausforderung durch den Staat. Jahrhundertelang haben die Rechtsgelehrten auf diese Weise ein differenziertes Instrumentarium zur Fortentwicklung eines Rechts geschaffen, über das sich die Gemeinde der Gläubigen zwischen Nordafrika und dem fernen Asien als islamisch identifizieren konnte. So durchzieht die Geschichte des Islam bis in die Gegenwart ein Gefühl des Schmerzes und des Leidens an der Geschichte, das bis heute in den Selbstdarstellungen der Muslime nur allzu spürbar ist. Mit dem Niedergang des Osmanischen Reiches durch den Druck Europas und der schließlichen Auflösung in eine Vielzahl nationaler Staaten haben die Staatsführungen, abgehoben von der Gesellschaft, in den meisten Fällen nicht das Engagement ihrer Bürger gefunden. Noch immer erscheint der mündige Bürger gegenüber den staatlichen Führern eher als eine Bedrohung denn als ein notwendiges Element der Legitimation politischer Herrschaft. Und noch immer suchen Herrschende in vielen Teilen der islamischen Welt die Entfaltung des Menschen zum Bürger zu verhindern.

Vor diesem Hintergrund steht die Wahrnehmung der Menschenrechte als eines grundlegenden Elements legitimer Staatlichkeit in doppelt schrägem Licht: Von seiten der Herrschenden werden sie als ein Instrument des Westens gesehen, bestehende Herrschaften zu unterminieren, um in dem entstehenden Vakuum westliche Interessen verwirklichen zu können. Auf seiten der »Bürger« wird die Kluft zwischen westlicher Menschenrechtsrhetorik und realer Politik wahrgenommen. Die selektive Verwirklichung diskreditiert den Anspruch auf unbedingte weltweite Geltung. Die westliche Politik gegenüber Israel empfinden Herrscher und Beherrschte als eine Bestätigung ihrer jeweiligen Wahrnehmung: Der jüdische Staat erscheint als der Brückenkopf der Verwirklichung westlicher Interessen in einer Region, die insbesondere aus wirtschaftlicher Perspektive für den Westen existentiell ist. Die dort praktizierten »doppelten Standards« sind geeignet, den Menschenrechten ihre Unbedingtheit zu nehmen, und zwar sowohl auf seiten der Herrschenden als auch auf seiten der Beherrschten. Erstere können darüber hinaus ihre Herrschaft durch das Argument rechtfertigen, solange der Konflikt mit Israel bestehe, seien straffe Staatsführungen zur Mobilisierung aller Ressourcen unerläßlich. Die »Bürger« sehen weithin eine geheime Konspiration zwischen den Herrschenden, Israel und dem Westen, die um politischer »Stabi-

lität« willen von der Einleitung tiefgreifender politischer Wand-
lungsprozesse in der islamischen Welt in Richtung auf demokratische Ordnungen Abstand nehmen wollen.

Auch in dieser Hinsicht erscheint das Verbrechen vom 11.
September als ein Befreiungsschlag. In ihm soll sich ein unbe-
dingtes Engagement eines in den Parametern seiner Religion
handelnden Muslims für seine Gemeinde (*umma*) manifestieren – ein Einsatz (*jihad*), der die Entfremdung überwinden und
wieder zu einer eindeutigen Identifikation zurückführen soll.
Aus der Bedrängnis heraus, die im Zeichen überwältigender und
zugleich nicht überzeugender, von außen herangetragener Wertvorstellungen steht, wird das Zentrum dieser Drangsal ebenso
angegriffen wie die eigenen Regime, die mit diesem Zentrum
der »Welt-Arroganz« konspirieren und von ihm her ihre Macht-
stellung absichern.

Die Terroranschläge vom 11. September sind also nicht »dem
Islam« immanent. Vielmehr bedarf es einer persönlichen Lesart
und Interpretation der Religion im Lichte der gegenwärtigen,
als unakzeptabel und unerträglich empfundenen Situation und
einer Entschlossenheit, diese zu überwinden. Immerhin aber
stellt der Islam die politischen Parameter grundsätzlich zur Verfügung, eine tiefe Krise durch Bezug auf die Religion zu »lösen«. Hinter dem Verbrechen verbirgt sich einmal mehr der von
den Tätern als unauflöslich empfundene Zusammenhang zwischen der Religion einerseits und dem politischen Raum, innerhalb dessen der Muslim lebt, andererseits. Zugleich stellt das
Verbrechen den Reflex einer Gewalterfahrung über einen langen geschichtlichen Zeitraum dar, dem gegenüber sich viele Muslime als Verlierer sehen. Die vom Westen propagierten Menschenrechte erscheinen vor diesem Hintergrund lediglich als eine
weitere Variante eines alten Spiels, durch die Setzung seiner
Regeln globale Dominanz zu erwerben.

Ein Tag im September

Selbstkritik und der »Dialog der Kulturen«

Die Frage nach der Zukunft und insbesondere nach den Rahmenbedingungen, die verhindern sollen, daß sich Gewalt weiter fortsetzt, verbindet sich mit der Frage, wie es gelingen kann, Gewalt in den Beziehungen zwischen dem Westen und der islamischen Welt abzubauen. Was geschieht nach der Ausschaltung der verbrecherischen Al-Qaida-Organisation und der Vertreibung des Talibanregimes? Wird sich der von Präsident George W. Bush verkündete Kampf gegen den Terror als Kette weiterer Militäroperationen nach einer Agenda vollziehen, die in Washington gemacht wird, oder gerät die Auseinandersetzung in die Dimension der Lösung politischer Krisen, aus denen heraus Gewalttätigkeit und Terror erwachsen? In welcher Weise werden die kulturellen Verkrampfungen gelöst, die sich in der langen Kette unsäglicher historischer Begebenheiten eingestellt haben? Es fällt nicht schwer, die These aufzustellen, daß anhaltende Gewaltanwendung neue Gewalt aus dem Kontext des Islam heraus zeitigen wird.

Auf die politische Dimension kann an dieser Stelle nicht eingegangen werden. Entscheidend aber wird sein, sich um Lösungen jener Konfliktkonstellationen zu bemühen, aus denen heraus Gewalttätigkeit erwächst. Dies gilt für den israelisch-palästinensischen Konflikt ebenso wie für die Konflikte etwa in Kaschmir oder Tschetschenien; wo sich oppositionelle Gewalt gegen autokratische Herrschaftsstrukturen wendet, sollten Demokratisierungs- und politische Öffnungsprozesse eingeleitet werden. Die diesbezüglichen Perspektiven freilich sind eher skeptisch zu bewerten: Nach dem 11. September hat der Antiterrorkampf eine breite Allianz von Trittbrettfahrern gefunden (sie reicht vom israelischen Ministerpräsidenten Sharon über den russischen Präsidenten Putin, von der chinesischen Führung bis zu den autokratischen Regimen im Mittleren Osten und in Zentralasien), und diese Trittbrettfahrer haben den – erfolgreichen – Versuch unternommen, die Auseinandersetzung mit der politischen Opposition in die Dimension der Terrorbekämpfung zu stellen. Dies aber ist in zweifacher Hinsicht bedenklich: Zum einen ist es die Verweigerung politischer Lösungen ethnischer, religiöser, politischer und anderer Konflikte, aus der heraus Gewalt, auch terroristische, erwächst; zum anderen scheint sich einmal mehr der Vorwurf der doppelten Standards insofern zu bewahrheiten, als der Westen seinen unablässig erhobenen Forderungen, die Menschenrechte zu respektieren sowie Konflikte und Differenzen in demokratischem Kontext zu lösen, zuwiderhandelt.

Im Lichte einer Vergangenheit, die die Beziehungen zwischen dem Westen und der islamischen Welt anhaltend belastet hat, gilt es nunmehr, die Last derselben abzubauen und eine Perspektive konstruktiver Begegnung zu schaffen. Damit ist der Einstieg in ein Unterfangen angedeutet, das nicht zuletzt mit Blick auf den 11. September als »Dialog der Kulturen« bezeichnet worden ist.

An seinem Beginn hat eine selbstkritische Einstellung zu stehen; erst sie ermöglicht es, die Ursachen der Fehlentwicklungen aufzudecken, um dann zu einer Begegnung zu kommen, die auf gleicher Augenhöhe stattfindet. Dabei haben beide Seiten viel aufzuarbeiten. Dies gilt zunächst für die islamische Welt. Als Ausgangspunkt sei die Wahrnehmung des 11. September in den Augen vieler Muslime genommen. Denn die Art der Berichterstattung ließ erkennen, wie weit diese – bis in die politischen, gesellschaftlichen und kulturellen Eliten hinauf – einen Minderwertigkeitskomplex verinnerlicht haben. Die Anschläge vom 11. September könne kein Muslim verübt haben; niemand in der islamischen Welt besitze die organisatorischen Kapazitäten und Qualitäten, eine so komplexe Tat zu planen und durchzuführen. Ipso facto war diese Selbsteinschätzung der Einstieg in die Verschwörungstheorie: am Ende kam man wieder auf den Mossad und die CIA; die Vermutungen hinsichtlich der Motivation waren vielfältig und abenteuerlich – letztendlich ging es wesentlich darum, Rechtfertigungen für die anhaltende Dominanz über die islamische Welt zu finden. Diese Einstellung ist symptomatisch für die Schwierigkeiten zahlloser Muslime zwischen Nordafrika und Indonesien, die Welt und ihre Realitäten zu sehen, wie sie sind. Der Mangel an Realitätssinn aber muß als eine der schwerwiegenden Ursachen dafür angesehen werden, daß sich die islamische Welt der Gegenwart und ihren bestimmenden Faktoren bis heute nicht wirklich gestellt hat. Teils wich man aus, indem man in der Tradition Zuflucht suchte; zum Teil war man geneigt, alle Fehlentwicklungen und Unannehmlichkeiten der Gegenwart einem Komplott des Westens zuzuschreiben. Als letzte Form der Konspiration erschien und erscheint schließlich vielen die Globalisierung. Unfähig, sich der Moderne zu öffnen und die damit verbundenen Chancen und Risiken zu bewerten, wird die Globalisierung als eine Strategie des Westens wahrgenommen, die ohnehin schwache wirtschaftliche Basis der islamischen Welt weiter zu unterminieren und – begleitet von den aufgezwungenen westlichen politischen Wertvorstellungen – in seiner Dominanz fortzufahren.

Ein unbefangenes Verhältnis zur Moderne einzunehmen, wäre der erste Schritt, sich realistisch mit den bestimmenden Kräften der Gegenwart auseinanderzusetzen. Muslime müssen in eine offene Diskussion mit Blick auf jene universalen Tatbestände und Wertvorstellungen eintreten, die die Welt des beginnenden 21. Jahrhunderts bestimmen. Die Tatsache, daß diese nicht aus der islamischen Kultur selbst hervorgegangen sind, mag man als schmerzlich empfinden; dies sollte aber nicht davon abhalten, sich mit jenem Teil der Welt offen und konstruktiv auseinanderzusetzen, von dem nun einmal auf absehbare Zeit die gestaltenden Entwicklungsimpulse ausgehen werden. Die vielfach bestehenden Tabus zu universalen Prinzipien, die abwehrend als mit dem Islam nicht vereinbar abgestoßen werden, müssen fallen. Erst an diesem Punkt entsteht eine fruchtbare Spannung zwischen einer unausweichlichen Universalität auf der einen und berechtigten Bemühungen auf der anderen Seite, der Moderne in den eigenen kulturellen und religiösen Traditionen ihren Platz zu geben. Islamische Kultur und Religion sollten nicht länger als Ort der Zuflucht vor einer als bedrängend empfundenen Gegenwart betrachtet werden. Muslime sollten wahrnehmen, daß

Religion und Tradition ihre Stärke nur entfalten, wenn sie sich selbst im Kontext mit der Realität wandeln und ausbilden. Ein Ort, wo wichtige Schritte in diese Richtung unternommen worden sind, ist die Islamische Republik Iran unter Präsident Muhammad Khatami. Bei seinem Besuch in Weimar im Juli 2000 hat er die Auseinandersetzung zwischen Tradition und Moderne am konkreten Beispiel der Islamischen Republik Iran festzumachen versucht: »Die neue religiös-gesellschaftliche Ordnung wurde im Iran etabliert, um auf die sich immer erneuernden Bedürfnisse und Fragestellungen des heutigen Menschen Antworten zu finden.« Es gehe um »die Etablierung der Volksherrschaft im Einklang mit den traditionellen geistig-religiösen Grundlagen der Gesellschaft bei gleichzeitiger Entwicklung einer modernen Zivilgesellschaft«. Grundsätzlich führte er aus: »Solange Tradition und Moderne sich als absolut betrachten und sich selbst als das absolut Gute und die anderen als das absolut Böse bezeichnen, solange können sie weder sich selbst noch das andere erkennen. In unserer Welt ist die Kritik der Tradition ebenso unvermeidbar wie die Kritik der Moderne. Doch die Kritik der Tradition ist nicht ohne Kenntnis der Tradition, und die Kritik der Moderne nicht ohne Kenntnis ihrer Grundlagen und Ansätze möglich. Wir können uns weder der Tradition noch der Moderne unterwerfen, aber auch nicht die eine der anderen opfern.«

Führt das Gefühl der Verunsicherung bei zahlreichen Muslimen zu einem gestörten Verhältnis zur Realität, so liegt der Mangel an Respekt im Westen in einem gestörten Verhältnis zu Angehörigen anderer Kulturen, insbesondere der islamischen Welt. Das Selbstgefühl des Westens macht sich an der Tatsache der vollständigen Befreiung des Menschen aus allen seine Autonomie begrenzenden Zusammenhängen fest. Die Verleihung von Menschenrechten an sich – vor allem auch außerhalb eines jeden religiösen Kontextes – erscheint als der vollkommenste Ausdruck der Menschenwürde; Freiheit ist total und findet nur in der Freiheit des anderen ihre Begrenzung. Nachdrücklicher hat noch keine Kultur den Menschen in den Mittelpunkt des

Universums gerückt. Von der Höhe seiner Errungenschaft aus erscheint dem westlichen Menschen das Menschenverständnis anderer Kulturen als unzureichend oder »mittelalterlich«. Dabei hält man sich viel auf »Toleranz« zugute – eine Einstellung, die die andere Seite »erträgt«, ohne sie als im Prinzip ebenbürtig zu akzeptieren. Daraus folgt die Forderung, daß andere Kulturen ihre »Hausaufgaben« zu machen hätten, nämlich das Menschenbild zu revidieren und es auf den Stand des westlichen Konzepts vom Menschen zu bringen. Eine derartige Einstellung wird außerhalb des Westens nicht nur als arrogant empfunden, vielmehr hängt damit auch eine Politik zusammen, die nicht geeignet ist, der islamischen Welt ihre nicht unbegründeten Komplexe zu nehmen. Ungezügelte Macht- und Interessenpolitik ist die andere Seite der Auffassung von absoluter kultureller Überlegenheit; der Westen setzt die Agenda – und der Rest der Welt hat sich an ihr zu orientieren. Was den Kampf gegen den Terrorismus betrifft, so hat Präsident George W. Bush die Losung ausgegeben und zugleich deutlich gemacht: »Wer nicht für uns ist, ist gegen uns.« Die hier zum Ausdruck kommende Bestimmtheit ist verräterisch. Der Gewaltakt vom 11. September ist auch in der islamischen Welt weithin verurteilt worden; auch die Mehrheit der Muslime ist – wie die Mehrheit der Menschen im Westen – gegen den Terror. Daß man sich aber gleichwohl nicht hinter Amerika im Sinne der »Terrorbekämpfung« einreihen muß, versteht sich angesichts der eigentümlichen politischen, gesellschaftlichen und kulturellen Verhältnisse im islamischen Raum und in anderen Kulturen. Hinsichtlich des Verständnisses von »Terror« und »Terrorismus« bestehen signifikante Unterschiede, und zur Beseitigung des Nährbodens des Terrors ist an vielen Orten, an denen Terror und Gewalttätigkeit begangen werden, Politik das wirksamste Mittel für seine »Bekämpfung«.

Der Westen muß selbstkritisch erkennen, daß der Respekt vor anderen Kulturen die komplementäre Dimension der globalen Verbreitung »seiner« Moderne ist. Dies gilt in besonderer Weise für den im Hinblick auf die eigene Stellung in der Welt so sensiblen islamischen Raum. Die Einsicht, daß bei allen Unterschieden der Stellung von Kulturen und Zivilisationen in der Welt die Menschen aller Kulturen und Religionen ein Recht haben, ihre eigene gesellschaftliche und politische Ordnung, ihre Wertesysteme und die geistigen Grundlagen ihrer Ordnungen selbst zu gestalten, ist die essentielle Basis eines friedfertigen Auskommens zwischen dem Westen und anderen Kulturen und Zivilisationen. Politisch bedeutet das für den Westen mehr Bescheidenheit und ein Angebot auf Partnerschaft. Respekt für andere Kulturen verbindet sich schließlich mit einer ehrlichen Einschätzung der eigenen Geschichte. Das Wort des italienischen Ministerpräsidenten Silvio Berlusconi nach dem 11. September, die westliche Kultur sei der islamischen überlegen, ignoriert, daß über weite Teile des 20. Jahrhunderts – nicht zuletzt in Deutschland – auf die »westliche Kultur« tiefste Schatten gefallen sind. Wer hätte angesichts der nationalsozialistischen Greueltaten auf die Idee kommen können, die deutsche Kultur, Teil der »westlichen«, sei der islamischen überlegen? Der Dynamik des »Plattmachens« im Namen der höchsten Errungenschaft des Menschenbildes im Westen hat Jürgen Habermas einen bedeutungsvollen Kontrapunkt entgegengesetzt. Anläßlich der Verleihung des Friedenspreises des Deutschen Buchhandels sagte er am 14. Oktober 2001 in der Frankfurter Paulskirche: »Eine Säkularisierung, die nicht vernichtet, vollzieht sich im Modus der Übersetzung. Das ist es, was der Westen als die weltweit säkularisierende Macht aus seiner eigenen Geschichte lernen kann. Sonst wird der Westen auch der arabischen Welt nur als Kreuzritter oder als Handelsmacht erscheinen.« Wo es um die Moderne geht, geht es naturgemäß nicht unwesentlich auch um »Säkularität«. Diese in Europa eingeleitete Trennung von politischem und religiösem Raum, die dem europäischen Menschenbild zugrunde liegt, kann aber der islamischen Seite, die ihre Einstellung zur Moderne noch immer sucht, nur behutsam vermittelt werden. Dabei geht es nicht um ein Entweder-Oder, vielmehr bleibt der Urtext bestehen – und dieser ist religiöser Natur. Es gilt, ihn in die Parameter einer Gegenwart zu »übersetzen«, in der individuelles und gesellschaftliches Leben allein in religiösen Koordinaten nicht mehr möglich ist. Dabei bleibt aber der religiöse Urtext und auch der Referenzpunkt für den »übersetzten« Text erhalten. Oder anders: Die Tradition bleibt der Referenzpunkt des Verständnisses von Moderne in nichtwestlichen Kulturen.

Der Frieden als Aufgabe der Religionen

Die Worte von Habermas machen darüber hinaus aber deutlich, daß auch in einer modernen und weithin auf Säkularität gründenden Welt das Thema der Religion in der Gesellschaft gestellt bleibt. Und so läßt sich im Dialog mit der islamischen Welt religiöse Sinngebung nicht ausblenden; der Dialog wird sich zwischen Säkularität und religiöser Sinngebung bewegen. Wenn die Vorzeichen nicht trügen, könnte davon auch die nichtmuslimische Welt Impulse erfahren, über den Stellenwert der Religion im politischen und gesellschaftlichen Leben erneut nachzudenken. Vielleicht ist es kein Zufall, daß gegenwärtig Papst Johannes Paul II. eine besonders engagierte – und besonders profilierte – Rolle in diesem Dialog spielt, in den mittel- oder unmittelbar die Frage nach der Religion hineinreicht. Mit seinen Besuchen im Vorderen Orient und seinen Treffen mit muslimischen Religionsgelehrten hat er den ersten wichtigen Schritt zur Herstellung von Vertrauen und Glaubwürdigkeit getan: Er hat sich für die Untaten, die im Namen des Christentums in der Vergangenheit Muslimen zugefügt worden sind, entschuldigt. Damit und in der Haltung von Demut und Respekt für die Gläubigen einer anderen Religion hat er für die Einleitung des Dialogs wohl mehr erreicht als mancher Politiker, der mit der Flagge der universalen Geltung der im Westen erfundenen Werte daherkommt. Wie er auf den Dialogpartner zugeht, erinnert er an den iranischen Präsidenten Muhammad Khatami, der in seiner bereits zitierten Weimarer Rede zum Thema »Dialog« ausführt: »Die Erkenntnis des ›anderen‹ geht mit der Selbsterkenntnis einher. Die Erkenntnis des anderen macht uns bewußter über uns selbst, und die Selbsterkenntnis verstärkt wiederum unsere Erkenntnis über das andere, denn in der Welt der Menschen gibt es im Gegensatz zur Welt der Dinge kein absolutes ›Anderssein‹.«

Tatsächlich bedingt die Notwendigkeit des Dialogs neue Paradigmen der Argumentationsmuster. Sie führen weg von der wechselseitigen Aufrechnung der vom jeweiligen Dialogpartner gegenüber dem anderen wahrgenommenen Unzulänglichkeiten. Es mag zwar verständlich sein, daß nach dem 11. September 2001 jene wieder hervorgetreten sind, die schon immer auf Züge der Intoleranz und Unfriedlichkeit des Islam hingewiesen haben wollen. Während sie die Offenbarung des Islam in die Dimension von Militanz rückten, die insbesondere mit der Bekämpfung der »Ungläubigen« zu tun hat, wurde nicht selten zugleich der friedliche Charakter des Neuen Testaments betont. Nun sind derartige Textstellen tatsächlich nicht wegzuargumentieren, gleichwohl aber ergibt sich aus diesem Argumentationsstrang eine schiefe Perspektive: »Dem Islam« als religiös gegründetem geographisch-politischen Raum wird »der Westen« als säkular zivilisatorische Größe gegenübergestellt. An dieser Stelle aber muß ein Umdenken einsetzen, wenn im Dialog die Grundlagen für ein friedliches Nebeneinander entstehen sollen, und zwar auf zweifache Weise.

Zum einen sollte sich »der Westen« als moderne Erscheinungsform des »christlichen Abendlandes« – gewissermaßen als dessen säkularisierte Erscheinungsform – verstehen. Dann wird man durchaus dahin gelangen, von den Untaten dieses »Westens« an der Menschheit in der Neuzeit durchaus auch das Christentum nicht freizusprechen, denn es hat nicht vermocht, den Menschen im geographischen, religiösen und kulturellen Orbit des Christentums nach den Werten und Verhaltensweisen, wie sie unter anderem in der Bergpredigt dargelegt werden, zu formen. Es ist nicht gelungen, Humanität wirkungsvoll und glaubhaft an die Stelle des Neuen Testaments und seiner menschlichen und gesellschaftlichen Botschaft treten zu lassen. Wenn also in neuerer Zeit keine monströsen Verbrechen im Namen des Christentums begangen worden sind, so geschahen sie doch im vom Christentum geprägten Raum. Aus einer derartigen Erkenntnis wird eine Haltung der Bescheidenheit erwachsen; das bereits zitierte Wort des italienischen Ministerpräsidenten Silvio Berlusconi wird vor diesem Hintergrund besonders fragwürdig.

Zum anderen gilt es, im Zeitalter eines globalen Neben- und Miteinanders eine neue Form der Wahrnehmung vom jeweils anderen zu finden. Religionen und Offenbarungsschriften sollten nur noch insoweit Bedeutung haben, als sie für die Schaffung eines friedlichen Nebeneinanders geeignet sind. Sie sollten als Glauben von Menschen verstanden werden, die ernsthaft und entschlossen friedenswillig sind. Auf der Grundlage eines so verstandenen Wesens von Religion könnten die Anhänger aller Religionen auf Frieden hinarbeiten. Als politische Institution, innerhalb derer die Grundlagen und Regeln einer von allen Kulturen und Religionen getragenen und auf Frieden orientierten Politik und Ordnung festgelegt werden, käme den Vereinten Nationen gesteigerte Bedeutung zu. Die Bekämpfung von Terror würde so zu einer gemeinsamen Aufgabe aller Gläubigen, welcher Religion auch immer.

Auf einer solchen Grundlage könnten die Beziehungen zwischen dem Westen und der islamischen Welt neu gestaltet werden. Über einen langen geschichtlichen Zeitraum waren sie von der Gewalterfahrung geprägt, die wesentlich von politischen Akteuren im Westen ausgegangen ist. Der 11. September ist ein weiterer Höhepunkt einer Entwicklung, innerhalb derer Gewalt Gegengewalt erzeugt hat. Die Zukunft soll demgegenüber anders aussehen. Die Begegnung mit dem Islam muß dergestalt sein, daß sie das Bild eines »Westens« vermittelt, dem daran gelegen ist, die Interaktion mit der islamischen Welt auf die Grundlage von Gerechtigkeit und Partnerschaftlichkeit zu stellen. Der »Dialog der Kulturen« (»Dialog Westen – Islam«) wäre dann die Fortführung der Verbrechensbekämpfung mit anderen Mitteln. Nur auf solcher Grundlage gewinnt der Westen die islamische Welt für den »Kampf um die Kultur« (so Bundeskanzler Gerhard Schröder in seiner Regierungserklärung vom 19.9.2001), ohne den Eindruck zu erwecken, es gehe ihm letztlich wieder einmal um »seine« Kultur. Wenn mit dem Bundeskanzler der Terror als »Verletzung der Werte der Menschenwürde, der Freiheit, der Toleranz und des friedlichen Interessenausgleichs« verstanden wird und der Westen dabei seine eigene Politik kritisch beleuchtet, wird es zu einem gemeinsamen Verständnis von Terror kommen. Der 11. September wird dann von allen als Verbrechen ohne Wenn und Aber verurteilt, und Verbrechensbekämpfung würde nicht länger die perverse Dynamik hin zu einem »Zusammenprall der Kulturen« auslösen. In solch einer langfristigen Perspektive und bei einer Politik mit Vision und langem Atem könnte schließlich der 11. September 2001 sogar als aufrüttelnder Schock erscheinen.

10. Kapitel

Wie liberal ist der Islam?

Der 11. September und die »Erfolge« von Osama Bin Laden

Stefan Wild

Nach der Zusage, einen Artikel zum Thema »liberaler Islam« schreiben zu wollen, hörte ich öfters die als Scherz gemeinte Bemerkung: »Wird wohl ein kurzer Aufsatz, nicht wahr?« Die flapsige Kommentierung spiegelt jedoch exakt einen wissenschaftshistorischen Befund. Denn die Frage, ob liberale Positionen im Diskurs muslimischer Intellektueller vertreten sind, ist umstritten und nicht gerade neu. Seit der französische Orientalist und Religionshistoriker Ernest Renan (1823-1892) das apodiktische Urteil fällte, »der Islam« sei »die vollständige Negation Europas«, und damit implizierte, daß eine liberale Position einem Muslim unmöglich sei, hat diese Sicht »des Islam« eine fast ehrwürdig zu nennende wissenschaftshistorische Tradition. Dem im wesentlichen rassistisch argumentierenden Renan hat freilich bereits der Ungar Ignaz Goldziher (1850-1921), einer der Patriarchen der europäischen Islamwissenschaft, deutlich, wenn auch behutsam widersprochen. Der Liberalismus als politische beziehungsweise ideologische Kategorie scheint dennoch tief und ausschließlich in der europäischen Geschichte verankert. Nicht umsonst hieß eine frühe Darstellung aus dem Jahre 1948 von Frederick Watkins *The Political Tradition of the West. A Study in the Development of Modern Liberalism.* Leonard Binders Studie *Islamic Liberalism. A*

Critique of Development Ideologies führte 1988 »Islam« und »Liberalismus« wohl zum ersten Mal zumindest in einem Buchtitel zusammen. Leonard Binders Buch verzichtete freilich auf eine präzise Definition des Liberalismuskonzepts ebenso wie das 1998 erschienene nützliche Textbuch *Liberal Islam* von Charles Kurzman.

Eines der bekanntesten und einflußreichsten Bücher über die arabische Geistesgeschichte des 19. und frühen 20. Jahrhunderts, Albert Houranis *Arabic Thought in the Liberal Age, 1798-1939* (1. Auflage, Oxford 1963), wollte in der Zeit zwischen der napoleonischen »Expedition« nach Ägypten und dem Beginn des Zweiten Weltkriegs eine geistesgeschichtliche Epoche ausmachen und bezeichnete diese mit dem Prädikat »liberal«. In einer späteren Auflage distanzierte sich der Autor allerdings von der Wahl seines Titels. Er wies darauf hin, daß dieser ursprünglich nicht von ihm stamme, umschrieb aber seine Verwendung des Begriffs »liberal« im Rahmen der Vorstellung von einer neuen Weltordnung, geboren aus der technischen und industriellen Revolution, folgendermaßen: »It was an order which expressed itself in the growth of European trade of a new kind, the consequent changes in production and consumption, the spread of European diplomatic influence, the imposition in some places of European control or rule, the creation of schools on a new model, and the spread of new ideas about how men and women should live in society. It is to such ideas that I refer rather loosely when I use the word ›liberal‹…« (Vorwort zur 4. Auflage 1983). Mit anderen Worten: Houranis Buch hätte wohl eher den Titel *Arabic Thought in the European Age* verdient – und das war wohl auch der vom Autor vorgesehene Titel, ob in bewußter Anlehnung an Watkins oder nicht. Die Unschärfe der »losen Definition« des Liberalen, auf die Hourani sich bezieht, hält sich durchweg in allen mir bekannten Darstellungen der arabischen beziehungsweise islamischen Varianten. Ein garantierter Pluralismus öffentlich geäußerter Meinungen, demokratische Institutionen und Rechte des Individuums inklusive der Rechte der Frau in der Öffentlichkeit und Gleichberechtigung von Nichtmuslimen und Muslimen in mehrheitlich islamischen Gesellschaften dürfen zur Grundausstattung liberaler Werte gezählt werden. Zudem liegen der liberale Gedanke und die Vorstellung von Zivilgesellschaft nahe beisammen. Um die Teilaspekte präziser zu benennen, sprechen Nichtmuslime in ihren Untersuchungen oft nicht einfach von »liberalen« Gedanken oder Denkern, sondern von »liberal-demokratischen«, »liberal-progressiven« oder »liberal-pluralistischen«. Nicht selten wird einer der vier sunnitischen Rechtsschulen der Ehrentitel der »liberalsten« gegeben, meist – wenn auch aus verschiedenen Gründen und in verschiedener Beziehung – der hanafitischen oder der malikitischen.

Charles Kurzman hat darauf hingewiesen, daß die wenigsten muslimischen Denker sich selbst hauptsächlich oder auch nur am Rande als »Liberale« verstehen; zumindest bezeichnen sie sich nur selten als solche. Dies ist ein weiterer Grund dafür, daß eine liberale Tradition mit institutionellen Wurzeln in den modernen muslimischen Gesellschaften nur zaghafte Wurzeln hat schlagen können. Baber Johansen hat Schwäche und Scheitern der liberalen Idee in Ägypten in der ersten Hälfte des 20. Jahrhunderts am Beispiel des »liberalen Ägypters« Muhammad Hussain Haikal (1888-1956) im Detail aufgezeigt.

Viele Musliminnen und Muslime treten heute in ihren Gesellschaften als Einzelkämpfer für liberale und zivilgesellschaftliche Positionen ein. Im allgemeinen scheinen sie es damit zu Beginn des 21. Jahrhunderts schwerer zu haben als ihre Vorgänger unter den Bedingungen kolonialer Herrschaft. Denn die staatlichen Garantien für diese Einzelkämpfer sind schwach und werden, wenn der Anschein nicht trügt, zunehmend schwächer. Um als Beispiel Ägypten zu nennen: der Korangelehrte Nasr Hamid Abu Zaid und der Soziologe Saadeddin Ibrahim müssen mit erzwungenem Exil oder Gefängnis für ihre jeweils in verschiedenem Umfang liberalen Positionen büßen; die Feministin Nawal as-Saadawi ist einem ähnlichen Schicksal nur knapp entgangen; der Schriftsteller Farag Foda, der vielleicht das Prädikat »liberal« am ehesten angestrebt und verdient hätte, wurde

1992 von einem Islamisten ermordet; und der greise Literaturnobelpreisträger Nagib Machfus, der nicht nur literarisch liberale Positionen vertritt, ist 1994 bei dem Anschlag eines Islamisten nur durch Zufall und um Haaresbreite mit dem Leben davongekommen. Nur selten ist der postkoloniale nationale Staat in solchen Situationen Akteur – wie im Fall des rechtskräftig verurteilten Saadeddin Ibrahim. Meist kann oder will der Staat aber seine Schutzfunktion nicht wahrnehmen. Die Konzepte »Zivilgesellschaft« oder »Liberalismus« gerieten und geraten regelmäßig, wenn sie mit politisch-sozialen Großkonzepten wie »Dekolonisierung und Unabhängigkeit«, »nationale Einheit und panarabische Idee«, »Sozialismus und Revolution« oder eben »Islam und authentisch islamisches Erbe« in Konflikt kamen oder zu kommen scheinen, ins Hintertreffen. Die Staatsmacht hat an liberalen Ideen und liberalen Denkern meist schon deswegen kein Interesse, weil diese demokratische Strukturen einfordern, an denen der Staatsapparat nur begrenztes Interesse hat.

Bei dieser Sachlage ist es kaum verwunderlich, daß eine zu eindeutige Identifikation von liberalen Gedanken mit westlichen Ideen oder gar Vorbildern unter betont islamisch argumentierenden Intellektuellen, vorsichtig gesagt, eher ein Hemmnis für deren Entwicklung bildet. Institutionelle Verankerungen liberaler Ideen sind bis heute schwach geblieben, auch wenn es einige politische Parteien gab, die sich mit dem Namen »liberal« schmückten, und auch wenn die Verfassungen der betreffenden Länder die entsprechenden Voraussetzungen zu garantieren schienen und scheinen.

Liberale Ideen blieben so das Privileg und das Risiko mutiger Einzelpersönlichkeiten. Diese Entwicklung ist auf keinen Fall allein einem Faktor »Islam« anzulasten. Es ist jedoch kaum verwunderlich, daß konservative muslimische Denker und die Spitzen religiöser Institutionen ganz wie ihre jüdischen und christlichen Pendants der Vokabel »liberal« ebenso wie deren Inhalt mit großem Mißtrauen gegenüberstanden. Ähnlich wie Papst Pius IX. 1864 in seinem »Verzeichnis der Irrtümer« (*Syllabus errorum*) den Liberalismus als ein strikt und vollständig abzulehnendes Konzept – zusammen etwa mit Säkularismus oder Demokratie – brandmarke, sehen traditionelle muslimische Denker in diesem Konzept die völlige Abkoppelung der Religion von Kultur und Öffentlichkeit und lehnen es daher rundheraus ab. Der 1934 geborene syrische Philosoph und Kulturkritiker Sadik Jalal al-Azm hat auf die um ein Jahrhundert phasenverschobene Parallelität zwischen der Ideologie des *Syllabus* am Ende des 19. Jahrhunderts einerseits und der Ideologie islamischer Fundamentalisten in der zweiten Hälfte des 20. Jahrhunderts andererseits hingewiesen. Das mag den Charakter des Kulturkampfes, der oft in der einschlägigen scharfen Diskussion auch unter Muslimen fühlbar wird, erklären, wobei der Verdacht der Sittenlosigkeit in diesen Auseinandersetzungen als bequemes Argument gegen liberale Prinzipien nicht fehlen darf. Im modernen Arabischen kann *ibahi* mit der primären Bedeutung »Libertinist« anscheinend bis heute im Sinne von »Freidenker« gebraucht werden.

So geraten liberale Ideen zwischen die Fronten: einerseits der repressive Nationalstaat, andererseits militante muslimische Gruppen, die transnational untereinander vernetzt sein können und dementsprechend agieren. Die Führungen derartiger extremistischer, gewaltbereiter Netzwerke wie Al-Qaida sind eingeschworene Feinde liberaler und zivilgesellschaftlicher Konzepte. Das gilt auch dann, wenn sie unter besonderen Umständen temporäre Koalitionen mit zivilgesellschaftlichen Gruppen gegen einen repressiven Staat für opportun halten.

Die Anschläge vom 11. September 2001 haben auf den Straßen vieler Großstädte der arabischen und islamischen Welt eine Welle der Solidarisierung mit den Parolen Osama Bin Ladens hervorgerufen, auch wenn die politischen Machthaber aus außenpolitischen Gründen meist nach Kräften bemüht waren, die Berichterstattung über diese Stimmung zu verhindern. Intellektuelle reagierten zumindest in der Öffentlichkeit unmittelbar nach den Attentaten meist anders und verurteilten sie. Die antiamerikanische Stimmung in vielen ganz oder teilweise von Muslimen bewohnten Ländern wurde dann aber durch den ameri-

kanischen Bombenkrieg gegen die Al-Qaida-Kämpfer und die
Taliban in Afghanistan neu entfacht. Diese Bomben galten in
den Augen vieler Muslime eben in erster Linie Muslimen; sie
wurden als weiterer Beweis für die undifferenzierte Feindschaft
der USA gegen »die Muslime« angesehen. Das Bild Osama Bin
Ladens wurde dadurch zur arabisch-islamischen Ikone eines
Helden, der »den Islam« gegen die USA und den Westen verteidigt. Eine ähnliche antiamerikanische Heldenfigur hatte zuletzt
Saddam Hussein im zweiten Golfkrieg verkörpert. Daß so viele
arabische und muslimische Professoren, Intellektuelle, Schriftsteller, Studenten sich dem nihilistischen Charme dieser beiden
Heldenfiguren nicht entziehen können, wirft ein Licht auf das
seit langem zutiefst gestörte Verhältnis zwischen vielen Arabern
und Muslimen einerseits und den USA andererseits.

Der von den USA geführte »Krieg gegen den Terrorismus«
wirft in seiner in Afghanistan geübten Praxis völkerrechtliche
Probleme auf, die weit über »Kollateralschäden unter der afghanischen Zivilbevölkerung« hinausgehen – Probleme, die es
bisher nicht gab. Die amerikanische Administration scheint jedoch solche Fragen bisher nicht wahrhaben zu wollen. Es handelt sich dabei aber nicht etwa um ein Imageproblem, das die
USA unter Muslimen haben, sondern um ein Machtproblem.
Die Vereinigten Staaten üben faktisch eine Macht aus, wie sie
höchstens einer demokratisch legitimierten Weltregierung zu-
käme. Diese Macht setzen sie klassisch machiavellistisch zur
Verfolgung ihrer selbstdefinierten nationalen Interessen ein.
Entschiedene amerikanische Kritiker der US-Außenpolitik, insbesondere ihrer Nah- und Mittelostpolitik, wie Edward W. Said,
Noam Chomsky oder Francis Boyle sind zwar nicht verstummt,
stehen aber in den USA noch isolierter da als vorher. Dabei ist
die Verurteilung der Außenpolitik der USA von außen keineswegs ein muslimisches Monopol; sie wird von nichtmuslimi-
schen Intellektuellen wie der Inderin Arundhati Roy, die christlicher Herkunft ist, geteilt (so in ihrem Artikel *Wut ist der Schlüssel* in der *Frankfurter Allgemeinen Zeitung* vom 28.9.2001). Osama Bin Laden ist es aber gelungen, den bereits seit Sayid Qutb

(hingerichtet 1966) im islamistischen Diskurs vorhandenen Antiamerikanismus entscheidend zu verschärfen. Liberale Positionen haben es nun noch schwerer als vorher, nicht von vornherein durch die Identifizierung liberaler Standpunkte mit amerikanischen desavouiert zu werden. Die Kluft zwischen den muslimischen Intellektuellen, die liberale oder zivilgesellschaftliche Konzepte vertreten, und der Stimmung auf der Straße ist breiter geworden – ein »Erfolg« beziehungsweise ein Resultat der Positionen Osama Bin Ladens. Die Haltung Osama Bin Ladens schließt übrigens auch eine Einstellungsveränderung gegenüber dem Wirtschaftsliberalismus der USA ein, indem die Welthandelspolitik der USA als nahezu gleichbedeutend mit der Globalisierung aufgefaßt wird.

Ein weiteres bedeutendes Resultat des Phänomens Bin Laden und der Anschläge vom 11. September ist, daß sie zu einer potentiellen Gesamtverdächtigung alles Islamischen in den USA und in bestimmtem Maße auch in Deutschland und Europa geführt haben. Liberale Positionen wie religiöse Toleranz oder Dialogbereitschaft gegenüber Muslimen gelten vielerorts in Europa wieder als Zeichen naiver und bedenklicher Schwäche. Immer mehr Gehör finden in Deutschland alarmierte Stimmen, die behaupten, der »Gott« des Abendlands verwandle sich unter der verschwörerischen Hand muslimischer Immigranten in »Allah«. Parallel zu der notwendigen polizeilichen und geheimdienstlichen Arbeit, Terrorzellen aufzuspüren, wachsen zudem in Deutschland und anderen europäischen Staaten neue Mauern kollektiven Mißtrauens: Glacéhandschuhe gegenüber »dem Islam« seien von jetzt an fehl am Platze, mit »den Muslimen« müsse endlich Tacheles geredet werden; so oder ähnlich lauten die neuen Parolen, die das innenpolitische Klima in Europa und anderswo trüben.

Unter den Verdacht eines übertriebenen Liberalismus gerät nun paradoxerweise auch ein Teil der Islamwissenschaft. Diese sieht sich, vorerst hauptsächlich in den USA, mit dem Vorwurf konfrontiert, einem arglosen Publikum und einer durch Scheinexpertisen eingeschüchterten politischen Klasse systematisch ein

Stefan Wild

zu rosiges und in den Hauptlinien verzeichnendes, weil verharm-
losendes Bild moderner islamischer Politik und Kultur entworfen zu haben. Martin Kramers vor dem 11. September 2001 ge-
schriebenes Buch *Ivory Towers Built on Sand* vertritt die These,
in den letzten zwanzig Jahren seien die *Middle Eastern Studies*
in den USA zu »Irrtumsfabriken« geworden. Angefangen habe
diese Katastrophe 1978 mit Edward W. Saids Bestseller *Orientalismus*. Verblendet von Vorurteilen und jeder akademischen
Mode hinterherhechelnd, hätten die Vertreter dieser Zunft die
bedeutendsten Entwicklungen in der Region weder vorausge-
sehen noch auch nur post factum angemessen analysieren können. Schlimmer noch: systematisch verschwiegene finanzielle
Zuwendungen aus ölreichen islamischen Staaten hätten eine bewußt schönfärberische Gefälligkeitswissenschaft entstehen lassen. Überdies seien die von diesen fehlgeleiteten Wissenschaft-
lern zu Kronzeugen einer liberalisierenden Reform aufgeblase-
nen islamischen »Luther-Gestalten« wie Rashid Ghannuchi, Ab-
dulkarim Sorush, Muhammad Shahrur entweder bedeutungslos oder keine wirklichen Reformer. Kramers einflußreiches
Buch sieht sich als einen Gang durch eine Trümmerlandschaft;
zu besichtigen sind die Ruinen der Wissenschaft vom Nahen
und Mittleren Osten in den Vereinigten Staaten.

Die apokalyptische Rhetorik Bin Ladens und seiner Vertrau-
ten rief aus den Höhlen Afghanistans den Krieg zwischen der
»Gemeinschaft der Milliarde«, nämlich der Milliarde Muslime,
und den »Völkerschaften des Unglaubens« aus, und ein »letzter
Aufruf« von Bin Ladens Sprecher Suleiman Abu Ghayth spornte
die Muslime in aller Welt zum letzten Gefecht zwischen Gut
und Böse an (*Al-Hayat*, 9.10.2001). Abu Ghayth rief unter Berufung auf endzeitliche Koran-Suren und Überlieferungen hinsichtlich der Kriegspraxis des Propheten die Muslime, die »Ka-
vallerie Gottes«, dazu auf, das Lager des Glaubens zu wählen
und nicht das Lager des Materialismus und Unglaubens. Das
Lagerdenken nach dem Huntingtonschen Motto »hier der Westen, dort der Islam« hat aber auch in den USA und in Europa
rhetorisch neue Wege beschritten. Die »uneingeschränkte Soli-

darität«, mit der die deutsche Regierung sich mehrfach hinter jede militärische Aktion der USA im »Kampf gegen den Terror« stellte, ist ein weiterer »Erfolg« der Strategie von Osama Bin Laden, »Westliches« und »Islamisches« wie Feuer und Wasser gegeneinanderzustellen.

Ein weiterer »Sieg« Bin Ladens ist, daß er bei arabischen und muslimischen Intellektuellen wieder alte Verschwörungstheorien geweckt und dadurch die Ansätze zur Selbstkritik geschwächt hat. Diese Ansätze von arabischen, besonders libanesischen Intellektuellen wie Afif al-Akhdar, Waddah Sharara, Salim Nasar, Ridwan as-Sayid im arabischen Osten, Mohammed Talbi in Nordafrika und vielen anderen laufen Gefahr, unter Kaskaden von abstrusen Theorien begraben zu werden. Amr Hamzawy hat das am Beispiel eines Leitartikels gezeigt, den der populäre, dem Islamismus nahestehende ägyptische Schriftsteller Mustafa Mahmud für die offiziöse ägyptische Zeitung *Al-Ahram* (3.11.2001; auf deutsch erschienen in der *Frankfurter Allgemeinen Zeitung* vom 23.11.2001) geschrieben hat. Eine besondere Rolle spielen in dieser Weltverschwörung »die Juden« – von einer Differenzierung auch nur zwischen Juden und Zionisten oder zwischen den Juden zur Zeit des Propheten Muhammad und den heutigen Juden ist hierbei im islamistischen Diskurs kaum noch die Rede. »Die Juden« waren und sind an mehr oder weniger allem schuld: vom Untergang des Osmanischen Reiches inklusive dem Sturz des Kalifats über die Seuche Aids bis zum Anschlag auf das World Trade Center. In den arabischen Feuilletons und im islamistischen Diskurs von der Türkei bis Indonesien gelten die *Protokolle der Weisen von Zion* im allgemeinen bis heute als seriöse historische Dokumente.

Ein letzter »Erfolg« Bin Ladens ist die Instrumentalisierung und Einbindung des Konflikts zwischen Israel und den Palästinensern in seine religiös-politische Rhetorik. Je mehr es gelingt, diesen Konflikt als eine Auseinandersetzung zwischen zwei Offenbarungsreligionen und deren Heiligen Schriften darzustellen, desto weniger werden die Protagonisten aus der Tendenz zum Nullsummenspiel herausfinden können. Der Mißerfolg Bin

Ladens, der darin liegt, daß die Milliarde Muslime der Welt sich keineswegs unter der Fahne des Jihad gegen Judentum, Christentum und den Westen zusammengetan haben, wird dadurch, zumindest zum Teil, wieder wettgemacht.

Daß liberale Werte wie Pluralismus und Demokratie, Meinungsfreiheit und Menschenrechte in vielen von Muslimen geprägten Ländern in einer so prekären Situation sind, hängt auf der weltgeschichtlichen Bühne nicht von einem Akteur namens »Islam« ab; autoritäre und vordemokratische Regime sind keine muslimische Spezialität. Aber es gibt Muslime, die dafür im Namen ihrer Religion in hohem Maße mitverantwortlich sind. Einer der wichtigsten Faktoren scheint mir dabei das Erziehungswesen und die dafür verantwortlichen Gelehrten und Intellektuellen zu sein. Die Tatsache, daß etwa drei Viertel der an den Anschlägen vom 11. September 2001 Beteiligten ebenso wie ihr Anführer Osama Bin Laden aus dem Königreich Saudi-Arabien stammen, ist – auch wenn das von saudischen Regierungssprechern und Ministern energisch bestritten wird – signifikant. Einer der engsten Verbündeten der USA fördert ein Schul- und Hochschulwesen, das in den Naturwissenschaften weitgehend modernste Methoden zuläßt, in den geisteswissenschaftlichen Disziplinen jedoch völlig hocharchaischen, antidemokratischen, antipluralistischen, kurzum: antiliberalen Traditionen verhaftet ist.

Im Januar 2002 berief die saudische Regierung unter dem Druck internationaler Kritik eine halboffizielle Kommission, die zum Ziel hatte, die in Saudi-Arabien herrschenden Unterrichtsmethoden zu überprüfen und sie von den »Makeln des Extremismus« zu säubern (*Al-Hayat*, 3.2.2002). Die dem zugrunde liegende Erkenntnis ist beachtlich, die praktische Umsetzung dürfte jedoch eine dornige Aufgabe werden. Die Verzahnung der saudischen Gelehrten mit dem streng (neo)wahhabitischen Establishment rückt alle Erziehungsinhalte, die auch nur von fern mit Religion zusammenhängen, in eine tabuisierte Zone, in welche die politischen Machthaber Saudi-Arabiens, selbst wenn sie es wollten, kaum eingreifen können. Um sich von den Schwierigkeiten ein Bild zu machen, braucht man nur in der *Saudi Ga-*

zette oder im Internet die wöchentlich veröffentlichten Freitags-
ansprachen der berühmtesten in Mekka und Medina predigen-
den Gelehrten zu studieren.

In einer Glosse in der arabischen Tageszeitung *Al-Hayat*
(3.2.2002) mahnte der libanesische Intellektuelle Afif al-Akhdar unter der Überschrift *Von der Schule des Jihad zur Schule
der freien Rechtsfindung* eine radikale, liberalisierende Reform
des gesamten Erziehungssystems, insbesondere des religiösen
Sektors, an. An grundlegenden Änderungen verlangte der Verfasser unter anderem, die überholte Zweiteilung der Welt in *dar
al-islam* (unter islamischer Herrschaft stehendes Gebiet) und *dar
al-harb* (vorläufig noch nicht unter islamischer Herrschaft stehendes, aber durch den Jihad unter sie zu bringendes Gebiet)
aufzugeben und jede Verteufelung der Nichtmuslime zu unterlassen. Die von dem Chefideologen der Al-Qaida, dem Ägypter Ayman az-Zawahiri, aber keineswegs nur von ihm vertrete-
ne politisch-theologische Parole der politischen Herrschaft Gottes (*hakimiya*) – einer Gottesherrschaft, die in der Praxis immer
das Monopol bestimmter Rechtsgelehrter (der Verfasser nennt
sie die »Rechtsgelehrten des Terrorismus«) auf die Legitimation
und Entlegitimation politischer Herrschaft bedeutet habe –
müsse zudem endgültig abgeschafft werden.

Dieser Artikel ist einerseits wegen seines unverhohlen liberalen Inhalts interessant, andererseits deswegen, weil er in einer
mit saudischem Geld finanzierten, in London herausgegebenen
Tageszeitung erschien. Die »Gelehrten des Terrors« befinden
sich – so Akhdar – in einer Zwickmühle: Die über die Muslime
herrschenden Machthaber hätten sich faktisch von der Theorie
der alleinigen Legitimität islamischer Herrschaft abgewandt und
seien zu Anhängern der Staaten von Ungläubigen geworden.
Da es sehr schwer sei, die »muslimische Weltgemeinde (*umma*)«
aus diesem Grund von der Notwendigkeit einer Revolution zu
überzeugen, müsse ein Ausweg gefunden werden. Und nun zitiert der Verfasser wörtlich aus Ayman az-Zawahiris Schrift *Rit-
ter unter dem leuchtenden Banner*, die dem Konzept des Jihad
neue Bedeutung verleihen soll und als das Strategiepapier der

Al-Qaida gelten kann: »Die Jihad-Bewegung darf sich nicht länger darauf beschränken, den Kampf nur unter den Parolen der Gottessouveränität zu führen. Solche Parolen werden leider von den Massen der *umma* nicht verstanden. Diese sind nicht bereit, Opfer für ihnen unverständliche Ziele zu bringen – auch wenn diese hundertprozentig legitim sind. Nur eine kleine Elite der islamischen Jugend versteht solche Parolen überhaupt. Daher müssen wir andere Parolen verwenden, die ebenso berechtigt sind, aber von den Massen der islamischen Gemeinde verstanden werden. Statt daß wir diese zu Parolen sekundärer Wichtigkeit machen, müssen wir sie in den Vordergrund unserer Propaganda schieben. Diejenige Parole, die unsere *umma* sehr wohl versteht und auf die sie anspricht, ist der Aufruf zum Jihad gegen Israel und der Aufruf, die Arabische Halbinsel von der Besudelung durch Ungläubige zu befreien.« Es bedarf keiner großen Anstrengung, sich vorzustellen, welchen Erfolg solche Parolen in Erziehungssystemen haben, deren Spitzen sich mit Leibeskräften gegen jede wirkliche Reform wehren.

Es geht nicht in erster Linie darum, eine liberale Bewegung in den islamischen Ländern zu initiieren. Es geht vielmehr darum, daß muslimische Intellektuelle das Monopol radikalislamistischer Positionen brechen und diese deutlich und öffentlich isolieren und entlegitimieren. Viele Intellektuelle in islamischen Ländern, die sich nicht in erster Linie als Muslime identifizieren, sehen das Problem deutlich. Sadik Jalal al-Azm formuliert denn auch spitz und optimistisch: »Es ist meine wohlüberlegte Meinung, daß in den muslimischen Gesellschaften Klarheit darüber wächst, daß eine Entscheidung gegen das moderne System der Wissenschaftslogik, des Glaubens, des Erfassens der Welt und des Handelns in ihr nur möglich ist um den Preis der Selbstüberantwortung an den Mülleimer der Geschichte« (*Unbehagen in der Moderne*, S. 46). Diese durch die Institutionen der Erziehung zu vermittelnde Wissenschaftslogik ist nur bei einer sich mindestens partiell liberalisierenden Gesellschaft denkbar. Es ist nicht ausgeschlossen, daß es die Muslime in der Diaspora, in den USA, Europa und Südafrika sind, denen es vorbehalten bleibt, als erste aus einer solchen Erkenntnis die notwendigen Schlüsse zu ziehen.

Literatur

Azm, Sadik Jalal al-: Unbehagen in der Moderne. Aufklärung im Islam. Frankfurt/M. 1993.

Binder, Leonard: Islamic Liberalism. A Critique of Development Ideologies. Chicago 1988.

Johansen, Baber/Hussain Haikal, Muhammad: Europa und der Orient im Weltbild eines ägyptischen Liberalen. Beirut 1967.

Kramer, Martin: Ivory Towers Built on Sand. The Failure of Middle Eastern Studies in America. Washington 2001.

Krämer, Gudrun: Gottes Staat als Republik. Reflexionen zeitgenössischer Muslime zu Islam, Menschenrechten und Demokratie. Baden-Baden 1999.

Kurzman, Charles (Hg.): Liberal Islam. A Sourcebook. New York/Oxford 1998.

11. Kapitel

Terrorismus, Islam, der Westen und die Moderne

Sadik Jalal al-Azm

Kann man sinnvoll nach einer akzeptablen Terrorismus-
definition suchen, wenn der nach dem 11. September
von den USA angeführte Feldzug gegen den internationalen Terror auf seinem Höhepunkt ist? Genauer gefragt: Ist
es realistisch, wenn Araber und Muslime gegenwärtig darauf drängen, daß der mächtigere Westen eine solche Definition liefert?
Solange in der aktuellen Situation nur der Wille zur Macht zählt,
muß diese Frage mit einem klaren Nein beantwortet werden.

Und dennoch wissen wir alle, daß zu den Waffen der Schwa-
chen oft auch der Terrorismus gehört – wobei auch die Mächtigen nie gezögert haben, sich seiner zu bedienen, wenn es ihnen
erforderlich schien. Momentan setzen die Vereinigten Staaten
alles daran, den Bedeutungsumfang des Wortes Terrorismus so
weit zu erweitern, daß er auf all jene vom Westen generell verurteilten Aktionen paßt, die mit Rebellion, Aufstand, Bürgerkrieg, bewaffnetem Widerstand oder ähnlichem zusammenhängen. Dadurch werden selektiv und willkürlich die Grenzen ver-
wischt zwischen dem Terrorismus auf der einen Seite und verschiedenen Formen des militanten Widerstands gegen unerträg-
liche Unterdrückung oder Fremdherrschaft auf der anderen Seite. Zugleich wird der Terrorismusbegriff seines spezifischen Inhalts entleert und entwickelt sich zu einer reinen Ermessens-
sache, die nur den unmittelbaren Interessen der Mächtigen dient.
Ein kritisch und sorgfältig definierter Terrorismusbegriff ist ge-

nau das, was die Mächtigen zur Zeit nicht wollen, denn ihr Antiterrorkrieg richtet sich keineswegs nur gegen spezifisch terroristische Aktionen, Organisationen und Strukturen.

Der Prozeß der Grenzverwischung erreichte absurde Dimensionen, als die israelische Armee im Frühjahr 2002 die Wiederbesetzung des Westjordanlands und die Zerstörung der Palästinensischen Nationalbehörde als Fortsetzung des amerikanischen Feldzugs gegen den Terror rechtfertigte. Die Absurdität veranlaßte sogar die *Washington Post*, Präsident George W. Bush daran zu erinnern, daß bestimmte Unterscheidungen unerläßlich seien, wenn sein Generalangriff weiterhin Früchte tragen soll. In ihrem Leitartikel vom 25. April 2002 argumentierte die *Washington Post* wie folgt: »Der kompromißlose Antiterrorkurs, den die Regierung Bush seit dem 11. September fährt, überzeugt politisch wie auch moralisch und hat sowohl in Afghanistan als auch in anderen Teilen der Welt zu beeindruckenden Ergebnissen geführt. Und dennoch: Wenn der Kampf gegen den Terror auch weiterhin Erfolg haben soll, muß die Regierung unterscheiden zwischen dem Terrorismus und den manchmal berechtigten Zielen, für die er eingesetzt wird. Und sie muß auch differenzieren zwischen der legitimen Abwehr des Terrorismus und den Versuchen, den Kampf gegen den Terror für unannehmbare Ziele zu mißbrauchen. Der israelische Schriftsteller Amos Oz hat festgestellt, daß Israel an zwei Fronten kämpft: zum einen gebe es den legitimen Feldzug gegen den Terror, zum anderen einen ›ungerechten und sinnlosen‹ Versuch, das Westjordanland und den Gazastreifen zu kontrollieren. Die Bush-Administration braucht eine Politik, die in der Lage ist, zwischen beiden Zielen zu unterscheiden.«

Die Suche nach einer alternativen Sichtweise führte mich zu Joseph Conrad, der in seinem Roman *Der Geheimagent* eine Charakterisierung vom idealen Anschlag gegeben hat: »Aber was soll man sagen, wenn die Zerstörungswut, die hinter einer Tat steckt, so absurd ist, daß man sie nicht mehr verstehen, nicht mehr erklären, ja kaum noch denken kann, wenn sie der pure Wahnsinn ist? Nur der Wahnsinn verbreitet wirklich Angst und

Schrecken, weil ihm nämlich weder durch Drohungen oder Argumente noch durch Bestechungen beizukommen ist.«

Diese Worte stammen von Herrn Vladimir, dem mondänen russischen Botschaftsrat im damaligen London. Er sprach sie, als er versuchte, den Polizeispitzel und unschlüssigen Anarchisten Adolf Verloc für einen Anschlag anzuwerben, dessen Heftigkeit die damalige Supermacht England aus ihrer beschaulichen Selbstzufriedenheit reißen sollte, und zwar genau zu dem Zeitpunkt, als eine internationale Tagung zur »Bekämpfung des politischen Verbrechens« bevorstand. Die Verschwörer planten die Sprengung der Königlichen Sternwarte in Greenwich, die sowohl die damalige britische Überlegenheit in den Wissenschaften als auch das fortschrittlichste Zeitrechensystem jener Tage symbolisierte.

Wenn es jemals eine gewaltsame Wahnsinns- und Verzweiflungstat gab, die mit Conrads Definiton des perfekten terroristischen Coups völlig übereinstimmt, dann war es der spektakuläre Anschlag der Islamisten auf das New Yorker World Trade Center, das sowohl die heutige amerikanische Überlegenheit in allen Bereichen als auch das international bedeutendste Finanzzentrum unserer Zeit symbolisiert. Der eine Aspekt des Wahnsinns ist, daß die Anschläge für Hintermänner und Täter – gemeint sind im weiteren Sinne der weltweite Islamismus, im engeren Sinne das Al-Qaida-Netzwerk sowie die Unterstützerorganisationen und -systeme einschließlich des Talibanregimes in Afghanistan – verheerende Folgen hatten. Der andere Aspekt ist, daß die einzige Supermacht der Erde, die gerade den futuristischsten Raketenabwehrschirm aller Zeiten plante, gegen so harmlose Werkzeuge wie Teppichmesser und Passagierflugzeuge völlig wehrlos war.

Weitere Beispiele für Gewaltaktionen aus der jüngsten Geschichte, die Conrads Definition nahekommen, sind die Entführung und Ermordung des deutschen Industriellen Hanns Martin Schleyer durch die Baader-Meinhof-Gruppe im Jahre 1977 und ein Jahr später die Entführung und Ermordung Aldo Moros, des Doyens der italienischen Nachkriegspolitik, durch die Roten Brigaden. Auch diese Fälle hatten vernichtende Folgen für die Täter, die Verschwörer, die sie unterstützenden Netzwerke und Organisationen, die schutzwilligen kommunistischen Regime und die Bewegungen der radikalen Linken in der ganzen Welt.

Der europäische Linksterrorismus der siebziger Jahre war, wie aus heutiger Sicht klar wird, ein verzweifelter Ausbruchsversuch aus der historischen Sackgasse und strukturbedingten Endkrise des Kommunismus, der radikalen Arbeiterbewegung, der Dritte-Welt-Bewegung und der revolutionären Strömungen rund um den Erdball – und dieser Ausbruchsversuch basierte auf einer gewaltsamen *action directe*, die außergewöhnlicher und spektakulärer nicht hätte sein können. Aus heutiger Sicht wird auch klar, daß der Terrorismus der siebziger Jahre zum einen ein damals noch kaum spürbares Symptom dieser Krise war und zum anderen dem Niedergang aller genannten Bewegungen und Strömungen einschließlich des weltweiten Kommunismus vorausging.

Genauso ist auch das spektakuläre islamistische *action directe*-Programm, das mit den Anschlägen vom 11. September seinen Höhepunkt erreichte, ein verzweifelter Versuch einiger Extremisten, die historische Ausweglosigkeit und die strukturbedingte Endkrise zu überwinden, in die der weltweite Islamismus in der zweiten Hälfte des 20. Jahrhunderts geraten war. Meiner Einschätzung nach wird sich in gleicher Weise herausstellen, daß diese Anschläge die Auflösung und den Niedergang des militanten Islamismus im allgemeinen einläuten.

Die *action directe*-Formen der bewaffneten europäischen Gruppierungen hatten die Gesellschaft, die Parteien, die Reformen, die proletarische Revolution, die traditionellen kommunistischen Organisationen und die trägen Volksmassen aufgegeben und statt dessen einen blinden, aufsehenerregenden Aktionismus bevorzugt, ohne sich auch nur im geringsten für dessen Folgen oder langfristige Erfolgsaussichten zu interessieren. Und in ähnlicher Weise geht die islamistische *action directe* – so läßt sich plausibel argumentieren – auf Distanz zur heutigen islamischen Gesellschaft, ihren sozialen und politischen Bewegungen, der spontanen Religiosität und dem endemischen falschen Bewußtsein der Volksmassen, den islamischen Mainstream-Organisationen, der abwartenden Haltung der Muslimbrüder (aus deren Reihen viele Islamisten hervorgegangen sind, genauso wie die ursprüngliche *action directe* sich aus dem europäischen Kommunismus rekrutierte) und wählt statt dessen eine eigene Form von blindem und aufsehenerregendem Aktionismus, für dessen Folgen und langfristige Erfolgsaussichten sie sich ebenfalls keineswegs interessiert.

Michel Foucault wurde einmal gefragt, welche gesellschaftliche oder revolutionäre Relevanz seine Bücher hätten. Er antwortete sinngemäß, sie seien nichts weiter als Molotow-Cocktails, Handgranaten oder Bomben, mit denen man das System zwar angreifen könne, die sich aber bei der Explosion selbst zerstörten und keine weiteren Folgen hätten als den grellen Blitz, den sie selbst erzeugten. Genau das ist das Signum einer verzweifelten Rebellion, die sich weder in den Dienst einer bestimmten Sache stellt, noch ein klar definierbares oder erreichbares Ziel ins Visier nimmt. Diese Haltung entspricht der allgemeineren Auffassung Foucaults, wonach unter den gegebenen Umständen der einzig mögliche Widerstand gegen das System die *action directe* ist: lokal begrenzte Angriffe, sporadische Gefechte, Guerilla-Überfälle, willkürliche Revolten, sinnlose Widerstandsaktionen, unkontrollierte Wutausbrüche, anarchistische Ausschreitungen, spontaner Aufruhr.

Auf minimalistischer Ebene entspricht der Foucaultschen Formel in der etwas einfacheren Sprache des Islamismus zunächst das, was manche Aktivisten als »Zornestat im Namen Gottes« gegen das System bezeichnen. Es handelt sich um einen Akt, der nicht unbedingt über sich selbst hinausweisen muß, man erwartet nicht, daß er außer einem grellen Blitz irgendwelche Folgen hätte. Zudem entspricht dem oben beschriebenen Programm die engstirnige Ablehnung und Verachtung fast aller Formen von Politik, seien diese nun konventionell, radikal, agitatorisch oder revolutionär. An ihre Stelle tritt im Islamismus die Taktik der verzweifelten Gewalt, als deren einzige Alterna-

tiven die Kooptation, der schlichte Rückzug oder das Einge-
ständnis der Niederlage gelten.

Übertragen wir Foucaults Formel auf die Maximalforderun-
gen des Islamismus, so haben wir eine terroristische *action directe* auf globaler Ebene, bei der als einziges Mittel der Politik
der direkte bewaffnete Angriff auf den Feind gilt. Diese todes-
mutige Selbstbehauptung soll a) die Schranken sprengen, die den
Weg zum weltweiten Triumph des Islam versperren, b) zur Überwindung der strukturbedingten Krise führen, in der sich das islamistische Projekt derzeit befindet, c) die objektiven Erfolgs-
bedingungen dieses Projekts verbessern, d) die Unterstützung
durch die muslimischen Völker herbeiführen und e) Anziehungs-
pole schaffen, um die sich die Muslime aus allen Erdteilen ver-
sammeln können (siehe die Netzwerke, Organisationen und
Ausbildungslager von Al-Qaida oder das Talibanmodell der ersten angeblich authentisch muslimischen Gesellschafts- und
Staatsform in neuerer Zeit).

Wie die Anschläge vom 11. September gezeigt haben, sind
die Islamisten mit ihren *action directe*-Methoden – genau wie
ihre europäischen Geistesverwandten – alles andere als eine primitive Kriegerhorde. Viele von ihnen sind wohlhabende, studierte junge Aufsteiger, und genau wie ihre europäischen Vorgänger haben sie das Gefühl, in der Falle einer starren und ent-
fremdenden Gesellschaftsordnung festzusitzen. Genau wie ihre
europäischen Vorgänger lehnen sie diese Ordnung rundweg ab
und glauben in ihrer tragischen Weltanschauung, daß eine Erlö-
sung nur zu erhoffen ist, wenn die Krise sich weiter zuspitzt,
wobei der Höhepunkt der Krise im Kontext der Unwahrheit,
des falschen Bewußtseins und des trügerischen Scheins auch als
der höchste Augenblick der Wahrheit empfunden wird. Ein
Entkommen aus dieser *Gesellschaft des Spektakels* – so der Titel
eines berühmten Buches des französischen Philosophen Guy
Debord von 1967 – setzt voraus, daß man jene Krise wohl oder
übel herbeiführt, denn nur aus ihr kann die islamische oder irgendeine andere Wahrheit hervorbrechen. Diese Überlegung
nährt auch die Illusion, daß ein verkürzter Weg zur gewünsch-

ten authentischen Gesellschaft führt, sei diese nun eine humane und gleichheitliche sozialistische Gesellschaft in Europa oder eine authentisch islamische Gesellschaft (man vergleiche etwa die grob vereinfachenden Slogans wie »Der Islam ist die Antwort« oder »Der Islam ist die Lösung«).

In Saudi-Arabien zum Beispiel besteht die regierende Stammeselite darauf, daß sie selbst, das System und die Gesellschaft deutlich sichtbar das Bild strikter muslimischer Orthodoxie, moralischer Reinheit, gesellschaftlicher Rechtschaffenheit und beduinischer Strenge vermitteln. Aber zugleich werden die Gegensätze zwischen den offiziellen Idealen und dem tatsächlichen Leben der Saudis immer größer und schärfer. Die Situation wurde so brisant, daß diejenigen unter den Töchtern und Söhnen des herrschenden Systems, die die religiösen Ansprüche ernst nahmen, sich auflehnten und 1979 die Große Moschee in Mekka besetzten, eine Aktion, deren Verlauf das Königreich in seinen Grundfesten erschütterte. Nichts hätte in der muslimischen Welt aufsehenerregender und schockierender sein können als der Sturm und die Besetzung der Kaaba.

Wie die jungen Saudis, die in die Anschläge vom 11. September verwickelt waren, können auch die Besetzer der Kaaba als typische Produkte des schizophrenen saudischen Systems gelten. Ihr Anführer, Juhaiman al-Utaibi, machte unmißverständlich klar, daß sein spektakulärer Protest darauf abzielte, die Diskrepanz zwischen der saudischen Ideologie und der Wirklichkeit im Königreich aufzuheben, indem letztere in völlige Übereinstimmung mit der offiziell vertretenen und propagierten religiösen Orthodoxie gebracht würde.

Osama Bin Laden ist gefährlicher, fortgeschrittener und gebildeter als Juhaiman al-Utaibi und agiert zudem im internationalen beziehungsweise im globalen Rahmen. Während Juhaimans verzweifelte Aktion das wichtigste lokale Symbol für die Legitimität des saudischen Systems ins Visier nahm, attackierte Bin Laden den amerikanischen Verbündeten, ohne den dieses System nicht überleben kann.

Es gibt auf einer tieferen kulturellen Ebene noch eine andere Form der Schizophrenie. Sie äußert sich in der zähen, gequälten und widerspenstigen Anpassung der arabisch-islamischen Welt an das moderne Europa mitsamt ihren Implikationen und Forderungen. Dieser offenbar endlose Anpassungsprozeß machte die Araber über das 20. Jahrhundert hinaus wahrhaftig zu modernen Hamlets. Wie der weltberühmte Prinz verbinden sie gekonnt starke Leidenschaft, nachdenkliche Intellektualität und lyrische Empfindsamkeit und finden dennoch keinen Ausweg aus ihrer tragischen Verstrickung. Ihre Tragödie besteht im endlosen Zögern und Zaudern, im ewigen Hin und Her zwischen *asalah* und *muasarah* (Authentizität und Gegenwart), zwischen *turath* und *tajdid* (Erbe und Erneuerung), zwischen *huwiyah* und *hadathah* (Identität und Moderne), zwischen Religion und Säkularisierung.

Daher vertreten einige der bedeutendsten arabischen Denker die These, das neue Jahrhundert gehöre zweifellos den Siegertypen à la Fortinbras und nicht den Hamlets, die immer wieder den alten, aber längst überholten europäischen Klassiker aufführen, der da heißt *La Querelle des Anciens et des Modernes* (Der Streit der Alten und der Modernen). Kein Wunder also – um Shakespeares berühmtestes Stück zu zitieren –, daß für die Araber »die Zeit aus den Fugen scheint« und »etwas faul in ihrem Staate« ist. Kein Wunder auch, daß sie sich weiterhin mit einem ähnlich starken Sinn für Tragik wie der sagenumwobene Prinz fragen, »ob sie selbst die Urheber ihrer Nöte sind oder eine Gottheit ihre Geschicke lenkt«.

Die oben erwähnten Denker behaupten daher auch, daß die Araber ihre Gegenwart und Zukunft nur dann eigenmächtig gestalten können, wenn sie das tief in ihrem kollektiven Unbewußten verankerte Bild aufgeben, das sie von sich selbst haben. Was ich sagen will, ist folgendes: Wir Araber und Muslime (ich gebrauche das Wort Muslim in seiner rein historischen, kulturellen und zivilisatorischen Bedeutung) betrachten uns auch weiterhin als Eroberer; wir sind es, die die Geschichte schreiben, wir sind es, die das Tempo vorgeben, wir sind die Pioniere und Führer von welthistorischem Rang.

Tief in unserem Innern glauben wir immer noch, daß wir in der Geschichte Subjekt und nicht Objekt, Beweger und nicht Bewegte sind. Wir haben uns nie wirklich damit abgefunden, daß wir in der modernen Geschichte eine Nebenrolle spielen und eher reagieren als agieren. In unserer kollektiven Psyche empfinden wir es als eine Ungeheuerlichkeit, daß eine vermeintlich große *umma* (Nation) wie die unsrige hilflos am Rand der Geschichte steht, und zwar nicht nur der Weltgeschichte, sondern auch der Geschichte der eigenen Region.

Wir dulden nicht, daß wir nur ein Objekt der Geschichte sind, während andere als Lenker oder Richter auftreten, zumal wir uns erinnern, daß die Rollen früher einmal anders verteilt waren. Außerdem sind wir ebenfalls fest davon überzeugt, daß Europa uns den Weltenlenkerstatus und den damit verbundenen Glanz gewissermaßen widerrechtlich entrissen hat, als die Geschichte, wie wir im Arabischen sagen, »gerade eingenickt war« (*fi ghaflah min al-tarikh*). Wenn ich von widerrechtlicher Aneignung spreche – und diese war ja auch der Hauptgrund für Hamlets Bedrängnis –, so deshalb, weil wir Araber annehmen, daß die weltpolitische Führungsrolle uns zusteht, sei es von Rechts wegen, sei es, weil das Schicksal, die Vorsehung oder irgendeine andere Macht es so gewollt haben.

Mit diesem Glauben geht auch die Überzeugung einher, daß sich letzten Endes alles wieder einrenken wird: Man wird den herrschenden Usurpator, dessen Zeit ohnehin abläuft, entthronen, und die rechtmäßigen Hauptakteure der Geschichte dürfen wieder ihre angestammten Rollen spielen. Solche Gedanken und Wünsche durchziehen – um ein paar Beispiele zu nennen – die Texte des Ägypters Hassan Hanafi oder das Spätwerk eines Anwar Abdel Malek, aber auch die Traktate, Untersuchungen und Propagandaschriften der anspruchsvolleren islamistischen Denker und Theoretiker.

Die Ideenkonstellation, an die diese Autoren sich klammern, faßt der Titel eines weltberühmten europäischen Klassikers zusammen: Oswald Spenglers *Der Untergang des Abendlandes*. Dabei begehen sie den Denkfehler zu glauben, daß der Niedergang des Westens automatisch den Aufstieg des Islam und der arabischen Welt mit sich bringt. In Anspielung auf Abdel Maleks Buch *Rih al-Sharq* (Der Wind des Ostens) könnte man es auch so sagen: Wenn der Wind der Geschichte nicht mehr den Westen vorantreibt, wird er automatisch die Segel des Ostens blähen – und Osten meint hier vor allem den Islam und die Araber. Der Titel eines weiteren islamistischen Klassikers, Muhammad Qutbs *Jahiliya al-Qarn al-Ishrin* (Die *jahiliya* des 20. Jahrhunderts), suggeriert folgende Implikation: Da das moderne Europa in die *jahiliya* (Zeit der Unwissenheit) zurückgefallen ist, fällt es wieder einmal den Arabern und Muslimen zu, die Menschheit aus dem in Europa wurzelnden und vom Westen generell verteidigten Unglauben zu befreien.

Das ist aber noch nicht das Ende der Geschichte. Wenn ich heute die Standardwerke des arabischen Nationalismus wieder lese, habe ich oft den Eindruck, daß ihre Autoren die Einheit der arabischen Welt nicht um ihrer selbst willen anstrebten, sondern weil sie in ihr ein Mittel sahen, um ein usurpiertes Recht wiederherzustellen. Tatsächlich interessierten sich diese Autoren nicht in erster Linie für Kolonialismus, Imperialismus, Fremdherrschaft, Befreiung, Unabhängigkeit, Wohlstand, soziale Gerechtigkeit, Gleichheit und Freiheit, sondern sie wollten vor allem, daß die große *umma* wieder die weltgeschichtliche Rolle übernimmt, die schicksalhaft oder von Natur aus ihrem Wesen und Auftrag entsprach. Schließlich waren die Zivilisationen in unserem Teil der Welt schon immer eher kriegerisch und expansionistisch gewesen: siehe die alten Perser und ihren Überfall auf Griechenland, Alexanders Asienfeldzug, siehe ferner Hannibal, Rom, den Islam, die Osmanen, die modernen europäischen Mächte und so weiter.

Kollidiert nun dieses tief verwurzelte, übermächtige, unreflektierte und enthusiastische Selbstverständnis mit den allzu offensichtlichen Gegebenheiten des arabisch-islamischen Alltags, mit der Ohnmacht, Rückständigkeit, Frustration und Bedeutungslosigkeit, vor allem auf dem internationalen Parkett, dann kann alles Mögliche entstehen: hochfliegende Illusionen, massive Minderwertigkeitskomplexe, kompensatorischer Größenwahn, wildes Abenteurertum, eine Politik des Leichtsinns, verzweifelte Gewalt und nicht zuletzt ein Terrorismus in großem Stil, wie man ihn mittlerweile überall auf der Welt kennengelernt hat. Mit einem solchen Programm jedoch kann einem natürlich weder die Gegenwart noch die Zukunft gehören; es ist vielmehr eine Absage an jegliche Verantwortung für das eigene Schicksal.

Der angedeutete Gegensatz zwischen Wunschdenken und Realität, den die Araber und Muslime meiner Meinung nach überwinden müssen, wenn sie überhaupt eine Zukunft haben wollen, kommt vielleicht am besten zum Ausdruck in dem wohlwollenden, aber sehr ironischen Titel von Hussein Ahmed Amins pointiertem und anregendem Buch *Dalil al-Muslim al-Hazin ila Muqtada al-Suluq fi al-Qarn al-Ishrin.* Der Autor, ein berühmter ägyptischer Historiker und hochrangiger Diplomat, ist der Sohn eines großen Gelehrten aus dem von Albert Hourani so genannten Zeitalter des arabischen Liberalismus. Bezeichnenderweise spielt der Titel seines Buches auf einen Klassiker von Maimonides an: *Dalalat al-Hairin* (Führer der Unschlüssigen). Demnach würde eine freie Übersetzung von Amins Titel etwa so lauten: *Ein Führer für den bedrückten und unschlüssigen Muslim hinsichtlich des im 20. Jahrhundert geforderten Verhaltens.*

Amin zufolge ist der heutige Araber oder Muslim so bedrückt, melancholisch, unschlüssig und irritiert, weil seine instinktiven Überzeugungen, sein tief verwurzeltes Selbstbild und die geliebten Illusionen über seine Vorbestimmung, seine *umma*, seine Religion, seine Kultur und seine Zivilisation sowie über deren Stellung und Funktion in der modernen Geschichte jede Minute seines wachen Lebens Lügen gestraft werden: vor der harten Realität unserer Zeit haben sie keinen Bestand. Außerdem werden die radikalen Veränderungen, Umwälzungen und Opfer, ohne die der Gegensatz zwischen Wunsch und Wirklichkeit nicht überwunden werden kann, von den völlig frustrierten Arabern und Muslimen – wie Amin sie sieht – weiterhin als untragbar und unannehmbar abgelehnt. Was bleibt ihnen also anderes übrig, als sich mit ihrer traurigen, melancholischen Unschlüssigkeit auch im 21. Jahrhundert einzurichten und dabei den frommen Glauben zu bewahren, daß vielleicht eines Tages Gott oder die Geschichte oder das Schicksal oder die Revolution oder ein universelles Moralgesetz den Usurpator vertreiben und die *umma* wieder in ihre alten Rechte einsetzen wird. In der Zwischenzeit werden die Siegertypen à la Fortinbras die Welt unter ihre Kontrolle bringen, und den Arabern bleibt wieder nur das Nachsehen. Unter diesen Umständen scheinen verschiedene Varianten von *action directe* (einschließlich des Terrorismus in manchen seiner spektakulärsten Formen) das einzige noch verbleibende Mittel, um sich aus der Zwickmühle zwischen Vergangenheit und Moderne zu befreien.

Die Moderne ist hauptsächlich eine europäische Erfindung. Europa schuf die moderne Welt, ohne die Araber, Muslime und alle anderen nach ihrer Meinung zu fragen, und es schuf sie durchaus zu deren Nachteil. Es läßt sich nicht leugnen, daß die Araber sich mit Händen und Füßen wehrten, als sie in die Moderne hineingezogen wurden. Aber es stimmt eben auch, daß die Moderne ihnen von einer überlegenen, erfolgreicheren und leistungsfähigeren Macht aufgezwungen wurde.

Die Kreuzzüge sind letztendlich gescheitert. Napoleon hingegen feierte mit seiner militärisch unbedeutenden Expedition nach Ägypten und Palästina nicht nur einen Sieg, sondern er räumte auch gründlich mit allem auf, was auf unserer Seite des Mittelmeers historisch überholt war. Daß die Expedition von 1798 ganz andere Folgen hatte als die Kreuzzüge, prägt wesentlich unsere Sicht der europäischen Moderne, und man führt sie uns vor, quasi zur Züchtigung und Erbauung.

Das gewaltsame Eindringen des modernen Europa in die arabische und islamische Welt führte zu einem entscheidenden und endgültigen Bruch mit der Vergangenheit. Vergleichbares bewirkte wohl nur der gewaltsame arabisch-islamische Einfall ins

Perserreich der Sassaniden. Denn genauso wie die persische Geschichte nach der Eroberung ohne die arabisch-islamische Präsenz nicht mehr denkbar gewesen wäre, genauso ist auch die nachnapoleonische Ära der arabischen Geschichte unvorstellbar ohne Europa, die Moderne und ihre Präsenz im arabischen Alltag. Diese Tatsache läßt sich nicht ignorieren, egal, wie oft wir die Halbwahrheit und das schwache Argument wiederholen, wonach das moderne Europa sowieso alles uns verdankt: Averroes, die Hochkultur Andalusiens, die arabische Wissenschaft, Mathematik, Philosophie und so weiter.

Wenn die Araber nicht endlich anfangen, ernsthaft und gründlich über diese schmerzhaften Gegensätze, Spannungen, Widersprüche und Anomalien nachzudenken, werden sie weder ihre Gegenwart noch ihre Zukunft selbst in die Hand nehmen können. Entweder wir setzen uns kritisch auseinander mit dem tief verwurzelten, vielschichtigen Komplex unserer affektbesetzten Überzeugungen, Wertungen und Bilder, die ihrerseits unseren tradierten Selbsttäuschungen, archaischen Institutionen, Einstellungen und Programmen, unseren überholten, aber dennoch geschätzten Lebens-, Denk- und Herrschaftsformen die Aura des Heiligen, Unantastbaren und Ewigen verleihen, oder die Fortinbras-Epigonen dieser Welt werden wieder einmal siegen und das letzte Wort haben. In Mamdouh Adwans Hamlet-Bearbeitung, die vor ein paar Jahren in Damaskus aufgeführt wurde, ist es zu dem Zeitpunkt, als der Prinz aufwacht, auf jeden Fall schon zu spät...

Ist nun also ein *Clash of Civilizations* zwischen der archaischen Welt des Islam und dem säkularisierten, modernen Westen – wie Samuel P. Huntington in seinem berühmten Buch *The Clash of Civilizations and the Remaking of World Order* (deutsche Ausgabe: *Kampf der Kulturen*) behauptet – tatsächlich unvermeidlich? Nehmen wir das Wort *clash* im Sinne von Zusammenprall, Zusammenstoß, dann ist die Antwort: Nein; verstehen wir es in einem schwächeren Nebensinn, dann ist die Antwort: Ja.

Ich verstehe Huntingtons Grundthese so, daß der Hauptgrund für die großen internationalen Konflikte (und möglichen Kriege) nach dem weltweiten Zusammenbruch des Kommunismus künftig nicht mehr der Wettstreit zwischen zwei unvereinbaren und in sich geschlossenen Wirtschaftssystemen (beziehungsweise Produktions- und Distributionsweisen) sein wird, sondern das wetteifernde Selbstbehaupten und Rivalisieren der großen, mehr oder weniger in sich geschlossenen Ideen- und Wertesysteme, die nach dem Kalten Krieg die Weltbühne beherrschen, also beispielsweise zwischen dem traditionellen Islam und dem siegreichen westlichen Liberalismus. Huntington behauptet mit anderen Worten: Heute, wo Kommunismus, Sozialismus, Arbeiter- und Dritte-Welt-Bewegung definitv keine Herausforderung mehr für den überlegenen kapitalistischen Westen darstellen, müßten wir die Gründe für die internationalen Spannungen und drohenden Konflikte in den großen gegenwärtigen Ideen- und Wertesystemen suchen, die nicht nur mit dem kapitalistischen Liberalismus, sondern auch untereinander unvereinbar seien.

Offensichtlich reduziert Huntington Zivilisation auf Kultur, Kultur auf Religion und Religion auf eine archetypische Konstante. Im Fall des Islam bringe diese einen Homo islamicus hervor, der sich auf einem Kollisionskurs mit dem instinktiv liberalistischen Homo oeconomicus des Westens oder mit dem polytheistischen Homo hierarchicus Indiens befindet.

Meiner Meinung nach impliziert Huntingtons These erstens einen Rückfall in die antiquierte deutsche Philosophie des Geistes und zweitens eine Rehabilitierung des klassischen orientalistischen Essentialismus, den Edward W. Said in seinem Buch *Orientalismus* so überzeugend widerlegt hat. Was mir in diesem Zusammenhang sofort einfällt, ist zum Beispiel das berühmte Ideengebräu und das System protestantischer Grundwerte, mit dessen Hilfe Max Weber den Aufstieg des Kapitalismus in Europa erklären wollte. Schon bei Weber haben wir die Vorstellung, daß der Geist des Kapitalismus mit dem herrschenden Geist des Feudalismus zusammenprallt und daß die neue protestantische Ethik mit der rivalisierenden, älteren Ethik des katholischen Glaubens kollidiert.

Was bei Weber ein Zusammenstoß zwischen zwei Geistesströmungen und ethischen Systemen war, wird bei Huntington zu einem internationalen und weltumspannenden Phänomen verallgemeinert. Anzunehmen, daß verschiedene Geistesströmungen und Ideensysteme miteinander konkurrieren, entspricht keiner historischen, soziologischen und evolutionären, sondern vielmehr einer essentialistischen, ontologischen und statischen Sichtweise. Ein solches geschichtsloses, ja sogar geschichtsfeindliches Denken schafft die Grundlage für die Theorie des *Clash of Civilizations*, indem es sich darauf beschränkt, den Islam und den Westen als zwei unvereinbare, verdinglichte Ideologien einander gegenüberzustellen.

Auf einer konkreteren Ebene bedeutet dies, daß Werte wie Liberalismus, Säkularismus, Demokratie, Menschenrechte, Religions- und Meinungsfreiheit als die innersten Werte des Westens zu gelten haben und daß die heutige islamische Welt von diesem System dauerhaft ausgeschlossen bleibt, weil ihre eigenen, heiligsten Werte zu ihm in tiefstem Widerspruch stehen. Die Ironie dabei ist, daß die Islamisten sogar der gleichen Meinung sind wie Huntington, und zwar nicht nur in bezug auf seine Grundthese, sondern auch in bezug auf deren theoretische Implikationen und praktische Folgen. Ihre Theoretiker und Ideologen reduzieren Zivilisationen auf ihre kulturelle Komponente, Kulturen auf ihre religiöse Komponente und Religionen auf wesensverschiedene urbildliche Konstanten, die sich gegenseitig bekämpfen. Allerdings wird aus ihrer Sicht der Islam letzten Endes triumphieren.

Um die These vom Zusammenprall der Zivilisationen beziehungsweise Kulturen wenigstens zeitweilig zu entschärfen, hat der iranische Präsident Muhammad Khatami zu einem Dialog der Zivilisationen aufgerufen. Dabei geht es ihm natürlich hauptsächlich um einen Dialog zwischen dem Islam und dem Westen, und zwar insbesondere zwischen dem Iran und den Vereinigten Staaten. Aber ist Khatamis Aufruf ehrlich oder heuchlerisch? Langfristig gesehen ist er heuchlerisch, denn in der islamistischen Version der Huntington-Logik gilt der *Clash of Civiliza-*

tions als Voraussetzung für den Endsieg des Islam. Kurzfristig gesehen ist er ehrlich, denn der Dialog ist für die schwächere Seite in dieser Konfrontation vorübergehend keine schlechte Taktik.

Ich denke, daß es zwischen dem Islam und dem Westen schon heute einen *Clash of Civilizations* gibt, allerdings nur, wenn wir das Wort *clash* in einem abgeschwächten Sinne verstehen. Daß es zu einem *clash* im stärkeren Sinne von Zusammenprall kommen wird, ist mehr als unwahrscheinlich. Der Islam ist einfach zu schwach, um eine ernsthafte Herausforderung oder Gefahr für den Westen darstellen zu können. Der heutige Islam ist noch nicht einmal eine echte »Zivilisation«, wenn man darunter etwas Aktives, Selbstbestimmtes und Effizientes versteht. Der Islam ist passiv und reaktiv und kann höchstens im historischen und traditionellen Wortsinn als eine Zivilisation gelten.

Die beiden Seiten, die aneinander geraten sollen, sind so ungleich, was Macht, militärische Stärke, Produktionspotential, Leistungsfähigkeit, Effizienz der Institutionen, Wohlstand, Sozialstruktur, Wissenschaftsniveau und Technisierung angeht, daß es zu einem wahren Zusammenstoß gar nicht kommen kann. Wenn das Ei auf den Stein fällt, zerbricht das Ei, und wenn der Stein auf das Ei fällt, zerbricht es ebenfalls. Jeder kritische Beobachter auf arabisch-islamischer Seite wird sehen, wie mächtig, leistungsfähig, erfolgreich und vital der Westen ist, und daher wird schon der Gedanke an einen *clash* ihm unrealistisch erscheinen. Und was die derzeitigen Probleme, Spannungen, Verdächtigungen, Auseinandersetzungen und Rivalitäten im Verhältnis zwischen dem Westen und dem Islam angeht: sie gehören zum ganz banalen Lauf der Geschichte, zum Alltag der Machtpolitik, der internationalen Beziehungen und zur Verteidigung vitaler Interessen. Aber ganz sicher haben sie nichts zu tun mit dem »reinen Geist«, mit Glaubenskonflikten, unterschiedlichen theologischen Standpunkten oder mit der Frage nach Überzeugungen, Werten, Bildern und Wahrnehmungen.

(Aus dem Englischen von Maximilien Vogel)

12. Kapitel

Die Phrase vom »Zusammenprall der Kulturen«

Eine Kritik an Samuel P. Huntington

Edward W. Said

S amuel P. Huntingtons Artikel *The Clash of Civiliza-tions?* erschien 1993 in der Sommerausgabe von *For-eign Affairs* und fand dort auf Anhieb eine erstaunlich große Resonanz. Nach dem Ende des Kalten Krieges sollte der Text den Amerikanern eine grundlegende These über die »neue Ära« in der Weltpolitik liefern. Huntingtons Argumentation schien zu bestechen: sie wirkte umfassend, kühn, ja sogar visio-när. Sein Blick richtete sich unverkennbar auf Rivalen aus dem Bereich politischer Vordenker, auf Theoretiker wie Francis Fu-kuyama und dessen Thesen vom Ende der Geschichte sowie auf all die, die den Beginn einer globalen Weltordnung und die Auf-lösung des Staates gefeiert hatten. Sie alle hätten, so Hunting-ton, nur einige Aspekte der neuen Ära verstanden. Er selbst hin-gegen wollte den entscheidenden, ja zentralen Aspekt nennen, der die Weltpolitik in naher Zukunft bestimmen würde. Selbst-bewußt und schwungvoll fuhr er fort: »Es ist meine Hypothe-se, daß in der neuen Welt die Hauptkonfliktquelle weder die Ideologie noch die Wirtschaft sein wird. Die großen Spaltungen der Menschheit und die dominierenden Konflikte werden kul-turell bedingt sein. Nationalstaaten werden nach wie vor die Protagonisten der Weltpolitik sein, aber die wesentlichen Auseinandersetzungen wird es zwischen Nationen oder Gruppen geben, die verschiedenen Kulturen angehören. Der Zusammenprall der Kulturen wird die Weltpolitik dominieren. Die Bruchlinien zwischen den Kulturen werden die Fronten der Zukunft sein.«

Die Argumentation in den darauffolgenden Seiten von Huntingtons Artikel beruht größtenteils auf schwammigen Konzepten wie dem der »kulturellen Identität« oder auf der vagen Vorstellung eines »Wechselspiels zwischen sieben oder acht [sic!] Hauptkulturen«. Dabei gilt das Hauptinteresse natürlich dem Konflikt zwischen zwei dieser Kulturen beziehungsweise Zivilisationen: zwischen dem Islam und dem Westen. Huntingtons kriegerisches Denken stützt sich immer wieder auf einen 1990 erschienenen Artikel des altgedienten Orientalisten Bernard Lewis, dessen ideologische Färbung schon im Titel klar durchscheint: *The Roots of Muslim Rage* (Die Wurzeln des muslimischen Zorns). Beide Artikel betreiben bedenkenlos die Personifizierung gigantischer Einheiten namens »Westen« und »Islam«, so als ob hochkomplexe Denkinhalte wie Identität und Kultur in einer Zeichentrickwelt existierten, wo Popeye und Brutus erbarmungslos aufeinander einschlagen und der tugendhaftere der beiden stets die Oberhand über seinen Gegner gewinnt. Bezeichnend ist, daß sich sowohl Lewis als auch Huntington kaum mit der inneren Dynamik und Vielfalt der einzelnen Kulturen beschäftigen oder mit der Tatsache, daß die größte Herausforderung für die meisten modernen Kulturen darin besteht, sich selbst zu definieren und zu interpretieren. Und sie halten sich auch nicht lange mit der unangenehmen Frage auf, ob nicht vielleicht eine gehörige Portion Demagogie und schlichtweg Ignoranz mit im Spiel ist, wenn man sich anmaßt, im Namen einer ganzen Kultur- oder Religionsgemeinschaft zu sprechen. Nein, für Huntington und Lewis steht fest: Der Westen ist der Westen, und der Islam ist der Islam. Und die Herausforderung für westliche Politiker wird es nach Huntington sein, dafür Sorge zu tragen, daß der Westen stärker wird und alle anderen Kulturen abwehren kann, insbesondere natürlich den Islam.

Noch viel irritierender ist, daß Huntington annimmt, sein Blick sei der einzig richtige, weil er, frei von allen gewöhnlichen Bindungen und verborgenen Loyalitäten, die gesamte Welt aus der Vogelperspektive überschaue – so als ob alle anderen hektisch den Antworten nachjagten, die er längst gefunden hat. Genaugenommen ist Huntington ein Ideologe, jemand, der Kulturen und Identitäten zu dem machen will, was sie nicht sind: Er will sie verriegeln und abdichten gegen die zahllosen Strömungen und Gegenströmungen, aus denen sich die Menschheitsgeschichte speist und die über Jahrhunderte dafür gesorgt haben, daß es in der Geschichte nicht nur Religionskriege und Eroberungsfeldzüge gab, sondern auch Austausch, Gemeinschaft und gegenseitige Befruchtung. Diese viel unauffälligere Geschichte wird leicht übersehen, wenn man zu sehr einer extrem verkürzten und beschränkten Sicht des Kriegs anhängt, die nach der Theorie des *Clash of Civilizations* der Realität entspricht. Als Huntington nach seinem Artikel 1996 ein gleichnamiges Buch veröffentlichte, versuchte er, seine Argumentation ein wenig subtiler zu gestalten und durch unzählige zusätzliche Fußnoten zu untermauern. Doch tat er nichts weiter, als sich selbst in Widersprüche zu verwickeln, und bewies zudem, wie unbeholfen sein Schreibstil und wie unelegant sein Denken war. Aber nach wie vor basierte seine Argumentation auf dem Motto: der Westen gegen den Rest der Welt (eine Neuauflage des Kalten Krieges) – und genau das wirkte in den Diskussionen nach den fürchterlichen Anschlägen vom 11. September oft unterschwellig und unausgesprochen nach.

Der sorgfältig geplante Massenmord, ein entsetzliches, pathologisch motiviertes Selbstmordattentat, das eine kleine Gruppe scheinbar geistesgestörter Radikaler verübte, wurde zum Beweis für Huntingtons Thesen umgemünzt. Statt diesen Anschlag für das zu nehmen, was er war, nämlich das Werk einiger besessener Fanatiker, die große Ideen (ich benutze das Wort im weitesten Sinne) für ihre kriminellen Zwecke mißbrauchten, ließen sich internationale Politiker, wie die ehemalige pakistanische Ministerpräsidentin Benazir Bhutto oder der amtierende italienische Premierminister Silvio Berlusconi, über die Probleme des Islam aus. Und Berlusconi berief sich auf Huntington, als er die vermeintliche Überlegenheit des Westens mit dem Argument pries, »wir« hätten einen Mozart oder Michelangelo und »die« nicht. (In der Zwischenzeit hat er für seine Verunglimpfung des Islam eine halbherzige Entschuldigung vorgebracht.)

Aber könnte man nicht genausogut Osama Bin Laden und seine Gefolgschaft mit Sekten wie den Davidianern, den Jüngern von Priester Jim Jones auf Guyana oder aber mit der japanischen Aum-Sekte vergleichen – obwohl solche Vergleiche natürlich weniger destruktiv und folglich auch weniger spektakulär wären? Sogar die als sachlich geltende englische Wochenzeitschrift *The Economist* schreckte in ihrer Ausgabe vom 22. September 2001 nicht vor groben Verallgemeinerungen zurück und lobte Huntington überschwenglich für seine »schonungslosen, breit angelegten und dennoch präzisen Bemerkungen« zum Islam. »Heute, schreibt Huntington,« – so die Zeitschrift in unnötig feierlichem Ton – »glaubt die auf etwa eine Milliarde zu schätzende muslimische Weltbevölkerung fest an die Überlegenheit ihrer Kultur und ist ebenso besessen von ihrer politischen Unterlegenheit.« Hat Huntington dazu vielleicht hundert Indonesier, zweihundert Marokkaner, fünfhundert Ägypter und fünfzig Bosnier befragt? Und selbst wenn er es gemacht hätte, wäre seine Auswahl repräsentativ gewesen?

Unzählige Leitartikel in allen bedeutenden amerikanischen und europäischen Printmedien bereichern dieses gigantomanische und apokalyptische Vokabular, das offensichtlich nie benutzt wird, um den Leser zu informieren, sondern um seine Empörung als Mitglied der westlichen Welt noch weiter zu steigern und ihm zu erklären, was zu tun sei. Die selbsternannten Kämpfer im Krieg des Westens, insbesondere Amerikas, gegen seine Hasser, Plünderer und Zerstörer bedienen sich einer unangebrachten Rhetorik à la Churchill und interessieren sich dabei kaum für die komplexen historischen Zusammenhänge, die ihre vereinfachende Sichtweise ad absurdum führen, wenn sie jene

Grenzen, auch Staatsgrenzen, überschreiten, durch die wir alle
in bewaffnete gegnerische Lager geteilt werden sollen.

Unproduktive Etikettierungen wie »der Westen« und »der
Islam« sind problematisch, führen in die Irre und verwirren denjenigen, der versucht, eine ungeordnete Welt zu verstehen, der
man mit Schubladendenken und Begriffsschablonen nicht so
ohne weiteres beikommt. Ich kann mich daran erinnern, wie ich
1994 an einer palästinensischen Universität im Westjordanland
einen Mann unterbrach, der nach einer meiner Vorlesungen
plötzlich aufsprang und mir vorwarf, meine Ideen seien pro-
westlich und widersprächen der strengen islamischen Lehre, für
die er eintrat. »Warum tragen Sie Anzug und Krawatte?«, war
das erste, was mir als Entgegnung einfiel, »auch das ist prowest-
lich.« Er setzte sich mit einem verlegenen Lächeln wieder hin,
aber an diesen Zwischenfall mußte ich denken, als sich die Informationen über die Attentäter vom 11. September verdichte-
ten, als nach und nach bekannt wurde, wie sie alle technischen
Detailprobleme gemeistert hatten, um ihr tödliches Unheil über
das World Trade Center, das Pentagon und die gekaperten Flugzeuge zu bringen. Wo kann man eine Grenzlinie ziehen zwischen der Technologie »des Westens« und der Unfähigkeit »des
Islam«, sich an die »westliche Moderne« anzupassen, wie Berlusconi gesagt hat?

Eine solche Grenzlinie läßt sich natürlich nicht leicht ziehen,
aber wie unangemessen sind dann letztlich alle Etikettierungen,
Verallgemeinerungen und kulturspezifischen Definitionen. Auf
einer bestimmten Ebene fallen beispielsweise primitive Leiden-
schaften und hochentwickeltes Know-how in einer Art zusammen, die alle starren Grenzziehungen Lügen straft, und das betrifft nicht nur die Grenzen zwischen »dem Westen« und »dem
Islam«, sondern auch die zwischen Gegenwart und Vergangenheit, zwischen »uns« und »ihnen«, ganz zu schweigen von den
Begriffen Identität und Nationalität selbst, über die buchstäb-
lich endlos debattiert wird. Die vermuteten Entitäten werden
auch dann nicht sichtbar, wenn man einseitig beschließt, eine
Trennungslinie in den Sand zu zeichnen, Kreuzzüge zu unter-

nehmen, »ihr« Böses »unserem« Guten gegenüberzustellen, den Terrorismus auszuradieren oder – um in der nihilistischen Begrifflichkeit von Paul Wolfowitz zu sprechen – ganzen Nationen den Garaus zu machen. Statt dessen zeigt sich, daß es viel einfacher ist, die kollektiven Affekte durch martialische Sprüche anzufachen, als das zu reflektieren, zu untersuchen und einzuordnen, womit wir es in Wirklichkeit zu tun haben: die grenzüberschreitende Vernetzung zahlloser Individuen, sowohl auf »unserer« wie auch auf »ihrer« Seite.

In drei bemerkenswerten Artikeln, die von Januar bis März 1999 in *Dawn*, der angesehensten pakistanischen Wochenzeitschrift, erschienen, untersuchte der verstorbene Eqbal Ahmad für eine islamische Leserschaft das, was er die Wurzeln der religiösen Rechten nannte. In scharfer Form kritisierte er die Verstümmelung des Islam durch Absolutisten und fanatische Tyrannen. Wie besessen schrieben diese persönliche Verhaltensregeln vor, um eine islamische Gesellschaftsordnung zu etablieren, die nur noch aus einem Strafkodex besteht, während die Menschlichkeit, die Ästhetik, das geistige Streben und die spirituelle Hingebung des Islam völlig ausgeklammert würden: »Ein Aspekt der Religion wird aus dem Gesamtzusammenhang gerissen und verabsolutiert, während ein anderer gänzlich unbeachtet bleibt. Dieses Phänomen verzerrt die Religion, verfälscht die Tradition und verdreht die Politik, wo immer es sich entfaltet.« Um ein zeitgemäßes Beispiel für diese Verzerrungen zu geben, präsentiert Ahmad die komplexe und vielfältige Bedeutung des Wortes Jihad und zeigt anschließend, daß die heutige Verengung des Begriffs – der völlig undifferenziert nur noch einen Krieg gegen vermeintliche Feinde bezeichnet – den religiösen, gesellschaftlichen, kulturellen, historischen und politischen Reichtum des Islam, wie er über Jahrhunderte von den Muslimen gelebt wurde, nicht mehr widerspiegeln kann. Die modernen Islamisten, so Ahmad, »kümmern sich nicht um das Seelenheil, sondern um Machtfragen. Es geht ihnen nicht darum, ihre religiösen Bestrebungen mit anderen zu teilen und andere von ihren Leiden zu befreien, sondern sie wollen Mitstreiter für ihren politischen Kampf mobilisieren; sie haben sehr beschränkte, diesseitige Ziele.« Was die Sache noch verschlimmert, ist, daß ähnliche Verzerrungen und ein ähnlicher Fanatismus auch den jüdischen und christlichen Diskurs prägen.

Schon Ende des 19. Jahrhunderts erkannte Joseph Conrad – und zwar deutlicher, als irgendeiner seiner damaligen Leser es sich hätte vorstellen können –, daß die Unterschiede zwischen dem zivilisierten London und dem »Herzen der Finsternis« in Extremsituationen schnell zusammenschrumpfen und daß die höchsten Errungenschaften der europäischen Kultur unvermittelt und ohne Vorzeichen in barbarische Exzesse umschlagen können. Und es war auch Conrad, der 1907 in seinem Roman *Der Geheimagent* nicht nur die beispiellose moralische Abstumpfung von Terroristen geschildert, sondern auch eine besondere Vorliebe des Terrorismus für Abstraktionen wie »die reine Wissenschaft« (man könnte hinzufügen für Abstraktionen wie »der Islam« oder »der Westen«) aufgezeigt hat.

Es gibt mehr Gemeinsamkeiten zwischen scheinbar gegensätzlichen Kulturen, als die meisten von uns wahrhaben wollen, und die sorgsam umhegten, ja sogar bewachten Grenzen unseres Denkens werden oft – wie Friedrich Nietzsche und Sigmund Freud gezeigt haben – mit erschreckender Leichtigkeit übersprungen. Doch das fließende Denken, das voller Doppeldeutigkeiten und voller Skepsis gegenüber unseren althergebrachten Begriffen ist, bietet uns in der momentanen Situation kaum Orientierungshilfen, und daher entscheidet man sich für die insgesamt bequemeren Denkmuster (Kreuzzugslogik, Gut gegen Böse, Freiheit statt Angst), die auf Huntingtons Vergleich des Islam mit dem Westen zurückgehen und in den ersten Tagen nach den Anschlägen vom 11. September auch dem offiziellen Diskurs seine Begriffe lieferten. Inzwischen konnte man eine merkliche Abschwächung dieser Rhetorik feststellen. Bedenkt man jedoch die bereits durchgeführten und noch geplanten Gesetzesverschärfungen und die konstante Zahl an haßerfüllten Schimpfreden und Übergriffen auf Araber, Muslime und Inder überall in den USA, wird schnell deutlich, daß die Denkmuster die gleichen geblieben sind.

Ein weiterer Grund für diesen anhaltenden Zustand ist die für viele beunruhigende Präsenz von Muslimen in ganz Europa und in den Vereinigten Staaten. Betrachtet man heute die Bevölkerungen in Frankreich, Italien, Deutschland, Spanien, Großbritannien, in den USA oder sogar in Schweden, so wird man zugeben müssen, daß sich der Islam nicht mehr nur an den Grenzen des Westens, sondern längst in seiner Mitte befindet. Aber was ist an dieser Präsenz eigentlich so bedrohlich? Tief verankert im Kollektivgedächtnis sind Erinnerungen an die ersten arabisch-muslimischen Eroberungsfeldzüge, die im 7. Jahrhundert begannen. Diese Invasion zerstörte ein für allemal, wie der bedeutende belgische Historiker Henri Pirenne 1939 in seinem Standardwerk *Die Geburt des Abendlandes* zeigte, die alte Einheit des Mittelmeerraums. Sie erschütterte die christlich-römische Zivilisation und bewirkte den Aufstieg einer neuen Kultur, an deren Spitze Völker und Mächte wie die Deutschen und das karolingische Frankreich standen, deren Mission Pirenne offenbar darin sah, das Abendland weiterhin gegen seine historischen und kulturellen Feinde zu verteidigen. Was Pirenne jedoch leider unterschlägt, ist, daß das Abendland beim Aufbau seiner neuen Verteidigungslinie auf den Humanismus, die Wissenschaft, die Philosophie, die Gesellschaftskunde und die Geschichtsschreibung des Islam zurückgreifen konnte, denn dieser hatte zwischen der karolingischen Welt und der klassischen Antike längst seinen Platz gefunden. Der Islam war von Anfang an ein Teil des Westens, und selbst Dante, ein großer Gegner Muhammads, mußte dies zugeben, als er dem Propheten einen Platz im innersten Kreis seiner Hölle zuwies.

Ein weiterer Faktor ist das lebendige Vermächtnis des Monotheismus, die Genealogie der abrahamitischen Religionen, wie der französische Orientalist Louis Massignon sie passend nannte. Zuerst kamen Judentum und Christentum, und jede Religion war wie besessen von dem, was ihr vorausging. Für die Muslime steht fest, daß die Reihe der Propheten im Islam ihre Vollendung und ihren Schlußpunkt erreicht. Es gibt auch heute noch keine brauchbare historische Darstellung und keine Entmystifizierung des vielschichtigen Wettstreits, den die drei rivalisierenden – und im übrigen keineswegs homogenen und geeinten – Anhängerschaften des eifersüchtigsten aller Götter unter sich austragen; und das, obwohl ihr blutiges Zusammentreffen im heutigen Palästina ein aufschlußreiches weltliches Beispiel für das liefern könnte, was sie schon lange auf so tragische Weise entzweit. Von daher überrascht es nicht, daß Muslime und Christen leichtfertig von Kreuzzügen und vom Jihad sprechen und dabei oft völlig unbekümmert über die jüdische Präsenz in der Region hinwegsehen. Eine solche Betrachtungsweise, so Eqbal Ahmad, »gibt den Männern und Frauen Sicherheit, die irgendwo in der Mitte gelandet sind – zwischen den tiefen Gewässern der Tradition und denen der Moderne«.

Aber wir alle – Menschen im Westen, Muslime und andere – schwimmen in solchen Gewässern. Und da die Gewässer zum Ozean der Geschichte gehören, ist es zwecklos, sie zu durchpflügen und durch Schranken voneinander zu trennen. Die heutige Zeit ist voller Spannungen, aber besser, man fragt, ob Gemeinschaften mächtig oder ohnmächtig sind und ob die weltliche Politik auf Vernunft oder Unwissenheit beruht, und besser, man urteilt nach den universellen Kategorien von Gerechtigkeit und Ungerechtigkeit, als daß man sich in gewaltigen Abstraktionen verliert, die einen zwar vorübergehend zufriedenstellen mögen, aber nur wenig zur Selbsterkenntnis und zu einer sachkundigen Analyse beitragen. Die These vom »Zusammenprall der Kulturen« ist eine so simple Phrase wie »Der Krieg der Welten«, und sie fördert eher selbstgerechten Hochmut als ein kritisches Bewußtsein für die verblüffende Interdependenz heutiger Gesellschaften.

(Aus dem Amerikanischen von Maximilien Vogel)

13. Kapitel

In einem Krieg
siegt niemand

Adonis

Der Krieg gegen den (islamischen) Terrorismus kann als erstes Manöver der politisch-militärischen Globalisierung betrachtet werden. Äußerlich, auf der Ebene der politischen Systeme und ihrer Institutionen, vereint er den Osten und den Westen in einer bisher beispiellosen Art und Weise. Die Institutionen des Ostens, insbesondere die arabisch-islamischen, haben alle Forderungen des Westens erfüllt, um die Durchführung des Afghanistankriegs zu erleichtern, ihm den Weg freizumachen und auf seiner Seite zu stehen. All das hat sich direkt oder auf Umwegen, im geheimen oder öffentlich, freiwillig oder unter Zwang vollzogen.

Der Krieg verdeutlicht, daß Globalisierung im wesentlichen ein Bündnis zwischen politischen Systemen und Institutionen ist, nicht zwischen Völkern und Kulturen. Globalisierung ist in erster Linie Militärpolitik, bei der die wirtschaftlichen Aspekte von Produktion und Konsum im Vordergrund stehen. Amerikanisch in ihrer Planung und Führung, ist sie quasi auferlegt.

Der Krieg festigt außerdem die Achtlosigkeit gegenüber den Völkern und ihren Kulturen, ihren Bedürfnissen und ihrem Streben. Dies schließt auch die Achtlosigkeit gegenüber den marginalisierten schöpferischen Kräften dieser Völker ein, nicht nur im Osten, sondern auch im Westen. Mit anderen Worten: Die Globalisierung festigt sich als Globalisierung der Maschinen und ihrer Kriege, nicht jedoch der Menschen und ihrer schöpferischen Leistungen.

An dieser Stelle muß an die Kulturschaffenden, insbesondere die Künstler und Intellektuellen in den westlichen Ländern, eine Frage gerichtet werden, denn ihre Staaten führen diese Globalisierung und den Krieg an und sind auch die Angreifer. Wie kommt es, daß der Großteil der Künstler und Intellektuellen in der gegenwärtigen weltpolitischen Lage sich der Sichtweise der westlichen Institutionen unterwirft? Die Frage stellt sich vor allem, weil gerade Künstler und Intellektuelle am besten wissen müßten, daß diese Institutionen die Welt, insbesondere den arabisch-islamischen Teil, nur unter dem politisch-wirtschaftlichen Aspekt betrachten. Ihre Kenntnis beschränkt sich auf die reproduzierten Klischees von Experten, die über die andere Kultur und Gesellschaft nur Schlagwörter kennen, wie zum Beispiel Exilierung, religiöser Dogmatismus, Verschwörung, Terrorismus. Wie kommt es, daß sich die meisten von ihnen unter das politisch-militärische Banner dieses Kriegs stellen? Warum bekennen sie sich nicht zu den Prinzipien der revolutionären Bewegungen, die im Westen den Grundstein für Menschenrechte, Demokratie und Freiheit legten? Wieso beziehen sie sich nicht auf die Aufklärung und rufen dazu auf, die arabisch-islamische Welt beziehungsweise andere nichtwestliche Länder so zu unterstützen, daß sie aus eigener Kraft der Rückschrittlichkeit, der Menschenverachtung und dem Terrorismus den Krieg erklären?

Ohne Zweifel haben die Intellektuellen in den westlichen Ländern genau begriffen, daß sich der (islamistische) Terrorismus nicht nur gegen Amerika und den Westen richtet, sondern, und vor allem, gegen die Araber und Muslime, gegen ihr Menschsein, ihre Wesensart, ihre geschichtliche Entwicklung. Vielleicht aber interessiert sie – ähnlich wie die Führung der politischen Institutionen – nur die geographische Weite, die verborgenen Reichtümer und die Konsumkapazität dieser Menschen. Sie werden als Wesen betrachtet, die vom Kreis jener ausgeschlossen sind, die Anspruch auf Menschenrechte, Demokratie und Fortschritt haben.

Die Problematik der Beziehungen zwischen dem Westen und dem arabisch-islamischen Osten ist letztendlich – ganz gleich, wie man sie betrachtet – allein für die Araber und Muslime spezifisch. Wir müssen uns jedoch eingestehen, daß der muslimische Araber bis auf die Knochen vom »anderen« durchdrungen ist, sei es negativ oder positiv. Auf der zivilisatorisch-technischen Ebene ist er nicht er selbst, in dem Maße, wie er jener fremde »andere« ist. Selbst die Al-Qaida, die das »andere« kategorisch und in allen seinen Erscheinungsformen ablehnt, tut dies mit Waffen, die nicht sie erfunden hat, sondern »er«. Deshalb ist das »andere« nicht nur ein äußerlicher Zwiespalt, sondern einer, der in unserem tiefsten Innern sitzt, theoretisch und praktisch. Selbst wenn wir aus ihm einen Teufel machen – was einige von uns tun –, ist es ein Teufel, der in uns wohnt. Deshalb können wir ihn bei der Suche nach unseren Problemen nicht als eine von außen kommende Verschwörung betrachten. In seiner Sprache, Kultur, Technologie, Produktion und im täglichen Leben ist der »andere« ein Teil unserer gegenwärtigen Identität. Kritisieren wir ihn, müssen wir uns bewußt sein, daß er zu unserem eigenem Gesicht gehört – verborgen, unsichtbar oder leuchtend gegenwärtig, je nach Situation. Es ist selbstverständlich, daß wir auch die schöpferisch-menschliche Seite in dem »anderen«, das heißt die Schriftsteller, Dichter und Künstler, nach ihrer Rolle nicht nur in ihrem Leben, sondern in unser aller Leben befragen.

Die wichtigste Frage in diesem Zusammenhang lautet: Wie werden die Araber und Muslime, kulturell gesehen, mit diesem Krieg umgehen? Für die Beantwortung dieser Frage ist eine tiefergehende, auf Erfahrung und besonnenem Weitblick beruhende Analyse der arabischen und muslimischen Realität notwendig, die folgende Aspekte mit einschließt:

- Die politische, moralische und kulturelle Gewalt, die Araber und Muslime gegeneinander ausüben, die Gewalt der Ausgrenzung, der Zurückweisung, des Verrats, des Gefängnisses für die geringste Abweichung, den harmlosesten Standpunkt und die geringfügigste Meinung.

- Die fortwährenden, gelegentlich offen zutage tretenden, manchmal verborgenen arabisch-arabischen, arabisch-islamischen und islamisch-islamischen Kriege innerhalb eines einzelnen Staates (Libanon, Sudan, Algerien usw.) oder zwischen zwei Staaten (Irak – Iran, Irak – Kuwait, Marokko – Algerien) um die stolze »Wüstenrepublik«, die die gesamten Araber von ihrem Wüstendasein befreien wird!
- Die mit Verachtung zurückgewiesenen Zukunftsvisionen und die Weigerung, die Vergangenheit und deren Heiligtümer in Frage zu stellen.
- Die fehlenden Freiheiten, die nicht existierende Demokratie, die Auslieferung derer, die ihre Meinung kundtun, an die Willkür der Sicherheitsdienste und die Launen der Machthaber, was im besten Fall Überwachung oder Zensur bedeutet, manchmal aber auch Gefängnis.
- Die fast völlig fehlende unabhängige Justiz, also Recht und Gerechtigkeit.
- Die Arbeitslosigkeit, Armut und der Analphabetismus.
- Das Bevölkerungswachstum, das gewaltige Katastrophen ankündigt, eher menschliche als wirtschaftliche; der Traum von Auswanderung und der Chance auf Arbeit, der fast schon einem Traum vom verheißenen Land nahekommt.

Bei alldem ist Palästina und seine Geschichte nicht zu vergessen, geschrieben von den Gegnern des Friedens, die nicht nur gegen alles Arabische, sondern gegen Toleranz, gegenseitige Verbundenheit und für sämtliche Formen des Rassismus kämpfen. Sie bestehen auf der metaphysisch begründeten Auserwählung eines bestimmten Volkes und verschaffen sich alle Privilegien dieser eitlen Wahl.

Die Antwort auf die oben gestellte Frage wird nur dann Sinn haben, wenn all dies von Scharfblick und hoher geistiger Wahrnehmungskraft durchdrungen ist. Vielleicht sollten wir hier, um es zu verdeutlichen, daran erinnern, daß Osama Bin Laden in seinem Krieg gegen die USA nicht auf die menschliche und kulturelle Kraft zurückgegriffen hat, sondern auf die barbarische. Er hat praktisch Tausende von Arabern und Muslimen mit in die Barbarei gezogen und theoretisch vielleicht die Gefühle von Millionen. Genauso machen es die USA und mit ihnen der Westen. Sie bekämpfen Osama Bin Laden nicht mit ihrer menschlichen und kulturellen Kraft, sondern mit ihrer barbarischsten. Sie haben praktisch Millionen von Menschen mit in die Barbarei gerissen und theoretisch die Gefühle von Millionen. Barbarei, das heißt Rache und Vergeltung – eine neue Primitivität. In einem Krieg siegt niemand. Man wird besiegt und unterworfen. Das Wichtige daran aber ist der Sieg, denn er allein vermag die tieferliegenden Gründe für die Barbarei zu vernichten, vorausgesetzt, die sich bekriegenden Seiten wollen wirklich ihre Ausrottung. Bin Laden wird aber nicht von außen beseitigt werden können, gleichgültig, wie vernichtend dieses Äußere auch sein mag. Er wird nur von innen beseitigt werden können, von der Gesellschaft, der er angehört, der Kultur, aus der er hervorgegangen ist, und den Werten, nach denen er erzogen wurde. Deshalb muß der zu führende Krieg ein Krieg sein, der die Ursachen, die zu einem Phänomen wie Osama Bin Laden geführt haben, von innen heraus vernichtet: ein Krieg für Demokratie, Freiheiten, Menschenrechte und für Institutionen, die diese Werte schützen, verteidigen und festigen beziehungsweise wirksamer machen. Nur ein solcher Krieg gegen Unterdrückung, Ungerechtigkeit und gegen die Mißachtung der Menschen- und Völkerrechte, gegen Armut und Unwissenheit, kann Terrorismus, Gewalt und Barbarei vernichten und dazu beitragen, die Würde des Menschen zu bewahren.

Zwischen den Intellektuellen im Westen einerseits und den Intellektuellen des arabisch-islamischen Ostens andererseits bestehen viele enge, fest verwurzelte Bande in der einen gemeinsamen Zivilisation. Abgesehen von ihren unterschiedlichen Krankheitsbildern, verursacht durch die technologische Moderne, sind in dieser Zivilisation viele leuchtende Elemente zu erkennen, die die schöpferischen Kräfte stärken. Einzigartige menschliche und kulturelle Dimensionen sind auch im Islam verwurzelt, der heute unter Anklage steht. Dazu müssen alle Intellektuellen, im Osten wie im Westen, stehen. Ebenso muß die arabisch-islamische Seite sich zu den hohen geistigen Potentialen im Westen bekennen, die hinter den Krankheiten der politischen, militärischen und wirtschaftlichen Institutionen verborgen sind. Auf diese Weise lösen sich die westlichen Denker von der naiven Vereinfachung, den Islam auf seine verschiedenen fundamentalistischen Erscheinungsformen zu reduzieren. Ebenso distanzieren sich die arabischen und muslimischen Intellektuellen von einer Simplifizierung, die hinter den Problemen der Araber und Muslime nur Verschwörung und Verrat sieht.

Wir brauchen eine kulturelle Renaissance für eine menschliche und schöpferische Welt

Wenn der Terrorismus ein universales Problem ist, dann geht dies notwendigerweise alle Völker der Welt an. Dies hat Dlamini Zuma, die Außenministerin Südafrikas, deutlich und weise zum Ausdruck gebracht. Die Worte, deren sich die USA in dem Krieg gegen den Terrorismus jedoch bedienen, machen deutlich, daß sie sich allein davon betroffen fühlen und als einzige wissen, wo, wann und wie man ihn bekämpft. Dies ist eine Haltung, die eine Geringschätzung gegenüber der gesamten Welt zum Ausdruck bringt und das »Bewußtsein« von der Gefahr sowie das Recht des »Kriegs gegen den Terrorismus« für sich allein beansprucht. Darüber hinaus zwingen die Vereinigten Staaten der Welt eine »Vormundschaft« auf, als wäre die Menschheit unmündig oder befände sich noch immer in den Kinderschuhen. Hinzu kommt eine Haltung, die einer vereinfachenden Weltsicht entspringt, so wie es der ehemalige französische Außenminister Hubert Védrine beschrieben hat. Sie ist in zweifacher Hinsicht banalisierend: erstens hinsichtlich der dualistischen Einteilung der Welt in Gut und Böse (oder Teufel und Erbarmer, gemäß dem Dualismus von Khomeini), wobei die USA das Gute vertreten und die »Feinde« das Böse; zweitens hinsichtlich der Betrachtung der Welt unter dem Aspekt des Gegensatzes von »stark« und »schwach«, »fähig« und »unfähig«. Dies impliziert wiederum, daß die Vereinigten Staaten der stärkste und mächtigste Staat sind und deshalb mit der Aufgabe betraut werden müssen, die Welt zu bewachen und sie vor dem Terrorismus zu beschützen.

Diese Sicht entspringt einer Art intellektuellem und politischem Cowboytum, das die Welt physisch und geistig verachtet und letztendlich nur jenen Kräften dient, die Demokratie, Gesetz und Menschenrechte bekämpfen; sie dient nur der Ideologie des Terrorismus. Objektiv betrachtet steht diese Vision auf der Seite des Neofaschismus und damit des Rechtsextremismus in Europa, der ein Teil davon ist.

Darüber hinaus entspringt diese Sichtweise einer Vereinheitlichung, die am Ende nur solche Regime unterstützt, die ihr Volk, seine Rechte und Freiheiten mißachten und es mit roher militärischer Gewalt regieren. Mit dieser Sicht monopolisieren die USA nicht nur das Recht, sondern ebenso das Bewußtsein. Im Vordergrund stehen nur ihre eigenen Interessen, ihre Rechte, ihre Freiheiten und ihre Souveränität. Möglicherweise hat dieser Alleinanspruch Hubert Védrine dazu veranlaßt, diese Sicht der Welt als eine zu beschreiben, »die nicht der unseren entspricht«.

Im amerikanischen politischen Diskurs scheint es keinen Platz für Menschenrechte zu geben, außer in Übereinstimmung mit dem amerikanischen Konzept, das die Menschen in »gute« und »böse« unterteilt. Diese Unterscheidung grenzt die »Bösen« aus dem Kreis der Menschheit aus und beraubt sie ihrer Rechte als Menschen. Deshalb ist es nicht erlaubt, gegen ihre Folterung oder Ermordung zu protestieren – sie sind nichts weiter als Tiere oder seelenlose Wesen. Die Stigmatisierung einiger Länder als »Achse des Bösen« beraubt diese ebenso ihres Rechts auf Souveränität, Unabhängigkeit, Freiheit usw. Man darf sich nicht wundern, wenn sie aufgrund ihrer »bösen Absichten« zur Zielscheibe von Angriff, Zerstörung und Mord werden.

Es handelt sich um eine kolonialistische, vernichtende Logik einer neuen Art. Dabei werden nicht nur internationale Regeln und Abkommen mißachtet, sondern ebenso der Mensch im Kern seiner Existenz. Es ist, als ob der politische Verstand der Amerikaner von einer Krankheit befallen sei, die ihn daran hindert, die Dinge so zu sehen, wie sie sind, nämlich die Welt als eine im wesentlichen heterogene und komplexe menschliche Zusammensetzung und die Vereinigten Staaten nicht als ihr Anführer, sondern als ein Teil eben jener Welt.

Es stellt sich die Frage, ob im amerikanischen politischen Bewußtsein der politische Anschluß Europas unter amerikanischer Federführung eingeleitet wird. Enthält diese Beobachtung Hinweise darauf, daß die USA Europa als eine andere »dritte« Welt betrachten? Ist dies als eine Art frühzeitige Warnung an Europa zu verstehen? Sind die Interessen Sharons hinsichtlich Palästinas die der USA, und müssen die europäischen Staaten sich diese deshalb zu eigen machen? Palästina steht im Zentrum der Meinungsverschiedenheiten zwischen Europäern und den USA: Angesichts der totalen Parteilichkeit seitens der Amerikaner gegenüber der Politik Sharons, der die Häuser der Palästinenser zerstören und sie töten läßt (aus amerikanischer Sicht handelt es sich dabei wohlgemerkt um eine »Verteidigungs«-Politik), tritt Europa mit neutraler Vernunft – bis heute – für die Wahrung der Rechte des palästinensischen Volkes ein. Die Nichtanerkennung dieser Rechte wird das Problem noch verschärfen, Lösungen erschweren und den Boden für »Terrorismus« nähren. Die Welt wird zu einem Leben in einem offenen, endlosen Krieg verdammt sein – sollte es das sein, was Sharon und Bush mit ihrer Politik in ihrem tiefsten Innern beabsichtigen? An dieser Stelle sehen wir, warum die europäische Sicht des israelisch-palästinensischen Kriegs mit der der USA unvereinbar ist und warum folglich dieser Widerspruch auf den Begriff des Friedens ausgedehnt wird, wie der ehemalige französische Verteidigungsminister Alain Richard verdeutlicht hat.

Wenn wir – das heißt die arabischen Völker im besonderen und die Völker der Dritten Welt im allgemeinen – die derzeit herrschenden »zivilisatorischen« Beziehungen zwischen den USA und den europäischen Staaten betrachten, sehen wir eine gewaltige Erschütterung der europäischen Werte im Bereich der Kunst und Kultur unter dem Druck der amerikanischen Invasoren. Der enorme, zunehmende Einfluß – einem reißenden Strom gleich –, den die amerikanische Zivilisation im Bereich von Musik, Tanz, Sportarten, Malerei und Skulptur, Dichtung und Roman, Theater und Kino, Geisteswissenschaften und Philosophie, Lebens- und Denkweisen sowie Sprache ausübt, zeigt uns, wie Europa hinsichtlich seiner Zivilisation, seiner Individualität und seiner Identität den Rückzug angetreten hat.

Auf der anderen Seite müssen wir – die Völker der Dritten Welt – die Überzeugung gewinnen, daß die Bedürfnisse Europas und unsere Bedürfnisse über bloßen Protest gegenüber der amerikanischen politischen Sicht der Welt hinausgehen müssen. Wir brauchen eine neue *nahda* – eine kulturelle Renaissance – für Europa und für die Menschen auf der ganzen Welt: eine *nahda* für eine offene, menschliche, freundliche, großzügige und schöpferische Welt.

(Aus dem Arabischen von Monique Bellan)

14. Kapitel

Die arabische Welt und der Westen nach dem 11. September

Friedemann Büttner und Amr Hamzawy

Als die Zwillingstürme des World Trade Centers in sich zusammenstürzten, waren so viele Menschen gleichzeitig vor den Fernsehschirmen in aller Welt Zeugen des Ereignisses wie bei keiner vergleichbaren Katastrophe zuvor. Kein Verbrechen von solchen Dimensionen hat je derart öffentlich stattgefunden. Nur zu verständlich ist es darum, daß der Schock, den die Ereignisse hinterließen, manchen Journalisten und Politiker dazu verleitete, das auszusprechen, was wahrscheinlich Millionen fühlten: Nichts wird nach dem 11. September mehr so sein wie zuvor.

Auch ein halbes Jahr später sitzt der Schock nicht nur bei den unmittelbar oder als Verwandte und Freunde mittelbar Betroffenen immer noch tief. Vom Glauben an den epochalen Charakter des Ereignisses ist aber kaum mehr geblieben als von jener letzten großen Wende, die der damalige US-Präsident George Bush 1991 beim Beginn der Luftangriffe auf den Irak versprochen hatte, als er das Ziel, Kuwait von irakischer Okkupation zu befreien, mit dem Beginn einer »Neuen Weltordnung« verband. Es läßt sich sogar argumentieren, daß die geringen Bemühungen der USA und ihrer Verbündeten, den großen Worten entsprechende Taten folgen zu lassen, die Bedingungen mitgeschaffen haben, unter denen der 11. September möglich wurde.

197

Auch in den islamisch geprägten Ländern saß die Erschütterung über die Anschläge von New York und Washington tief. Der Kampf gegen den Terrorismus und im Prinzip auch Militäraktionen der USA wurden darum von den Regierungen wie von den meisten Medien zunächst als grundsätzlich legitim anerkannt. Es gab jedoch von Anfang an andere Stimmen, die um so lauter wurden, je mehr alle Anzeichen auf Osama Bin Laden deuteten, Angriffe auf Afghanistan und möglicherweise weitere islamische Länder immer wahrscheinlicher wurden und sich in den USA, aber auch in anderen westlichen Ländern, eine antiislamische Stimmung breitmachte. Die unterschiedlichen Reaktionen darauf spiegelten auf der einen Seite die Angst vor einer grundsätzlichen Konfrontation zwischen dem Islam und dem Westen und auf der anderen die Sehnsucht nach einer solchen Konfrontation. In den dadurch ausgelösten Debatten tauchten dann zunehmend jene älteren Positionen und ideologisch geprägten Erklärungsmuster wieder auf, die sich in den neunziger Jahren im Kontext von Debatten über das Verhältnis zum Westen, über die Globalisierung und über den Islamismus herausgebildet hatten.

Im folgenden Beitrag soll im Anschluß an einige Bemerkungen zu den ersten Reaktionen der arabisch-islamischen Staaten und der Bevölkerungen in diesen Staaten der Schwerpunkt auf die arabischen Debatten über das Verhältnis zum Westen nach dem 11. September gelegt werden.

I. Erste Reaktionen auf die Ereignisse des 11. September

Einhellig wurden unmittelbar nach dem 11. September die Terroranschläge von den Regierungen der arabischen und islamischen Staaten verurteilt; eine Welle der Sympathie und der Solidarität erfaßte auch die Menschen in diesen Ländern – nicht zuletzt, weil schnell bekannt wurde, daß unter den zahllosen Opfern auch viele Araber und Muslime waren. Von Anfang an fühlten viele bei aller Ablehnung des Terrors aber doch eine gewisse

Genugtuung, daß es gerade die USA getroffen hatte: Hatten die USA doch durch ihr Handeln und mehr noch durch ihre Unterlassungen dazu beigetragen, daß bei großen Teilen der Bevölkerung sowie bei Politikern und Intellektuellen ein negatives Amerikabild entstand. Osama Bin Laden brachte es zu einer Zuspitzung dieses Amerikabildes, indem er die Terroranschläge als »gute Tat« bezeichnete, ohne sich zu ihnen zu bekennen.

In früheren Jahren war die Ablehnung der USA und »des Westens« im allgemeinen eher diffus gewesen, weil sich politische, wirtschaftliche und kulturelle Gründe beziehungsweise Befürchtungen vermischten. Demgegenüber war das Bemerkenswerte an der antiamerikanischen Strategie, wie sie auf den ersten Videobändern Bin Ladens nach dem 11. September – aber auch schon in früheren Äußerungen von ihm – formuliert wurde, daß er in seinen Angriffen den übrigen Westen ganz ausklammerte, sich also auf die USA konzentrierte und sich dabei auf politische Argumente beschränkte. Von der Doppelzüngigkeit des Westens, von dessen zerstörerischem Einfluß auf die Muslime und von der dadurch mitverursachten Verderbnis der eigenen Gesellschaft war bei ihm kaum die Rede. Ihm schien es nicht um die Angst vor den wirtschaftlichen und kulturellen Folgen der Globalisierung im allgemeinen zu gehen, sondern konkret um die Folgen US-amerikanischer Politik. Der daraus erklärte Kampf gegen Amerika aber wurde dann allerdings auch religiös begründet.

Vor allem drei Dinge warf Osama Bin Laden den USA vor: Zum ersten ist für ihn die amerikanische Politik zutiefst ungerecht, weil die USA seit einem Jahrzehnt mit aller Härte, einschließlich wiederholter Luftangriffe, versuchen, die vom Sicherheitsrat der Vereinten Nationen verhängten Sanktionen gegen den Irak durchzusetzen, während Israel – gestützt auf die Schutzmacht USA – so ziemlich jede Resolution des Sicherheitsrats und anderer internationaler Organisationen ungestraft mißachtet. Zum zweiten unterhalten die USA in Saudi-Arabien zehn Jahre nach dem Ende des Zweiten Golfkriegs immer noch große Truppenkontingente auf geheiligtem muslimischen Boden, obwohl sie sich nach islamischem Recht an den heiligen Stätten beziehungsweise auf der Arabischen Halbinsel nur als Nothelfer kurzfristig aufhalten dürften. Und zum dritten unterstützen die USA seit langem in den islamisch geprägten Staaten vor allem Regime beziehungsweise autoritäre Herrscher, die korrupt und nach Bin Ladens Islamverständnis ungerecht und »fehlgeleitet« sind. Als prototypisches Beispiel kann der ehemalige ägyptische Präsident Anwar as-Sadat gelten, ein »ungerechter Pharao«, das heißt ein nicht mehr auf dem Boden des Islam stehender Tyrann, der 1981 von der ägyptischen Jihad-Organisation »hingerichtet« wurde – jener Organisation, zu deren Führern damals Ayman az-Zawahiri gehörte, der im Herbst 2001 Bin Ladens Operationschef war. »Fehlgeleitet« in diesem Sinne wäre heute vor allem Saudi-Arabiens Herrscherfamilie, aber auch Sadats Nachfolger Hosni Mubarak.

Bemerkenswert an der Rhetorik Bin Ladens war der Verzicht auf dramatische Gesten und dramatische Formulierungen, wie wir sie von anderen Feinden Amerikas kennen, etwa in der Verdammung der USA als dem »großen Satan« und Israels als dem »kleinen«. In dieser Zurückhaltung unterschied sich Bin Laden auffallend von geifernden Predigern, die die Gläubigen mit flammenden Reden aufzuheizen versuchen. Auch inhaltlich knüpfte Bin Laden kaum an den Islamismus beziehungsweise islamischen Fundamentalismus an, wie er sich in den letzten Jahrzehnten aus dem Reformislam heraus entwickelt hatte. Bin Laden gab sich ganz als einfacher, frommer Muslim, der den Jihad, das »Sich-Abmühen auf dem Wege Gottes«, zuallererst als Kampf um die eigene vorbildliche Lebensführung versteht. Andererseits ist aber wohl gerade in dieser betonten Sanftheit eine Erklärung für sein Charisma zu suchen, das in seinen Anhängern totale Identifizierung und Todesbereitschaft bewirkte.

Führende muslimische Theologen – allen voran Scheich Muhammad Sayid Tantawi, der oberste Rechtsgelehrte (Mufti) an der Al-Azhar-Universität in Kairo, der bedeutendsten islamischen Universität – haben so ziemlich alles, was Bin Laden mit seinem Islamverständnis und seinen Koranauslegungen vertritt, scharf als Behauptungen und Rechtfertigungen zurückgewiesen, die mit dem Islam nicht zu vereinbaren sind. Der für seine konservativen Ansichten bekannte ägyptische Scheich Yusuf al-Qaradawy hat mit einer davon ausgehenden Begründung in einem Rechtsgutachten (*fatwa*), das mehrere bekannte Islamisten mitunterzeichnet haben, Muslimen in den amerikanischen Streitkräften ausdrücklich erlaubt, gegen andere Muslime Krieg zu führen, solange diese, wie Al-Qaida und die Taliban, für Positionen wie die Bin Ladens eintreten. Mit der religiösen und rechtlichen Tradition des Islam sind Osama Bin Ladens Äußerungen also nicht zu vereinbaren.

Dennoch haben Bin Ladens antiamerikanische Tiraden – nicht zuletzt aufgrund ihrer Verbreitung über den unabhängigen Fernsehsender *Al-Jazira* – viel Beachtung im arabischsprachigen Raum gefunden und die ambivalente Haltung vieler Muslime gegenüber den USA verstärkt. In den unterschiedlichen Haltungen der Regierungen wie im Verhalten der Bevölkerungen, insbesondere der »Massen« auf den Straßen, hat sich diese Ambivalenz niedergeschlagen: Gerade einmal zwei Wochen nach den Terroranschlägen in den USA mußte darum Ägyptens Staatspräsident Mubarak in einem Interview mit einem deutschen Fernsehsender gestehen, er habe kein Problem, seine Haltung zur amerikanischen Antiterrorkoalition gegenüber seinen Verbündeten zu vertreten, aber er habe größte Schwierigkeiten, sie seinem Volk zu erklären.

Die unterschiedlichen Positionen der einzelnen Regierungen jenseits der grundsätzlichen Verurteilung des Terrors wurden Anfang Oktober 2001 – kurz nach dem Beginn der amerikanischen und britischen Luftangriffe auf Afghanistan – beim Gipfeltreffen der Organisation der Islamischen Konferenz (OIC) in Doha, der Hauptstadt Katars, deutlich: Einmütig verurteilten die Staats- und Regierungschefs der zweiunddreißig vertretenen Staaten die Terroranschläge vom 11. September. Zugleich nahmen sie die amerikanischen Vergeltungsschläge ohne die von manchen erwartete Verurteilung hin, zeigten sich allerdings besorgt wegen der möglichen Opfer unter der Zivilbevölkerung. Das insoweit einheitliche Bild darf jedoch nicht über gravierende Unterschiede hinwegtäuschen: Während beispielsweise Ägypten, Saudi-Arabien, die kleineren Golfstaaten und Pakistan die USA offen und eindeutig unterstützten, lehnte der Iran auf der Konferenz in übereinstimmenden Stellungnahmen des Obersten Rechtsgelehrten Khamenei wie des liberalen Staatspräsidenten Khatami die amerikanisch-britischen Luftangriffe ebenso eindeutig ab.

Auffallend war die Haltung des Irak, dessen ehemaliger Außenminister Tarik Aziz bereits kurz nach dem 11. September die Terroranschläge verurteilt und den USA sogar Hilfe angeboten hatte – ohne daß dies den deutschen Medien besonders aufgefallen wäre. Auf der OIC-Konferenz spielte der Irak dann keine aktive Rolle, obwohl er im Vorfeld die Luftangriffe wegen der Gefahren für die Zivilbevölkerung abgelehnt hatte. Zwiespältig war die Haltung einiger Staaten – darunter Algerien, der Sudan, Syrien, der Jemen und Indonesien –, die den Konsens zwar mittrugen, aber zugleich erkennen ließen, daß sie ihre Haltung ändern würden beziehungsweise mit Rücksicht auf die Stimmung in ihrer Bevölkerung ändern müßten, wenn die Militäraktionen der USA in Afghanistan länger fortgesetzt oder auf andere Länder ausgedehnt würden. Wenn dies eingetreten wäre, wären einige dieser »Wackelkandidaten« – vor allem Syrien und der Jemen, ebenso wie der Irak – in ein Dilemma geraten: Einerseits wäre der Druck der Straße auf diese Regime gewachsen, andererseits gehören oder gehörten gerade diese Staaten zu den »Schurkenstaaten« (*rogue states*), denen die USA irgendwann einmal Beteiligung an terroristischen Aktivitäten oder zumindest schützende Aufnahme von Terroristen vorgeworfen hatten beziehungsweise aktuell vorwarfen. Würden diese Staaten dem Druck der Straße nachgeben und die Verherrlichung von Bin Ladens Kampf gegen die USA mittragen oder auch nur dulden, müßten diese »Sorgenkinder« (*states of concern*) – wie sie die inzwischen um eine breite Antiterrorkoalition bemühte US-Administration politisch korrekter nannte – noch mehr damit rechnen, zum Ziel amerikanischer Militärmaßnahmen zu werden.

Besonders schwierig könnte die Situation für die Staaten werden, die sich gegen starke Stimmungen im Lande eindeutig zu den USA bekannt haben. Dies gilt insbesondere für Pakistan, wo von Anhängern Bin Ladens kontinuierlich antiamerikanische Demonstrationen organisiert wurden, aber auch für Ägypten, wo die gegen den Afghanistankrieg demonstrierenden Studenten allerdings den Campus der Universität Kairo nicht verließen, um die für ihre Brutalität berüchtigten Sicherheitskräfte nicht zu provozieren. Andererseits waren die größeren Demonstrationen etwa in Pakistan, Indonesien und Ägypten oder auch die von vielen Fernsehsendern bei uns mehrmals gesendeten Freudentänze einer kleinen Gruppe von Palästinensern kaum vergleichbar mit dem Ausmaß an öffentlich demonstrierter Wut über die Militäraktionen der Amerikaner und der von ihnen geführten Allianz im zweiten Golfkrieg 1991.

Solange die USA sich weigern, für jeden nachvollziehbar die »unwiderlegbaren« Beweise für die Verantwortung Bin Ladens zu veröffentlichen, und solange sie offen lassen, welcher Staat – also etwa der Irak – beziehungsweise im Falle Somalias, wo der Staat zerfallen ist, welches Land das nächste Ziel im langen Kampf gegen den Terror sein wird, bleibt die Gefahr, daß sich die USA und ihre westlichen Verbündeten in der arabisch-islamischen Welt isolieren könnten. Diese Gefahr intensivierte sich, als Präsident George W. Bush seine Partner mit der Rede von einer »Achse des Bösen« konfrontierte, die Nordkorea, den Irak und den Iran auf eine Stufe stellte – im Falle Irans ohne jegliches Gespür für die Veränderungen, die sich dort seit der Geiselnahme der amerikanischen Botschaftsangehörigen vor zwanzig Jahren vollzogen haben. Die ersten Wochen nach Beginn der amerikanischen und britischen Luftangriffe in Afghanistan waren darum von der Sorge getragen, daß die Zurückhaltung der Menschen sich ändern könnte, wenn die Angriffe etwa so lange anhalten würden wie 1991 gegen den Irak mit seinem unvergleichlich größeren Militärpotential.

Am Ende war es ein enger Freund der Vereinigten Staaten, der die amerikanische Strategie durcheinanderbrachte, indem er dafür sorgte, daß nach dem Zusammenbruch von Bin Ladens Al-Qaida und den Taliban ein anderer Konflikt die Schlagzeilen beherrschte: Der über Monate vergebliche Versuch des israelischen Ministerpräsidenten Ariel Sharon, den palästinensischen Widerstand mit ständig eskalierender Gewalt zu unterdrücken, und die anhaltende Weigerung von Palästinenserpräsident Yassir Arafat, die zu Selbstmordattentaten bereiten Kämpfer der verschiedenen palästinensischen Gruppen ernsthaft zurückzuhalten, lenkten mit den Terrorvorwürfen beider Seiten gegen das Handeln der jeweils anderen Seite von den Folgen des 11. September und von den dafür Verantwortlichen ab.

II. Die arabische Debatte über das Verhältnis zum Westen

Der einhelligen Verurteilung der Terroranschläge und einer Welle der Solidarität mit den USA folgten schon bald die Suche nach den Gründen der islamistischen Gewalt sowie eine Auseinandersetzung mit der Bedrohung einiger arabischer und islamischer Länder im Rahmen der Antiterrorkampagne. In zahlreichen Pressepublikationen griffen arabische Intellektuelle zunehmend auf ältere Positionen und ideologisch geprägte Erklärungsmuster zurück, die sich in den neunziger Jahren im Kontext der Debatten über das Verhältnis zum Westen, über die Globalisierung und über den Islamismus herausgebildet hatten.

Die Dramatik der Situation im Spätherbst 2001 bedingte dabei eine Vereinfachung und eine Zuspitzung derjenigen Positionen, die die Globalisierung vor allem als neue Form westlicher Hegemonie deuten. Die islamistische Gewalt wird zwar nicht direkt gerechtfertigt; sie wird jedoch entweder als lokaler Ausdruck des vermeintlich vom Westen beschworenen globalen Kampfes der Kulturen beziehungsweise der Weltreligionen oder als ein Endprodukt westlicher Ungerechtigkeiten gegenüber der arabisch-islamischen Welt verharmlost. Nur in wenigen Artikeln sind kritische Stimmen zu vernehmen, die die

Gleichstellung von Globalisierung und Verwestlichung hinterfragen und in der islamistischen Gewalt eine weltweite Gefahr sehen.

Ehe die Reaktionen arabischer Intellektueller auf den 11. September anhand ihrer journalistischen Beiträge in den Monaten nach den Ereignissen analysiert werden, sollen – um dies in einen breiteren Rahmen einzubetten – kurz die Gesamtstruktur und der intellektuelle Bezugsrahmen der arabischen Debatten der neunziger Jahre vorgestellt werden.

Islamismus und Globalisierung:
Grenzen des zeitgenössischen arabischen Denkens

In einem Vortrag im Berliner Zentrum Moderner Orient faßte der ägyptische Politikwissenschaftler Ahmed Abdallah im Sommer 1999 die Positionen arabischer Intellektueller bezüglich der Globalisierung mit drei Worten zusammen: »Dagegen, dafür und dazwischen.« Weitere Konkretisierungen lehnte er mit der Begründung ab, daß sich die Debatte noch in ihren Anfängen befinde. Der an der Amerikanischen Universität in Kairo lehrende syrische Politikwissenschaftler Walid Kazziha vertrat ein halbes Jahr zuvor nahezu die gleiche Auffassung, brachte jedoch die ablehnende Haltung gegenüber den kulturellen Folgen der Globalisierung ausschließlich mit den islamistischen Intellektuellen in Verbindung.

Seit 1998 wird in arabischsprachigen Veröffentlichungen über die Globalisierung (*al-aulama*) geschrieben. Wie bei den intellektuellen Kontroversen der neunziger Jahre über die Zivilgesellschaft und den Reformislam spielte ein vom Beiruter *Center for Arab Unity Studies* herausgegebener Sammelband mit dem Titel *Die Araber und die Globalisierung* eine entscheidende Rolle in der arabischen Debatte (Khouli 1998). Auf diese Veröffentlichung folgten zahlreiche Monographien, Sammelbände und wissenschaftliche Aufsätze, die sich mit den technologischen, ökonomischen, sozialen, politischen und kulturellen Prozessen der Globalisierung und deren spezifischen Erscheinungsformen im arabischen Raum befaßten.

Dem waren einige journalistische Beiträge von Intellektuellen in diversen arabischen Tages- und Wochenzeitungen vorausgegangen, in denen der Begriff Globalisierung kritisch beleuchtet wurde. Beispielsweise schrieb der in Paris arbeitende libanesische Soziologe Burhan Ghalyun bereits am 20. März 1997 in *Al-Ahram*: »Die Globalisierung als solche ist nicht wegzudenken. Vielmehr stellt sie einen objektiven historischen Prozeß dar. Wir als Bürger der arabischen Welt können nur versuchen, jenen Prozeß zu beeinflussen und zu kontrollieren, um nicht zu seinen Opfern zu werden. Die Auffassung, die Globalisierung sei nicht mehr als eine weltweite Katastrophe für unsere Völker, ist sehr problematisch. Denn die Globalisierung birgt in sich großartige historische Möglichkeiten. Was wir Araber daraus machen, hängt vorwiegend davon ab, wie wir selbst damit umgehen. Wird es uns gelingen, die nötigen rationalen Grundlagen zu schaffen, anhand derer wir konstruktiv mit dem Prozeß der Globalisierung umgehen können? Im positiven Fall könnte dies uns helfen, unsere gegenwärtige Stellung in der Weltordnung als schwache und marginale Länder zu ändern« (Ghalyun 1997).

Der an der Universität Kairo lehrende Kulturwissenschaftler Jabir Asfur schrieb 1998 in einem Beitrag über *Globalisierung und kulturelle Identität*: »Tatsache ist, daß die Globalisierung weltweit eine gelebte neue Realität auf vielen Ebenen schafft, wie zum Beispiel im Zusammenhang mit dem Verhältnis zwischen dem Fortgeschrittenen und dem Rückständigen, den Produzenten und den Konsumenten von Kulturgütern, den reichen und den armen Nationen unserer Erde. Zusätzlich bewirkt die Globalisierung einen radikalen Wandel hinsichtlich der Funktionalität der traditionellen Grenzen zwischen den Völkern, vor allem in den Bereichen des Kapitaltransfers, der modernen Technologie, der neuen Kommunikationsmedien, des Austauschs von Gütern und der Mobilität der Arbeitskraft transnationaler Unternehmen. Das alles zieht in den lokalen Kulturen der betroffenen Länder einen Prozeß des Umdenkens nach sich, welcher voller Widersprüche und Gegensätze verläuft« (Asfur 1998).

Bereits zu Beginn der neunziger Jahre fand eine Diskussion über Phänomene und Prozesse statt, die damals mit Termini wie *al-alamiya* (Universalismus), *al-kaukaba* (Planetarisierung), *al-kaukabiya* (Planetarismus) oder *al-kuniya* (Globalismus) bezeichnet wurden und dann ab 1998 vom Begriff Globalisierung (*al-aulama*) verdrängt wurden. Erwähnenswert ist die Vielfalt der Themen: die Informationsrevolution, die universale Verbreitung westlicher Gesellschafts- und Politikmodelle, die Amerikanisierung des Alltags, die Verwestlichung arabischer Eliten, die Gefährdung lokaler Identitäten, die Krise des Nationalstaats, die Liberalisierung des internationalen Handels, die Rolle transnationaler Unternehmen und dergleichen.

Unmittelbar nach dem zweiten Golfkrieg war der Begriff »Neue Weltordnung« der am meisten benutzte Ausdruck, um die weltweiten Transformationen seit dem Zerfall des Ostblocks zu beschreiben. Die arabischen Staaten erlebten die angebliche neue Weltordnung im Zuge der militärischen Aktion der USA und ihrer Partner gegen einen »abtrünnigen« arabischen Staat. So war es vorprogrammiert, daß die Mehrheit der arabischen Autoren in erster Linie die Gefahr einer amerikanischen Hegemonie in den Mittelpunkt der Diskussion stellten. Arabische Intellektuelle sahen die arabische Welt als Opfer globaler Veränderungen unter westlicher und israelischer Regie und zogen daraus voreilige, häufig politisch motivierte Schlüsse über die internationalen Entwicklungen (Abdallah 1995, S. 25-26).

Noch immer findet sich in zeitgenössischen Beiträgen zur Globalisierung diese negative Einschätzung wieder, wie zum Beispiel in dem 1999 veröffentlichten Buch des Kairoer Philosophieprofessors Mustafa an-Naschar *Wider die Globalisierung* (Naschar 1999). Doch die Wende zum Begriff *aulama* verschob die Debatte deutlich von ideologisch verengten, polemischen Abhandlungen zu einer nüchternen Einbeziehung ökonomischer und kultureller Mechanismen in die Analyse der Globalisierungsprozesse. Nur in gesamtarabischen Krisenzeiten, wie nach dem Ausbruch der zweiten Intifada in Palästina im Herbst 2000 oder nach den Terroranschlägen des 11. September, erhält die Ideologisierung des Begriffs neue Nahrung.

Die jüngeren Beiträge zur *aulama* decken eine breite Themenpalette ab. Die Mehrheit der arabischen Intellektuellen beschäftigt sich dabei mit den kulturellen Herausforderungen der Globalisierung und deren Auswirkungen auf lokale Identitäten. Selbst in ökonomischen Abhandlungen erlangt der Kulturbegriff einen bedeutenden Stellenwert. So prangert der an der Amerikanischen Universität in Kairo lehrende Wirtschaftswissenschaftler Galal Amin in seinen Werken den schädlichen Einfluß der Globalisierung auf das arabische Kulturerbe und die arabische Hochsprache an. Daraus leitet er ein Verständnis von kultureller Globalisierung ab, das auf einer Identifizierung mit Verwestlichung und Amerikanisierung beruht. Zwar erkennt Amin die Wichtigkeit universalisierter Normen und Diskurse in den Bereichen einer demokratischen Gestaltung der Politiksphäre und der Achtung der Menschenrechte an, insistiert aber darauf, daß sie nur wirksam werden, wenn sie innerhalb lokaler Kontexte authentisch übertragen und artikuliert werden (Amin 1999, S. 115-122).

Die arabische Globalisierungsdebatte dreht sich vor allem um die Auseinandersetzung mit dem Verhältnis von Globalisierung und Kultur sowie lokaler Identität. Hierbei lassen sich zwei Ansätze unterscheiden: ein kulturpessimistischer und ein weltoffener. Vertreter des ersten Ansatzes gehören, entgegen der eingangs zitierten Behauptung von Kazziha, sowohl der islamistischen als auch der säkularen Denkströmung an. Sie setzen Globalisierung überwiegend mit einer Hegemonialstellung westlicher Normen und Lebensformen gleich und deuten sie als einen erneuten Versuch, weltweite kulturelle Homogenität nach westlichem Vorbild durchzusetzen. In diesem Gedankenhorizont wird die Globalisierung ausschließlich als Bedrohung des »Eigenen«, des »Authentischen« eingestuft. Aus den drei Begriffen Globalisierung, Kultur und Identität konstruieren die Kulturpessimisten ein einfaches, negatives Kontinuum entlang der Formel »Globalisierung gleich Bedrohung der lokalen Kultur gleich Verlust der authentischen Identität«.

Ferner bestreiten sie die Universalität der westlichen Moderne und heben die eigene Historizität und soziokulturelle Besonderheit arabisch-islamischer Gesellschaften hervor. Daraus leiten sie die Notwendigkeit eines authentischen Denkens ab. Der Traditionsbegriff erlangt in diesem Zusammenhang einen wichtigen Stellenwert. Tradition wird als ein von Generation zu Generation überliefertes kulturelles Korpus von einheitlichem Ideengehalt verstanden, welches seine Legitimation durch eine zeitliche Tiefe erhält. Letztere wiederum ermöglicht dem jeweiligen Traditionskollektiv, in diesem Fall der arabischen Welt oder der islamischen *umma*, eine kontinuierliche Identität über räumliche und zeitliche Veränderungen hinweg zu bewahren (Hanafi 2000, S. 44-64).

Weltoffene arabische Intellektuelle sehen hingegen in der Intensivierung des Kulturaustauschs und in der zunehmenden Mobilität die Chance, lokale Identitäten unter den Vorzeichen der Toleranz und der Gleichheit neu zu bewerten. Den westlichen Einfluß nehmen sie als eine positive Herausforderung wahr, die die Produzenten der lokalen Kultur im arabischen Raum zwingt, ihre Diskurse und Symboliken zu erneuern. Abgelehnt wird dagegen eine ausschließlich rückwärtsgewandte Definition, die die eigene Identität auf die Wurzeln in einem idealisierten, religiös bestimmten Zeitalter reduziert. Folgerichtig thematisieren sie die historische Dynamik des Verhältnisses zur westlichen Kultur, die seit dem Mittelalter mit der arabisch-islamischen in einem ununterbrochenen Dialog steht.

Die Anerkennung des globalen Charakters der Moderne und die Hervorhebung der Brüche in der arabischen Geschichte bilden die geistigen Grundlagen dieser Position. Die Moderne wird als eine weltweite, allumfassende Realität verstanden, welche die Kontinuität des islamisch geprägten Mittelalters in den arabischen Ländern unterbrochen beziehungsweise beendet hat. Jegliche Form von intellektueller oder politischer Praxis, welche die Faktizität der globalen Moderne und der damit verbundenen Säkularisierung negiert, wird als eine pathologische, ahistorische Ablehnung der Gegenwart bezeichnet. Der radikalen Trennung zwischen dem Eigenen, Lokalen, Authentischen, Islamischen einerseits und dem Fremden, Globalen, Importierten, Christlichen, Säkularen andererseits stellen weltoffene arabische Denker die lange Geschichte des Dialogs mit anderen Kulturräumen entgegen, die aus ihrer Sicht nicht auf die Dimension der Bedrohung beziehungsweise Eroberung beschränkt werden darf (Harb 2000, S. 96-115).

Obwohl sich beide Ansätze in den aktuellen Beiträgen arabischer Intellektueller zum 11. September finden lassen, dominiert in den meisten Momentaufnahmen die Wahrnehmung der Globalisierung als einer westlichen Bedrohung der arabischen Welt beziehungsweise des Islam. Die sich daraus ergebenden Konsequenzen sind fatal.

Osama Bin Laden

Zwischen dem 4. und dem 9. Oktober 2001, wenige Tage vor dem Beginn der amerikanisch-britischen Vergeltungsschläge gegen die Taliban in Afghanistan, veröffentlichte die arabische Tageszeitung *Al-Hayat* eine Artikelserie über Osama Bin Laden und sein Netzwerk Al-Qaida. Der Verfasser, der in London lebende libanesische Journalist Kamil at-Tawil, befaßt sich darin sowohl mit den Anfängen Bin Ladens als Kämpfer gegen die sowjetische Armee in den achtziger Jahren als auch mit der Entwicklung seines radikalen Netzwerks in den neunziger Jahren. Basierend auf Interviews und Aussagen von ehemaligen Mitgliedern der Al-Qaida analysiert Tawil die Stationen Bin Ladens. Er beginnt mit seinen Studienjahren im Beirut der siebziger Jahre, und berichtet im folgenden über seine ersten Besuche in Afghanistan zwischen 1982 und 1984 bis hin zur Gründung seiner ersten Organisation *Bait al-Ansar* und den militärischen Operationen der arabischen Freiwilligen, der Mudschahedin, in der zweiten Hälfte der achtziger Jahre. Besonders ausführlich behandelt die Artikelserie die Etablierung des Netzwerks Al-Qaida in Afghanistan im Jahre 1988 und die Intensivierung seiner Kontakte zu anderen radikalen islamistischen Gruppierungen weltweit.

Den Grund für die zeitweilige Rückkehr Bin Ladens nach Saudi-Arabien 1989 sieht Tawil in der Zielsetzung der Al-Qaida verankert, den Jihad in den arabischen Raum zu tragen. Er erläutert zudem, daß die Organisation darunter zunächst weniger einen Heiligen Krieg gegen den westlichen Einfluß in der arabischen Welt verstand als vielmehr einen Kampf gegen die »ungerechten arabischen Herrscher«. Der Beginn der antiamerikanischen Haltung hinge mit dem Ausbruch des zweiten Golfkriegs zusammen. Das Scheitern der Versuche Bin Ladens, von Saudi-Arabien aus ein in den Golfstaaten operierendes islamistisches Netzwerk aufzubauen, führte letztendlich zur zweiten Auswanderung: 1990 zuerst nach Afghanistan, dann zwischen 1991 und 1996 in den Sudan und schließlich wieder nach Afghanistan, wo sich Bin Laden zur Zeit der Anschläge vom 11. September immer noch aufhielt.

Die zunehmende Radikalisierung der Al-Qaida und die Artikulierung einer neuen Zielsetzung, nämlich die Vertreibung von ungläubigen US-Soldaten aus dem Hedschas, dem heiligen Land der Muslime, und die Befreiung von Jerusalem, stellt Tawil in den Kontext der Machtübernahme innerhalb des Netzwerks durch ehemalige Führungsmitglieder der ägyptischen Jihad-Gruppe – Ayman az-Zawahiri und Abu Hifs al-Misri. Hierbei belegt er den Richtungswandel mit der Ausrufung des Heiligen Kriegs gegen die USA 1996 und mit dem von Bin Laden verfaßten Rechtsgutachten (*fatwa*) zur Legitimierung von Selbstmordattentaten gegen amerikanische und israelische Militärs und Zivilisten 1998 (Tawil 2001).

Die bemerkenswerte Sachlichkeit der Artikelserie in *Al-Hayat*, die ihresgleichen in der westlichen Berichterstattung sucht, ist allerdings nicht repräsentativ für die Behandlung der Anschläge vom 11. September und ihrer Hintergründe in der arabischen Presse. Vielmehr sieht sich die Leserschaft arabischer Tages- und Wochenzeitungen zum einen mit ideologisch gefärbten Artikeln über den Islamismus und das Verhältnis der arabischen Welt zum Westen konfrontiert, wobei oft die amerikanische Unterstützung für radikale islamistische Gruppierungen in den achtziger und neunziger Jahren als Aufhänger dient und die Auswirkungen der westlichen Politik gegenüber der arabisch-islamischen Welt kritisch dargestellt werden. Zum anderen erscheinen abstrakte Abhandlungen über die friedfertige Natur des Islam und die als feindselig empfundenen Thesen von Samuel P. Huntington zur Rolle des Islam im von ihm prognostizierten Kampf der Kulturen.

Selten werden in den überwiegend von anerkannten arabischen Intellektuellen geschriebenen Beiträgen die internen und regionalen Faktoren des Aufstiegs islamistischer Ideologien und Bewegungen thematisiert. Die Häufigkeit und sichtliche Kontextlosigkeit der Kritik am Westen legen die Vermutung nahe, daß dahinter trotz der prinzipiellen Verurteilung der Anschläge vom 11. September eine indirekte Rechtfertigung stecken könnte im Sinne eines »Es geschieht ihnen recht«. Die unterstellte »klammheimliche Freude« über die Anschläge und die vermeintliche Beliebtheit Bin Ladens bei den arabischen Massen werden vor allem dadurch erklärt, daß er entscheidende Probleme wie den Nahostkonflikt anspreche und es gewagt habe, den »arroganten« Amerikanern eine Lektion zu erteilen. Die Figur Bin Ladens, wie sie in der arabischen Presse entworfen wird, erinnert in vielen Zügen an die von Saddam Hussein während des zweiten Golfkriegs. Obwohl die Unterschiede zwischen den beiden in Diskurs und Zielsetzung diskutiert werden, umgibt die Berichterstattung Osama Bin Laden häufig mit der Aura eines lokalen Helden und stellt ihn in eine Reihe mit dem früheren ägyptischen Präsidenten Gamal Abdel Nasser und mit Saddam Hussein als einem Vorkämpfer für die gerechte Sache der Araber.

Die Angst vor den kulturellen Folgen der Globalisierung und vor dem vermeintlichen Verlust der eigenen Identität wird deshalb in den Mittelpunkt gerückt, damit so der Heilige Krieg gegen den imperialistischen Westen als die einzige Möglichkeit heraufbeschworen werden kann, die bedrohte arabisch-islamische Welt vor den alten und neuen christlichen Kolonialherren zu retten. Dadurch wird die islamistische Gewalt mittelbar legitimiert, diesmal jedoch durch ihre Einbettung in einen authentisierten Identitätskontext. Die Tatsache, daß sowohl säkulare als auch islamistische Intellektuelle an diesem einheitlichen Diskurs teilnehmen, läßt Zweifel an der Rationalität der Koordinatensysteme des zeitgenössischen arabischen Denkens aufkommen.

Die Verschwörung

Ergänzt werden diese Argumentationslinien durch eine dritte Komponente: die Verschwörungstheorien. So gehen manche Intellektuelle davon aus, die amerikanischen Geheimdienste hätten die Anschläge vom 11. September aus einer rassistisch-imperialistischen Haltung gegenüber der arabisch-islamischen Welt geplant und selbst verübt, um ihren längst vorbereiteten Generalangriff auf die islamische Gemeinschaft, die *umma*, zu rechtfertigen.

Vertreter einer anderen Verschwörungsvariante behaupten, der christliche Okzident habe aus religiösem Haß mit den Anschlägen beabsichtigt, die im Westen lebenden Muslime loszuwerden, indem man ihnen Fanatismus vorwirft. Durch Hetzkampagnen gegen den Islam in Teilen der westlichen Medien und durch erste juristische Schritte gegen in Europa tätige islamische Verbände, wie zum Beispiel die – allerdings bereits lange vor dem 11. September geplante – Streichung des Religionsprivilegs im deutschen Vereinsgesetz, sahen sich die Vertreter dieser These von einer großangelegten Verschwörung gegen den Islam bestätigt. Besonders die Verwendung des symbolisch aufgeladenen Begriffs »Kreuzzug« durch den amerikanischen Präsidenten war für sie nicht nur ein eindeutiger Beleg für den westlichen Haß auf den Islam, sondern stellte die aktuelle amerikanische Politik in die Kontinuität der vielen negativen historischen Erfahrungen zwischen Orient und Okzident.

Eine dritte Variante der Verschwörungstheorien geht davon aus, der vom internationalen Zionismus und dem Staat Israel dominierte Westen habe unter Anleitung des israelischen Geheimdienstes Mossad die Terroranschläge vorbereitet und durchgeführt, um den brutalen Umgang der israelischen Regierung mit den Palästinensern in den besetzten Gebieten zu rechtfertigen. Das in diesem Zusammenhang zirkulierende Gerücht, jüdische Angestellte im World Trade Center seien am 11. September nicht an ihren Arbeitsplätzen erschienen, wird dabei bereitwillig als Tatsache angenommen. Diese letzte Variante der Verschwörungstheorien stellt eine Rückkehr zu einem der dominanten Erklärungsmuster in der arabischen Öffentlichkeit dar: »Die Juden sind schuld.« Ob es die allmähliche Verbreitung der Aids-Infektion im arabischen Raum ist (infizierte Agentinnen des israelischen Geheimdienstes, die bewußt arabische Männer verführen, um sie anzustecken) oder auch die schlechte Baumwollernte in Ägypten (manipulierte Samen, die von der israelischen Regierung geschenkt wurden) – dahinter steckt stets Israel.

Ein Paradebeispiel dafür, wie sich die Theorien einer angeblichen Verschwörung gegen die arabische Welt und den Islam wechselseitig ausschließen, ist ein Artikel des renommierten ägyptischen Islamisten und Fernsehpredigers Mustafa Mahmud, der am 3. November 2001 in der Tageszeitung *Al-Ahram* erschien. Mahmud beginnt mit einer humanistisch akzentuierten Fundamentalkritik an den amerikanischen Vergeltungsschlägen, bei denen viele Zivilisten ums Leben gekommen sind, und wirft im gleichen Atemzug dem Westen vor, diesen Kreuzzug gegen den Islam seit Jahrzehnten geplant zu haben. Die Terroranschläge vom 11. September, die aus seiner Sicht von amerikanischen Gruppen verübt wurden, dienten lediglich als Rechtfertigung für den Angriff auf eine unschuldige Nation, die islamische *umma*. In der zunehmenden Brutalität der israelischen Armee gegenüber den Palästinensern sieht Mahmud nicht nur eine Instrumentalisierung der jetzigen antiislamischen Stimmung seitens des jüdischen Staates, sondern gleichzeitig den Beweis dafür, daß Israel an der Planung der Anschläge beteiligt gewesen sein muß.

»Es ist Selbstmord; es ist das Ende der amerikanischen Medien, des amerikanischen Militärs, der amerikanischen Politik. Es ist der Anfang vom Ende einer dummen Zivilisation, die in der Dunkelheit ihrer materialistischen Interessen herumirrt. (…) Und Israel, jenes Instrument anderer Mächte, nutzt das jetzige Chaos aus und tötet die Palästinenser massenweise. Israel zerstört ihre Häuser und beschlagnahmt ihr Eigentum. Israel lehnt den Rückzug aus den besetzten Gebieten ab und kann es sich leisten, der Weltmacht USA ›Nein!‹ zu sagen. (…) Die Geschichte ist aber noch nicht zu Ende. Allmählich wird die Wahrheit sichtbar. Es waren Israel und einige amerikanische Gruppen, welche die Anschläge vom 11. September geplant und verübt haben. Die Milzbrandfälle in den USA stellen einen weiteren Beleg dafür dar« (Mahmud 2001).

Der Krieg in Afghanistan wird anhand eines apokalyptischen Diktums zum endgültigen Kampf zwischen dem wahren Islam und der materialistischen Zivilisation des Westens stilisiert. Die Hervorhebung der islamischen Wir-Gemeinschaft, das Märtyrertum und die Verheißung eines sicheren Niedergangs des Westens bergen daher nicht nur eine im radikal-islamistischen Denken häufig anzutreffende Vorstellung vom Ende der Geschichte an sich. Vielmehr vollenden sie den letzten Kreis einer islamistischen Variante der messianischen Heilsgeschichte, an deren Ende das Gute und sein Held – in diesem Fall Bin Laden – siegen werden.

III. Kritische Denkanstöße

Neben solchen weit hergeholt erscheinenden Verschwörungsängsten gibt es aber auch gelassenere Stimmen, die in einer kleineren Zahl von kritischen Artikeln Denkanstöße formulieren;

diese könnten – obwohl sie nicht unbedingt neu sind – aufgrund ihrer medialen Verbreitung im Kontext der Folgen des 11. September von großer Bedeutung für die Entwicklung des arabischen Denkens und der arabischen Öffentlichkeit in den kommenden Jahren sein.

So verbinden der libanesische Philosophieprofessor Ridwan as-Sayid und der ägyptische Denker Abdel Wahhab al-Missiri in ihren Pressebeiträgen die Verteidigung des »wahren Islam« mit einer Kritik am radikalen Islamismus und dessen Politik- und Gesellschaftsvorstellungen. Dabei verurteilen sie die Reduzierung der islamischen Politik auf die Anwendung des islamischen Gesetzes, der Scharia, und auf die Bereitschaft, auch unter Gewaltanwendung gegenwärtige arabische Gesellschaften nach einem bestimmten Islamverständnis zu ordnen; ebenso lehnen sie strikt die Position derjenigen ab, die die Terroranschläge mit Verweis auf die amerikanische Nahostpolitik der letzten Jahrzehnte oder auf die Bedrohung der islamischen *umma* durch die westlich dominierte Globalisierung billigen (Sayid 2001; Missiri 2001).

Diese Position mag im Grunde marginal sein; sie erhält jedoch eine besondere Bedeutung dadurch, daß Sayid und Missiri als prominente Vertreter des moderaten Islamismus gelten, denen in der Vergangenheit häufig vorgeworfen wurde, die Gewaltanwendung von radikalen religiösen Gruppierungen im Stillen gutzuheißen. Ihre klare Abkehr vom gewaltbereiten Islamismus verdeutlicht den Wandel, der sich in den späten neunziger Jahren innerhalb des religiösen Spektrums im arabischen Raum hin zur Wiederentdeckung der moralischen und friedlichen Wurzeln des Islamismus anbahnte, wie sie vom Gründer der ägyptischen Muslimbruderschaft Hassan al-Banna in den zwanziger und dreißiger Jahren artikuliert wurden. Diese Abkehr stellt zugleich, wie der tunesische Denker Abu Yarib al-Marzuqi betont, eine Abwendung vom politisierten Gedankensystem des ägyptischen Vordenkers des radikalen Islamismus, Sayid Qutb (1906-1966), dar und könnte eine Entpolitisierung der Religion nach sich ziehen (Marzuqi 2001).

Eine Verlagerung des Schwerpunkts in der arabischen Debatte über den 11. September hin zur Thematisierung von internen und regionalen Entstehungsgründen des Islamismus findet sich bei einigen säkularen Denkern und Schriftstellern. Die libanesischen Soziologen Waddah Scharara und Salim Nasar betonen, daß der Aufstieg des radikalen Islamismus seinen Nährboden weniger im Antiamerikanismus als in den gesellschaftlichen Krisen in der arabischen Welt und in der Instrumentalisierung der Religion seitens der herrschenden Eliten habe, die von ihrem Versagen und der fehlenden Legitimität ihrer politischen Systeme abzulenken versuchten. Daher sollten die Araber, ehe sie einseitig vom Westen verlangen, sich mit den Auswirkungen seiner Politik und seiner Globalisierung auseinanderzusetzen, ebenfalls über die nicht vorhandenen demokratischen Grundlagen ihrer Gesellschaftsordnung nachdenken.

In diesen Kontext ordnet Scharara auch das Phänomen der Verschwörungstheorien ein, wenn er erklärt, daß diese nur in einer totalitär strukturierten Öffentlichkeit Verbreitung finden könnten. Er verurteilt im Einklang mit Nasar die Heranziehung des israelisch-arabischen Konflikts als ganzheitliches Erklärungsmuster für die religiös motivierte Gewalt gegen den Westen. Bin Laden gehe es weniger um die Befreiung Palästinas als um die Errichtung eines rückwärtsgewandten islamischen Gottesstaats im arabischen Raum, in dessen Rahmen universal gültige Prinzipien, wie die Achtung der Menschenrechte, keinerlei Bedeutung hätten (Scharara 2001; Nasar 2001).

Auch die Figur Osama Bin Ladens und seine Funktion in der arabischen Öffentlichkeit werden einer kritischen Betrachtung unterzogen. Der am *Ahram Center for Political and Strategic Studies* in Kairo arbeitende Politikwissenschaftler Wahid Abdel Majid sieht die mediale Darstellung Bin Ladens in der Welt der modernen arabischen Heldensagen verankert (Abdel Majid 2001). In der Tat erweckt seine Präsentation als einsamer Kämpfer gegen die »arroganten Mächte« der Welt deutliche Analogien zur Figur von Adham al-Scharqawi, einem legendären Kämpfer gegen die britische Besatzung in Ägypten Anfang des 20. Jahrhunderts.

Zum anderen fühlen sich viele Muslime angesichts der Tatsache, daß sich Bin Laden an einem entlegenen Ort in den afghanischen Bergen aufgehalten haben muß, an das Versteck des Propheten Muhammad in der Höhle von Hira während seiner Auswanderung von Mekka nach Medina im Jahre 622 erinnert – eine Komponente, die in der Selbstdarstellung der Al-Qaida, vor allem in der ersten Videobotschaft Bin Ladens unmittelbar nach dem Beginn der Vergeltungsschläge, deutlich aufgegriffen wurde. Die Hervorhebung seiner schönen Sprache und seiner Sachlichkeit erfüllen aus der Sicht Abdel Majids die doppelte Funktion, Bin Laden zum alleinigen Vertreter selbstbewußter Muslime zu erheben und den fehlenden Realismus seiner politischen Ziele zu verklären.

Jedoch findet unter den kritischen Intellektuellen keine wirkliche Auseinandersetzung mit den kulturellen Folgen der Globalisierung statt. Vielmehr begnügen sie sich entweder mit Appellen an den Westen, er möge die wirtschaftliche Globalisierung gerechter gestalten und die weltweite Armutsbekämpfung stärker fördern, oder mit der Feststellung, der radikale Islamismus sei zu einem globalen Phänomen geworden (Saghiya 2001). Die Vermutung liegt nahe, daß dahinter eine latente Unsicherheit steht. Denn es wäre in der Tat abwegig, zeitgleich mit den amerikanisch-britischen Vergeltungsschlägen von positiven Synergieeffekten im Verhältnis zwischen der globalen westlichen und der lokalen arabisch-islamischen Kultur zu sprechen.

IV. Fazit

Obwohl die kritischen Abhandlungen weiterhin keine zentrale Stellung im intellektuellen Umgang mit dem 11. September und den Folgeereignissen einnehmen, bergen sie ein großes Potential in sich. Dabei stellt die mögliche intellektuelle Isolation des radikalen Islamismus genauso einen wichtigen Eckpfeiler dar wie die öffentliche Diskussion über die normativen Grundlagen moderner Gesellschaften im arabischen Raum.

Zuweilen hat man den Eindruck, daß der 11. September einige arabische Denker und Schriftsteller wachgerüttelt hat, und vielleicht wird er eine neue Phase im zeitgenössischen arabischen Denken einleiten, in der es zunehmend schwieriger wird, Krisen am »bösen« Westen festzumachen und vom eigenen Versagen abzulenken. Es ist unausweichlich, daß die arabische Welt sich mit der Realität der Globalisierung und den damit verbundenen Gefahren wie Möglichkeiten auseinandersetzt. Dies wäre ein bedeutender Schritt nach vorn im Dialog der Kulturen und der Weltreligionen.

Literatur

Abdallah, Ahmed: Nahnu wa'l-alam al-dschadid. Muhawala wataniya li fahm at-tatauwurat al-alamiya. Markaz al-Mahrusa, Kairo 1995.

Abdel Majid, Wahid: Abdel Nasser – Saddam Hussein – Bin Laden. In: *Al-Hayat*, 3.11.2001.

Amin, Galal: al-Aulama wa't-tanmiya al-arabiya min himlat Nabulyun ila dschaulat al-Urughway 1798-1998. Center for Arab Unity Studies, Beirut 1999.

Asfur, Jabir: al-Aulama wa'l-huwiya ath-thaqafiya. In: *Al-Hayat*, 11.5.1998.

Ghalyun, Burhan: al-Aulama wa'l-indimag al-iqlimi wa'l-alaqat al-arabiya al-amirikiya. In: *Al-Ahram*, 20.3.1997.

Hanafi, Hassan: al-Aulama bayn al-haqiqa wa'l-wahm. In: Dar al-Fikr (Hg): Ma al-aulama? Damaskus 2000, S. 11-64.

Harb, Ali: Hadith an-nihayat. Futuhat al-aulama wa ma'ziq al-huwiya. Arab Cultural Center, Casablanca/Beirut 2000.

Khouli, Amin al- (Hg.): al-Arab wa'l-aulama. Center for Arab Unity Studies, Beirut 1998.

Mahmud, Mustafa: Hal huwa intihar? In: *Al-Ahram*, 3.11.2001.

Marzuqi, Abu Yarib al-: Munasaba li-tachlis al-alam. In: *Al-Hayat*, 11.10.2001.

Missiri, Abdel Wahhab al-: Li-natafawad ma'an zalimin wa mazlu-min. In: *Al-Hayat*, 11.10.2001.

Naschar, Mustafa an-: Didd al-aulama. Dar Qibaa, Kairo 1999.

Nasar, Salim: Harb alamiya thalitha didd radschul yuda tuju Bin Laden. In: *Al-Hayat*, 22.9.2001.

Saghiya, Hazim: 1967, al-Islamiyun wa faschiyat zaman al-aulama. In: *Al-Hayat*, 7.10.2001.

Sayid, Ridwan as-: Istidat al-islam min man chatafuhu. In: *Al-Hayat*, 11.10.2001.

Scharara, Waddah: Binyat la daulat Bin Laden al-archibiliya wa'l-qabaliya. In: *Al-Hayat*, 16.9.2001.

Tawil, Kamil at-: Usama Bin Laden. In: *Al-Hayat*, 4.-9.10.2001.

15. Kapitel

Die irrationale Fehlwahrnehmung des »anderen«

Deutsche und arabische Öffentlichkeitsreaktionen auf den 11. September

Kai Hafez

Viele Beobachter haben sich nach den Terroranschlägen auf das World Trade Center und das Pentagon am 11. September enttäuscht über die aus ihrer Sicht stark zum Patriotismus neigende Medienberichterstattung in den USA gezeigt. Bekannte Nachrichtenmoderatoren wie Dan Rather von CBS ließen sich dazu hinreißen, alle Amerikaner aufzufordern, sich bedingungslos hinter ihren Präsidenten zu stellen.[1] Sprachanalysen zeigen, daß das kollektive »Wir« oder »Unser« sich nahezu vollständig durchsetzte. CNN und die anderen großen Fernsehanstalten trafen Abkommen mit der US-Regierung, bestimmte Materialien nicht zu senden. Und journalistische Ethikwächter von innerhalb und außerhalb der Medienbranche protestierten gegen Entlassungen kritischer Journalisten und gegen die nahezu völlige Abwesenheit kriegskritischer Stimmen in der amerikanischen Öffentlichkeit.[2] Auch deutsche Journalismus-Fachzeitschriften – etwa die offiziellen Organe der Journalistenverbände und -gewerkschaften – waren voll mit selbstkritischen Analysen der eigenen Zunft und der Berichterstattung in Deutschland nach dem 11. September.

Ein Vergleich der westlichen mit den arabischen Reaktionen in den Medien und der Öffentlichkeit auf die Ereignisse zeigt, daß Probleme der Krisen- und Kriegskommunikation, die von der Kommunikationswissenschaft seit langem thematisiert werden, sich auch hier nahezu beliebig nachweisen lassen. Es zeigt sich, daß viele Perspektiven fast spiegelbildlich angeordnet waren. Sie entpuppten sich als zwei Sichtweisen auf denselben Zusammenhang, wobei vieles als Ausdruck einer geradezu irrationalen Fehlwahrnehmung des »anderen« zu gelten hat. Andere Perspektiven hingegen sind eindeutig rationalen Ursprungs und Aspekte einer bedeutsamen Kritik an den internationalen Beziehungen. Diese Kritik drang aber nur zu wenigen Eliten auf der jeweils anderen Seite durch. Dabei wäre gerade in extremen Krisensituationen eine bessere Vernetzung von Öffentlichkeiten von größter Bedeutung. Medien in den jeweiligen nationalsprachlichen Räumen fungieren aber vielfach geradezu als »Kritikfilter«, an denen vieles von dem hängen bleibt, was die gewohnten Perspektiven auf weltpolitische Problemlagen ins Wanken bringen würde.

Im folgenden Beitrag soll durch einen Vergleich der deutschen mit der arabischen Medienrezeption des 11. September gezeigt werden, daß nicht zuletzt die geradezu solipsistischen, gegenüber Fremden blinden Selbstgespräche und der mangelnde Perspektivenaustausch ein Stolperstein auf dem Weg zu einem – heute oft beschworenen – »Dialog der Kulturen« sind.

I. Reaktionen deutscher Medien auf den 11. September

Das Orient- und Islambild deutscher Medien ist in den letzten Jahren vielfach kritisiert worden. Der wissenschaftliche Ertrag dieser Forschung war gleichwohl begrenzt. Die häufig soziopsychologisch fundierte Medienkritik, insbesondere der Kultur- und Orientwissenschaften, war im wesentlichen darauf beschränkt, den Medien ein »Feindbild Islam« nachzuweisen. Zwar sind Stereotype tatsächlich vielfach vorhanden – aber ist das alles? Kann man sich bei der Analyse des Nachrichtenstroms, sofern er die Länder Nordafrikas und des Nahen und Mittleren Ostens betrifft, tatsächlich auf diese einseitigen, verzerrenden Bildelemente – berühmt ist der »fanatische Muslim« – beschränken? Auch die Kommunikationswissenschaft muß sich Versäumnisse vorwerfen lassen. Das fast ausschließliche Festhalten an Standardmethoden wie der Nachrichtenfaktorenanalyse hat, ungeachtet aller Verdienste, zu einer methodischen und theoretischen Verkrustung in der Analyse von Auslandsberichterstattung beigetragen.[3]

Die Reaktionen deutscher Medien auf den 11. September werfen eine Vielzahl von Fragen auf. Eine Fixierung hierbei auf bestimmte Feindbildstrukturen täuscht jedoch schnell darüber hinweg, daß sich innerhalb des Islambildes einige wichtige Veränderungen und Entwicklungen andeuten, während zugleich zentrale Defizite in anderen Bereichen übersehen werden. Nimmt man etwa die Titelgeschichten von Wochenzeitungen und -zeitschriften zum Maßstab, so sind drei große Themenschwerpunkte deutscher Medien nach dem 11. September erkennbar geworden, die einzeln und im Zusammenhang untersucht werden müssen: der Terrorismus, der Islam und der Krieg in Afghanistan.

Terrorismus: Symbiose zwischen Medien und Terroristen?

Über die Darstellung des Terrorismus in den Medien existiert bereits seit Jahren eine vehemente Debatte, die durch die Ereignisse des 11. September in ein neues Licht rückt. Im Kern geht es um zwei widerstrebende Thesen. Medienkritiker behaupten, Medien und Terroristen besäßen ein symbiotisches Verhältnis, da Terroristen mit ihren Aktionen Publicity suchten und sie als verkaufsträchtige Medienereignisse verpackten. In Fortführung dieser Überlegung ist sogar behauptet worden, der moderne politische Terrorismus sei ohne die Medien gar nicht möglich. Überzeugend an dieser These ist sicherlich, daß Terrorismus nicht zuletzt eine Kommunikationsstrategie ist, mit der Terroristen ihre »Botschaften« verbreiten wollen. Die Gegner der These geben jedoch zu Recht zu bedenken, daß die Weitergabe von Nachrichten über Terrorakte alternativlos ist und man nicht die »Überbringer der Botschaft« – die Medien – für den »Inhalt der Botschaft« – den Terror – verantwortlich machen kann.[4]

Was bleibt, ist, daß ein Nachdenken über das »Wie« der Darstellung von Terror sinnvoll ist, um Terroristen nicht unnötig ein Forum für ihre Absichten zu liefern. Die Bilanz der deutschen Berichterstattung in den ersten Tagen nach den Anschlägen auf das World Trade Center und das Pentagon läßt hier keine eindeutigen Schlüsse zu. Nahezu sämtliche Fernsehanstalten unterbrachen ihre regulären Programme für die Ereignisse und erfüllten damit ein überwältigendes Informationsbedürfnis. Natürlich existierten Unterschiede im Stil zwischen den öffentlich-rechtlichen Medien und manchen privaten Kanälen. Aber selbst die wenig informative ständige Wiederholung der Bilder der einstürzenden *Twin Towers* (etwa auf RTL) traf vielleicht zeitweise ein Bedürfnis vieler Menschen nach einer Art psychologischer Verarbeitung durch permanente Wiederholung und Gewöhnung.

Es wäre nachdenkenswert, inwieweit sich hier auch Elemente einer »Ästhetisierung des Terrors«[5] zeigten. Mehr als einmal lag das Bild der einstürzenden Türme in Postergröße deutschen Illustrierten bei.[6] Mehr als einmal auch fragten sich Nahost- und Terrorexperten, ob Osama Bin Laden im ersten Affekt nicht zu einem Feind im Ausmaße der James-Bond-Gegner stilisiert wurde – obwohl niemand so genau wußte, wie groß und mächtig sein Al-Qaida-Netzwerk tatsächlich war und ist. Erkennbar wurde auch, daß wesentliche Momente der Delegitimierung des Terrorismus zu wenig genutzt wurden. Indem man lediglich den menschenverachtenden Gewaltaspekt betonte, erreichte man dies nicht, denn in den Augen der Terroristen und Sympathisanten werden sie zu diesen Taten durch die strukturelle Gewalt des Gegners gezwungen. Möglicherweise hätten innere Widersprüche stärker betont werden müssen, etwa daß Al-Qaida und die Taliban nicht zuletzt eine Gruppe von bezahlten Söldnern waren, die in hohem Maße von Drogengeldern lebten.

Islam und aufgeklärte Islamophobie

Unmittelbar nach den Anschlägen begannen deutsche Medien, Erklärungen für die Vorgänge beim »Islam« zu suchen. Die meisten etablierten Wochenzeitungen und -zeitschriften – zum Beispiel *Stern*, *Der Spiegel*, *Die Woche* oder *Focus* – haben der »Weltmacht Islam« häufig mehrere Titelgeschichten gewidmet.

Wertet man die Literatur aus, die sich in den letzten Jahren kritisch mit dem Islambild deutscher Medien beschäftigt hat[7], so sind etwa folgende Punkte immer wieder moniert worden: 1) das Interesse für den Islam beschränkt sich häufig auf den politischen Islam – geradezu so, als sei der Islam eher eine politische Ideologie als eine Religion; 2) der Islam wird in der Regel auf den Fundamentalismus reduziert – reform- oder volksislamische Strömungen entgehen den Medien; 3) es wird weiterhin zu wenig zwischen gewaltbereiten und gewaltlosen Fundamentalisten unterschieden – mehr als sechzig Prozent der Islamberichte der wichtigen deutschen Printmedien nennen den Islam in Zusammenhang mit Gewaltereignissen; 4) Fundamentalismus und Gewalt werden aus ihrem sozialen und politischen Kontext gerissen – islamisch gewandeter Antiamerikanismus hat häufig konkrete lokale wie internationale politische Hintergründe; eine Suche nach Gewalthinweisen im Koran ist in diesem Zusammenhang nichts als ein Stöbern im ideologischen Überbau der Phänomene.

Die Islamberichterstattung nach dem 11. September zeigt vor dem Hintergrund dieser »klassischen« Kritikpunkte, die insbesondere von Orientwissenschaftlern immer wieder vorgebracht worden sind, einige positive Fortschritte. Anders als bei früheren Krisen (Rushdie-Affäre, Algerienkonflikt, Golfkrieg usw.)

bemühten sich viele deutsche Medien um eine deutlichere Trennung zwischen »dem Islam« und der Mehrzahl der friedlichen Muslime einerseits und gewaltbereiten Fundamentalisten andererseits (siehe oben Punkt 2). *Die Woche* warnte sogar mit ihrem Aufmacher vom 21. September vor dem »Feindbild Islam«. Nicht zuletzt durch eine verbesserte Bindung zwischen Medien und Wissenschaft erhielt eine große Zahl von Regionalexperten die Möglichkeit, notwendige Differenzierungen zu bester Sendezeit vorzubringen. Printmedien bemühten sich in Titelgeschichten um ein ausgewogenes Islambild und warnten nicht selten vor den verbreiteten Zerr- und Feindbildern des Orients und des Islam.[8] Ausnahmen, die von einem fundamentalen Wertegegensatz zwischen dem Islam und dem Westen ausgingen und den Westen gar zu einer Besinnung auf die eigenen Werte in der Verteidigung gegen die Bedrohung durch den Islam warnten, bestätigten die Regel.[9]

Eine neue Generation von Journalisten, die mit der Kritik an dem häufig verzerrten Islam- und Orientbild vieler Medien aufgewachsen ist, scheint heute stärker vertreten zu sein – aber der Weg zu einer ausgewogeneren Sicht ist dennoch weit. Zwar ist methodisch schwer nachweisbar, daß die Medien eine Mitverantwortung dafür tragen, daß zwischen siebzig und achtzig Prozent der Deutschen in Umfragen ihre Angst und Aversion gegenüber dem Islam bekunden – aber der Zusammenhang scheint doch sehr plausibel. Auch in den differenzierenden Beiträgen war der Islam nahezu ausschließlich in seiner Ausprägung als »politischer Islam« (siehe oben Punkt 1) von Interesse. Erst durch die Verbindung von Islam und Gewalt gelangte der Islam auf die Medienagenda, und eine geradezu blutrünstige Bildsprache stand in den großen Illustrierten nicht selten in einem eklatanten Widerspruch zu durchaus differenzierenden Texten (siehe oben Punkt 3). Nicht zuletzt leisteten auch scheinbar aufgeklärte Journalisten dem Islambild einen Bärendienst, indem sie den Islam überhaupt als zentralen Ankerpunkt zum Verständnis des Terrorismusphänomens heranzogen, statt nach den komplexen politischen und gesellschaftlichen Ursachen (Zerfall staatlicher Gewaltmonopole im Nahen und Mittleren Osten, neokoloniale Restkonflikte wie in Palästina etc.) zu forschen (siehe oben Punkt 4). Den nahöstlichen Terrorismus hat es im »säkularen Gewand« schon gegeben, als der islamische Fundamentalismus noch kaum existierte – etwa in Gestalt des palästinensischen Attentats auf israelische Sportler bei den Olympischen Spielen in München 1972; auch Flugzeugentführungen gingen auf dieses Konto. Wichtig in diesem Zusammenhang ist jedoch der Hinweis, daß die islamische Rhetorik der Fundamentalisten allzuoft von den dahinter stehenden strukturellen Gewaltfragen ablenkt.

Insgesamt erzeugt der Umgang der deutschen Medien mit dem Islam nach dem 11. September in seiner neuen Mischung aus Differenzierung und struktureller Fehleinschätzung den Eindruck einer »aufgeklärten Islamophobie«.

Phasenverschiebung des Pazifismus

Interessant ist eine Zeitverlaufsanalyse der deutschen Medienberichterstattung. Nach den unmittelbaren Reaktionen auf das Phänomen des Terrorismus beschäftigten sich beispielsweise viele Printmedien von Ende September bis Ende Oktober primär mit Fragen in der Schnittlinie von Islam und Terror. Genau in diese Zeit aber fiel auch der Beginn des Militärschlags der USA und des Afghanistankriegs am 7. Oktober 2001. Aber erst ab Mitte November schaffte es die Grundsatzfrage nach dem Sinn und Zweck des Kriegs als Reaktion auf den Terror auf die Titelseiten der Wochenpublikationen.[10] Der Pazifismus-Frame, wie man die mediale Gegenposition zum Krieg diskursanalytisch bezeichnen würde,[11] war schon in den Wochen zuvor natürlich hier und dort in den Medien präsent – er hatte aber noch nicht die Höhen der Medienagenda erklommen und war in seiner Bedeutung eher marginal. Nachhaltig erörtert wurde die Grundsatzfrage von Krieg oder Nicht-Krieg also erst, nachdem es eigentlich längst zu spät war und niemand noch ernsthaft glauben konnte, daß es möglich sein würde, ein Meinungsklima zu erzeugen, das die politische Entscheidungsfindung beeinflussen würde.

Roger Willemsen, früherer Fernsehmoderator und anschließend zum Medienkritiker der *Woche* avanciert, hat dieses Phänomen vielleicht als einziger bisher beim Namen genannt: »Endlich! Die Öffentlichkeit hat eine Position gefunden: der Krieg ist vorbei, also sind wir gegen ihn«, und er fährt fort, die Medien für ihren verspäteten »Mut« zur Friedensdebatte zu kritisieren.[12]

Eine Beobachtung am Rande? Wohl kaum! Im Fall der deutschen Rezeption der Anschläge vom 11. September scheint sich erneut zu bewahrheiten, was schon in anderen Kriegen und Konflikten von der Kommunikationswissenschaft (David Paletz u.a.) nachgewiesen worden ist: Auf dem Höhepunkt von Krisen ist es um die Befähigung von Medien, das militärische Vorgehen der eigenen Regierung zu kritisieren, oft schlecht bestellt. Hier macht sich häufig ein wehrhafter Konsens breit, der auch in demokratischen Gesellschaften auf Kosten einer den Ereignissen vorgeschalteten öffentlichen Debatte geht. Die politische Wirkung von Medien, die in anderen Bereichen beträchtlich sein kann, ist in diesen Zeiten häufig ausnehmend gering, was als eine ernsthafte Gefährdung der politischen Kommunikation betrachtet werden muß. Der typischerweise stattfindende nachholende Diskurs – die Debatte über Krieg oder Frieden, wenn die Entscheidungen längst gefallen sind – mag moralischen und menschlichen Bedürfnissen Rechnung tragen. Dieser »phasenverschobene« Pazifismus ist aber sicher kein Ersatz für eine demokratische Streitkultur zur Qualifizierung von Entscheidungen über Krieg und Frieden.

Kai Hafez

II. Reaktionen der arabischen
Öffentlichkeit auf den 11. September

Die Reaktionen der arabischen Öffentlichkeit und Medien auf die Anschläge von New York und Washington und auf den folgenden Krieg in Afghanistan werden im folgenden etwas ausführlicher dargestellt, weil sie in der Regel im deutschen Sprachraum weniger bekannt sind. Da man in den meisten Staaten nicht von einer freien Presse im Sinne der Unabhängigkeit von direkten Interventionen des Staates ausgehen kann,[13] ist es bedeutsam, die Reaktionen von Staat, Medien und außermedialer Öffentlichkeit im Zusammenhang zu erörtern.

Antiterrorismus: gemischte Gefühle

Unmittelbar nach den Anschlägen vom 11. September kondolierte die Arabische Liga den Hinterbliebenen der Terroropfer und verurteilte die Ermordung von Unschuldigen.[14] Nicht nur Muammar el-Gaddafi, Libyens Staatschef, zeigte Sympathie für die amerikanische Bevölkerung, sondern selbst der Sudan, einer derjenigen Staaten, die häufig im Zusammenhang mit einer Förderung des Terrorismus genannt werden, betonte seine Ablehnung des Terrorismus. Palästinenserpräsident Yassir Arafat spendete öffentlich Blut als Zeichen seiner Parteinahme für die New Yorker Opfer.[15] Irans Staatspräsident Muhammad Khatami drückte sein tiefstes Bedauern aus, und auch Syrien, ein Staat, der sich in der Vergangenheit beständig geweigert hatte, Aktivitäten der Hizbollah oder radikaler Splittergruppen der PLO als Terrorismus zu ächten, verurteilte nunmehr die Anschläge als eine illegitime Form des Widerstands.[16] Die ägyptische Regierung stellte sich als Gastgeber des internationalen Terrorismusgipfels von Sharm el-Sheich 1998 und als Land, das besonders unter islamistischem Terror zu leiden hatte, engagiert hinter den Plan einer neuen Antiterrorkoalition.[17] Als einziges arabisches Staatsoberhaupt begrüßte der Intimfeind der USA, Saddam Hussein im Irak, die Anschläge.[18] Aber selbst wenn man in Betracht zieht, daß es sich bei den die USA unterstützenden Äußerungen arabischer Regierungen um rhetorische Übungen gehandelt haben kann: In den Augen ihrer extremistischen Kritiker, zu denen letztlich auch Osama Bin Laden zu zählen ist, gelten solche Töne als »Verrat«; sie sind insofern ein durchaus ernst zu nehmendes Politikum und zeugen davon, daß die arabischen Staaten den Kampf gegen den Terrorismus gegenwärtig als eine wesentliche Aufgabe betrachten.

Daß die Terrorismusbekämpfung ein gemeinsames Ziel arabischer und westlicher Staaten sein muß, bringt niemand deutlicher zum Ausdruck als die Presse jener autoritären Staaten im Maghreb, die wie Algerien und Tunesien in den letzten Jahren eine besonders harte Linie gegen die islamistische Opposition verfolgten. Hier wurde dem Westen nach dem 11. September ein »strategischer Fehler« (*El-Watan*, Algerien) vorgeworfen, denn man habe dort geglaubt, Islamisten als Asylanten aufnehmen und mit ihnen politisch paktieren zu können. Insbesondere Großbritannien wurde als Sammelbecken des Islamismus bezeichnet.[19] Enge Verbündete der USA wie Pakistan, Saudi-Arabien und die Vereinigten Arabischen Emirate wurden als »Vasallenregime« bezeichnet, die durch ihre Anerkennung der Taliban wie durch ihre finanzielle Hilfe für die Islamische Heilsfront (*Front Islamique du Salut*, FIS) in Algerien den Terrorismus gefördert hätten.[20]

Die selbstbewußte Reaktion arabischer Regierungen wurde in dem Maße, wie der Krieg in Afghanistan nahte und sich entwickelte, immer gedämpfter. Zwar waren die Staaten sich einig in der Abwehrhaltung gegen den Terrorismus – aber der Krieg als Antwort auf die Anschläge wurde kaum gutgeheißen, nicht zuletzt aus Angst vor den eigenen Bevölkerungen, die einen solchen Angriff auf ein muslimisches Land, der noch dazu voraussichtlich mehr Opfer kosten würde als die Attentate von New York und Washington, kaum für richtig hielten. Anders als Usbekistan und kurz darauf auch andere zentralasiatische Staaten, die eine Stationierung von US-Truppen an der afghanischen Grenze gestatteten, gewährten arabische Staaten wie auch Pakistan lediglich Überflugrechte und logistische Hilfe, waren aber nicht zu einer Beteiligung an einer UN-Friedenstruppe in Afghanistan zu bewegen. Als in den USA daraufhin Kritik an Staaten wie Ägypten laut wurde, die ihrerseits von amerikanischer Wirtschaftshilfe profitieren, beklagte sich Ägyptens größte Staatszeitung *Al-Ahram* über das Unverständnis im Westen und erneuerte den Willen des Landes zur Zusammenarbeit im Antiterrorkampf.[21]

Tatsächlich ist an dieser generellen Kooperationsbereitschaft auch wenig zu zweifeln, im Gegenteil: Die Verhandlungen in den Vereinten Nationen über eine Antiterrorkonvention und die Erstellung einer Liste von Terrororganisationen zeigen allerdings, daß es verschiedene Bereiche der Zusammenarbeit gibt.[22] Arabische Regierungen neigen überwiegend zu einer ausschließenden und repressiven Politik gegenüber der Opposition in den eigenen Ländern (wobei oft wenig zwischen einer legitimen Staatskritik und inakzeptablem Extremismus unterschieden wird). Organisationen wie die libanesische Hizbollah allerdings, bei denen legitime Abwehr israelischer Okkupation und Terrorismus gegenüber Zivilisten oft Hand in Hand gehen, werden von den meisten Staaten nicht als Terrororganisationen eingestuft, obwohl die USA und Israel dies wollen. Umgekehrt fällt die Bewertung der innerarabischen islamistischen Opposition in manchen westlichen Staaten oft milder und differenzierter aus als in den arabischen Staaten, was zu den beschriebenen Vorwürfen gegenüber den USA und Europa insbesondere im Maghreb geführt hat. Trotz dieser Meinungsverschiedenheiten besteht auch umgekehrt die Gefahr eines zu engen Schulterschlusses in der westlich-arabischen Antiterrorkoalition, dort, wo diese Koalition ein Bündnis mit dem Autoritarismus darstellt. Unter dem neuen Primat der Stabilitäts- und Sicherheitspolitik müssen repressive Staaten wie Tunesien noch weniger als bisher befürchten, von westlichen Regierungen für Menschenrechtsverletzungen und rechtsstaatliche Vergehen bei der Verfolgung von Islamisten (u.a. Folter) kritisiert zu werden.

Die eingeschränkte Kriegsunterstützung arabischer Regierungen war nicht nur das Resultat einer grundsätzlichen Kritik des Kriegs als Antwort auf den Terrorismus. Sie war auch eine Konzession an die öffentliche Meinung in den eigenen Ländern, die vor allem in Ägypten und im arabischen Osten (Mashreq) »gemischte Gefühle« angesichts der Ereignisse von New York zum Ausdruck brachte. Die Reaktionen der breiten Öffentlichkeiten, insbesondere die nicht-organisierte Öffentlichkeit – »Volkes Stimme« also – waren äußerst heterogen und reichten von Beileidsbekundungen für die Opfer in den USA bis zu Sympathie für die vermeintlichen Täter oder genauer: für deren Tat. Die Medien nahmen eine moderierende Position als Artikulationsplattform für sehr unterschiedliche staatliche, gesellschaftliche und individuelle Äußerungen ein.

Auf offene Sympathie trafen die Attentate auf das World Trade Center und auf das Pentagon zum Teil in den palästinensischen Selbstverwaltungsgebieten, im Libanon oder in den Flüchtlingslagern Jordaniens, also in Gebieten, die in jüngerer Vergangenheit immer wieder unter der Einwirkung israelischer Gewaltakte zu leiden hatten. Es gab Jubelrufe in einigen palästinensischen Flüchtlingslagern,[23] aber auch Schweigeminuten für die amerikanischen Opfer an palästinensischen Universitäten.[24] In einem Kommentar konstatierte die *Jordan Times*, daß antiamerikanische Ressentiments bei vielen sozialen und politischen Akteuren, insbesondere wegen der als ungerecht empfundenen amerikanischen Politik gegenüber den Palästinensern und dem Irak, zunahmen.[25]

Die arabische Öffentlichkeit war jedoch kein einheitlicher Block. Die meisten Massenmedien, besonders die Printmedien, übernahmen die Rolle eines Bindeglieds zwischen staatlicher Antiterrorpolitik und der zerrissenen Öffentlichkeit. Abdel-Moneim Said bekräftigte in *Al-Ahram* die Unterstützung für New York und seine Bürger: »Der Anschlag auf das World Trade Center war (...) ein Angriff gegen die gesamte Welt, ein Angriff auf all die Völker, Hautfarben, Religionen und Rassen, die zusammen das Mosaik [New Yorks] ausmachen.«[26] In arabischen Zeitungen wurden zahlreiche Fotos von Mahnwachen für die Opfer des Terroranschlags abgedruckt, insbesondere dort, wo Muslime beteiligt waren.[27]

Ein wesentliches Merkmal der Berichterstattung war neben der Solidarisierung mit den Opfern eine im Vergleich zu westlichen Medien weit ausgeprägtere Verbindung der Themen »Terror in den USA« und »Nahostpolitik der USA«. Dabei neigte ein nicht kleiner Teil des öffentlichen Meinungsspektrums dazu, die Entwicklung des extremistischen Islamismus als Reaktion auf die westliche Politik in der Region zu interpretieren, ohne daß lokale und regionale Faktoren, wie das Versagen autoritärer Politik in der Region, die zwischen autoritärer Repression und dem Verlust des staatlichen Gewaltmonopols pendelt, benannt wurden. Die ursächliche Schuld für die Anschläge vom 11. September allein den USA zuzuschreiben bemühte sich insbesondere die neoislamistische Schule des Journalismus, etwa in Gestalt von Fahmi Howeidy bei *Al-Ahram*, der behauptete, die Attentate seien die direkte Folge einer verfehlten amerikanischen Nahostpolitik.[28] Aber auch säkular ausgerichtete Politiker wie der libanesische Informationsminister Ghazi Aridi teilten diese vereinfachte Sicht der Dinge.[29]

Osama Bin Laden, der mutmaßliche Drahtzieher der Anschläge, wurde in der arabischen Öffentlichkeit vielfach wie eine Art Pirat dargestellt: seine Fähigkeit, der Weltmacht USA aus der Position der für die arabische Welt paradigmatischen Schwäche und Unterlegenheit heraus einen Schock zu versetzen, übte eine gewisse Faszination auf viele Bürger aus, die sich bei Meinungsumfragen zu Wort meldeten und die wiederum in den Medien ausgiebig vorgestellt wurden. Dennoch blieb Bin Laden ein Krimineller, ein Outlaw jenseits der Rechtschaffenheit bürgerlichen Verhaltens, dessen Gesinnung und Strategie sich außer einem Teil der extremisierten Jugend kaum jemand anschließen wollte. Die Frage, die viele Journalisten im Westen nach dem 11. September stellten, wie viele Araber sich mit Bin Laden »solidarisieren« würden, zielte daher auch von vornherein in eine falsche Richtung. Solidarisierung ist selbst in Frontstaaten wie Pakistan ein marginales Phänomen geblieben. Aber wie ein Schwerverbrecher im Westen bei vielen auf Nachsicht hoffen darf, die ihn als Opfer gesellschaftlicher Deformationen betrachten, die den einzelnen zu irrationalen Handlungen treiben können, schwang in vielen Berichten und Kommentaren mit, daß auch Bin Laden Opfer einer »krankhaften« Ordnungskrise des Nahen Ostens war, für die die USA und Israel verantwortlich zeichneten. Zum Bild des Piraten oder des Kriminellen mit mildernden Umständen paßten auch Beiträge in der Boulevardpresse, die Bin Laden ein »menschliches« Antlitz verliehen. In der tunesischen Boulevardzeitung *Al-Sarih* (Der Freimütige) wurde Bin Ladens Mutter zitiert: »Ich werde mich nicht von meinem Sohn lossagen. (...) Ich bin nicht mit ihm einverstanden, aber ich liebe ihn.«[30] Daß diese Art der Berichterstattung tatsächlich kein Spezifikum der arabischen Welt war, zeigt der Vergleich mit der ähnlich gelagerten Behandlung der Krankheiten und familiären Schicksalsschläge des 1979 gestürzten Schahs von Persien – immerhin verantwortlich für Massenmorde und Folter durch seinen Geheimdienst Savak – in der deutschen *Bild-Zeitung*.[31]

Im Lager der islamischen Religionsgelehrten waren unterschiedliche Meinungsgruppen auszumachen. Zur Gruppe der Terrorismusgegner zählte nach dem 11. September etwa der Mufti der Al-Azhar-Universität in Kairo, des wichtigsten Zentrums der sunnitischen Glaubenslehre, Scheich Muhammad Sayid Tantawi, der feststellte, daß Terror gegen die Grundsätze der Religion verstoße. Unter den religionsgelehrten Terrorismusgegnern gab es sogar solche, die verlangten, man solle Terroristen, die im Namen des Islam agierten, quasi exkommunizieren, indem man ihnen eine Beerdigung nach islamischem Ritus verweigere.[32] Es gab ein zweite Gruppe islamischer Gelehrter, die palästinensische Gewalt einschließlich des Terrors gegen Zivilisten in Israel guthießen, sich aber vom Attentat auf das World Trade Center distanzierten.[33] Schließlich existierte eine dritte

Gruppe, die man als durchweg radikal bezeichnen muß, weil sie
Terror sämtlicher Couleur rechtfertigt oder – ähnlich wie der in
den USA im Zusammenhang mit dem ersten Attentat auf das
World Trade Center (1993) verurteilte Scheich Omar Abdel Rah-
man – sogar aktiv propagiert.

Amerikakritik: Drei Sündenfälle
der arabischen öffentlichen Meinung

Der Begriff »Antiamerikanismus« hat in westlichen Medien wie
in wissenschaftlichen Kreisen seit dem 11. September Konjunk-
tur, wenn es um die Charakterisierung öffentlicher Haltungen
im Nahen und Mittleren Osten in bezug auf die USA geht. Dabei ist es wichtig, sich darüber zu verständigen, was genau »Antiamerikanismus« bezeichnen soll. Ist damit eine in hohem Maße
affektive und vorurteilsbeladene Haltung gegenüber den USA
gemeint, also ein – wie man in der Soziopsychologie sagen würde – »Feindbild USA«, das einseitig tatsächliche oder fiktive
Negativaspekte der Amerikaner hervorhebt? Oder bezeichnet
»Antiamerikanismus« einen Trend des politischen Denkens, der
insbesondere Kritik an der amerikanischen Nahostpolitik fo-
kussiert und über dessen Berechtigung man rational streiten
kann?
  Tatsächlich muß man einräumen, daß die USA nicht immer
unbeliebt in dieser Weltregion waren, daß sie bis lange nach dem
Zweiten Weltkrieg gar als Verkörperung einer postkolonialen
internationalen Politik betrachtet wurden, so daß eine langfristig kulturell verwurzelte Amerikafeindlichkeit nicht konzediert
werden kann. Kulturgestützte Kritik an den USA als Hort der
»Dekadenz« und einer »verrohten Moderne« hat sich im Grunde erst mit dem Machtantritt Ayatollah Khomeinis im Iran 1979
ausgebreitet, was die Annahme zuläßt, daß es sich bei dem heutigen »Antiamerikanismus« eben nicht um eine tiefgreifende kulturelle Abneigung gegenüber den USA handelt. Selbst in den

aufgeregtesten Kommentaren gegen die USA findet sich in der Regel ein rationaler Kern, der sich mit der US-Politik im Nahostkonflikt, im Irak etc. auseinandersetzt. Der politisch gestützte »Antiamerikanismus« besitzt sicher in Teilen Elemente eines affektiven Feindbildes, aber es handelt sich, um mit dem Soziopsychologen Werner Dröge zu sprechen, nicht um ein unveränderbares, »kultur-dauerndes« Merkmal der arabisch-islamischen Welt, sondern er ist in direkter Reaktion auf politische Entwicklungen entstanden und kann nur in der Auseinandersetzung mit diesen Problemen wieder beseitigt werden.

Wie in den USA eine Neigung zu einer patriotischen Zuspitzung auf »Entweder bist du für uns oder gegen uns!« bestanden hat und wie Ministerpräsident Ariel Sharon sowie viele Israelis Arafat als »unseren Bin Laden« bezeichneten, so war für die öffentliche Meinung der arabischen Länder vielfach eine logische Verknüpfung typisch, die der berühmte ägyptische Kolumnist Muhammad Sid Ahmed – nicht des Islamismus verdächtig – formulierte, indem er argumentierte, die Attentate vom 11. September hätten die gleiche Qualität wie der tägliche Terrorismus, den Israel mit Unterstützung der USA an den Palästinensern beginge.[34] Die Technik dieser Argumentationsgänge ist stets ähnlich: Das Unrecht, das man selbst begeht oder das im eigenen Namen begangen wird, wird durch den Hinweis auf das Unrecht, das der andere begeht oder begangen hat, relativiert, eigene Handlungskonsequenzen werden vermieden.

Das Problem der politischen Amerikakritik ist häufig weniger ihre inhaltliche Substanz – wenn man bedenkt, wie häufig die USA fast allein mit Israel in den Vereinten Nationen gegen den Rest der Welt abgestimmt haben. Das Problem besteht vielmehr darin, daß Relativierungen oder einfache Kausalketten wie »Der Terror ist das Resultat fehlerhafter US-Politik« zu wenig Distanz gegenüber der eigenen Unrechtsposition entwickeln. Amerikakritik verlöre ihre »Unschuld«, wenn Rachefeldzüge wie die vom 11. September zur anerkannten Norm würden. Wohlgemerkt: Insbesondere direkt nach den Anschlägen gab es eine Vielzahl von Stimmen, die sich eindeutig distanzierten. Zu erkennen war aber auch die Tendenz, daß im Laufe der Zeit immer mehr Kritik an den USA und immer weniger Kritik am nahöstlichen Terrorismus geübt wurde. Die oben geschilderte Konstellation, wonach Bin Laden quasi als Symptom einer von den USA verschuldeten »Krankheit« betrachtet werden mußte, ließ die regionalen und nationalen Ursachenanteile des Terrorismus – vor allem fortschreitende Legitimations- und Gewaltverluste des Staates – in den Hintergrund treten, zumal diese in den Medien vielfach nicht offen diskutiert werden durften; hier manifestiert sich der erste Sündenfall der arabischen Öffentlichkeit.

Im Westen ist diese Kritik zugleich häufig mißverstanden worden, insofern, als es sich tatsächlich in den wenigsten Fällen um eine kulturgestützte Fundamentalkritik handelte, sondern vielmehr um eine Deformation des politischen Diskurses. *Al-Ahram Weekly* erinnerte noch im Oktober 2001 mit einem großen, bebilderten Artikel an den herzlichen Empfang von Präsident Richard Nixon in Kairo 1974. Die in der Überschrift gestellte Frage »Hassen wir Sie?« wird in dem Beitrag eindeutig verneint.[35]

Wenig logisch erscheint allerdings, daß in vielen Berichten – auch in *Al-Ahram* – den USA und den Amerikanern insgesamt unterstellt wird, sie würden Araber und Muslime hassen. Das bedeutet, daß die eigene Haltung gegenüber Amerika nicht nur als eine politische Rechtsposition beschrieben wird, sondern auch als Reaktion auf die Islam- und Araberfeindlichkeit des Westens. Die nach dem 11. September in den USA, vereinzelt auch in Europa registrierte Zunahme antimuslimischer Ressentiments und tätlicher Übergriffe auf Araber und Orientale fand ein breites Echo und wurde als eine Art von massenneurotischer Überreaktion in westlichen Gesellschaften gedeutet.[36]

Ist dies auch noch nachvollziehbar gewesen, so beging die arabische Öffentlichkeit ihren zweiten Sündenfall in der häufig stereotypen Charakterisierung der westlichen Haltung zum Islam. Im selben Atemzug, in dem man orientalische Gesellschaften von »Haß« gegen die USA freisprach, wurden »die Wurzeln des antimuslimischen Hasses« (*Al-Ahram Weekly*)[37] breit diskutiert.

Diese Art der Wahrnehmung hat viel mit der in den letzten zwanzig Jahren stark verbreiteten Kritik Edward W. Saids am »Orientalismus« des Westens zu tun. So verdienstvoll Saids Kritik auch ist, so sind in ihr doch viele gleiche Mechanismen der »Essentialisierung« und Stereotypisierung des Westens angelegt, die der Autor selbst am Orientbild des Westens kritisiert. Die Rezeption Saids in der arabischen Welt hat eine ähnlich geistig formative Wirkung gehabt wie die Rezeption der Thesen Samuel P. Huntingtons vom *Clash of Civilizations* für den Westen. Paradox ist, daß Said, der im Westen erheblich dazu beigetragen hat, daß zumindest in Teilen der Elitekulturen und auch der Medien eine Revision undifferenzierter Islambilder begann (siehe oben: »aufgeklärte Islamophobie«), in der arabischen Welt Tendenzen einer Simplifizierung des Bildes des Westens und der USA gefördert hat. Weniger ein affektives »Feindbild Amerika« als vielmehr die brisante Mischung aus politisch motivierter Amerikakritik mit dem selbst empfundenen Verteidigungsfall gegen den »Islamhaß« des Westens sorgt für geistigen Immobilismus in der Wahrnehmung der Beziehungen zwischen der islamischen und der westlichen Welt.

Der dritte Sündenfall der arabischen Öffentlichkeit nach dem 11. September war die weite Verbreitung sogenannter Verschwörungstheorien. Auch sie zielen im Kern auf psychologische Entlastung, aber nicht durch die Negierung der eigenen »Schuld«, sondern durch die Konstruktion der eigenen Ohnmacht. Nach dem Motto: »Selbst wenn wir etwas ändern wollten, wir könnten es gar nicht, denn es existiert ein nahezu unsichtbares Netz von Akteuren, deren Hauptziel es ist, Araber und Muslime zu entrechten.« Derartige Wahrnehmungen sind keine Besonderheit der arabisch-islamischen Welt – gerade Deutschland hat mit ihnen in der jüngeren Vergangenheit hinreichende Erfahrungen gemacht. Politische Argumentationen werden hier geradezu sinnlos, denn die Anhänger solcher Vorstellungen glauben, daß es eine tiefere Schicht der Wahrheit gibt, die durch sie nicht berührt wird.

Nach dem 11. September kursierten in arabischen Medien verschiedene Varianten des Verschwörungsdenkens. Sie waren keine dominierenden Perspektiven, tauchten aber mit Regelmäßigkeit auf:

- Variante 1: »Die USA haben nur nach einem Vorwand gesucht, um muslimische Staaten militärisch angreifen zu können.«[38] In der Regel unausgesprochen blieb hierbei, ob man der amerikanischen Regierung oder bestimmten Gliederungen des Staatsapparats zutraute, diese Attentate selbst inszeniert zu haben. Es gab aber auch Beiträge, die dies offen erörterten,[39] und Karikaturen wie die des Zeichners »Gomaa« in *Al-Ahram Weekly*, der auf die brennenden *Twin Towers* die Schriftzüge »CIA« und »FBI« malte, zeigen deutlich in diese Richtung.[40]
- Variante 2: »Das Testament von Mohammed Atta ist gar nicht von ihm, mehr noch: es ist nicht einmal von einem Muslim verfaßt worden.« Es wurden inhaltliche Unstimmigkeiten in dem »Testament« des von Hamburg aus agierenden Attentäters Atta bemerkt. Atta verbot darin schwangeren und menstruierenden Frauen, an seinem Begräbnis teilzunehmen – tatsächlich nehmen aber in der Regel gar keine Frauen an islamischen Begräbnissen teil. Atta schrieb weiterhin vor, man sollte bei der Totenwäsche seiner Genitalien Handschuhe tragen – die Scharia sieht aber vor, daß die Genitalien bei der Waschung abgedeckt und gar nicht gewaschen werden. Eingedenk dieser Fehler wurden Rechtsgelehrte angeführt, die das Testament für eine Fälschung hielten, die die amerikanische Regierung gezielt lancierte, um militante Islamisten verantwortlich machen zu können.[41]
- Variante 3: »Die Juden und Israel stecken hinter den Attentaten.« Auch hier spricht eine Karikatur eine deutliche Sprache, die einen kleinen Juden zeigt, der auf den Schultern eines keulenschwingenden *Uncle Sam* sitzt und ihm zuflüstert: »... und danach Irak, Hizbollah, Hamas ...«;[42]

ein Bild, das nicht deshalb falsch ist, weil es auf tatsächlich vorhandene Einflüsse Israels und jüdischer Organisationen in den USA hinweist, sondern weil es davon ausgeht, daß Israel in der Lage ist, die Nahostpolitik der USA, die noch von einer Reihe anderer Interessen bestimmt ist, zu determinieren. Auch die Aktivitäten einer »jüdischen Informationslobby«, die vorgeblich etwa in Rußland über die Medien versuchte, die Öffentlichkeit gegen den Islam einzunehmen, wurden erörtert.[43] Auf arabischen Straßen wurde kolportiert, es sei kein Jude am 11. September im World Trade Center gewesen, was die implizite und geradezu absurde Annahme bedeutet, daß es offensichtlich nicht nur einigen Medienlobbyisten, sondern gleich einer ganzen Religionsgemeinschaft – die jüdische Religionsgemeinschaft als Geheimloge? – möglich sein sollte, sich derartig untereinander zu vernetzen, daß kollektive Strategien möglich sind.[44]

Problematisch an der Kritik derartiger Verschwörungsvorstellungen ist es, daß wir aus historischer Perspektive wissen, daß es solche »Verschwörungen« tatsächlich gegeben hat. Man denke nur an den mit Hilfe der CIA inszenierten Umsturz der iranischen Regierung Mossadegh 1953 oder an die erst vor kurzem von der George-Washington-Universität in Washington, D.C. veröffentlichten Dokumente über die geheimen Gespräche der US-Regierung Ford/Kissinger mit dem indonesischen Diktator Suharto 1975, in denen die USA ihre Unterstützung bei den Übergriffen auf Osttimor signalisierten, die wenig später mehr als zweihunderttausend Menschen das Leben gekostet haben.[45] Man denke aber auch an die immer wieder aufgebrachte These vom Komplott, das zur Ermordung von John F. Kennedy 1963 geführt haben soll. Im konkreten Fall der Terroranschläge vom 11. September ist mittlerweile das Buch von Jean-Charles Brisard und Guillaume Dasquié *Die verbotene Wahrheit*[46] in mehreren europäischen Staaten zum Verkaufsschlager avanciert, weil es – so die Autoren – die Verstrickungen der USA und Großbritanniens mit Osama Bin Laden aufdeckt. Etwa soll, so behaupten die Autoren, London 1996 mit Bin Ladens Hilfe die Ermordung des libyschen Staatschefs Gaddafi geplant haben. Was aber diesseits des Mittelmeers als erlaubte Wahrheitsforschung gilt, kann, wenn es jenseits des Mittelmeers auftritt, nicht in jedem Fall einfach als »Verschwörungstheorie« qualifiziert werden. Auch in arabischen Medien gab und gibt es exzellente und kenntnisreiche Analysen des jüdisch-zionistischen Lobbyismus in den USA, in denen keineswegs ein falsches oder übertriebenes Bild vom Einfluß der Macht der Juden skizziert wird, sondern realistische Einschätzungen des politischen Einflusses bestimmter gut organisierter politischer Lobbyisten einer religiösen Minderheit – eines Einflusses, der es allerdings nicht hat verhindern können, daß es in der Vergangenheit auch positive Veränderungen im westlichen Bild über die Palästinenser gab.[47] Problematisch werden Verschwörungsannahmen nur, wenn sie – wie in den oben geschilderten Varianten 1 bis 3 – trotz fehlender Evidenzen als gesicherte Wahrheiten betrachtet werden und zum Ersatz für sinnvolles politisches Denken herhalten.

Antikriegshaltungen oder: die »Grenzen der Globalisierung«

Während in Staaten wie Deutschland Positionen, die sich gegen die amerikanischen Kriegshandlungen in Afghanistan richteten, eher schwach vertreten waren und sich oft erst dann entwickelten, als eine solche öffentliche Resonanz aufgrund der fortgeschrittenen Ereignisse politisch irrelevant war (siehe oben: Phasenverschiebung des Pazifismus), waren Antikriegshaltungen in der arabischen Öffentlichkeit sehr verbreitet. Ermessen kann man dies etwa daran, daß Medien und Öffentlichkeit in den meisten maghrebinischen Ländern aufgrund der relativen Distanz zu den Krisenherden des Nahostkonflikts, des Irak oder

Afghanistans zwar vergleichsweise nüchtern reagierten, eine bekannte Zeitschrift wie das in Tunesien erscheinende französisch-arabischsprachige Magazin *Realités* in seiner Jahresbilanz den Krieg in Afghanistan aber eindeutig verurteilte. Es bezeichnete ihn als einen Krieg, der diejenigen Werte zerstöre, die er vorgab zu verteidigen. Aus Sicht von *Realités* zeigte sich hier deutlich, daß Versprechen eines »Endes der Geschichte«, die Francis Fukuyama nach der Ost-West-Konfrontation in den USA und weltweit so populär gemacht hatten, da in ihnen die Vision einer gleichmäßig liberalen und gerechten Weltgesellschaft auftauchte, nur noch als neuer Entwurf einer imperialen Weltordnung gedeutet wurden. Afghanistan, so urteilte *Realités*, bedeutete die völlige Unterordnung unter die Entscheidungsgewalt Washingtons.[48]

Interessant an dieser verbreiteten Sicht eines ungerechten Kriegs in Afghanistan mit negativen Auswirkungen auf die Zivilbevölkerung ist, daß sie mit einer Kritik der Globalisierung gekoppelt war. Der Krieg, so die Argumentation, zeigte die Grenzen der Globalisierung auf. Krieg und Terrorismus wurden als direkte Symptome einer Weltordnung betrachtet, die durch eine immer tiefer werdende Kluft zwischen armen und reichen Ländern geprägt war.[49] Solche Überlegungen wurden nach dem 11. September nicht nur im Nahen und Mittleren Osten angestellt, sondern identisch etwa auch auf dem Gründungskongreß der deutschen Sektion der Antiglobalisierungsbewegung *Attac* vertreten.[50] Hier deutet sich an, daß im Westen durch die Ereignisse vom 11. September ein erweitertes Primat der Sicherheits- und Stabilitätspolitik entstanden war, während im Nahen und Mittleren Osten immer deutlicher das Fehlen politisch-konzeptioneller Ansätze zur Neuordnung der politischen und ökonomischen Beziehungen zwischen dem Westen und den islamischen Ländern angemahnt wurde. In der Übereinstimmung des arabischen Mainstreams mit linken Globalisierungsgegnern bezüglich der Analyse der internationalen Beziehungen zeigen sich alte Konstellationen, die in den siebziger Jahren etwa unter dem Begriff der Dritte-Welt-Solidarität firmierten. Übereinstimmung bedeutet jedoch nicht automatisch auch Solidarisierung, zumal die Kulturalisierung und Islamisierung des Diskurses auf weite Teile der Antiglobalisierungsbewegung eher abschreckend wirken dürfte.

III. Schlußbemerkung

Vom Globalisierungszeitalter hatte man angenommen, daß eine konfliktmindernde Vernetzung der Zivilgesellschaften erfolgen würde. Nimmt man die Reaktionen der Öffentlichkeit und Medien auf die Terroranschläge vom 11. September zum Ausgangspunkt, so muß man allerdings eingestehen: Abschottungstendenzen überwiegen. Der Westen und die arabische Welt pflegen hochgradig isolierte Mediendiskurse, die an den entscheidenden Punkten die Fähigkeit vermissen lassen, die Rezeption »des anderen« in die eigene Perspektive zu integrieren und sinnvolle Schlußfolgerungen für die internationalen Beziehungen vorzunehmen.

Zwar herrschte nach den Anschlägen im Grunde Konsens bei der Verurteilung des Terrorismus, doch wurde auf beiden Seiten der Terrorismus, der einem selbst zugefügt wird – hier das World Trade Center, dort die israelische Besatzung usw. – tendenziell als gravierender eingestuft. Und während die eine Seite massiv die Revision der amerikanischen Nahostpolitik in Richtung auf eine gerechtere Lösung von Regionalkonflikten anmahnt, entzieht sich die andere Seite durch einen geradezu spekulativen Diskurs über Zusammenhänge zwischen Islam und Gewalt dieser Herausforderung. Dieses Verhalten führt wiederum zu einer ständigen Drucksteigerung bei amerikafeindlichen wie bei islamfeindlichen Motiven und zu Kettenreaktionen globaler Wahrnehmungsverzerrungen. Öffentliche Wahrnehmung im Orient-Okzident-Gefüge besteht in weiten Teilen aus thematischen Zwangsfixierungen und Verschwörungsformeln. Mit rationaler Verarbeitung haben solche Diskurse oft weniger zu tun als mit öffentlichen Ritualen der Selbstbestätigung und Selbstvergewisserung.

Ein Tag im September

Wen wundert es da, daß angesichts dieses gigantischen Kommunikationsstaus allenthalben Weltpessimismus zum Vorschein kommt: Das Ende des Pazifismus, das Ende der Globalisierung – sind wir wirklich schon so weit?

Anmerkungen

1 *Far Eastern Economic Review*, 8.11.2001, S. 20f.
2 Vgl. u.a. die Kommentare der Organization of News Ombudsmen (ONO); www.infi.net/ono/.
3 Hafez, Kai: Die politische Dimension der Auslandsberichterstattung; Bd. 1: Theoretische Grundlagen, Bd. 2: Das Nahost- und Islambild der deutschen überregionalen Presse. Baden-Baden 2002.
4 Zur Debatte vgl. Paul Wilkinson: The Media and Terrorism. A Reassessment (www.st-and.ac.uk/academic/i.../research/cstpv/publications1c.htm); Shapiro, Shlomo: Medien und Terrorismus. Eine klare Strategie wird benötigt. In: *Internationale Politik* 12/2001, S. 19-24.
5 Vgl. u.a. den Vortrag von Reiner Mayer, Korrespondent der jüdischen Zeitschrift *Aufbruch* in München, anläßlich des Composiums an der Universität Erfurt (www.composium.de).
6 Zum Beispiel *Max*, 29.11. 2001.
7 Hafez, op. cit.
8 Zum Beispiel Titelgeschichten: *Die Woche*, 21.9.2001; *Focus*, 1. 10. 2001; *Stern*, 4.10.2001; *Der Spiegel*, 8.10.2001; *Stern*, 25.10.2001.
9 Zum Beispiel Titelgeschichte: *Der Spiegel*, 22.12.2001.
10 Zum Beispiel *Stern*, 15.11.2001; *Die Woche*, 7.12.2001.
11 Als »frames« bezeichnet man Kernargumentationen, die den »Rahmen« einer Debatte abstecken.
12 *Die Woche*, 23.11.2001, S. 44.
13 Hafez, Kai (Hg.): Mass Media, Politics, and Society in the Middle East (Political Communication Series). Cresskill/NJ 2001.
14 *Al-Ahram Weekly* (Ägypten), 13.-19.9.2001, S. 3.
15 Ebd.
16 *Jordan Times* (Jordanien), 14.-15.9.2001, S. 2.

17 *Al-Ahram Weekly* (Ägypten), 11.-17.10.2001, S. 8.

18 *Al-Ahram Weekly* (Ägypten), 13.-19.9.2001, S. 3.

19 *El-Watan* (Algerien), 16.9.2001, S. 4-5; *El-Watan* (Algerien), 14.-15.9.2001, S. 3.

20 *El-Watan* (Algerien), 16.9.2001, S. 4.

21 *Al-Ahram Weekly* (Ägypten), 18.-24.10.2001, S. 18.

22 Vgl. *Nord-Süd aktuell* 4/2001, darin die Übersicht »Politische Nord-Süd- und Süd-Süd-Beziehungen«.

23 *Jordan Times* (Jordanien), 13.9.2001, S. 4.

24 *Jordan Times* (Jordanien), 14.-15.9.2001, S. 1.

25 *Jordan Times* (Jordanien), 17.9.2001, S. 5.

26 *Al-Ahram Weekly* (Ägypten), 20.-26.9.2001, S. 13.

27 Zum Beispiel *Al-Hayat* (Saudi-Arabien), 15.9.2001, S. 5; *Al-Ahram Weekly* (Ägypten), 13.-19.9.2001, S. 3; *Al-Ahram Weekly* (Ägypten), 20.-26.9.2001, S. 5, 13.

28 *Al-Ahram Weekly* (Ägypten), 20.-26.9.2001, S.4.

29 *Al-Ahram Weekly* (Ägypten), 11.-17.10.2001, S. 10.

30 *Al-Sarih* (Tunesien), 3.1.2002, S. 1.

31 Hafez, op. cit., Bd. 2, S. 212f.

32 *Al-Ahram Weekly* (Ägypten), 20.-26.9.2001, S. 4.

33 Ebd.

34 *Al-Ahram Weekly* (Ägypten), 4.-10.10.2001, S. 14.

35 *Al-Ahram Weekly* (Ägypten), 18.-24.10.2001, S. 7.

36 *El-Watan* (Algerien), 14.-15.9.2001, S. 4.

37 *Jordan Times* (Jordanien), 14.-15.9.2001, S. 1; *Al-Ahram Weekly* (Ägypten), 18.-24.10.2001, S. 6.

38 *Al-Ahram Weekly* (Ägypten), 11.-17.10.2001, S. 8.

39 *Al-Ahram Weekly* (Ägypten), 13.-19.9.2001, S. 3.

40 *Al-Ahram Weekly* (Ägypten), 20.-26.9.2001, S. 19.

41 *Al-Ahram Weekly* (Ägypten), 4.-10.10.2001, S. 10.

42 *Al-Ahram Weekly* (Ägypten), 11.-17.10.2001, S. 19.

43 *Al-Hayat* (Saudi-Arabien), 14.9.2001, S. 4.

44 *Al-Ahram Weekly* (Ägypten), 20.-26.9.2001, S. 19.

45 Vgl. die Übersicht »Politische Nord-Süd- und Süd-Süd-Beziehungen«. In: *Nord-Süd aktuell* 4/2001.

46 Brisard, Jean-Charles/Dasquié, Guillaume: Die verbotene Wahrheit. Die Verstrickungen der USA mit Osama bin Laden. Zürich/München 2002.

47 Unter anderem *Al-Ahram Weekly* (Ägypten), 11.-17.10.2001,
   S. 17.
48 *Realités*, 27.12.2001, S. 16.
49 Ebd., S. 17.
50 www.attac-netzwerk.de/kongress/online.htm.

16. Kapitel

Für einen ehrlichen Dialog mit der arabisch-islamischen Welt

Heiko Flottau

Natürlich ist »der Islam« eine friedfertige Religion. Natürlich sind die Abu-Sayyaf-Rebellen, die auf den Philippinen im Namen des Islam Ausländer entführen, eine zwar zu verurteilende, für den Islam aber nicht repräsentative Minderheit. Natürlich sind die Tschetschenen Freiheitskämpfer, die mit dem Islamismus wenig zu tun haben. Dasselbe gilt selbstverständlich für die Kaschmirrebellen aus Pakistan und für die verschiedenen islamischen Gruppen in Somalia. Alles bedauerliche Einzelfälle – dachten wir. Die libanesische Hizbollah dagegen haben wir schon ernster genommen – weil sie gegen unseren Verbündeten Israel kämpft. Und die Islamische Widerstandsbewegung in Palästina, Hamas, haben wir ebenso wie den Jihad Islami verurteilt, weil sie, wie die Hizbollah, Israelis tötete. Hier, wo es uns selbst betraf, wurde uns »der Islam« – besser: die deformierte Version des Islam – schon etwas suspekter. Dagegen war der Angriff Osama Bin Ladens auf das amerikanische Kriegsschiff *USS Cole* im Hafen der jemenitischen Stadt Aden im Oktober 2000 schon wieder weiter weg und deshalb weniger bemerkenswert, ebenso wie die Angriffe auf die amerikanischen Botschaften in Kenia und Tansania im August 1998. Und den Anschlag auf die US-Kaserne im saudischen Dhahran vom Juni 1996 hatten wir eigentlich schon wieder vergessen. Von Samuel P. Huntingtons These, wonach der Islam »blutige

Grenzen« habe, wollten die meisten von uns – politisch korrekt, wie wir denken – nicht viel wissen. Insgesamt, nun ja, war vielen der Islam zwar nicht sehr sympathisch. Aber da uns, irgendwie, unsere Kultur ja doch beigebracht hatte, andere Kulturen zu beachten und auch zu achten, achteten wir auch den Islam, selbst wenn er uns immer mehr in seiner terroristischen Version gegenübertrat. Dialog mit dem Islam? Natürlich doch. Das gebot unsere Kultur, die politische Vernunft, die moderne Interpretation des Christentums und die nach Jahrhunderten der Kriege gefundene Friedfertigkeit jener, die früher im Namen der christlichen Religion zu Felde gezogen waren – auch gegen den Islam.

Dieses Über-viele-Dinge-Hinwegsehen, diese Toleranz, dieses Verstehenwollen – all das galt bis zu jenem Tag im September, bis zu jenem 11. September 2001, an dem Araber im Namen des Islam die Vereinigten Staaten angriffen und der US-Präsident vom ersten Krieg des 21. Jahrhunderts sprach. Nun müssen wir zur Kenntnis nehmen, daß – nein, nicht »der Islam«, wohl aber eine deformierte Form des Islam – unsere Kultur angegriffen hat. Dieser Tag im September 2001 hat womöglich doch bewirkt, daß »politisch korrektes« Denken politischem Realismus Platz gemacht hat und damit vermutlich erst die Möglichkeiten zu einem ehrlichen Dialog geschaffen. Plötzlich erscheinen die mit dem islamischen Glauben begründeten Gewalttaten von den Philippinen bis nach Palästina doch in einem gewissen Zusammenhang. Plötzlich müssen Stimmen wie die von Muhammad Sayid Tantawi, dem religiösen Führer der Kairoer Al-Azhar-Universität, etwas kritischer beäugt werden, wenn er – zumindest gegenüber seinen westlichen Interviewpartnern – stets behauptet, der Islam sei immer und überall eine überaus friedfertige Religion.

Plötzlich muß man vielleicht doch die Frage diskutieren, warum sich der Islam unmittelbar nach dem Tod seines Propheten durch territoriale Expansion, mit Gewalt also, das frühe Christentum aber durch meist friedliche Missionare und Märtyrer ausgebreitet hat (bevor Karl der Große bei Verden an der Aller viertausend heidnische Sachsen abgeschlachtet hat). Plötzlich nehmen wir kritisch zur Kenntnis, daß ein Staat wie Saudi-Arabien zwar großzügig überall in Europa den Bau von Moscheen finanzieren darf, selbst aber keinen einzigen Kirchenbau auf seinem Territorium zuläßt. Und plötzlich wird der aufmerksame Beobachter gewahr, daß ungefähr jedermann im Islam seine Religion auslegen kann, wie er will. Wann und wie und wo ein islamischer Jihad, ein gerechter Heiliger Krieg, zu führen ist, das wird oft nach politischer Opportunität und nicht nach strengen Glaubenssätzen entschieden. Eine zentrale Glaubensinstanz wie den Vatikan oder wie die lutherischen Landeskirchen in Deutschland gibt es nicht. Jedenfalls hat jene Institution, welche sich Islamische Weltkonferenz nennt, nicht annähernd jene Autorität, die christliche Institutionen ähnlicher Art haben. Und wer in der islamischen Welt, zumindest in der arabisch-islamischen Welt, den Freitagspredigten lauscht, der hört viel von »Juden und Nazarenern«, denen es entgegenzutreten, viel vom Kampf gegen den Unglauben, den es zu führen gelte; und der erinnert sich auf einmal daran, daß sich der Islam eigentlich für die überlegene Religion hält. Großzügig, so muß man es ironisch ausdrücken, »erkennt« der Islam Moses und Jesus als Propheten an. Aber vollendet hat die jüdische und die christliche Religion nach Auffassung vieler Muslime der Islam. Und Muslime handeln nach dieser Überzeugung – wenn sie etwa verlangen, daß in einer Ehe der Mann (im Verständnis orientalischer Gesellschaften also der Führer der Familie) Muslim zu sein habe. Freilich galt bis vor einigen Jahrzehnten auch die umgekehrte Gleichung. Noch in den fünfziger Jahren war es hierzulande fast inakzeptabel, wenn ein Protestant eine Katholikin heiratete. Eine Ehe mit einem Muslim war ohnedies ganz und gar verpönt. Und natürlich gab es auch im Christentum die Lehre vom »gerechten«, mithin Heiligen Krieg. Das alles ist fast in Vergessenheit geraten.

Diese noch bis vor kurzem bestehenden westlichen Defizite müssen erwähnt werden, wenn man sich heute kritisch mit »dem Islam« auseinandersetzen will. Diese Defizite auf unserer Seite wurden wohl auch deshalb so schnell vergessen, weil die tiefgreifende Entwicklung der Säkularisierung inzwischen zu einem gewissen Abschluß gekommen ist. Deutlicher als je zuvor ist mit dem 11. September 2001 mithin klargeworden, daß, wer den Dialog zwischen dem Islam und dem Westen fordert, zunächst einmal nach dem Wesen der beiden Dialogpartner fragen muß. Vor allem ist zu klären, wer mit wem diskutieren soll, wobei der Dialog ein Mittel zur Vermeidung oder Lösung von Konflikten ist.

Die meisten Regierungen der arabisch-islamischen Welt, etwa in Ägypten oder Saudi-Arabien, sind vom Westen abhängig – Ägypten finanziell, das saudische Regime militärisch. Die Beziehungen mit diesen Regierungen beruhen auf politischer Opportunität, auf nationalen Interessen, die sich gegenseitig ergänzen. Gefahr geht nicht von Regimen wie dem saudischen oder dem ägyptischen aus, sondern, weltweit, von Organisationen wie Al-Qaida und regional von Gruppen wie Hizbollah, Hamas und Jihad Islami. Al-Qaida ist kein Diskussionspartner. Doch wie steht es mit nahöstlichen Organisationen wie der Hamas? Sie verstehen sich, derzeit wenigstens, als Befreiungsorganisationen, nicht aber als Instrument des weltweiten Kampfes gegen den Westen. Sind sie ein Dialogpartner – und sei es nur mit dem Ziel, weiteres Blutvergießen zu verhindern? Im übrigen: Achtzig Prozent aller Muslime leben außerhalb der arabischen Welt – in Pakistan, Indien, Malaysia, Indonesien und anderen Ländern. Mit wem soll der Dialog geführt werden – mit den Regierungen, den Imamen an den Moscheen, mit den dortigen Fundamentalisten, mit den verarmten und benachteiligten Massen?

Damit sich ein Dialog nicht in höflichen, politisch korrekten Floskeln gegenseitiger Wertschätzung erschöpft, müssen sich die Partner von Anfang an über die Unterschiede, die sie trennen, ebenso bewußt sein wie über die Gemeinsamkeiten. Das Fundament Westeuropas und Nordamerikas ist eine säkulare Gesellschaftsform, in der Religion zur Privatsache geworden ist. Grundlagen dieser Gesellschaften sind Pluralismus, Demokratie, Wissenschaft, Wissen. Nirgendwo ist die Religion, das Christentum, eine Staatsideologie – auch wenn es in England eine anglikanische Staatskirche gibt und der britische Premier, das Oberhaupt dieser Kirche, den Erzbischof von Canterbury, ernennt. Wohl aber stammen die Werte dieser Gesellschaften auch aus dem Christentum. Basis für diese Gesellschaften ist jedoch das Wissen, nicht mehr der Glaube. Die meisten islamischen Gesellschaften dagegen sind, wie etwa in Ägypten, auf dem Glauben, auf dem religiösen Gesetz aufgebaut. Der Islam ist dort Staatsreligion, und die Scharia, die Gesetze des Koran, ist die Hauptquelle der Gesetzgebung. Glaube, persönliche Frömmigkeit – im Westen oft als Relikt einer vergangenen Epoche abgetan – bestimmen oft das persönliche Leben; häufigste Lektüre in der U-Bahn Kairos beispielsweise ist der Koran. Säkularisierung, Trennung von Staat und Religion, von Staat und Glauben ist für viele Muslime zumindest problematisch. Zu einer Säkularisierung, sagen viele gläubige Muslime, sei es im Westen nur deshalb gekommen, weil sich die christliche Priesterschaft dem Luxus und der Sünde hingegeben habe. Im Orient, so lautet das Argument, habe es solche Irrwege der *ulema*, der Geistlichkeit, nicht gegeben. Trennung von Staat und Kirche sei mithin überflüssig. Folgerichtig durchzieht die gesamte muslimische Geschichte die Forderung, geistliche und weltliche Herrschaft müßten eigentlich in einer Hand liegen.

Nicht zuletzt auf dieses Axiom geht die sogenannte Reislamisierung in einem Land wie Ägypten zurück. Dagegen haben die Kirchen des Westens die Trennung von Kirche und Staat, die Säkularisierung, wenn auch zähneknirschend, akzeptiert. Heute fällt diese Akzeptanz um so leichter, als sich im Westen überall demokratische Gesellschaftsformen durchgesetzt haben. Diese Strukturen garantieren, weitgehend jedenfalls, daß sich der Wille der Bevölkerung in der Regierung widerspiegelt. Anders ist dies hingegen in vielen islamischen Ländern, insbesondere in der arabisch-islamischen Welt; hier herrschen Diktaturen. Die Niederlage der arabischen Staaten gegen Israel im Junikrieg von 1967 bedeutete auch eine Niederlage für die damals dominierenden Ideologien des arabischen Nationalismus und des Sozialismus. An ihre Stelle trat allmählich der Islamismus. In der Abwesenheit anderer politischer Ideologien wurde der Islamismus zum Vehikel politischer Opposition gegen undemokratische Regime. Die Politisierung des Islam ist somit auch eine Konsequenz der autoritären Strukturen und des sozialen und wirtschaftlichen Versagens dieser Regime. Ob die Protagonisten dieser islamischen Opposition, einmal an der Macht, dann selbst demokratisch regieren würden, ist allerdings ganz und gar nicht sicher.

Wer den Dialog sucht, muß sich vorher darüber im klaren sein, daß es nicht oder nicht einfach um einen akademischen Dialog geht. Es geht um den Dialog zwischen Menschen mit unterschiedlichen Religionsauffassungen, um den Dialog zwischen demokratischen und undemokratischen Gesellschaftsformen, um den Dialog zwischen zwei Religionen, die jede für sich in Anspruch nimmt, die überlegene zu sein. Es geht um den Dialog zwischen Zivilisationen, die sich seit Entstehung des Islam, seit gut zwölf Jahrhunderten also, aneinander reiben und Kriege gegeneinander geführt haben. Schließlich – und dies ist vielleicht das wichtigste Kriterium – geht es um einen Dialog zwischen zwei Zivilisationen, von denen die eine, die westliche, einen uneinholbaren technologischen Vorsprung erzielt hat. Wer diesen Dialog ernsthaft führen will, muß sich auch mit den Beziehungen der beiden Kulturen in den letzten zwei Jahrhunderten befassen.

Im 17. Jahrhundert hatte sich der Westen gegen die Expansion des Osmanischen Reiches wehren müssen. Ende des 18. Jahrhunderts dagegen begann die militärische, wirtschaftliche und vor allem kulturelle Expansion des Westens in eine immer noch relativ geschlossene und stagnierende muslimische Welt. Dieser Einbruch begann mit einer eigenartigen Proklamation: »Im Namen Gottes, des barmherzigen Erbarmers! Es gibt keinen Gott außer Gott.« Osama Bin Laden hat diesen Satz hunderte Male ausgesprochen, Ayatollah Khomeini ebenso – und mit ihnen Millionen von Muslimen. Doch am 9. Juli 1798 war es ein europäischer Eroberer – und Revolutionär –, der mit diesem islamischen Glaubensbekenntnis in die muslimische Welt einbrach. Um seinen missionarischen Impetus, mit dem er die europäische Kultur in den Orient trieb, noch zu unterstreichen, datierte er die Erklärung auf den 13. Messidor des Jahres 6 nach Errichtung der Französischen Republik. Napoleon I. war in Ägypten gelandet, verhieß den Muslimen die Segnungen des europäischen Fortschritts und drohte zugleich, daß jedes Dorf, das sich gegen das französische Heer wehre, »mit Feuer verbrannt« werde. Mit diesem später immer wieder befolgten Handlungsmuster begann vor gut zwei Jahrhunderten eine neue Phase der Begegnung oder auch der Konfrontation Europas mit der muslimischen Welt.

Gut drei Jahrzehnte später schrieb ein Mann namens Rifaa Rafi at-Tahtawi über einen fünfjährigen Aufenthalt in Paris folgende Sätze: »Die Länder der Franken haben, zum Beispiel, die höchste Stufe der Meisterschaft in den mathematischen, physischen und metaphysischen Disziplinen – in der Theorie wie in der Anwendung – erreicht.« Scheich Rifaa Rafi at-Tahtawi war von seinem ägyptischen Herrscher, Muhammad Ali, nach Europa geschickt worden. Der Muslim Muhammad Ali wollte das muslimische Ägypten von Grund auf modernisieren. »Zur Zeit der Kalifen«, schrieb Scheich Tahtawi damals weiter, »waren wir das vollkommenste aller Länder.« Nun aber müsse man feststellen, daß alle jene Wissensgebiete, »die jenen Franken vollkommen vertraut und bekannt« seien, »bei uns nur mangelhaft ausgebildet oder gänzlich unbekannt sind«. Ein Paradox: das von Frankreich überfallene Ägypten schickte Wissenschaftler in das Land des Aggressors, um seine eigene, wie Tahtawi schrieb, »Unwissenheit« zu überwinden. Denn fast unbemerkt von der muslimischen Welt hatte sich erst südlich der Alpen in Italien und danach auch nördlich der Alpen eine kulturelle Revolution vollzogen. Während die muslimische Welt, besonders im Vorderen Orient, und andere Kulturen ihre Glanzzeit hinter sich gelassen hatten, führte die wissenschaftliche und industrielle Umwälzung in Westeuropa allmählich zu einer ganz neuen Form von Gesellschaft. Die Schlüsselworte lauteten: wissenschaftliche Denkweise, industrielle, produktive, kosteneffektive Herstellung von Gütern. Die Folge war die allmähliche Ablösung der Agrargesellschaft durch die Industriegesellschaft. Als sozusagen ideologisches Beiprodukt entwickelten sich Ideen wie Demokratie, Menschenrechte, Säkularismus. Europa befreite sich aus der »Nacht der Unwissenheit«, indem es die Macht religiöser Doktrinen überwand, von denen man glaubte, daß sie den neu entdeckten Fortschritt behinderten. Mit der Kolonisierung Amerikas hatte sich Europa bereits eine »neue Welt« geschaffen.

Die islamische Welt dagegen verharrte aus europäischer Sicht gesehen in ihrer »Stagnation«. Als etwa das wissenschaftliche Team, das Napoleon mit nach Ägypten gebracht hatte, die Fischarten des Nils erforschen wollte, erklärte ein Scheich der Al-Azhar-Universität dieses Unterfangen für überflüssig: seit den Zeiten des Propheten wisse man alles über die Fische des Nils. Mit Blick auf die Menschen der sogenannten Dritten Welt fragen heute die Menschen des Westens, die Menschen aus der Welt der Technik, der Datenbanken, des durchorganisierten täglichen Lebens und der parlamentarischen Demokratien: »Warum sind die nicht so wie wir? Was haben die falsch gemacht? Warum sind ihnen unsere Errungenschaften so fern?« Allerdings geht die Frage nach diesem *cluster of absences*, wie das amerikanische Wissenschaftler genannt haben, nach dem Fortschritt, den andere nicht gemacht haben, von einem Geschichtsverständnis aus, in dem Europa und Nordamerika im Mittelpunkt stehen und in dem seine relativ neuen industriellen und demokratischen Lebensformen das Maß aller Dinge sind. Historisch und im Weltmaßstab gesehen, ist die europäisch-amerikanische Lebensform eine Novität – und eine Rarität. Die Mehrheit der Weltbevölkerung, insbesondere die islamischen Glaubens, lebt in Gesellschaften, in denen die Ein- und Unterordnung in einen größeren Herrschaftsverband – Familie, Sippe – weiter dominiert.

Wer den Dialog zwischen »dem Westen« und »dem Islam« (wieder aufnehmen) will, der muß sich also zunächst der höchst unterschiedlichen Strukturen der beiden Gesellschaftsformen bewußt werden. Der simple Satz »Im Abendland weiß man, im Orient glaubt man« umschreibt noch heute ganz gut diesen Unterschied. Welche Voraussetzungen müssen gegeben sein, um diesen Dialog aufzunehmen? Der Westen muß von der Vorstellung Abstand nehmen, daß andere Kulturen so funktionieren müssen wie seine eigene. Er muß anerkennen, daß nicht überall auf der Welt westliches Denken, westliche Werte gelten. Er muß die Existenz anderer, andersartiger Kulturen zur Kenntnis nehmen und anerkennen, daß diese Kulturen gleichwertige Lebensformen hervorgebracht haben. Er muß dementsprechend aufhören, vom Islam eine Aufklärung zu fordern, wie sie der Westen erlebt hat. Es gibt nur selten parallele kulturelle Entwicklungen. Die Aufklärung war eine spezifisch abendländische Erscheinung, die sich so in der islamischen Welt nicht wiederholen wird. Eine Kopie des Westens wird und soll die islamische Welt nicht werden.

Gleichzeitig muß der Westen einräumen, daß seine technologische und die daraus resultierende wirtschaftliche und politische Dominanz – die sich konkret in der nahezu einseitigen Unterstützung Israels gegen die Palästinenser ausdrückt – in der islamischen Welt notwendigerweise auf Ablehnung stößt und Ressentiments hervorruft, die letztlich dazu beigetragen haben, einen Mann wie Osama Bin Laden zu kreieren. Der Westen muß auch offen darüber diskutieren, daß im Afghanistankrieg von den USA Menschen für ein Verbrechen bestraft wurden, an dem sie unschuldig sind. Tausende von toten afghanischen Zivilisten mußten dafür büßen, daß Saudi-Arabien, die CIA und der pakistanische Geheimdienst einst die Taliban großgezogen und mit ihren erheblichen Geldzuwendungen dazu beigetragen haben, daß Osama Bin Laden sein Al-Qaida-Netzwerk aufbauen konnte.

Um einen fruchtbaren Dialog zu ermöglichen, muß auch die islamische Welt auf einige liebgewordene Gewohnheiten verzichten. Sie muß ihr Selbstmitleid ablegen. Noch immer betrachtet sie sich als Opfer des Westens. Doch Opfer wird oft nur, wer selbst schwach, uneins, zerstritten ist und nichts dazu beiträgt, die eigenen Schwächen zu überwinden. Die islamische Welt muß damit aufhören, überall nur Verschwörungen der CIA, des israelischen Geheimdienstes Mossad oder der Juden insgesamt zu sehen. Die islamische Welt muß zur Kenntnis nehmen, daß es, anders als viele Menschen immer noch behaupten, den Holocaust mit seinen sechs Millionen ermordeten Juden tatsächlich gegeben hat. Und in der islamischen Welt muß die Bereitschaft entstehen, sich ebenso intensiv mit dem Christentum und Judentum auseinanderzusetzen, wie das die westliche Welt mit dem Islam tut. Nach dem 11. September 2001 etwa sind die Verkaufszahlen von Büchern, die sich mit dem Islam befassen, in Deutschland rapide gestiegen. Ein ähnliches Interesse am Christentum, am Judentum oder ganz allgemein an westlichen Gesellschaftsformen ist in der islamischen Welt bislang nicht zu erkennen. Und letztlich muß die islamische Welt den Zwiespalt verarbeiten, daß sie einerseits die High-Tech-Geräte der westlichen Welt mit Enthusiasmus nutzt, die Kultur aber verachtet, welche diese Geräte hervorgebracht hat. Die tief verschleierte Frau mit dem Handy am Ohr wird ein Widerspruch bleiben, der so schnell nicht zu lösen ist.

17. Kapitel

Über den Abbau von Vorurteilen

Mahmoud Hamdi Saksuk

Die internationalen Reaktionen auf die Anschläge von New York und Washington gehen oft in eine falsche Richtung. Es gilt daher, die medienwirksame und somit besonders gefährliche Behauptung über einen vermeintlichen Zusammenhang zwischen dem Islam und den Attentätern zu entkräften.

In den Monaten nach den Anschlägen mußte ich mich immer wieder mit der diskriminierenden Feststellung westlicher Kommentatoren auseinandersetzen, der Islam fördere Intoleranz, rufe zu Gewalt auf und praktiziere alle Arten von Diskriminierung. Die islamischen Wertevorstellungen, so heißt es, seien entwicklungsfeindlich und erlaubten es den Muslimen nicht, mit den Herausforderungen und Notwendigkeiten des 21. Jahrhunderts fertig zu werden.

So gänzlich neu sind diese Anschuldigungen nicht; man kann sie bis ins Mittelalter zurückverfolgen. Je nach politischer Opportunität werden sie wieder hervorgekramt. Umgekehrt verbreiten politisch motivierte Extremisten gelegentlich auch in der islamischen Welt vergleichbar verwerfliche Ansichten über andere Religionen und Weltanschauungen. Dieser wissenschaftlich unfruchtbare Schlagabtausch der Unverbesserlichen, der sich nicht selten auf rein konfessionelle Traditionen und ethnisch-nationale Befindlichkeiten konzentriert, sollte besser als politischer Ballast abgestreift werden«, der schon immer den menschlichen Evolutionsprozeß behindert hat – ohne ihn allerdings ernsthaft in Frage zu stellen.

Doch seit dem 11. September 2001 reicht diese zeitgeschichtlich-analytische Sicht nicht mehr aus. Denn die ungeheuren Geschehnisse vom 11. September führen, wenn nicht rechtzeitig gegengesteuert wird, zu einer sachlich ungerechtfertigten, kulturell und politisch jedoch gefährlichen Langzeitentwicklung, die uns allen, die wir uns dem friedlichen Aufbau einer emanzipierten Menschheitsgesellschaft verschrieben haben, den Willen zu einer gemeinsamen Aktion abverlangt.

Jeder fange bei sich an, denn religiöse oder soziopolitische Irrlehren haben, wie uns die jüngste Geschichte gezeigt hat, fast alle Kontinente und Kulturräume beschäftigt und sogar Weltkriege ausgelöst. Ich habe den größten Teil meines Lebens damit zugebracht, falsche Islamkonzeptionen, die in der islamischen Welt für Konflikte sorgten und zum Teil noch heute von beunruhigender Relevanz sind, aufzudecken und zu korrigieren.

Der Kampf gegen religiös verbrämtes faschistoides Gedankengut, gegen Volksverhetzer mit dem Heiligen Buch in der Hand, muß weitergehen. Glücklicherweise beteiligen sich immer mehr Wissenschaftler und glaubwürdige Aufklärer an dieser Kampagne. Das mag etwas Missionarisches an sich haben, aber es geht um Klarstellungen, die heute notwendiger denn je sind und einen konzentrierten Einsatz verlangen. Diese Klarstellungen sind relativ einfach. Doch gezielt eingepflanzte falsche Islaminterpretationen sitzen manchmal tief, je nach der Verbohrtheit derjenigen, die versuchen, die Gläubigen zu manipulieren. Darum ist es so wichtig, selbst religiöse Binsenweisheiten immer wieder zu betonen.

Der Koran ruft nicht zur Gewalt auf, das weiß jeder ernstzunehmende Islaminterpret. Doch dieses Faktum sollte ständig wiederholt werden, um denjenigen das Wasser abzugraben, die den Islam für ihre persönlichen Ziele instrumentalisieren. Die vermeintlichen »Beweisstücke«, mit denen sie aufwarten, sind Suren, die aus dem Zusammenhang gerissen sind. Wichtig ist, daß die Koranverse zeitgemäß ausgelegt werden, was oft nur von Linguisten geleistet werden kann. Denn die sprachlichen Bilder, die auf der Arabischen Halbinsel vor eintausendvierhundert Jahren benutzt wurden, haben heute mitunter eine gegenteilige Bedeutung.

Das Beispiel des immer wieder gern mißbrauchten Begriffs Jihad, gemeinhin mit »Heiliger Krieg« übersetzt, zeigt, wie Fehlübersetzungen und demzufolge auch wahrheitsentstellende Analysen zustande kommen. Dabei hatte kein Geringerer als der große deutsche Islamexperte Albrecht Noth in einer allen Interessierten zugänglichen Studie klipp und klar nachgewiesen, daß unter Jihad heutzutage nichts anderes zu verstehen sei als »die moralische und geistige Anstrengung«. Doch das paßt vielen politisch ambitionierten Möchtegern-Islamexperten nicht. Sie profilieren sich lieber mit forschen Parolen, die zweckentfremdet wurden und daher mit unseren wirklichen Glaubensinhalten nicht mehr viel zu tun haben.

Wenn sich die Mörder vom 11. September auf Koranzitate berufen, dann versündigen sie sich. Ein böswilliger Sachkenner hat natürlich die Möglichkeit, durch willkürlich zusammengestellte und ihrer ursprünglichen Bedeutung beraubte Suren oder Hadithe (überlieferte Aussprüche des Propheten) die ungebildeten Massen irrezuführen und sogar Verbrechen zu rechtfertigen. Daher sind aufgeklärte Islamwissenschaftler, die aufgrund ihres Wissens mehr als andere in der Lage sind, gefährliche Vorurteile abzubauen, in dieser Situation besonders gefordert.

Die durch die Anschläge ausgelöste weltweite Kampagne gegen den Terror wird von bestimmten Kreisen als Feldzug gegen den Islam verstanden und als »Angriff des Westens auf den Islam« dargestellt. Derartige Einschätzungen und Behauptungen sind zwar falsch, dienen aber als Propagandawaffen von Gruppen, die unwissende Muslime für ihre politischen Konzepte mit einer erlogenen religiösen Motivation gewinnen wollen. Genau das macht Osama Bin Laden, wenn er seine Verbrechen als Teil eines Abwehrkampfes der islamischen Welt gegen das »antiislamische« Amerika im besonderen und gegen den angeblich »ketzerischen Westen« im allgemeinen rechtfertigt.

Jeder einigermaßen mit den Grundzügen des Islam vertraute Muslim weiß, daß die Argumentation Bin Ladens schon deswegen verbrecherisch ist, weil es im Koran heißt »wer einen einzigen unschuldigen Menschen tötet, tötet die ganze Menschheit«. Ein Muslim, der seine Religion ernst nimmt, weiß, daß die Anschläge vom 11. September ein Massenmord waren, eine tausendfache Mißachtung der obersten islamischen Prinzipien; alle Opfer waren unschuldige Menschen. Leider haben sich islamische Prediger jedoch hier und da, zum Beispiel in Pakistan, dazu herabgelassen, die offenbar gewollte Konfusion zwischen Glaubensinhalten und politischen Themen zu fördern und Osama Bin Ladens Verbrechensserie den Gläubigen gegenüber als eine legitime islamische Antwort auf politische Vorgänge zu rechtfertigen.

Wir müssen jedoch gerade in diesen Zeiten der blindwütigen Schuldzuweisungen unserer Pflicht nachkommen, die Suren des Heiligen Buches auf ihren Ursprung, auf den jeweiligen Anlaß zurückzuführen, der diesem oder jenem Vers zugrunde liegt. *Asbab at-Tanzil*, die wissenschaftliche Erklärung der Enstehungsgeschichte der verschiedenen Suren, muß wieder in den Vordergrund gerückt werden, so wie es vor der Verbreitung politisierter Islamistendogmen die Regel war. Wenn wir das nicht tun, gerät unsere Religion in Verruf – ein Schicksal, das alle Religionen teilen, die von machthungrigen Politikern instrumentalisiert werden. Überlaßt das Feld nicht den Scharlatanen!

18. Kapitel

Der Islamismus und Osama Bin Laden

Volkhard Windfuhr

Die apokalyptischen Bilder der grauenvollen Anschläge vom 11. September haben sich tief in die Köpfe und Seelen vieler Millionen Menschen eingegraben. Die Fernsehauftritte des wahrscheinlich Hauptverantwortlichen, des Islamisten Osama Bin Laden, und die Ergebenheitsbekundungen von Sympathisanten in seiner Heimat Saudi-Arabien und anderen islamischen Ländern katapultierten das Reizthema Islam wieder in das Zentrum des öffentlichen Interesses. Dies geschah abrupter denn je zuvor, verbunden mit einer – nicht nur mediengeschürten – alten Angst, die viele andere Ängste der durchaus krisengewohnten Menschheit überschattet.

Nach den Anschlägen von New York und Washington löste das Thema Islam ein überdurchschnittliches Interesse aus, ein Konfliktstoff, der in Deutschland bereits seit Jahrzehnten die Gemüter erhitzt – wenn auch meistens nur infolge der gelegentlich aufkeimenden Konflikte mit islamisch orientierten türkischen Gastarbeitern sowie auch im Zusammenhang mit dem in unregelmäßigen Abständen eskalierenden arabisch-israelischen Dauerkonflikt. Eine Vielzahl bekannter und weniger bekannter Autoren sowie verschiedene Möchtegernexperten produzierten eine wahre Flut von Publikationen, die noch keineswegs abgeebbt ist. Die Vielfalt der Veröffentlichungen hat jedoch die Irritationen und Unklarheiten im Umgang mit dem Islam nicht beseitigt. Im Gegenteil: Existierende Vorurteile wurden in vielen Fällen weiter gefestigt, während spezifische Begriffsbestimmungen nicht selten falsch interpretiert wurden.

Eine Religion wird zum Gesprächsgegenstand, wenn in ihrem Namen und in ihrem Umfeld eine außergewöhnliche Entwicklung einsetzt, die Veränderungen herbeiführt und zu einem Phänomen wird, das den herkömmlichen Rahmen sprengt – zumal dann, wenn ein Prozeß einsetzt, der ganze Länder, Regionen und Gesellschaften in seinen Sog zieht. Genauso verhält es sich gegenwärtig mit dem Phänomen Islam. Vor allem die virulenten Ereignisse vom September 2001 ließen bei Millionen von Menschen schlagartig den Eindruck entstehen, daß das Element der Gewalt ein Charakteristikum des Islam sei – sozusagen Teil des islamischen Credo. Hierbei handelt es sich jedoch um ein gefährliches Pauschalurteil und eine moralische Abwertung, wie sie nur unter dem Eindruck einschneidender Ereignisse entstehen können.

Das Thema Religion und Gewalt hat im sich christlich empfindenden Westen einen Großteil seiner Relevanz verloren, von betrüblichen Ausnahmen wie im ehemaligen Jugoslawien und in Irland abgesehen. Unterschwellig spielt der Faktor Religion in der Politik zwar immer noch eine Rolle – zum Beispiel in der Wertediskussion –, doch auf der Prioritätenliste der Wähler dominieren heute andere Anliegen.

In der islamischen Welt hat die Religion dagegen auch in der Politik immer noch einen hohen Stellenwert. Das erklärt, warum es im islamischen Kulturkreis noch vergleichsweise intakte Gesellschaften gibt. Der starke Religionsbezug hat jedoch auch eine Kehrseite, beispielsweise in der Form, daß skrupellose Politiker die religiöse Empfänglichkeit der Massen für ihre Rivalitäten im Machtpoker mißbrauchen. Der erst vor wenigen Jahren zu Ende gegangene blutige Bürgerkrieg im Libanon zwischen Christen und Muslimen, die Gewaltausbrüche unter sunnitischen und schiitischen Muslimen in Pakistan und Afghanistan sowie die religiös motivierten Kleinkriege in Nigeria und anderen westafrikanischen Ländern sind das Ergebnis einer gezielten Verquickung von Islam und Politik. Die Kraft, die hinter diesem physisch erfahrbaren islamischen Aufbegehren steht, hat einen Namen: Islamismus. Alle, die sich mit islamischer Militanz befassen, berufen sich auf diese mystische Vokabel: das neue Modewort fehlt in keiner aktuellen Islamabhandlung, und jeder wirkliche oder vermeintliche Experte führt es wie ein Zauberwort im Munde, mit dessen Hilfe sich alles geheimnisvoll Anmutende im Dunstkreis dieser Militanz von selbst erklärt. Das ist um so erstaunlicher, als es eine gemeingültige Definition für den Begriff noch gar nicht gibt. So berichteten viele Tageszeitungen von algerischen »Islamisten«, die westlich der Hauptstadt Algier dreizehn Zivilisten ermordet hatten, um am gleichen Tag die gegen eine hohe Kaution erfolgte Freilassung des »bekannten iranischen Islamisten Ibrahim Yazdi« publik zu machen, der die Öffnung des Regimes in Richtung Meinungsfreiheit und westlicher Demokratie anstrebt. Eine andere Zeitung erinnerte zeitgleich daran, daß der vor kurzem einem Attentat zum Opfer gefallene rechtslastige niederländische Oppositionspolitiker Pim Fortuyn einen Rotterdamer Prediger einen »Islamisten« genannt habe, der ihn, Fortyun, wegen seiner nicht verheimlichten Homosexualität kritisiert habe.

Was sind Islamisten nun aber wirklich? Sind sie kaltblütige Mörder, die, wie in Algerien an der Tagesordnung, Andersdenkende bestialisch umbringen und nicht einmal vor unbeteiligten Bürgern haltmachen? Oder gehören Islamisten in die Rubrik religiöser Reformer, die sich gegen islamische Hardlinerregime – etwa gegen die Herrschaft radikaler Mullahs im Iran – auflehnen und eine demokratische Öffnung westlichen Zuschnitts herbeisehnen?

Der Begriff »Islamismus« ist erst seit wenigen Jahren in Wörterbüchern und Enzyklopädien verzeichnet. Verwechslungen mit anderen Termini wie »Fundamentalismus« und »Integrismus« (»Orthodoxe« und »Muslime, die alle Lebensbereiche in ihr Islamverständnis mit einbeziehen«) erschweren auch heute noch die Zuordnung und, daraus folgend, die analytische Darstellung und Bewertung der »Islamisten«.

Es läßt sich sagen, daß der Islamismus heute ein politisch-religiöses Dogma ist, das den Gläubigen in der islamischen Welt die Errichtung radikalislamischer Staatswesen anstelle der bestehenden Regime zur religiösen Pflicht macht. Die Zuhilfenahme von Gewalt ist nach islamistischem Selbstverständnis erlaubt, da sie ja – wie die Politiker den Gläubigen eingeredet haben – Allahs Willen in die Tat umsetzt. Demokratische Normen nach westlichem Zuschnitt lehnen Islamisten als antiislamisch ab.

Islamistische Experimente gab es bereits in der Frühzeit des Islam, so wie auch im Abendland christliche Machtpolitiker theokratische Herrschaftssysteme ausprobierten. Die Vorläufer der Islamisten unterschieden sich denn auch in nichts von intoleranten Eiferern des neuzeitlichen Europa wie Girolamo Savonarola oder Johannes Calvin; der gemeinsame Nenner war tumbe Repression im Namen der Religion als Garant der Machterhaltung.

Der militante politische Islam erhielt vor allem Auftrieb im 19. und 20. Jahrhundert, als der Widerstand gegen die europäischen Kolonialmächte eine Rückbesinnung auf die eigene Kultur und den Islam, »die Religion der Unterdrückten«, mit sich brachte. Der Kampf um die politische Unabhängigkeit hatte in der Tat fast immer eine religiöse Komponente. Doch wo immer Nationalisten und politisch ambitionierte Muslimführer eine Aktionsfront gegen die fremden Ausbeuter bildeten, kam es bald zu internen Konflikten: Die islamistischen Partner begnügten sich nicht mit dem erreichten Ziel der Unabhängigkeit, sie wollten vielmehr die ganze ungeteilte Macht, und das mit einer von ihnen monopolisierten islamischen Legitimation.

Die Islamisten kamen jedoch nicht immer zum Zuge. Im algerischen Befreiungskrieg hatte es die laizistisch geprägte Nationale Befreiungsfront FLN (*Front de Libération Nationale*) von Anfang an verstanden, den islamistischen Einfluß in engen Grenzen zu halten. Erst die behutsame politische Öffnung der achtziger Jahre, von der zu Beginn nur die Anhänger der später gegründeten Islamischen Heilsfront FIS (*Front Islamique du Salut*) profitieren durften, bescherte den Islamisten wieder politischen Spielraum. Subventionen aus Saudi-Arabien und ein diktatorischer Führungsstil gegenüber Abweichlern und Andersdenkenden ließen die Heilsfront zur stärksten politischen Kraft aufsteigen. Parteichef Abassi Madani sprach sich gegen die Übernahme »unislamischer westlicher Praktiken« aus, sein Stellvertreter Ali Benhadsch verlangte bereits das Verbot »unislamischer« Parteien – Islamismus pur.

Die schlagkräftigste Islamistenorganisation entstand jedoch 1928 in Ägypten: die Muslimbruderschaft. Von Anfang an arbeitete die nach dem Führerprinzip aufgebaute islamistische Kaderschmiede auf die Machtübernahme hin. Das Fernziel der militanten Vereinigung war und ist nach wie vor die Errichtung eines islamischen Großreiches vom Atlantik bis zu den Philippinen. Zunächst schuf sich die straff geführte Organisation, ausgehend von ihrer ägyptischen Basis, schrittweise Brückenköpfe in der islamischen Welt mit Schwerpunkten in Syrien, den Golfstaaten, im Sudan und nach der Teilung des indischen Subkontinents auch in Pakistan.

Von der ägyptischen Revolutionsregierung 1952 als einzige politische Partei zugelassen – aber bereits 1954 nach einem blutigen Putschversuch verboten und verfolgt –, ging die Bruderschaft, heute der Prototyp islamistischer Organisationen, in den Untergrund und somit in Wartestellung. Das funktionierte sogar im Ausland, zum Beispiel in Pakistan. Dort war die Saat der Muslimbrüder aufgegangen, und schon bald gewannen die geschickten Koranpolitiker Einfluß in Staat und Armee.

Der von den USA unterstützte Feldzug der Islamisten gegen das marxistische Regime in Kabul ermöglichte es dem islamistischen Kern der Mudschahedin (»Gotteskämpfer«), sich auf spätere Einsätze in ihren Heimatländern vorzubereiten. Die islamistische Unterwanderung Pakistans und Afghanistans ging zügig voran; das Gedankengut der Muslimbruderschaft und ihrer zahlreichen Ableger fand rasche Verbreitung – ohne jedwede Kontrolle.

Einer der geistigen Ziehväter des Islamismus war der pakistanische Islamvordenker Abu Ala al-Maududi. Auch der gegenwärtig meistgesuchte Islamist, Osama Bin Laden, wurde nach eigenem Bekunden von den Schriften Maududis »zum wahren Islam bekehrt«. Natürlich vertritt auch Bin Laden die radikalen Thesen der islamistischen Bruderschaft, deren Gründer, Hassan al-Banna, das rigide Gedankengut der in Saudi-Arabien zur Staatsdoktrin erhobenen radikalislamischen Wahhabitensekte übernahm. »Beduinen-Islam« nannte Ägyptens Expräsident Anwar as-Sadat abfällig den vergleichsweise simplen wahhabitischen Islamismus.

So wie in der katholischen Kirche alle Wege nach Rom führen, gehen alle islamistischen Aktionsgruppen auf die Ursprungsorganisation zurück, die ägyptische Muslimbruderschaft. Um in Ägypten wieder Fuß zu fassen, ging die Bruderschaft erstmals politische Kompromisse ein. Nach langem Hin und Her akzeptierte die umtriebige Islamistenphalanx – die seit den siebziger Jahren im islamischen Kernland Ägypten wieder geduldet, jedoch als politische Partei bis heute nicht zugelassen ist – aus taktischen Überlegungen heraus das Prinzip freier Wahlen. Auf dem Umweg über Mandate der Opposition gelangten so zum ersten Mal Mitglieder der radikalen Islamistenorganisation ins Parlament. Abstriche an ihrer politischen Linie ließen die Muslimbrüder allerdings nicht zu. Ihre Führungskader verlangen nach wie vor die Einführung der Scharia, der islamischen Rechtsprechung, oder dessen, was sie dafür halten. Sie plädieren diesbezüglich für eine sehr strenge Variante, wie sie bisher in keinem islamischen Land praktiziert worden ist, mit Ausnahme Afghanistans unter den Taliban.

Die militanten Islampolitiker reden gelegentlich sehr offen. So machte der ehemalige Bruderschaftschef Ahmad Maschhur aus seinem Herzen keine Mördergrube und trat in einem Zeitungsinterview offen dafür ein, Christen aus der Armee und dem Staatsdienst zu entfernen und islamische Schriftgelehrte nach dem Gusto der Bruderschaft mit der Kontrolle der Staatspolitik zu betrauen – »besser noch als im Iran«, wie er meinte.

Islamistische Wortführer, etwa in den von der Muslimbruderschaft unterwanderten ägyptischen Gewerkschaften, versäumen keine Gelegenheit, die Gläubigen daran zu erinnern, daß der christliche Westen und das »zionistische Gebilde Israel« die natürlichen Feinde der Muslime seien. Daß es auch über zehn Millionen Christen in der arabischen Welt gibt, wird von den Islamisten meist gar nicht in ihre Zukunftsdiskussionen einbezogen.

Die wachsende Militanz der Islamisten nahm bereits extreme Formen an. Die Ermordung des liberalen ägyptischen Schriftstellers Farag Foda ging ebenso auf das Konto extremistischer Ableger der Bruderschaft wie der Attentatsversuch auf den Literaturnobelpreisträger Nagib Machfus. Letzterer sollte sich nach Meinung der Islamisten für seine »blasphemischen« Werke entschuldigen, vor allem für sein preisgekröntes Buch *Die Kinder unseres Viertels*. Der von westlichen Medien als »moderat« eingestufte prominente Kairoer Islamgelehrte Muhammad al-Ghazali forderte die Regierung auf, die Mörder von Foda freizulassen, mit der Begründung: »Die haben doch nur das getan, was der Staat zu tun versäumt hatte.«

Islamisten haben sich auch in Palästina in den Vordergrund manövriert, allerdings gegen das politische Konzept der von Yassir Arafat geleiteten palästinensischen Regierung und der nicht religionsgebundenen Palästinensischen Befreiungsorganisation PLO (*Palestine Liberation Organisation*). Was viele nicht wissen: Die palästinensische Organisation Hamas ist ein Ableger der Muslimbruderschaft. Gegründet wurde sie von Professoren der Islamischen Universität in Gaza, einem Ableger der Kairoer Al-Azhar-Universität, der bedeutendsten Bildungsstätte des sunnitischen Islam. Israels ehemaliger Ministerpräsident Yitzhak Rabin hatte die Hamasgründung Ende der achtziger Jahre des vergangenen Jahrhunderts gutgeheißen in der Annahme, die Islamisten würden Yassir Arafats PLO politisch das Wasser abgraben. Teilweise ging dieses Kalkül auch auf.

Zwischen der PLO und der Hamas brachen nach der Rückkehr Arafats und seiner Kader aus dem tunesischen Exil vorhersehbare, gelegentlich auch gewalttätige Konflikte aus. Aus Furcht vor einem innerpalästinensischen Bürgerkrieg gingen jedoch

Arafats Sicherheitsorgane selbst dann nicht gegen die Hamas-
kämpfer vor, als in Gaza fanatisierte Hamasanhänger das Hotel
»Windmill« stürmten und in Brand steckten, weil dort Alkohol
ausgeschenkt wurde.

Die palästinensische Islamistenriege macht der palästinensischen Regierung und deren Chef Yassir Arafat bis heute das Leben schwer. Die fromme Hamaskampftruppe liegt im politischen
Dauerstreit mit der PLO, deren Bereitschaft zu einem friedlichen Ausgleich mit Israel von Hamasführern als Hochverrat an-
geprangert wird. Die Befreiung von der israelischen Besatzung
allein reicht den Islamisten von Hamas ohnehin nicht. »Wir
kämpfen für ein islamisches Palästina«, proklamiert Hamaschef
Scheich Ahmed Jassin und liefert Israels Hardlinern damit ar-
gumentative Munition.

Die vielbeschworene »Aktionseinheit« mit den Sicherheits-
organen der palästinensischen Regierung, die sich vor allem unter dem Eindruck des weltweit verurteilten militärischen Vor-
gehens der israelischen Armee quasi automatisch einstellte, ist
eben keine gemeinsame politische Plattform. Und sollte es irgendwann wieder zu echten Verhandlungen über einen Palästinenserstaat kommen, werden die Hamasaktivisten mit an Sicherheit grenzender Wahrscheinlichkeit in ihre alten islamistischen
Positionen zurückfallen und mit allen Mitteln eine Wiederbelebung des Osloer Friedensprozesses zu verhindern suchen. Islamisten sind nicht willens und nicht in der Lage, überkommene
Strategien auch nur zu überdenken; selbst taktische Zugeständnisse sind für sie wertlos.

Noch haben die Islamisten in der arabisch-islamischen Welt
ihre Evolutionsfähigkeit nicht unter Beweis gestellt, und der politische Islam hat den Anschluß an die Zukunft noch nicht gefunden. Die Appelle islamischer Reformer werden häufig mit
Gewalt im Keim erstickt. »Islamische« Etiketten sind hierbei
wichtiger als Inhalte.

Was für Palästina gilt, trifft auf alle von Muslimen bewohnten Länder zu: Sämtliche Formen des politischen Islam führen
letztendlich zu Radikalisierung und Intoleranz – bestenfalls zu

fortschrittshemmenden inneren Spannungen. Die Vorgänge im Iran, der Zusammenbruch des islamistischen Experiments des sudanesischen »Reformers« Hassan at-Turabi, der just von der Armee gestürzt wurde, mit deren Hilfe er sein sudanesisches Modell einer »gesteuerten Volksherrschaft« errichten wollte, und der selbstzerstörerische Schlagabtausch zwischen machtbesessenen Islamistenfraktionen zeigen, daß der Islamismus keine glaubwürdigen Fortschrittsrezepte bietet.

Daran wird er aber gemessen werden. Der große islamische Denker und Religionsgelehrte Scheich Ali Abd ar-Razik hatte bereits 1925 in seinem aufsehenerregenden Werk *Der Islam und die Grundlagen der politischen Herrschaft* erkannt, daß der laizistische Staat die beste Garantie für eine vernunftgeleitete Wahrung islamischer Werte bietet; »alles andere ist Selbstbetrug«. Sein Buch wurde verboten, und bis auf den heutigen Tag kann man es nur im Libanon erstehen. Dabei gelten die Aussagen des Autors über die Notwendigkeit der Neubewertung und der Modernisierung islamischer Strukturen heute als bestätigt. Die zuweilen abenteuerlichen Irrwege der Islamisten stehen jedoch immer noch dem Fortschritt der islamischen Gesellschaften im Wege. Islamisten aber arbeiten nicht ernsthaft Probleme auf; sie wollen nur eins: die Macht im Staat.

Ein Exkurs: Osama Bin Laden

Dies gilt natürlich auch für den 1955 geborenen saudischen Unternehmer Osama Bin Laden, den Prototyp aktiver militanter Islamisten. Als sehr begabter Sohn eines aus dem Jemen stammenden und mit dem Königshaus eng verbundenen Multimillionärs genoß er eine gute Allrounderziehung. Er studierte zeitweise im verwestlichten Beirut, sammelte auf Auslandsreisen Eindrücke und Erfahrungen und galt nach dem Unfalltod seines Vaters 1968 als Hoffnungsträger der Großfamilie Bin Laden.

Schon früh bewies der eher schüchtern auftretende Osama Bin Laden außergewöhnliches unternehmerisches Können. Zunächst beendete er jedoch das Studium an der König-Abdul-Aziz-Universität in Dschidda und machte 1977 einen Abschluß als Diplomingenieur. Seinen Bekannten fiel allerdings auf, daß er sich in seiner Freizeit ausschließlich mit islamischen Themen befaßte und sich mit religiösen Würdenträgern auf stundenlange Diskussionen einließ. Der inzwischen verstorbene Vorsitzende der religiösen Rechtsgelehrten Saudi-Arabiens, Scheich Ahmad Bin Bas, bekannt wegen seiner antiwestlichen Ausfälle und extrem konservativen Islaminterpretationen, wurde für den Jungunternehmer zur Leitfigur.

Angewidert vom ausschweifenden Lebenswandel vieler seiner Altersgenossen, schloß sich Bin Laden einer Freiwilligengruppe jugendlicher Muslime an, die sich schon bald als Moralprediger und selbsternannte Sittenwächter einen Namen machten. Einige Mitglieder dieses Freundeskreises bestärkten den immer mehr zum religiösen Eiferer gewordenen Geschäftsmann in seinem Engagement für den »Kampf um den reinen Islam« (Originalton Osama Bin Laden). Der staatliche Geheimdienst wurde auf die Gruppe und ihren gesellschaftlich hochgestellten Vorsitzenden aufmerksam, als sie in kampagnenhaften Bekehrungsversuchen die »Verderbtheit des Königshauses« und der Prinzen anzuprangern begannen. Es ging ihnen jetzt nicht mehr um triviale Trinkgelage und Hurerei, sondern um die strikte Anwendung der blutigen Scharia-Strafen ohne Ansehen der Person. Nur dank der Fürsprache hochgestellter Regierungsbeamter konnten Bin Laden und seine Gleichgesinnten einer Verhaftung entgehen. Gleichwohl baute der zielstrebige islamistische Aktivist seine Kontakte zügig aus, auch zu gewalttätigen Extremistenkreisen im Sudan, in Ägypten, Nordafrika und Pakistan. Mit dem Einmarsch der sowjetischen Truppen ins islamische Afghanistan 1979 bot sich dann erstmalig eine Gelegenheit, das Islamengagement physisch in die Tat umzusetzen.

Spenden in Millionenhöhe und die problemlos zu erhaltende Unterstützung der Amerikaner verlagerten Bin Ladens Aktionsschwerpunkt ins pakistanische Peschawar nahe der afghanischen Grenze. US-Offiziere und CIA-Agenten griffen dem kampfwilligen Unternehmer unter die Arme und versorgten seine aus Freiwilligen gebildete Mudschahedin-Truppe mit Waffen und militärischem Know-how. Den Kampf gegen die Sowjets und ihre marxistischen Verbündeten in Kabul führte Bin Laden oft selbst mit der Waffe in der Hand. Er scharte Hunderte jugendlicher Heißsporne aus verschiedenen islamischen Ländern um sich, die darauf brannten, sich am Kampf gegen die »Gottlosen« zu beteiligen. Die meisten kamen aus Ägypten und Algerien, sogar Ärzte und Ingenieure gesellten sich zu dieser Armee islamistischer Kämpfer.

Das Signal zum weltweiten Feldzug nach dem Geschmack des tatendurstigen saudischen Islamisten lieferte dann der 1979 unterzeichnete israelisch-ägyptische Friedensvertrag. Osama Bin Laden agitierte auf allen Ebenen gegen diese Friedensvereinbarung von Camp David (»Satanswerk eines abtrünnigen Muslimen«) und entwarf mit geflohenen Funktionären der radikalen ägyptischen Muslimbruderschaft und der subversiven Gamaa Islamiya (Islamische Gemeinschaft) eine Strategie, um den »Schandvertrag mit dem zionistischen Feind« zu Fall zu bringen. Die Beziehungen zu den proisraelischen Amerikanern kühlten langsam ab.

Zwar warteten die ägyptischen Sicherheitsdienste bisher mit keinen schlüssigen Beweisen auf, doch westliche Experten gehen davon aus, daß Osama Bin Laden im Oktober 1981 eng in das Attentat auf Ägyptens Präsident Anwar as-Sadat verstrickt war. Ägypten warnte schon damals westliche Regierungen vor den gefährlichen Machenschaften der Bin-Laden-Gruppe und ihrer Ableger. Bin Laden selbst lebte seit 1986 fast ausschließlich im östlichen Afghanistan, wo er persönlich den Kampf gegen die Truppen Moskaus und die afghanischen Marxisten koordinierte, in enger Zusammenarbeit mit der Armee und dem Geheimdienst Pakistans.

Der Bin-Laden-Konzern war zu diesem Zeitpunkt bereits zu einem einflußreichen Weltunternehmen aufgestiegen; allein in den Vereinigten Staaten besaß der Islamistenkämpfer über zwei Dutzend Fabriken. Die Riesengewinne der verschiedenen Konzernteile kamen Bin Laden sehr zustatten, als es nach dem Abzug der Sowjets aus Afghanistan und dem Einzug der Mudschahedin in die vom Marxismus befreite Hauptstadt Kabul darum ging, die vielen tausend brotlos gewordenen »Gotteskrieger« (ein Teil davon die sogenannten arabischen Afghanen) bei der Stange zu halten. Ein gutes Drittel der zuletzt auf vierzigtausend Kämpfer geschätzten Truppe ließ sich in Pakistan nieder, wo sie meist unbehelligt von den Behörden untertauchten, zum Teil aber als »schlafende Aktivisten« auf Einsatzbefehle warten. Ein weiteres Drittel kehrte in ihre Herkunftsländer zurück, wo sie jedoch von Spezialeinheiten der Sicherheitsdienste beschattet werden und kaum Gelegenheit haben, sich an islamistischen Aktionsplänen zu beteiligen. Bleibt das letzte Drittel der in Afghanistan nicht mehr gebrauchten »Gotteskämpfer«, die sich nach Bosnien, Albanien, Tschetschenien, nicht selten auch in den Iran, in den Jemen und nach Algerien abgesetzt haben. Außerdem berichten arabische Geheimdienste, daß wider Erwarten sogar in Saudi-Arabien über zehntausend Afghanistanveteranen Unterschlupf gefunden haben, ein Umstand, der die Behörden überfordert. »Es ist unmöglich, potentielle Terroristen dingfest zu machen, die nur einmal im Leben zuschlagen«, bekannte Saudi-Arabiens ehemaliger Geheimdienstchef Prinz Turk al-Faissal. Wohl wahr. Dabei hätten die Amerikaner schon früh die Möglichkeit gehabt, gegen die radikalen Islamisten vorzugehen. Es bleibt vielen Terrorismusexperten bis heute ein Rätsel, warum die zuständigen US-Behörden nicht stutzig wurden, als Osama Bin Laden den weltweit steckbrieflich gesuchten Ayman az-Zawahiri zu seinem Stellvertreter machte – den Anführer der ägyptischen Terroristenorganisation Gamaa Islamiya, die in Ägypten bis zu ihrer physischen Liquidierung einen jahrelangen blutigen Feldzug gegen Touristen, koptische Christen und Andersdenkende geführt hatte.

Aufhorchen sollen hätten die Amerikaner aber auch, als Osama Bin Ladens Gesinnungsgenosse und langjähriger Mitarbei-

ter Abdullah Assam 1988 auf der ersten »Weltkonferenz der Mudschahedin« im New Yorker Stadtteil Brooklyn den »Kampf gegen die Feinde des Islam« ausrief. Als Bin Laden 1992 in den
seinerzeit von einer islamistischen Offiziersjunta beherrschten
Sudan auswich – Saudi-Arabien hatte ihn des Landes verwiesen –
war es jedoch schon zu spät. Mit Hilfe des sudanesischen Islami-
stenführers Hassan at-Turabi hatte der Welt gefährlichster Islamist die Möglichkeit, ein globales Terrornetz aufzubauen, um seinem Ziel näher zu kommen, der Konfrontation mit den USA,
der »Supermacht des Bösen«, als Teil eines noch größer angelegten Plans, nämlich alle islamischen Regime zu stürzen und ein
islamistisch geführtes Großreich zu errichten. Ein Vorgeschmack
auf das, was Osama Bin Laden vorschwebt, lieferte das Beispiel
der Talibanherrschaft in Afghanistan mit der absoluten Befolgung der islamischen Rechtsprechung (Scharia) nach einer eng-
stirnigen Auslegung: Unterdrückung jedweder demokratischer
Freiheiten, Verbannung der Frau aus dem öffentlichen Leben
und nicht zuletzt die Diskriminierung von Christen, Juden und
anderen Konfessionen bei physischer Ausschaltung von »Athei-
sten«. Zwar legten ihm seine sudanesischen Gastgeber 1996 aus
Furcht vor amerikanischen Repressalien nahe, das Land zu verlassen, doch seine ohnehin eingeplante Übersiedlung ins Paradies der Taliban tat seiner Verschwörertätigkeit und seinem Nim-
bus keinen Abbruch. Den uneingeschränkten Freiraum in Afghanistan nutzte der Islamistenführer zur weiteren Festigung
seines weltweiten Sympathisantennetzes.

Die Terroranschläge vom 11. September 2001 waren ein grau-
samer Hinweis auf die Skrupellosigkeit, aber auch auf die technischen und organisatorischen Fähigkeiten der Bin-Laden-Isla-
misten. Ihr Netz gänzlich zu zerschlagen, ist wahrscheinlich
nicht möglich. Hinzu kommt, daß sie weiteren Zulauf bekommen, solange sich der Westen, allen voran die Vereinigten Staaten, nicht vergegenwärtigen, daß sie tagtäglich Millionen von
Muslimen vor den Kopf stoßen, indem sie dem von den USA
unterstützten Staat Israel erlauben, das den Muslimen heilige
arabische Ostjerusalem mit der Al-Aqsa-Moschee und die 1967

eroberten Palästinensergebiete weiterhin zu besetzen, mit Methoden, welche die vom Westen hochgehaltenen Menschenrechte mit Füßen treten. Das weiß Osama Bin Laden. Er setzt auf Zeit und auf den wachsenden Unmut der Muslime auf die Amerikaner.

19. Kapitel

Grüne Realpolitik, Öl und Krieg

Micha Brumlik

Zur Erkenntnis, daß Religion und Religiosität ein bedeutsamer Motivationsfaktor für straffälliges, zumal gewalttätiges Verhalten sind, bedurfte es nicht der Anschläge in New York und Washington, eines Verbrechens, dem etwa dreitausend Menschen einschließlich der Täter zum Opfer fielen. Diese wissenschaftlich gut begründete Ansicht ist indes, spätestens seit der Aufklärung, integraler Bestandteil des trivialen, des alltäglichen Bewußtseins geworden und hat spätestens seit den Anschlägen zu einer deutlich gestiegenen Unduldsamkeit westlicher Gesellschaften gegenüber ihren muslimischen Immigranten geführt – man denke nur an die Ermahnung des deutschen Innenministers Otto Schily an die in Deutschland lebenden Muslime, sich in besonderer Weise an der Verhinderung terroristischer Gewalttaten zu beteiligen. Auf folgendes sei in diesem Zusammenhang hingewiesen: 1997 haben die empirisch gestützten Thesen des Bielefelder Soziologen Wilhelm Heitmeyer über eine deutlich gesteigerte Gewaltbereitschaft bei in Deutschland lebenden männlichen Jugendlichen muslimischen Glaubens für Aufsehen gesorgt.[1]

Zunächst ist jedoch festzustellen, daß über diesen Auseinandersetzungen nicht nur in Deutschland die Integration in die Krise gerät. Auch in den ansonsten als besonders liberal geltenden Niederlanden, deren multikulturelle Toleranz und deren zugleich zupackende und die einzelnen Immigranten verpflichtende Integrationspolitik gerade hierzulande Aufsehen erregt haben, nehmen die Dissoziationsphänomene zu. Als sich in Den Haag eine junge, emanzipierte marokkanische Immigrantin, Mitglied der städtischen Polizei, weigerte, eine Woche nach den Anschlägen drei Schweigeminuten zu Ehren der Opfer mit einzuhalten, wurde ihr postwendend gekündigt. Dieses Ereignis war Anlaß, Probleme niederländischer Integrationspolitik neu zu erörtern: Seit Jahren ist bekannt, daß die Straffälligkeitsrate männlicher jugendlicher Marokkaner deutlich über der Rate von – mit Ausnahme der ethnischen Herkunft – ansonsten mit gleichen Sozialmerkmalen ausgestatteten männlichen Jugendlichen liegt. Zudem liegt die Straffälligkeitsrate dieser Jugendlichen deutlich über der Rate ihrer Eltern. Die dafür bisher vorgebrachten und akzeptierten Erklärungen – sprachliche Defizite, Statusinkonsistenz, verminderte Chancen bei der Berufseingliederung – wurden nun folgenreich in Frage gestellt: »Nirgendwo in Europa«, so der Korrespondent der *Frankfurter Rundschau*, Klaus Bachmann, »wurden in den letzten Wochen so viele Moscheen in Brand gesteckt wie in den Niederlanden. Muslimvertreter sprechen von einer antimuslimischen Welle, Politiker beschuldigen die Medien, Stimmung gegen die einheimischen Muslime zu machen und den Islam an den Pranger zu stellen.« In diesem Zusammenhang wurden Umfragen bekannt, wonach zehn Prozent der befragten Muslime sich positiv zu den Anschlägen äußerten und gar einundzwanzig Prozent der befragten Marokkaner den Jihad gegen den Westen befürworteten. Besondere Furore machte das Buch des Redakteurs Jaffe Vink von der Tageszeitung *Trouw*, der in dem »Brief an meine Tochter« betitelten Text behauptet, daß in den Niederlanden ein molekularer Bürgerkrieg herrsche, daß Bürger von den Antillen und Bürger marokkanischer Herkunft eine sechsmal höhere Straffälligkeitsrate aufwiesen als der Durchschnitt der Niederländer.[2] Das sieht die kriminologische Forschung zwar etwas differenzierter, für die Niederlande gilt jedoch, daß in entsprechenden Dunkelfeldstudien holländische und türkische Jugendliche gleichauf liegen, während surinamesische überrepräsentiert sind; beträchtlich überrepräsentiert sind dagegen marokkanische und karibische Jugendliche.[3] Das spricht jedoch eher für eine Überrepräsentanz aus Gründen der Immigration denn der Religion.

Gleichwohl: Die gegenwärtige Weltlage läßt – nach dem menschenverachtenden Massenmord von New York – eine unbefangene wissenschaftliche Auseinandersetzung mit der Frage nach den dem Islam innewohnenden gewaltsamen Tendenzen, wie sie – weniger forsch als oftmals behauptet – Samuel P. Huntington debattierte, kaum zu. Die Reaktionen, zumal der Politik, die hier einen Kreuzzug ausrief und dort von Angriffen auf die Demokratie sprach beziehungsweise eine Attacke auf die ganze zivilisierte Welt beobachtete, zwingen dazu, uns unserer eigenen zentralen Werte zu versichern. Während es über Jahre darum zu gehen schien, Toleranzspielräume des gesellschaftlichen Pluralismus auszuloten, scheinen westliche Gesellschaften jetzt gezwungen, ihre einigenden normativen Kernelemente zu benennen.

Dabei ist darauf hinzuweisen, daß es zumindest aus soziologischer Sicht alles andere als klar ist, ob es »Werte« – was immer das sein mag – sind, die die Gesellschaft zusammenhalten. Die Gesellschaft, so lehrt uns die systemtheoretische Soziologie, ist vor allem ein Kommunikationssystem, in dem unterschiedliche, nach eigenen Funktionsweisen prozessierende und operativ geschlossene autopoietische (das eigene Schaffen betreffende) Systeme sich zueinander als Umwelten verhalten, die jeweils zu Irritationen, aber nicht mehr zu kausalen Beeinflussungen führen können. Die Gesellschaft als System aller Kommunikationssysteme besteht mithin aus den Subsystemen von Politik, Wirtschaft, Wissenschaft und Kunst, die wiederum mit den einfachen Sozialsystemen persönlicher Interaktionen durch strukturelle Koppelungen verbunden sind. Die autopoietischen, ausdifferenzierten Subsysteme selbst operieren über Medien und Codes, also über Macht, Recht, Geld, Wissen und Kunstwerke, und werden über die Codes von stark oder schwach, legal oder illegal, von Haben oder Nichthaben, wahr oder falsch, gelungen oder mißlungen kommuniziert. Codes sind keine Werte, und die

Gesellschaft besteht – nach dieser Theorie – auch nicht aus Menschen, sondern, wie bereits erwähnt, aus Kommunikationen. Auch ein Gefängnis, ein KZ, eine Hungerregion oder eine Gangsterbande sind noch Teil der Gesellschaft, und auch ein verbrecherisches politisches System – sei es nun der Nationalsozialismus oder das Regime der Roten Khmer in Kambodscha – prozessiert noch, ist Gesellschaft.

Wer also nach Werten fragt, fragt nicht nach der Gesellschaft, sondern nach einer bestimmten Form und Qualität des politischen Gemeinwesens, von dem angenommen wird, daß es den Kriterien dessen entspricht, was vor dem Hintergrund von etwa dreitausend Jahren abendländischer Entwicklungsgeschichte aus den Quellen der hebräischen Bibel, der griechischen Philosophie und des römischen Rechts als »Zivilisation« gilt.

Als zentrale Werte des durch den grausamen Massenmord beeinträchtigten Gemeinwesens wurden »Zivilisation« und »Demokratie« genannt. Diese Wertsetzungen sind das Ergebnis einer Interpretation, denn tatsächlich weiß man – da man der Täter und möglichen Anstifter nicht habhaft geworden ist – überhaupt nicht, wogegen sie sich richteten: gegen die Zivilisation, die Demokratie, die USA, den Westen, die Menschheit – Größen, die in keinem Fall miteinander identisch sind. Was aber aus ihrem Verhalten und ohne jede Interpretation zweifelsfrei hervorgeht, ist, daß ihnen weder das eigene Leben noch das Leben Tausender anderer, ihnen unbekannter Menschen etwas wert war, ebensowenig wie ein würdevolles, schmerz- und qualfreies Sterben. Indem wir uns darüber empören, bekräftigen wir zunächst, daß unser zentraler Wert ein Leben oder auch Sterben in Würde ist.

Auf dieser ohnehin brüchigen Wertebasis scheint nun auch die Beteiligung Deutschlands an der Operation *Enduring Freedom* zu beruhen, der im Afghanistankrieg etwa fünftausend afghanische Zivilisten zum Opfer gefallen sind. Sie sind – nimmt man die Erklärungen beziehungsweise das Schweigen deutscher Regierungsstellen ernst – als »Kollateralschäden« in einem frauenbefreienden Menschenrechtskrieg, den es nach dem Völkerrecht gar nicht geben darf, zu beklagen.

Wie bei jedem Waffengang, so bedurfte auch die Beteiligung an diesem Krieg starker Argumente, die ihrerseits in eine Ursachenanalyse des Verbrechens vom 11. September mündeten. Die politisch als relevant erachteten Ursachen des Verbrechens, also jene Ursachen, die dann als zureichend für die Erklärung des Bündnisfalls und den militärischen Einsatz von Bundeswehreinheiten im Krisengebiet angesehen wurden, sind nach Maßgabe der vom Deutschen Bundestag am 14. November 2001 beschlossenen Regierungsvorlage folgende: die Bereitschaft des Talibanregimes, Führer und Ausbilder von Terroristen zu beherbergen – von Gruppen also, »die in ihrer menschenverachtenden Gesinnung eine (...) Bedrohung aller Völker darstellen« und die »von außen« die USA angegriffen haben.

Diese im Antrag der Bundesregierung enthaltenen Erklärungsmomente stellen die »menschenverachtende Gesinnung« des Al-Qaida-Netzwerks in den Mittelpunkt. Die am 16. November 2001 verabschiedete, staatsrechtlich nicht bindende Erklärung der Koalitionsfraktionen betont zudem die »zynische Mißachtung weltweit gültiger humanitärer Grundsätze und über Kulturgrenzen hinweg geteilter Wertauffassungen« sowie »lange schwelende Regionalkonflikte«, bei deren Lösung zumal »die mit den Verbündeten abgestimmten Vermittlungsbemühungen des Außenministers im Nahostkonflikt eine Schlüsselrolle« einnehmen. Zugleich wird das weltweite Gefälle zwischen Arm und Reich als wesentlicher Nährboden des Terrorismus erachtet. Indem die Koalitionsfraktionen in ihrem Entschließungsantrag zudem die besondere Bedeutung muslimisch geprägter Staaten bei der Bekämpfung des Terrorismus herausstellen und der Überzeugung Ausdruck verleihen, »daß die Ablehnung des Terrorismus von der überwältigenden Mehrheit der Muslime in der Welt geteilt« werde, gibt die Entschließung zugleich kund, daß eine Minderheit von Muslimen den Terrorismus akzeptiert. Neben dem Nahostkonflikt um Israel und Palästina, dem globalen Gefälle von Arm und Reich wird mithin als dritter Grund ein minderheitlicher Islam als Ursache für das Verbrechen benannt.

Von besonderem Interesse sind in diesem Chor jedoch die Erklärungen, die führende Politiker der Grünen, vor allem jene, die zunehmend militanter für die militärische Aktion der Bundeswehr eintraten, abgaben – verlassen sie doch die vorsichtig formulierte Sprache von Diplomatie und Regierungsverlautbarungen und riskieren eine substantielle Erklärung. So äußerte etwa Daniel Cohn-Bendit am 22. September 2001 in der *Tageszeitung* (*taz*) die Überzeugung, daß es bei diesem Waffengang in der Tat um eine Art neuen antifaschistischen Kampf ging. »Wir müssen«, so Cohn-Bendit, »zur Kenntnis nehmen, daß eine unsichtbare Armee, ausgebildet in Afghanistan und anderswo, bereit ist zu Aktionen, die in ihren barbarischen Dimensionen als Verbrechen gegen die Menschlichkeit zu werten sind. Diese unsichtbare Armee könnte morgen bereits Miniatombomben auf Städte abwerfen oder Flugzeuge auf Atomkraftwerke lenken. Sie hat klar definierte Ziele: für sie sind wir in Europa Teil der zivilisatorischen Ordnung, die sie zutiefst hassen. Mit ihren Aktionen gegen unsere Welt erobern sie die Köpfe und Herzen von Millionen von beleidigten und erniedrigten Menschen in der arabischen Welt, um mit ihnen zunächst die Macht in Afghanistan und Saudi-Arabien zu erobern. (...) Eine faschistoide, frauenfeindliche Ideologie wie die des Talibanregimes in Afghanistan ist nicht das Ergebnis des Unglücks in der Welt, einer ungerechten Weltordnung oder des tödlichen Handelns der Israelis in Palästina. Nein, der radikale Islamismus surft auf dem Unglück der arabischen Massen wie einst der Bolschewismus auf dem Unglück des Proletariats. Wir erleben einen Kampf der Kulturen, jedoch nicht den Kampf der christlich-jüdischen Zivilisation gegen die islamische. Es ist ein Kampf um den Anspruch eines religiösen Fundamentalismus, die Macht in einer ganzen Region zu übernehmen und jegliche laizistisch-republikanische Ordnung zu zerstören.«

Mehr als sechs Wochen später präzisierten Cohn-Bendit und Ralf Fücks – wiederum in der *Tageszeitung* (*taz*) – die letzte Behauptung, wonach ein religiöser Fundamentalismus die Macht in der ganzen Region übernehmen wolle, womit Cohn-Bendit und Fücks ihre Position an der Front im Kampf der Kulturen einnehmen: »Weder repräsentieren die ›Heiligen Krieger‹ des 11. September die Verdammten dieser Erde, noch kämpfen sie mit falschen Mitteln für eine gerechte Sache. Sie sind Feinde einer pluralistischen, kosmopolitischen, zivilen Gesellschaft. In diesem Sinne waren die Anschläge gegen die USA tatsächlich eine ›Kriegserklärung an die zivilisierte Welt‹. Die Frontlinie dieses Konflikts verläuft allerdings nicht zwischen dem ›freien Westen‹ und dem Rest der Welt. Der Kampf zwischen freiheitlichen und totalitären Bestrebungen findet ebenso in einer Vielzahl von islamisch geprägten Ländern statt, die sich zum Teil der ›Allianz gegen den Terror‹ angeschlossen haben. Allein in Algerien sind in den letzten Jahren hunderttausend Menschen dem Terror der Islamisten und dem Gegenterror des Staates zum Opfer gefallen. Iran, Ägypten, der Sudan, Somalia, Nigeria, Kaschmir und Palästina sind weitere Schauplätze dieser Auseinandersetzung. Es wird Zeit, diese Zusammenhänge zur Kenntnis zu nehmen, statt sie zu verdrängen. Das nächste Etappenziel Al-Qaidas und der Taliban auf dem Weg zu einem neuen Kalifat ist die Machtübernahme der Islamisten in Saudi-Arabien und Pakistan. Saudi-Arabien ist hoch gerüstet und eine sprudelnde Geldquelle, Pakistan verfügt über die Atombombe. Es braucht nicht viel Fantasie, um sich auszumalen, was dieses Szenario bedeutet. Die demokratische Welt kann das Vorrücken des militanten Islamismus durch zwei Fehler beschleunigen: durch eine militärische Überreaktion auf den 11. September – aber auch durch mangelnde Entschlossenheit. Um in dieser Situation ausgleichend handeln zu können, muß die Bundesregierung auf eine reflexive, kritische Solidarität Europas mit den Vereinigten Staaten setzen und nationale Sonderwege ablehnen.«

Nun ist der letzteren Analyse durchaus in Teilen zuzustimmen: Der Hinweis auf die Globalisierung ist tatsächlich banal – was hätte heute nicht mit ihr zu tun? Sie erklärt ungefähr soviel wie der Hinweis auf den Kapitalismus unterschiedliche Eigentumsdelikte erklärt: vom kleptomanischen Ladendiebstahl über Bilanzfälschungen bis zum brutalen Raubmord. Gegen die These von der ursächlichen Rolle der Armut als Hintergrund des Massenmords spricht zunächst, daß die Täter wohlhabende, gebildete Männer waren und auch der virtuelle Hauptverdächtige – Bin Laden – kein armer Mann ist. Dennoch: Wurde Bin Laden – angenommen, er sei am New Yorker Anschlag schuld – nicht von der CIA unterstützt? Gleichwohl sollte man aber auch den damals noch existenten Kalten Krieg nicht vergessen. Immerhin hat niemand die Sowjetunion 1979 gezwungen, in Afghanistan einzumarschieren und damit den Widerstand der Mudschahedin zu provozieren. Will man die USA dafür kritisieren, daß sie den antisowjetischen Widerstand unterstützten? Die USA – so haben anfangs Stimmen aus der Friedensbewegung behauptet – haben das Klimaabkommen von Kyoto boykottiert und den ABM-Vertrag aufgekündigt! Warum kam der Terror dann nicht aus Rußland oder Brasilien? Haben die USA die Lösung des Palästinakonflikts schleifen lassen? Unter den Attentätern findet sich kein Palästinenser, und nicht einmal die israelische Regierung unterstellt ihnen eine Beteiligung. Schließlich wurden die Anschläge schon zu einer Zeit vorbereitet, als sich die USA im Nahostfriedensprozeß höchst konstruktiv betätigt haben! Gefragt wird auch, ob nicht die Weltbank und der Internationale Währungsfonds (IWF) unter Führung der USA die Länder des Südens immer tiefer ins Elend gestürzt haben. Soweit es sich bei dieser Vermutung nicht um eine verschwörungstheoretische Projektion handelt, gilt noch immer – auch und gerade in der Weltgesellschaft –, daß strukturelle Gewalt von universellen Strukturen ausgeht, in diesem Fall von der auch von uns gelebten und geliebten kapitalistischen Wirtschaftsordnung. »Der Arme«, so hat es Georg Wilhelm Friedrich Hegel in bezug auf die Paupers seiner Zeit unüberbietbar deutlich gesagt, »ist mein Wille.« Wenn denn wirklich die strukturelle Gewalt der Weltgesellschaft die Ursache des Massenmords war, dann sind wir, jeder für sich in seinem Wohlstand, die Schuldigen, nicht nur die USA. Aber soweit muß man nicht gehen. Die Ursachen dürften komplexer, aber eben auch trivialer sein: es handelt sich um vielfältige ökonomische, kulturelle und religiöse Facetten der mißglückten und halbierten Modernisierung ganz unterschiedlicher arabischer und islamisch geprägter Gesellschaften, um eine höchst vermittelte Spätfolge des europäischen Kolonialismus beziehungsweise des Triumphalismus des christlichen Abendlandes. Das spezifisch Arabische liegt – das heißt nicht, Samuel P. Huntington recht zu geben – in der immer wieder von kolonialen und neokolonialen Interessen sabotierten Demokratisierung der arabischen und, zu Teilen, der islamischen Welt. Über Jahrzehnte hat der Westen – beginnend mit der Aufteilung der arabischen Territorien des Osmanischen Reiches nach dem Ersten Weltkrieg über den Suezkrieg bis hin zur Unterstützung der diktatorischen Nationalen Befreiungsfront (FLN) gegen die demokratisch gewählte islamistische Mehrheit in Algerien – die eigenen Verheißungen mit Füßen getreten. Wenn man also Ralf Fücks und Daniel Cohn-Bendit, was die Erklärung des Verbrechens durch das Verhalten der USA angeht, durchaus recht geben kann, so sind ihre weiteren Annahmen, nicht zuletzt deshalb, weil sie – wenn für wahr gehalten und ernst genommen – von großer weltpolitischer Tragweite sind, besonders sorgfältig zu untersuchen.

Nach Fücks und Cohn-Bendit ist »das nächste Etappenziel Al-Qaidas und der Taliban auf dem Weg zu einem neuen Kalifat die Machtübernahme der Islamisten in Saudi-Arabien und Pakistan. Saudi-Arabien ist hoch gerüstet und eine sprudelnde Geldquelle, Pakistan verfügt über die Atombombe. Es braucht nicht viel Fantasie, um sich auszumalen, was dieses Szenario bedeutet.« Fücks und Cohn-Bendit schweigen sich jedoch über die Bedeutung aus – an dieser Stelle ist daher lediglich zu fragen, warum. Sollte es sich um eine Antwort, um eine Wahrheit handeln, die der hiesigen Öffentlichkeit bei aller Bereitschaft zu militärischen Einsätzen derzeit noch nicht zumutbar ist? Der stets regierungsnahe und einer vulgärmarxistischen Einstellung gewiß nicht verdächtige Historiker Michael Stürmer gab das Geheimnis am 30. Oktober in der Tageszeitung *Die Welt* preis: »Die amerikanische Strategie muß nicht nur Israel ruhig halten und Pakistan stabilisieren. Sie muß zuerst und vor allem das Haus Saud vor dem Einsturz und die Welt vor einer Ölpreiskrise bewahren, welche – so ältere CIA-Analysen – die Vorgängerkrisen von 1973 und 1979 wie ein Kinderspiel erscheinen lassen würde (...). Ziel aller Ziele des Terrormeisters in Afghanistan ist es, er hat es oft wiederholt, das Regime der Saud zu zerstören. Dann ist er König von Arabien, Herr über Waffenarsenale, Öl und unbegrenztes Geld, und dann kann er Rache nehmen für die Ausbürgerung und wie ein Nachfolger des Propheten auf einem Esel in Mekka einreiten. (...) Hunderte junger Saudis schlossen sich den Netzwerken des Fundamentalismus auf der Suche nach der verlorenen kulturellen Identität an. Die reiche Führungsschicht – eingeschlossen die Bin-Laden-Sippe – hält Korruption für ihr Geburtsrecht und lebt abgehoben von den Sorgen und Nöten der Masse. Die Mehrzahl der Bevölkerung ist jünger als achtzehn Jahre. Viele sind arbeitslos und schlecht ausgebildet. Aus ihnen rekrutieren sich die Fußsoldaten des drohenden Umsturzes. Mit den USA besteht eine alte Öl-, Industrie- und Finanzsymbiose, die keiner der Partner aufs Spiel setzen will. Der Sand aber rinnt durch das Stundenglas der Dynastie. Unterdessen zahlen die Saudi-Prinzen den Islamisten Schutzgeld und verlangen Schutz von den Amerikanern. Wer solche Freunde hat, braucht keine Feinde.«

Nun hat die Frage nach den materiellen Interessen, die hinter dem Waffengang des Westens stehen, spätestens seit den Ausführungen Ahmed Rashids über die Taliban und der Publikation von Jean-Charles Brisard und Guillaume Dasquié über die Beteiligung Saudi-Arabiens sowie der US-amerikanischen Ölindustrie und ihrer Personalidentität in wichtigen Stellen der Bush-Regierung immer wieder Anlaß zu Spekulationen gegeben;[4] der Umstand, daß zwei konkurrierende Ölgesellschaften lange Zeit mit den Taliban verhandelten, ist hierbei nicht aus der Welt zu schaffen. Gleichwohl scheint die Annahme, daß hier nun doch das banale Schlagwort von »Blut und Öl« zutreffen könnte, eher abwegig. Andererseits: auch besonnene Stimmen können und wollen sich einer derartigen Perspektive nicht gänzlich verschließen. Friedemann Müller, wissenschaftlicher Mitarbeiter der regierungsnahen Stiftung Wissenschaft und Politik kam in einem außerordentlich differenzierten und nuancierten Aufsatz zu dem Thema »Großes Spiel? Amerika, Afghanistan und das Öl« einerseits zu dem Ergebnis, daß die Pipelines für Öl oder Erdgas, die durch Afghanistan führen würden, letztlich vernachlässigbare Größen seien und daß seitens der US-Administration der Zugriff auf vorhandene oder vermutete Öl- oder Erdgasreserven am Kaspischen Meer und östlich davon keine Priorität genösse. Die Eigenversorgung der USA beruhe um so mehr auf Lieferungen aus der Golfregion, die von Hafen zu Hafen militärisch bewacht werden könnten. Ein besonderes Interesse aber müsse – so Friedemann Müller – Europa an der Region des Kaspischen Meers haben: »Nach Europa dagegen kann das Öl und Gas unter Wettbewerbsbedingungen transportiert werden, wenn die entsprechende Infrastruktur bereitgestellt würde. Dies ist bisher nicht der Fall, und Europa zögert, diesem Vorhaben Vorrang einzuräumen. Unterdessen gehen die Ölvorkommen in der Nordsee zur Neige, und mit den Beitrittsländern erhält die EU neue Mitglieder, die nicht über Öl- und Gasvorkommen verfügen.«[5]

Aus dieser Perspektive resultierte die Position von Bundeskanzler Gerhard Schröder, wenn er als immer wiederkehrende Begründung für den Militäreinsatz nicht nur moralische Bündnissolidarität aufbot, sondern die Wahrnehmung »unserer eigenen Interessen«. Die europäischen, die deutschen Interessen schnitten sich in diesem Waffengang mit den US-amerikanischen insofern, als die Europäer hier eigene geopolitische Interessen wahrnahmen und die USA eine langfristige politische Bedrohung ihrer »Zivilisation« abwehrten. Denn, um noch einmal Friedemann Müller das Wort zu geben: »Afghanistan kommt also keine geostrategische Bedeutung bei der Erschließung oder dem Transport von Energie zu. Die Achillesverse der Weltwirtschaft befindet sich am Golf. Dessen Bedeutung wird wachsen, weil andere Ölquellen früher zur Neige gehen und bald die ganze Welt an diesem Tropf hängt, die politischen Regime jedoch einen gewaltigen Sprengsatz in sich bergen. Diesen Konflikt zu entschärfen liegt im Interesse unserer Energieversorgungssicherheit. Auf dieser Ebene verbindet sich die Lage am Golf dann doch mit dem Schicksal Afghanistans.«[6]

Man muß weder Thomas Hobbes noch W. I. Lenin oder Rosa Luxemburg bemühen, um die hier geschilderte Konstellation als »imperialistisch« zu bezeichnen. Angesichts der vorliegenden Analysen verbietet sich zudem eine vorschnelle moralische Verurteilung dieses Phänomens, und die Debatten um den Afghanistankrieg mögen uns lehren, das, was gerade die deutsche Linke nicht müde wurde zu verurteilen, mit etwas mehr Fairness zu betrachten: nämlich den spanischen, französischen, niederländischen und vor allem britischen Imperialismus des 18. und 19. Jahrhunderts. Hannah Arendt, die ihrerseits dem britischen Kolonialismus nicht das geringste abgewinnen konnte und ihn in ihrem Buch *Elemente und Ursprünge totaler Herrschaft* auf das schärfste kritisierte, wußte, wovon sie sprach, als sie den überseeischen Imperialismus Großbritanniens und Frankreichs mit dem von ihr so genannten kontinentalen Imperialismus konfrontierte. Während sie jenem immerhin zugute hielt, an einem Minimum freiheitssichernder staatlicher Institutionen festzuhalten, kritisierte sie vor allem am russischen und deutschen Imperialismus seine grundsätzliche Staatsfeindlichkeit. Der kontinentale Imperialismus schlägt für Arendt mit einer gewissen Notwendigkeit in völkischen Nationalismus um. Und der Gedanke eines nicht mehr, noch nicht oder nie als Nation verfaßten Reiches, das den politischen Rahmen für die imperiale Expansion darstellt, ist es, an dessen porösem universalistischen Rahmen sich paradoxerweise die extrem partikularistischen völkischen Bewegungen Kontinentaleuropas ausgerichtet haben: »Politisch gesprochen, ist es dem völkischen Nationalismus eigen, darauf zu bestehen, daß das eigene Volk, von ›einer Welt von Feinden umgeben‹, sich in der Situation des ›einer gegen alle‹ befindet und daß es infolgedessen nur einen Unterschied in der Welt gibt: den Unterschied zwischen einem selbst und allen anderen. Er behauptet stets, daß das eigene Volk einzigartig und seine Existenz mit der gleichberechtigten Existenz anderer Völker unvereinbar sei; lange bevor das völkische Bewußtsein dazu gebraucht und in gewissem Sinne auch mißbraucht wurde, das Wesen des Menschen zu vernichten, hat es theoretisch und in der Gesinnung die Möglichkeit, die Menschheit als eine regulative Idee aller Politik zu vernichten.«[7]

Das ist gewiß nicht mehr die Lage, in der sich Deutschland als treuer Vasall der USA beim Aufrechterhalten ihres Imperiums, das nicht mit einer Kolonie gleichzusetzen ist, befindet. Gleichwohl wecken die auch vom Grünen-Außenminister und der Grünen-Partei mitgetragenen spätimperialistischen farcenhaften Abenteuer der Bundeswehr in Afghanistan, dem Kosovo, in Mazedonien und vielleicht bald in Kuwait und in Usbekistan Zweifel. Konservativen Kommentatoren, die der von Gerhard Schröder geführten Bundesregierung vorhalten, sich aus Eigeninteresse militärisch weltweit sehen lassen zu wollen und auch die Bereitschaft zu zeigen, dafür zu investieren, ist in dieser Hinsicht durchaus recht zu geben – das Hickhack von Regierung und Bundestagsmehrheit bei der Beschaffung und Finanzierung einer Flotte von Transportflugzeugen belegt das.

Aber hatte die rot-grüne Regierung überhaupt eine andere Wahl? Ein angemessenes Verständnis der politischen Rahmenbedingungen und materiellen Interessen in jenem Prozeß, den als »Globalisierung« zu bezeichnen wir uns angewöhnt haben und der auf der juristischen Ebene einerseits durch das sich herausbildende, von keinem zurechenbaren Staatsvolk mehr getragene internationale Privatrecht, andererseits durch die – Moral und Recht nicht streng trennenden – Maßgaben von Menschen- und Völkerrecht im Rahmen der Vereinten Nationen gekennzeichnet ist, erfordert eine neue Beschreibung des Systems der internationalen Politik. Martin Albrow sieht das Heraufkommen einer Epoche, in der der Staat dezentriert ist, in der er die nationalen Grenzen überschreitet und die Alltagsroutinen der Menschen, in denen er sich realisiert, durchdringt.[8] So entsteht ein Weltstaat, der die klassischen Elemente des Nationalstaats wie legitimes Gewaltmonopol, Nationalität und Territorialität neu ordnet, obgleich er Nation und Staat voneinander entkoppelt. Der globale Staat, so hofft Albrow, trete immer dann ins

Leben, »wenn das Individuum in seinem Handeln die Interessen eines weltumspannenden Gemeinwohls berücksichtigt und sich entsprechend verhält«.[9]

Der globale Staat entspricht in dieser Perspektive etwa dem, was man als globalisierte Zivilgesellschaft beschreiben könnte und was jedenfalls die Grünen-Partei lange Zeit proklamiert hat. Es wäre eine reizvolle soziologische Aufgabe, sich zu vergegenwärtigen, auf wie viele Bataillone diese globale Zivilgesellschaft tatsächlich rechnen kann. Auf die der rot-grünen Bundesregierung jedenfalls nicht, wenn man ihr Schweigen bezüglich der Menschenrechtsverletzungen Wladimir Putins in Tschetschenien und George W. Bushs bei der Behandlung der gefangenen Talibankämpfer in Guantánamo Bay ernst nimmt.

Anmerkungen

1 Heitmeyer, Wilhelm u.a.: Verlockender Fundamentalismus. Frankfurt/M. 1997.
2 Bachmann, Klaus: Risse im Bild. In: *Frankfurter Rundschau*, 7.11. 2001.
3 Albrecht, Hans-Jörg: Immigration, Kriminalität und Innere Sicherheit. In: Albrecht, Günter u.a. (Hg.): Gewaltkriminalität zwischen Mythos und Realität. Frankfurt/M. 2001, S. 273-275.
4 Ahmed, Rashid: Taliban – Afghanistans Gotteskrieger und der Dschihad. München 2001; Brisard, Jean-Charles/Dasquié, Guillaume: Die verbotene Wahrheit. Die Verstrickungen der USA mit Osama bin Laden. Zürich/München 2002.
5 Müller, Friedemann: *Frankfurter Allgemeine Zeitung*, 30.10.2001, S.10.
6 Ebd.
7 Arendt, Hannah: Elemente und Ursprünge totaler Herrschaft. München 1993, S. 366.
8 Albrow, Martin: Abschied vom Nationalstaat. Frankfurt/M. 1998.
9 Ebd., S. 277.

20. Kapitel

Bündnissolidarität als Staatsräson

Die Rolle Deutschlands im »Antiterrorkrieg«

Reinhard Mutz

In Deutschland stand am Anfang der Suche nach einer politisch adäquaten Antwort auf den 11. September das Kanzlerwort von der »uneingeschränkten Solidarität«. Es war die spontan über den Atlantik gesandte Botschaft der Verbundenheit mit der amerikanischen Bevölkerung im Angesicht der Schreckensbilder. Zu Abenteuern sei die Bundesrepublik gleichwohl nicht bereit, lautete wenig später der abschwächende Nachsatz. Er schien außen- wie innenpolitisch geboten, um allzu ausufernde Mutmaßungen über die Rolle Berlins in einer internationalen Allianz gegen den Terrorismus vorsorglich wieder einzufangen.

Beide Positionsbestimmungen sind auslegungsfähig. Wo die Solidarität endet und wann das Abenteuer beginnt, versteht sich nicht von selbst. Die Grenze hätte schärfer markiert werden können. Für einen kurzen Augenblick bestand die Chance der Wahl zwischen unterschiedlichen Richtungsentscheidungen. Die weichenstellende Festlegung traf der Bundestag schon am 19. September 2001, als die Koalitionsfraktionen dem Drängen von CDU und FDP folgten und die Solidaritätsbekundung der Bundesregierung als ein ausdrücklich auch militärisch gemeintes Beistandsangebot qualifizierten. Über die Einzelheiten sollte befunden werden, sobald die amerikanischen Unterstützungswünsche konkretisiert seien. Damit war ausgedrückt, wem aus deutscher Sicht der Vortritt bei der Wahl der Strategie und Mittel zukomme. Die in der Parlamentsentschließung gleichfalls hervorgehobene Präferenz für ein international abgestimmtes und besonnenes Vorgehen klang dagegen eher nach einer Bitte als nach einer Bedingung. Zwei Monate später, am 16. November, beschloß der Bundestag mit 336 gegen 326 Stimmen die Teilnahme der Bundeswehr an den von den USA geführten Militäroperationen unter dem Sammelnamen *Enduring Freedom*.

In der Beschlußvorlage der Bundesregierung findet sich eine der seltenen Umschreibungen des Auftrags der Operationen – ob aus amerikanischer oder deutscher Feder stammend, steht dahin. Danach verfolgen sie das Ziel, »Führungs- und Ausbildungseinrichtungen von Terroristen auszuschalten, Terroristen zu bekämpfen, gefangenzunehmen und vor Gericht zu stellen sowie Dritte dauerhaft von der Unterstützung terroristischer Aktivitäten abzuhalten«. Von der letzten Aufgabe abgesehen, die einer Ausdehnung möglicher Kampfmaßnahmen Tür und Tor öffnet, ist die Definition relativ präzise, vorausgesetzt, es herrscht Einvernehmen darüber, was ein Terrorist ist. Um die Kritiker in beiden Regierungsfraktionen einzubinden und eine eigene Koalitionsmehrheit sicherzustellen, hatte der Bundeskanzler die Abstimmung mit der Vertrauensfrage verknüpft; andernfalls wäre die parlamentarische Zustimmung sehr viel größer ausgefallen.

Was genau war den Abgeordneten bekannt, als sie den weitreichenden Beschluß faßten? Sie hatten ein klares Bild von der Art und Zusammensetzung der Kräfte, die den Beitrag der Bundeswehr bilden. Ebenso kannten sie die zahlenmäßige Stärke der einzelnen Teilkontingente. Aber nichts war ihnen mitgeteilt worden über Ort und Zeit denkbarer Einsätze, nichts über die Einsatzziele, nichts über den oder die zu bekämpfenden Gegner. Darüber dürfe nicht öffentlich spekuliert werden, bekamen sie zu hören. Nichts also wurde verlautbart, was ein Urteil über die substantiell politische Frage der Tauglichkeit militärischer

Reinhard Mutz

Maßnahmen innerhalb eines strategischen Gesamtkonzepts zum Kampf gegen den Terrorismus erst ermöglicht. Worüber aber sonst, wenn nicht über das Zweck-Mittel-Verhältnis, soll der Bundestag befinden, ehe er Auslandseinsätze der Bundeswehr gutheißt? Die Sicherheit der Soldaten erfordere die Geheimhaltung, so lautete die Standardbegründung. Das ist ein Scheinargument. Die Verlegung von Großgerät zum Beispiel läßt sich höchstens solange verbergen, bis es am Bestimmungsort eintrifft. Und vor einer konkreten Kommandoaktion Schauplatz und Zeitpunkt zu nennen hat nie jemand verlangt.

Kriegsschauplatz Afghanistan

Vom Einsatz der Bundeswehr im Afghanistankrieg erfuhr die deutsche Öffentlichkeit durch eine Informationspanne. Während der Bodenoffensive »Anaconda« gegen neuformierte Einheiten der schon geschlagen geglaubten Taliban in der ostafghanischen Provinz Paktia Anfang März 2002 wurde aus amerikanischer Quelle berichtet, daß in den eigenen Reihen Soldaten verbündeter Streitkräfte kämpften, darunter auch deutsche. Die USA setzen einige tausend Mann Bodentruppen ein, um die Reste von Taliban und Al-Qaida in ihren ehemaligen Hochburgen im Süden und Osten des Landes aufzureiben. Im Vergleich dazu wirkt das deutsche KSK-Kontingent von rund hundert Soldaten wie ein nur symbolisches Aufgebot. Aber es macht die Bundesrepublik zur Kriegspartei in Afghanistan und damit die Frage unausweichlich, um welche Art Krieg es sich handelt.

Falls der UN-Sicherheitsrat mit seinen unklaren Voten vom 12. und 28. September 2001 die Anwendung von Waffengewalt billigen wollte, entscheidet über Ziel, Ausmaß und Dauer des Kriegs seither der Anwender allein. Schon dieser Umstand muß zu denken geben. Die Bedenken zu konkretisieren erschwert jedoch ein eklatanter Mangel an Informationen – angefangen mit dem Aufklärungsstand über die Massenverbrechen von New York und Washington. Von den neunzehn identifizierten Selbstmordtätern stammten fünfzehn aus Saudi-Arabien, aber keiner aus Afghanistan. Sollte über die Organisatoren, Sponsoren und Befehlsgeber noch immer nicht viel mehr bekannt sein als vor über sechs Monaten? Der Einfluß der Verbündeten auf die militärischen Operationen, die sie ausführen, liegt ebenfalls im dunkeln. Kennen die Alliierten überhaupt die bisherigen Ergebnisse des Afghanistankriegs? Können sie sich ein Bild machen über Erfolg oder Mißerfolg der Bombardierungen? In welche weiteren Schritte sind sie eingeplant? Darüber wissen die Bevölkerungen der Unterstützerländer nichts, schlimmer noch: Sie wissen nicht einmal, ob ihre Regierungen etwas wissen.

Ein Nebelschleier breitet sich auch über die unmittelbaren Kriegsfolgen aus. Der Umfang der Schäden und die Zahl der Opfer sind nicht erfaßt. Das Gros der Luftangriffe sei mit Präzisionswaffen geführt worden, versichern die kommandierenden Generäle. Aber auch Cluster- und Cutterbomben mit ihrer verheerenden Flächenwirkung kamen zum Einsatz. Wann sogar zielgenaue Angriffe aufhören, verhältnismäßig zu sein, mag ein Beispiel illustrieren: An fünf Tagen im November 2001 bombardierten Kampfflugzeuge fünf verschiedene Gebäudekomplexe in Kabul, Gardes und Khost, um einen dort gesichteten Funktionär der Taliban auszuschalten. Jedesmal entkam der Gesuchte, aber mehr als vierzig Zivilisten wurden getötet. Anderen Akteuren in anderen Weltgegenden kommt die robuste Wahl der Mittel zur Legitimation eigener Ambitionen gelegen: Rußland im Kaukasus, Indien in Kaschmir, China in Sinkiang, Israel in den besetzten Palästinensergebieten. Terroristenjagd als Politikersatz – auch darin besteht voraussichtlich eine Langzeitfolge der afghanischen Intervention.

Die Unverzichtbarkeit des Rückgriffs auf militärische Mittel zur Terrorabwehr bildet das zentrale Argument in den Erklärungen der Bundesregierung über die deutsche Mitwirkung an der Operation *Enduring Freedom*. Unterstützend werden die Resolutionen 1368 und 1373 des Sicherheitsrats der Vereinten Nationen angeführt. Durch sie sei das Recht der Vereinigten Staaten auf Selbstverteidigung ausgelöst beziehungsweise autorisiert worden. Tatsächlich hat das höchste Entscheidungsgremium der Weltorganisation am Tag nach den Anschlägen eine einzige operative Forderung erhoben: die Täter vor Gericht zu stellen und ihre Hintermänner zur Verantwortung zu ziehen. Und wie wäre das zu bewerkstelligen, müssen sich diejenigen fragen lassen, die der militärischen Antwort mißtrauen?

Schon einmal, im Februar 1993, war das World Trade Center Ziel eines terroristischen Angriffs radikaler Islamisten. Daß damals nur sechs und nicht dreitausend Menschen ums Leben kamen, verkleinert die Diabolik des Attentats in keiner Weise. Im Zuge zäher internationaler Ermittlungs- und Fahndungsarbeit wurden alle fünf Täter gefaßt: drei noch in New York, einer in Ägypten und schließlich – wenngleich erst zwei Jahre später – gemeinsam durch pakistanische Polizisten und amerikanische Agenten auch der Kopf der Bande in Islamabad. Sie verbüßen ihre lebenslangen Freiheitsstrafen in Haftanstalten der USA. Ein unauffälliger, da ziviler Vorläufer der Allianz gegen den Terror hatte sich bewährt.

Enttabuisierung des Militärischen

Ein mitsprachebefugtes Parlament, eine halsstarrige Koalition, eine verunsicherte Öffentlichkeit, all dies sind lästige Fesseln für eine Regierung, die zu den Großen gehören und in kritischen Weltlagen Entschlußkraft und Handlungsstärke beweisen möchte. Wer ein Schwerverbrechen als Kriegserklärung proklamiert und uneingeschränkte Solidarität verspricht, wird an seine Worte erinnert werden. Der 7. Oktober 2001 war der erste Kriegstag in Afghanistan. Um dieses Datum herum dürfte den Partnern Washingtons bedeutet worden sein, welchen Solidaritätsbeitrag man von ihnen erwartete. In der Bundesrepublik mußte das innenpolitische Kräftefeld auf die anstehende Entscheidung eingestimmt werden. Gerhard Schröder nutzte dafür die Foren der Regierungserklärung (11. Oktober) und des gezielten Presseinterviews (18. Oktober) mit der Wochenzeitung *Die Zeit*. Beide Male ging es ihm darum, den präzedenzlosen Bundeswehreinsatz in einen neu justierten Bezugsrahmen deutscher Außenpolitik einzupassen. »Enttabuisierung des Militärischen« lautete die Schlüsselbotschaft: »Es geht ja nicht darum, dem Militärischen einen unverdienten Raum zu geben, sondern diesen Aspekt der Außenpolitik nicht zu tabuisieren, was lange gemacht wurde.«

Welche neue Maxime wird hier verkündet, welche alte revidiert? Alles andere als neu ist das Vokabular, das der Kanzler bemüht. Die wiedererlangte Souveränität, die gewachsene politische Verantwortung, die nötige Anpassung an »normale« internationale Herausforderungen sind Formeln, die sich im zurückliegenden Jahrzehnt der Debatte um Auslandseinsätze der Bundeswehr hinlänglich verschlissen haben. Gemeinsam ist ihnen, daß sie keine in sich stimmigen Begründungen liefern, warum ausgerechnet auf militärischem Gebiet ein stärkeres deutsches Engagement geboten sei. Überdies entstammen sie nicht dem Programmfundus der gegenwärtigen Koalitionsparteien. Zu den Erklärungen, mit denen Sozialdemokraten und Grüne vor vier Jahren den Wahlkampf bestritten und ihr Regierungsbündnis besiegelten, stehen sie in offenem Gegensatz.

Neu an den Einlassungen des Bundeskanzlers sind zwei Argumente für »ein weiterentwickeltes Verständnis deutscher Außenpolitik«. Zum einen gilt die Zusage, »auch militärisch für Sicherheit zu sorgen«, als »Bekenntnis zu Deutschlands Allianzen und Partnerschaften«. Die Bereitschaft klingt an, konformes Verhalten gegebenenfalls wider bessere Einsicht zu üben. Zum anderen liege der aktive Solidaritätsbeweis im »nationalen Interesse Deutschlands«. Was Schröder selbst als nationales Interesse umschreibt, hält jeder kritischen Nachfrage stand: die Sicherheit der Bevölkerung und ein Leben nach eigenen Vorstellungen. Sein Verteidigungsminister setzt den Akzent schon ganz anders. In der parlamentarischen Aussprache über die besagte Regierungserklärung zur Afghanistanintervention besteht Scharping auf einem »umfassenden« Begriff der Sicherheit: »Wir wissen doch alle, daß zum Beispiel die weltwirtschaftliche Stabilität und die weltwirtschaftliche Sicherheit von dieser Region stark beeinflußt werden können, von jener Region, in der siebzig Prozent der Erdölreserven des Globus und vierzig Prozent der Erdgasreserven des Globus liegen.« Normalität kommt von Norm. Die Außenpolitik der Bundesrepublik hat ihr normatives Fundament im Grundgesetz und darüber hinaus im Normenkonsens des internationalen Rechts, wie es sich zum Beispiel niederschlägt in der Charta der Vereinten Nationen, aber auch im Nordatlantikvertrag. Alle drei verbieten die Anwendung militärischer Gewalt, außer in eng definierten Ausnahmefällen. Enttabuisierung des Militärischen, zumal unter Berufung auf nationale Interessen, kann nur bedeuten, das Verhältnis von Regel und Ausnahme umzukehren. Für einen Vorgang dieser Schwere steht das alarmistische Etikett des Tabubruchs zu Recht. Intervention würde zum Alltagsgeschäft der Bundeswehr und Krieg wieder zum Mittel der Politik.

Kriegsschauplatz Mittelost?

Der Testfall der reformulierten Außenpolitik-Doktrin bahnt sich im Mittleren Osten an. Schon ehe der Bundestag mit der Bereitstellungsfrage befaßt wurde, war Fachleuten aufgefallen, daß die Zusammensetzung des deutschen Militärkontingents auf eine andere als die afghanische Konfliktregion hindeutet. Ein Flottengeschwader mit Fregatten und Schnellbooten eignet sich nicht zum Einsatz gegen ein Land ohne Küste; der Verband patrouilliert heute im Arabischen Meer. Sanitäts- und ABC-Abwehrkräfte zielen auf ein Szenario ab, bei dem mit größeren als nur punktuellen Kampfhandlungen am Boden gerechnet wird. Eine verstärkte ABC-Abwehrkompanie der Bundeswehr hat im Februar 2002 eine Katastrophenschutzübung in Kuwait absolviert. Ihre Ausrüstung, rund siebzig Fahrzeuge, darunter *Fuchs*-Spürpanzer und ein Kernkommando von fünfzig Soldaten, ist in dem Golfstaat verblieben.

Spätestens die Kongreßbotschaft Präsident George W. Bushs vom 29. Januar 2002 rückte den Irak in das Fadenkreuz Washingtons. Die Fülle interpretierender Erklärungen schuf Gewißheit, daß der »Regimewechsel« in Bagdad, die gewaltsame Entmachtung Saddam Husseins, nicht länger eine erwogene Option, sondern ein gefaßter Vorsatz ist. Diplomatische Sondierungen und logistische Vorbereitungen sind angelaufen. Wie steht dazu die Regierung in Berlin? Mitte März hat sie sich festgelegt: Die Bundesrepublik werde an einem amerikanischen Alleingang nicht teilnehmen, sich aber ebensowenig aus der Krisenregion zurückziehen. Im Kriegsfall kämen die Spürpanzer zum Einsatz, wegen der sonst, so Schröder, »unabsehbaren Folgen für das deutsch-amerikanische Verhältnis«. Beteiligung trotz Nichtbeteiligung – wiederum ist zu fragen, um welche Art Krieg es geht.

Vordergründig streiten Washington und Bagdad um die Kontrollkommission, die nach dem Golfkrieg 1991 durch die Vereinten Nationen eingesetzt worden war, um die dem Irak erteilten Entwaffnungsauflagen vor Ort zu überwachen. Im Dezember 1998 eskalierte der Konflikt erneut zum Krieg. Vier Tage lang lag das Land unter Beschuß amerikanischer und britischer Kampfbomber. Ihre Waffeninspekteure hatte die UNO noch rechtzeitig abgezogen; Bagdad ließ sie anschließend nicht wieder einreisen. Seitdem gibt es keine internationale Rüstungskontrollpräsenz mehr im Irak. Wenn die amerikanische Führung von der irakischen verlangt, die Inspektionsteams ihre Arbeit wieder aufnehmen zu lassen, so befindet sie sich im Recht. Zwar hatte die Kommission in den letzten Jahren ihrer Tätigkeit keine schwerwiegenden Verstöße des Irak gegen eingegangene Verpflichtungen mehr registriert, aber ebensowenig hat sie die vollständige Erfüllung aller Auflagen förmlich festgestellt.

Nach eigenen Angaben verfügt der Irak weder über Massenvernichtungswaffen, noch plant er deren Herstellung. Gegenteilige Informationen aus neutraler Quelle liegen nicht vor. Die Auskünfte von Experten lauten heute sehr ähnlich wie 1998: Man habe zwar keinen Anhalt für derartige Aktivitäten, könne sie aber auch nicht ausschließen. Eingestandenermaßen hat das Land bis 1991 chemische Kampfstoffe besessen. Ingenieurwissen läßt sich nicht löschen. Zudem erfordert die Herstellung von C-Waffen keinen übermäßig hohen technischen Aufwand. Seit Jahren beziffert das amerikanische Verteidigungsministerium die Zahl der Staaten auf über fünfundzwanzig, die Massenvernichtungswaffen samt zugehöriger Trägermittel entwickeln können. Ob tatsächlich einer oder mehrere von ihnen solche Vorhaben betreiben, könnten nur Vor-Ort-Überprüfungen nachweisen.

Länger als die amerikanische nimmt sich die irakische Beschwerdeliste aus. An der Spitze steht das umfassende Handels- und Finanzembargo, dem das Land seit nunmehr zwölf Jahren unterliegt. Es wird für den Verfall der Wirtschaft und die wachsende Verelendung der Bevölkerung verantwortlich gemacht. Auch in den Augen westlicher Beobachter verliert die Behauptung irakischer Verstöße gegen Abrüstungspflichten zur Begründung der ökonomischen Abschnürung an Überzeugungskraft. Bagdad nutzt den Hebel der Inspektionsverweigerung, um das Thema der Sanktionen auf die politische Tagesordnung zu setzen. Wann und unter welchen Bedingungen ein Ende der internationalen Ächtung in Aussicht steht, würde auch jede andere irakische Regierung interessieren. Solange die Entscheidung jedoch allein von Washington abhängt, wird der Saddam Husseins Propaganda dienliche Eindruck aufrechterhalten: Ein Ende der Sanktionen steht überhaupt nicht in Aussicht, das Land bleibt stranguliert, gleichviel, was es tut oder läßt.

Tatsächlich waren 1991 die Abrüstungsauflagen an den Irak nicht auf Dauer als exklusive Vertragspflichten eines einzelnen Staates gedacht. Vielmehr sollten sie Schritte darstellen auf das langfristige Ziel »einer ausgewogenen und umfassenden Kontrolle der Rüstungen in der Region« (UN-Resolution 687). Regionale Rüstungskontrolle fand jedoch im Mittleren Osten nie statt. Gerade die USA haben sie schon im Ansatz unterlaufen, indem sie ihre Militärpräsenz aus den Tagen des Golfkriegs beibehielten und zu einem umfassenden Stützpunktsystem rund um die Arabische Halbinsel ausbauten. Von dort aus attackieren sie periodisch den irakischen Kontrahenten. Die zur Routine gewordenen Luftangriffe auf militärische Einrichtungen bilden den gravierendsten Kritikpunkt Bagdads an Washington. Allein 1999 trafen tausend Raketen mehr als dreihundert Ziele im Irak. Keine rechtliche Legitimierung deckt das selbstherrliche Vorgehen, kein politischer Protest behindert es.

So wie Ariel Sharon das Überleben Yassir Arafats im Libanonkrieg bedauert, beklagt das politische Washington, Saddam Hussein im Golfkrieg nicht beseitigt oder wenigstens zum Amtsverzicht gezwungen zu haben. Das Versäumte jetzt nachzuholen wäre eine späte Bestrafung, aber kein Beitrag zum »Krieg gegen den Terror«. Die irakischen Islamisten sitzen bekanntlich nicht an den Hebeln der Macht, sondern im Gefängnis oder im Exil. Das Regime steht nicht in dem Ruf, fanatische Fundamentalisten zu hofieren. Die heimtückischen Anthraxanschläge in den Vereinigten Staaten vom vergangenen Herbst, die anfangs für antiirakische Verdächtigungen herhalten konnten, werden ihm nicht mehr zugeschrieben. Folglich fehlt es an Gründen, ein bewaffnetes Vorgehen gegen den widerspenstigen Ölstaat zur Terrorismusvorsorge zu stilisieren.

Für eine zivile Konfliktregulierung und Krisenprävention

Während Afghanistan schon wieder das Thema von gestern ist, zieht am Golf die nächste Kraftprobe herauf, an der sich der transatlantische Zusammenhalt bewähren soll. Zwischen Solidaritätsreflexen und Skrupeln hin- und hergerissen, reagiert Europa gewohnt vielstimmig und unentschieden. Der gemeinsame Nenner ist der kleinlaute Vorschlag, Saddam Hussein auf diplomatischem Weg die Wiederzulassung von Inspektoren abzuringen. Wer so argumentiert, gibt sich naiver, als es die Umstände erlauben. Erstens besteht das Irakproblem aus mehr als diesem einen Aspekt. Zweitens klingt die Versicherung Bagdads glaubhaft, über Waffenkontrollen allein nicht mehr zu verhandeln. Drittens wird sich der Mann im Weißen Haus, wenn er beschlossen hat, den Widersacher loszuwerden, mit weniger nicht zufriedengeben. Europas Rolle hätte eine andere zu sein. Gefragt ist der Umriß eines politischen Konzepts, das mehr bietet als Stückwerklösungen.

Je mehr die Weltpolitik zu ihrer alten Agenda zurückkehrt, desto schärfer treten die Themen hervor, zu denen beiderseits des Atlantiks unterschiedliche bis gegensätzliche Standpunkte bestehen: Entwicklungshilfe, Klimaschutz, UN-Haushalt, Strafgerichtshof, Kinderrechtskonvention, Teststopp, Raketenabwehr, nuklearer Ersteinsatz, C-Waffen, Biowaffen, Kleinwaffen, Personenminen. Die Liste war schon vor dem 11. September lang, sie ist danach nicht kürzer geworden. Jenseits sachlicher Differenzen illustriert sie die Kluft zwischen außenpolitischen Stilen, Methoden und Instrumenten, gegen die Überzeugungsarbeit schwer aufkommen wird. Denn es wäre ja nicht damit getan, einen Präsidenten und seine wichtigsten Helfer umzustimmen, wenn die Mehrheiten im Kongreß und die Meinungen in der Bevölkerung bleiben, wie sie sind. Deshalb ist an dem in Berlin beliebten Satz, souveräne amerikanische Entscheidungen habe man nicht zu kritisieren, solange wenig auszusetzen, wie er nicht als Aufruf gelesen wird, sich ihnen zu unterwerfen.

Die Bundesrepublik teilt mit ihren europäischen Partnern Ressourcen und Kompetenzen, an denen weltweit Mangel herrscht. Sie betreffen das Aufgabenspektrum ziviler Konfliktregulierung und Krisenprävention. Sich ihrem Ausbau zu verschreiben verspricht größeren Nutzen als ein kostspieliger Rüstungswettbewerb mit der Bündnisvormacht um Fähigkeiten, die schon im Übermaß vorhanden sind. Selbst wenn das hohe Ziel, Europa möge mit einer Stimme sprechen und im Gleichklang handeln, auch künftig immer wieder verfehlt werden wird, sind die einzelnen Staaten nicht zur Untätigkeit verurteilt. Die Afghanistankonferenz auf dem Bonner Petersberg abzuhalten, die afghanische Polizei aufzubauen und die Stammesversammlung in Kabul auszurichten sind Beispiele für Initiativen, die keiner multinationalen Einbettung bedurften.

Daß Waffenmacht auch zur Unterstützung nationaler Interessen oder zur Unterstützung der Interessen Verbündeter eingesetzt werden darf, ist eine Auffassung, deren Anhängerschaft wächst. Für eine Außenpolitik, die den Anspruch erhebt, Friedenspolitik zu sein, verbieten sich solche Erwägungen von selbst. Der amerikanische Präsident hat auf dem Höhepunkt der Nahostkrise den israelischen Ministerpräsidenten davor gewarnt, den Punkt zu überschreiten, wo Selbstverteidigung in ihr Gegenteil umschlägt. Die Mahnung ist auch an die eigene, die westliche Adresse zu richten. Zwischen Verteidigung und Angriff, zwischen Friedenssicherung im Auftrag der internationalen Rechtsgemeinschaft und eigenmächtiger Koalitionskriegsführung verläuft eine klare Grenze. Das fahrlässige Gerede von der Enttabuisierung des Militärischen hilft sie zu verwischen.

21. Kapitel

Die Auswirkungen des 11. September auf das Leben der Muslime in Deutschland

Nadeem Elyas

Das Wort des Jahres: »Der 11. September«, das Unwort des Jahres: »Gotteskrieger«; weitere immer wieder gemachte Äußerungen: »Ereignis des Jahrhunderts«, »Nichts wird nach dem 11. September mehr so sein wie davor«, »Ein Tag, der die Welt verändern wird«.

Die Reihe der Schlagzeilen ist lang und kündet von den Auswirkungen dieser Katastrophe, die in besonderem Maße die Muslime und die islamische Welt betrafen. Die erwarteten Veränderungen traten in der Tat ein – auch in bezug auf das Leben der Muslime in Deutschland und auf den Zentralrat der Muslime in Deutschland (ZMD). Nie zuvor stand ein islamischer Verband so im Mittelpunkt des allgemeinen Interesses und genoß so offenkundig das Vertrauen aller Staatsorgane wie der ZMD nach dem 11. September. Bereits wenige Stunden nach den Anschlägen gehörte die Position des ZMD in bezug auf jede neue Entwicklung zum obligatorischen Bestandteil des politischen Gesamtbildes.

Der 11. September brachte für den Islam und die Muslime überall in der Welt Unheil, Verleumdung, Verfolgung und Krieg mit sich. Auch für uns Muslime in Deutschland war diese Zeit eine harte Bewährungsprobe. Als die ersten Bilder von den Terroranschlägen am 11. September 2001 in den USA über die Bildschirme liefen, waren meine ersten Gedanken: Wie kann ein Mensch so viel Brutalität an den Tag legen? Wie kann ein Mensch so viel Unheil anrichten? Ein Gefühl der Hilflosigkeit und der Unsicherheit ergriff mich. Der zweite Gedanke, der mir wie vielen anderen Muslimen in den Sinn kam, war: Wird der Islam jetzt dafür verantwortlich gemacht? Werden wir Muslime jetzt einer ähnlichen Hetze ausgesetzt wie damals während des Golfkriegs? Erinnerungen an die damals von vielen Menschen vorgenommene Gleichsetzung zwischen Islam und Brutalität, Terror und »Heiligem Krieg« konnte ich nicht verdrängen. Wie lange saß der Islam, wie lange saßen wir Muslime damals auf der Anklagebank und mußten uns verteidigen und entschuldigen für etwas, das wir nicht verbrochen hatten.

Verurteilung des Terrorismus

Zwei Stunden nach dem ersten Anschlag am 11. September wandten wir uns im Zentralrat mit klaren, eindeutigen Worten an die Öffentlichkeit, bekundeten unser Entsetzen und Mitgefühl und erklärten: »Wer immer die Hintermänner dieser blutigen Tat sind, im Islam können sie keine Rechtfertigung für ihre Tat finden. Wer sich des Terrorismus, der Gewalt und Ermordung unschuldiger Zivilisten als politisches Mittel bedient, kann sich nicht auf den Islam berufen.« Diese Worte der ersten Stunden waren für viele islamische Organisationen, Vereine und Moscheen Rückhalt und Leitlinie für die eigene Stellungnahme; sie wurden von ihnen übernommen und in eigenen Pressemitteilungen verbreitet, was dazu beitrug, daß sich die Öffentlichkeit aufgrund islamischer Informationen aus erster Hand orientieren und ihr eigenes Urteil bilden konnte. Diese Haltung des ZMD wurde vielfach von Kommentatoren, Politikern und Kirchenvertretern in den Medien, Bundestagsdebatten, Talkshows, Kundgebungen und Weihnachtspredigten zitiert – sehr oft, um damit die eigene Position zu stärken.

Nadeem Elyas

Drohungen und Beschimpfungen

Die klare Verurteilung des Terrorismus konnte jedoch nicht verhindern, daß sich bei einigen Menschen die differenzierte Sicht und die Unterscheidung zwischen Islam und Terrorismus nicht einstellte und sich Emotionen der Wut gegen die Muslime in Deutschland entluden. Hunderte E-mails, Anrufe und Briefe mit Beleidigungen, Beschimpfungen und Drohungen gingen beim Zentralrat und bei vielen anderen islamischen Organisationen ein. Mehrere von der Polizei ernstgenommene Mord- und Branddrohungen erreichten uns. Mein Büro und mein Haus stehen seitdem unter Polizeischutz – eine Erfahrung, die mir den 11. September bis heute noch sehr präsent erscheinen läßt. Muslime wurden auf offener Straße beschimpft und beleidigt; besonders Frauen mit Kopftüchern waren Ziel solcher Attacken und Handgreiflichkeiten. Viele Fälle von Belästigungen muslimischer Schülerinnen und Schüler auf Schulhöfen und im öffentlichen Verkehr wurden uns gemeldet, einige davon veröffentlichten wir im eigens dafür eingerichteten »Forum« auf der Website *www.islam.de*. Bei den Muslimen ging die Furcht um die eigene Existenz um. Nach dem zu erwartenden Abflauen der Mord- und Bombendrohungen und der Hetze gegen den Islam befürchteten die meisten eine für sie nachteilige Veränderung des gesellschaftlichen Klimas in unserem Land; sie fürchteten, zu Parias der Gesellschaft zu werden. Damit wären die langjährigen Bemühungen um Integration und konstruktiven Dialog durch einige wenige international operierende Terroristen auf einen Schlag zerstört.

Die meisten der Beschimpfungen, Beleidigungen und Drohungen konnten wir dem rechtsextremistischen Lager zuordnen. Nichtsdestotrotz sahen wir uns verpflichtet, auf diese Entwicklung öffentlich aufmerksam zu machen. Es galt zu verhindern, daß daraus eine allgemeine Tendenz entsteht und dafür zu sorgen, daß von der gesamten Gesellschaft eine Gegenwirkung ausgeht.

Ein Tag im September

In einem offenen Brief wandten wir uns am 16. September 2001 mit dem Hinweis an die Bundesregierung, daß eine Eskalation der jetzigen Situation hin zu einer gewalttätigen Auseinandersetzung und zu einer verschärften Gangart gegenüber Migranten und Muslimen in Deutschland zu befürchten sei, und warnten vor der Frontenbildung und vor der Teilung der Welt wie der deutschen Gesellschaft, weil dies nur den Terroristen nützen würde. Wir appellierten an die Bundesregierung, alles in ihrer Macht Stehende zu tun, damit sich kein Graben zwischen den Muslimen und der deutschen Gesellschaft auftut und der Hetze gegen den Islam und die Muslime, die schon vor der jetzigen Krise bedrohliche Ausmaße bis hin zu Brandanschlägen gegen Moscheen und islamische Einrichtungen angenommen hatte, Einhalt geboten wird. In unserem offenen Brief baten wir die Bundesregierung, gemeinsam mit den islamischen Organisationen vertrauensbildende Maßnahmen zu planen und umgehend durchzuführen sowie deutliche Zeichen in der Öffentlichkeit zu setzen, damit die Muslime in Deutschland nicht weiter unter Druck gerieten.

Welle der Solidarität

Dieser Aufruf und mehrere Fernsehauftritte, in denen wir einige Passagen aus den Schimpf- und Drohbriefen zitierten, brachten eine ungeahnte Welle der Solidarität mit sich. Von allen Schichten und Gruppierungen der Gesellschaft erhielten wir private und öffentliche Solidaritätsbekundungen. Die langjährigen Beziehungen zu den politischen Einrichtungen sowie zu den Medien und den gesellschaftlichen Gremien ermöglichten es, daß sie uns nun als Ansprechpartner stellvertretend für die muslimische Bevölkerung konsultierten. Die höchsten Repräsentanten unseres Staates führten demonstrativ intensive Gespräche mit uns, die sämtlich auf ihre Initiative und Einladung erfolgten – eine direkte Auswirkung des 11. September auf die

Nadeem Elyas

Beziehungen zwischen den staatlichen Einrichtungen und der muslimischen Bevölkerung. Unter anderem gehörten dazu: Gespräche mit dem Bundespräsidenten, dem Bundeskanzler, dem Präsidenten des Bundesrats, dem Bundesinnenminister, den Ministerpräsidenten mehrerer Bundesländer sowie den Vorsitzenden der etablierten Parteien und deren Landes- und Ortsverbänden.

Defizite im Alltag der Muslime

Diese Gespräche gaben uns Gelegenheit, unsere Position zu Fragen wie Terrorismus und Frieden zu erläutern und deutlich darauf hinzuweisen, daß die bestehende Unsicherheit in bezug auf die Muslime ein Beweis dafür ist, daß die Verantwortlichen jahrzehntelang versäumt haben, ihnen einen würdigen Platz in der Gesellschaft einzuräumen, und somit die Probleme der Muslime weitgehend ignoriert haben. Solche Gespräche sollten als ständige Institution auch nach der Krise zur Beseitigung der genannten Defizite fortgesetzt werden. Daß dies in der Tat mit einigen der politisch Verantwortlichen vereinbart wurde, wäre vor den Ereignissen vom 11. September undenkbar gewesen.

Die von den Muslimen schon lange wahrgenommene Schieflage in der Beziehung der Gesellschaft zu ihren muslimischen Mitbürgern sollte im Rahmen dieser Gespräche durch folgende Schritte behoben werden:

• Stärkung der vorhandenen islamischen Strukturen und Inanspruchnahme ihrer Vertretungen.
• Stärkere politische Beteiligung der Muslime an Foren, Gremien und Kommissionen sowie stärkeres Engagement in den politischen Parteien.
• Zuerkennung bestimmter Privilegien, die nur den Körperschaften vorbehalten sind, da die islamischen Strukturen momentan das Erlangen dieses Status nicht erlauben.
• Lösung der seit jeher bestehenden Alltagsprobleme der Muslime.

- Bekämpfung der Diskriminierung auf dem Arbeitsmarkt, bei der Ausbildung und der Wohnungssuche sowie beim Tragen eines Kopftuchs.
- Unterstützung von Projekten zur Errichtung repräsentativer Zentralmoscheen in einigen deutschen Metropolen.
- Würdigung muslimischen Lebens in Deutschland durch Wahrnehmung und Respektierung muslimischer Feste, Ehrung herausragender Persönlichkeiten durch Preis- und Ordensverleihung, Gedenktafeln, Denkmäler, Straßennamen usw.
- Korrektur des teilweise negativen Islambilds in den Schulbüchern.
- Kultur- und Schüleraustausch mit den Herkunftsländern.
- Einführung beziehungsweise Förderung von Türkisch und Arabisch als Fremdsprachen in den Schulen.

Kurz nach diesen Gesprächen erfolgten erstmalig Besuche mehrerer Repräsentanten des Staates in Moscheen und islamischen Einrichtungen; sie wohnten dem Freitagsgebet bei und sprachen zu den muslimischen Gemeinden in Gegenwart der Medien. Es ist keine Übertreibung, diese Besuche als historisch zu bezeichnen. So besuchte Bundespräsident Johannes Rau die Moschee von Marl, während der Landtagspräsident von Nordrhein-Westfalen, Ulrich Schmidt, und der Bischof von Aachen, Heinrich Mussinghoff, der Bilal-Moschee in Aachen einen Besuch abstatteten. Das deutsche Fernsehen erlebte eine Premiere mit der Live-Übertragung eines Freitagsgebets in der Bilal-Moschee in Berlin in voller Länge, bei dem ich die Predigt auf deutsch hielt.

Kritische Solidarität

Unsere Haltung gegenüber dem internationalen Terrorismus war deutlich, und unsere Verurteilung des im Namen des Islam begangenen Terrorakts in den USA kam prompt. Dies erlaubte uns, den sich abzeichnenden Afghanistankrieg kritisch zu bewerten. Für uns war und ist die Bekämpfung des Terrorismus eine Notwendigkeit und allgemeine Pflicht; einen Militärschlag als Mittel dieser Bekämpfung lehnen wir allerdings ab. Der Kampf gegen den Terrorismus muß meines Erachtens bei der Beseitigung der Ursachen für seine Entstehung und Verbreitung anfangen. Diese sind in dem herrschenden, tolerierten Totalitarismus und in der politischen, wirtschaftlichen und sozialen Ungerechtigkeit in vielen Ländern der Welt zu suchen, die den Nährboden für Haß und Fanatismus bereiten. Die Attentäter der blutigen Anschläge in den USA zur Verantwortung zu ziehen ist ein legitimes Anliegen. Die Ermittlungen hierzu führten allerdings ausschließlich die USA; nicht einmal die Nato-Verbündeten erhielten eine ausreichende Einsicht in die Ermittlungsakten. Bis heute liegen der Weltöffentlichkeit teilweise nur Indizien und unklare Informationen vor, jedoch keine Beweise für die Identität und die Verantwortung der unmittelbar Beteiligten und der Drahtzieher. Diese Feststellung darf nicht als Rechtfertigung für die Tat oder als Verteidigung der Schuldigen mißverstanden werden. Es ist lediglich der Ruf nach mehr Information, die mehr Vertrauen und Solidarität mit sich bringen soll, und nach Anwendung der Rechtsprinzipien, zu denen sich der Westen bekennt.

Schon vor Kriegsbeginn waren wir in Sorge um die unschuldige Bevölkerung in Afghanistan, die in erster Linie drohte, getroffen zu werden. Wir befürchteten zudem eine Eskalation der Krise, wenn auch noch während des Fastenmonats Ramadan bombardiert werden sollte. Daher erwarteten wir Proteste in der gesamten islamischen Welt und waren besorgt, daß die Emotionen der Muslime in Deutschland nur schwer zu kontrollieren sein würden, was die Gefahr einer neuen Hetze gegen die Muslime in sich barg. Viele dieser Befürchtungen bestätigten sich jedoch Gott sei Dank nicht. In unserer ersten Stellungnahme nach dem Beginn der Militäraktion in Afghanistan lehnten wir die Militärschläge als Mittel zur Bekämpfung des Terrorismus ab und brachten unsere Hoffnung zum Ausdruck, die Zivilbevölkerung möge verschont bleiben und eine Ausweitung des Angriffs auf weitere Völker und Staaten vermieden werden. Die Muslime in Deutschland riefen wir zu Besonnenheit und Wachsamkeit auf.

Es galt für uns, diese Besonnenheit in den Gemeinden zu stärken, was wir durch mehrere Informationsveranstaltungen, Aufrufe und durch eine gezielte Aufklärungsarbeit zu erreichen versuchten. Unsere Aufrufe, sich an Friedensgebeten, Friedensdemonstrationen und Mahnwachen zu beteiligen und dafür zu sorgen, daß keine zweifelhaften politischen Elemente diese Friedensaktionen mißbrauchten und ungesetzliche Mittel anwendeten, fanden bei der breiten muslimischen Basis Gehör. Daß die Muslime in Deutschland in dieser schweren Krise einmütig ihre Gesetzestreue und ihre Verbundenheit mit der gesamten Gesellschaft bewiesen, werten wir als einen weiteren positiven Aspekt der Krise.

Die Sicherheitspakete

Zu den nachhaltigen Auswirkungen des 11. September auf die Migranten und die Muslime in Deutschland zählen gewiß die Sicherheitspakete mit ihren rechtlichen Veränderungen, die zwar zum Teil vor dem 11. September schon in Planung waren, aber durch die Krise ein unerwartetes Maß an Schärfe und Beschleunigung erfuhren. Es ist höchst bedenklich – ja gefährlich –, Grundrechte im Schatten einer akuten Krise neu zu definieren und einzuschränken. Diese betreffen nämlich nicht nur mutmaßliche Gesetzesbrecher oder potentielle Terroristen, die Einschränkung belastet nachhaltig die gesamte Gesellschaft.

In bezug auf die Streichung des Religionsprivilegs im Vereinsgesetz begrüßte der Zentralrat die Absicht des Bundesinnenministers, gegen den islamischen Extremismus und Radikalismus vorzugehen. Angesichts der Pauschalverurteilung der islamischen Institutionen plädierte der ZMD bereits im April 2001 vor der Zuwanderungskommission dafür, daß die Aktivitäten des sogenannten islamischen Fundamentalismus in aller Offenheit und Sachlichkeit dargelegt werden und daß man konsequent gegen islamische Gruppierungen, die in Konflikt mit dem Grundgesetz und den Gesetzen geraten sind, juristisch vorgeht, damit die Muslime in Deutschland und ihre islamischen Institutionen von dem Pauschalverdacht des »islamischen Fundamentalismus« befreit werden. Nur so können Behörden und Gesellschaft ein normales Verhältnis zu der breiten Masse der muslimischen Bevölkerung entwickeln und sie als gesellschaftliche und religiöse Partner gewinnen. Der ZMD wies gleichzeitig darauf hin, daß die Würde der Religion einen behutsamen Umgang mit allen islamischen Institutionen gebietet; Prinzipien der Verhältnismäßigkeit und Rechtsstaatlichkeit sollten beachtet werden, die Unantastbarkeit der Moscheen als Gotteshäuser und das Recht der Religionsausübung sollten bei jeder Maßnahme geschützt bleiben. Diese Grundrechte dürfen durch kein Gesetz ausgehöhlt werden. Wir sahen zwar den Schutz, den die Religionsgemeinschaften im Grundgesetz genießen und der gemäß Artikel 137,2 der Weimarer Verfassung die Vereinigungen, »die sich die gemeinschaftliche Pflege einer Weltanschauung zur Aufgabe machen«, einschließt, in bezug auf die Moscheevereine und die islamischen Organisationen schwinden; dennoch erkannten wir für die Muslime mehr Vorteile darin, wenn sie von Vereinigungen, die die Verfassung und die Gesetze nicht achteten, deutlich abgrenzbar sein würden.

Die Moscheen sind Gotteshäuser, Orte des Gebets und der Besinnung. Ihre Würde zu bewahren und die Gefühle der muslimischen Bevölkerung nicht zu verletzen muß die Maxime für jede staatliche Handlung sein. Die Moscheen sind genausowenig Anlaufstellen für Terroristen wie jedes andere Gotteshaus in unserem Land. Muslime sind genausowenig Sympathisanten von Terroristen wie jeder nichtmuslimische Bürger Deutschlands. Ausnahmen davon sollen mit Recht verfolgt werden. Bei dieser Verfolgung können die Schutzorgane mit der Unterstützung aller Muslime rechnen, die sich ihrer islamischen Pflicht und ihrer staatsbürgerlichen Verantwortung bewußt sind.

Ein Tag im September

Die Anwendung der neuen Gesetzeslage im Vereinsgesetz führte zum Verbot des sogenannten Kalifatstaats von Metin Kaplan; dessen Verband der islamischen Vereine und Gemeinden (ICCB) prozessiert zur Zeit gegen das Verbot. Eine für alle Muslime unangenehme Situation entstand dadurch, daß die Schließung der Moscheen dieses Vereins drei Tage vor dem Ende des Fastenmonats Ramadan erfolgte – sicherlich eine schmerzhafte Erfahrung für die Besucher dieser Moscheen, die nicht alle die Gesinnung des Vereins teilen. Dieses Problem wird uns bei eventuellen weiteren Vereinsverboten da noch stärker begegnen, wo die Moscheegemeinden in der Regel kaum mit der politischen Gesinnung der Vereinszentralen übereinstimmen. Die Dienstleistungen der Moscheen müssen jedoch aufrechterhalten werden. Diese Aufgabe kann und darf der säkulare Staat, der im Falle eines Vereinsverbots den Besitz dieser Vereine beschlagnahmt, nicht wahrnehmen. Sie einfach zu ignorieren und die Moscheegemeinden im luftleeren Raum ohne ihre Gebetshäuser zu lassen, würde eine Situation der Unruhe und Unzufriedenheit bei unbeteiligten Muslimen hervorrufen.

Die Rasterfahndung

Ein weiteres Problemfeld im Zusammenhang mit den neuen Sicherheitsgesetzen ist die Rasterfahndung. Es war zu erwarten, daß die Rasterfahndung für viele Muslime beträchtliche Unannehmlichkeiten mit sich bringen würde. Allein durch die Suchkriterien war bereits im Vorfeld deutlich erkennbar, daß nur Muslime in Mitleidenschaft gezogen würden. Auch wenn wir dies im Interesse des allgemeinen Schutzes unserer Gesellschaft und trotz vieler Datenschutz- und anderer Bedenken in Kauf nehmen müssen, besteht die Gefahr einer unverhältnismäßigen Benachteiligung und Diskriminierung der Muslime. Dies bestätigten schon bald nach Einführung der Rasterfahndung Meldungen und Beschwerden über ein unangemessen hartes und entwürdigendes Vorgehen staatlicher Sicherheitsorgane gegenüber

Nadeem Elyas

unbescholtenen und »unauffälligen« Muslimen. Wir sahen uns daher gezwungen, uns öffentlich gegen überzogene Reaktionen seitens der Behörden zu äußern. Wir dürfen nicht zulassen, daß einige wenige Extremisten 3,2 Millionen gesetzestreue Muslime diskreditieren. Wir sehen nämlich unsere langjährigen Bemühungen um eine friedliche Integration des Islam und der Muslime in unsere Gesellschaft gefährdet, wenn ein Generalverdacht gegen Muslime, Studenten arabischer Herkunft und generell gegen Araber in Deutschland bestehenbleibt. Wir befürchten, daß dadurch die seitens der Bundesregierung gesetzten Zeichen des Respekts und Vertrauens in die muslimische Bevölkerung zunichte gemacht werden.

Die Sorge um den inneren Frieden in Deutschland nahm nach der Verabschiedung der neuen Sicherheitsgesetze von Tag zu Tag genauso zu wie der Zweifel bezüglich der Rechtmäßigkeit der Rasterfahndung. Letzterer wurde zwischenzeitlich von Gerichten in Berlin, Nordrhein-Westfalen und Hessen verneint und von einem Gericht in Rheinland-Pfalz bestärkt. Zweifel bestehen zudem weiterhin bezüglich der Effizienz der Rasterfahndung hinsichtlich der Prävention von Terrorakten und der Erfassung mutmaßlicher Terroristen.

Das Interesse für den Islam

Eine positive Auswirkung des 11. September war und ist das anhaltende Interesse für den Islam und die muslimische Denk- und Lebensweise. Fast alle Koranübersetzungen waren kurzfristig vergriffen, Bücher über den Islam erlebten eine einmalige Hochkonjunktur, und der Informationsbedarf sowie die Nachfrage nach islamischen Referenten war kaum zu decken; vom 11. September bis zum Jahresende 2001 waren es allein für mich fünfundneunzig Vorträge und Podiumsdiskussionen. Das Interesse der Medien war überwältigend. An manchen Tagen wurden in unserem Büro mehr als dreißig Interviews geführt. Insgesamt führte ich vom 11. September bis zum Jahresende 2001 zweihundertvierundachtzig Interviews, Pressekonferenzen und Redaktionsgespräche; die Homepage *www.islam.de* zählt seit dem 11. September täglich etwa hunderttausend Zugriffe.

In diesem Zusammenhang ist auch der »Tag der offenen Moschee« zu sehen, den wir seit 1997 am Tag der Deutschen Einheit veranstalten und an dem jährlich mehr als tausend Moscheen beteiligt sind. Im Jahre 2001 zählten diese Moscheen etwa zweihunderttausend nichtmuslimische Besucher. Die Zahl der Besucher steigerte sich damit im Vergleich zum Vorjahr in manchen Moscheen um das Doppelte, in anderen sogar um das Fünffache.

Gerade am Tag der Deutschen Einheit wollen wir signalisieren, daß die muslimische Bevölkerung Deutschlands sich zu dieser Einheit bekennt. Aus Verbundenheit mit dieser Einheit schotten sich die Muslime von dem Rest der Gesellschaft weder ab, noch lassen sie sich ausgrenzen. Nicht nur an diesem Tag wollen die Moscheen den Dialog mit der gesamten Bevölkerung suchen, mit den Kirchen, den Gläubigen und den Repräsentanten unseres Staates.

Das Motto des »Tages der offenen Moschee« 2001 lautete »Muslime – Partner gegen Rassismus«. Dieses Motto wurde lange Zeit vor dem 11. September festgelegt. Der Kampf gegen Rassismus ist für uns Muslime ein Gebot unserer Religion. Die Bekämpfung von Rassismus und Diskriminierung aufgrund von Abstammung, Religion, Geschlecht und sozialem Status ist Inhalt unseres islamischen Glaubens. Diese Botschaft sollte gezielt von den Moscheen, von jeder Muslima und von jedem Muslim ausgehen. Denn gerade wir Muslime erfahren oft, wie bitter es ist, wegen der eigenen religiösen Gesinnung und der ethnischen Abstammung diskriminiert zu werden.

Die gesellschaftlich-politische Debatte

Bei den vielen Veranstaltungen und Einzelgesprächen mit Politikern stellten wir fest, daß das durch die Anschläge vom 11.

September bedingte große Interesse an Informationen und Stellungnahmen zum Thema Islam in eine tiefgründige Diskussion über die grundsätzliche Haltung der islamischen Organisationen zu den Grundpfeilern der deutschen Gesellschaft mündet. Die 3,2 Millionen Muslime in diesem Land, darunter eine halbe Million mit deutschem Paß, haben die Pflicht, sich zu integrieren, sich zu öffnen und über ihr Glaubensbekenntnis und die Glaubenspraxis mit der Gesellschaft in einen Dialog zu treten – nicht weil sie sich in einem Gastland befinden, sondern weil sie längst zu dieser Gesellschaft gehören.

Sie sind dieser Aufgabe bislang nur zum Teil gerecht geworden. Fehlende Sprachkenntnisse, fehlendes Gefühl für die Notwendigkeit dieser Transparenz und zum Teil mangelhaftes Selbstvertrauen führten zu Verschlossenheit und Abschottung. Auf der Seite der Gesellschaftsmehrheit führte dieses Verhalten zu Mißtrauen und Unsicherheit gegenüber der muslimischen Bevölkerung. Die Gesellschaftsmehrheit hat jedoch ein Anrecht darauf, zu erfahren, wie die Muslime zu den Fundamenten dieses Rechtsstaates, zu seinem Grundgesetz, zu Demokratie, Pluralismus und Menschenrechten stehen.

Dieses Defizit wurde besonders deutlich nach dem 11. September und zeigte sich in vielerlei Fragen: Wie stehen die Muslime in unserem Land zu Gewalt und Terrorismus? Halten sie in dieser Krise an den gesetzlichen Grundlagen unserer Gesellschaft fest? Wem gehört ihre Loyalität? Ist mit Unruhe und Ausschreitungen aus ihrer Ecke zu rechnen, oder können wir ihnen vertrauen? Dieses Unsicherheitsgefühl, das zunächst auch von muslimischer Seite zum Ausdruck gebracht wurde, erwies sich zwar als unberechtigt, ist jedoch ein Beweis dafür, daß das jahrzehntelange Zusammenleben nicht zu einem Zusammenwachsen der Gesellschaft geführt hat und eine grundsätzliche, offene und gleichzeitig kritische Debatte lange versäumt beziehungsweise bewußt vermieden wurde.

Ein solcher kritischer Dialog ist unbedingt nötig, um den inneren Zusammenhalt der Gesellschaft zu ermöglichen und die innere Sicherheit zu gewährleisten. Diese Debatte darf jedoch nicht zum Ziel haben, Argumente für die Ausgrenzung der Muslime zu suchen und das konstruierte Feindbild Islam zu stärken. Sachlichkeit und Fairneß müssen diese Debatte prägen, die auf der Basis einer konkreten, von den Muslimen klar formulierten Diskussionsgrundlage geführt werden muß.

Der ZMD erkannte diese Aufgabe und beauftragte einen Expertenkreis mit der Formulierung einer solchen Grundlage, die nach dreimonatiger Arbeit am 3. Februar 2002 von der Vertreterversammlung, dem höchsten Organ des ZMD, einstimmig verabschiedet wurde. Mit dieser Islamischen Charta, die am 20. Februar 2002 der Öffentlichkeit vorgestellt wurde, möchten wir die Grundsätze unserer Glaubensbekenntnisse als Basis einer jeden Diskussion erklären. Wir nennen in der Islamischen Charta Defizite im Alltag der Muslime in Deutschland, die nur im Miteinander beseitigt werden können, und formulieren die Aufgaben des ZMD. Er möchte in der Islamischen Charta gleichzeitig eine klare Position zu wichtigen Themen, die mit den Muslimen noch nicht ausdiskutiert worden sind, beziehen und sein Verhältnis zum deutschen Staat konkret artikulieren. Diesen gesellschaftlich-politischen Diskurs sehen wir als unabdingbare Folge des Zusammenlebens mit der muslimischen Bevölkerung in diesem multikulturellen Land. Er ist mit Sicherheit als anhaltende Auswirkung des 11. September 2001 anzusehen. Die Islamische Charta soll zur Versachlichung dieses Diskurses beitragen.

Fazit: Die Notwendigkeit des Dialogs

Die Auswirkungen des 11. September auf die Muslime in Deutschland sind im Vergleich zur Situation nach dem Golfkrieg von tiefgreifender und nachhaltiger Natur.

Die Muslime haben bestimmte Versäumnisse in ihrer Beziehung zum deutschen Staat und zur Gesellschaft erkannt. Nicht nur Öffnung und Dialog, vor allem Transparenz und Offenheit sind notwendig für ihre Integration in die Gesellschaft. Die Notwendigkeit, die eigene Position zu den Fundamenten des Staa-

314

tes konkret und verbindlich zu artikulieren, wurde von einem Teil ihrer organisierten Struktur erkannt. Alle islamischen Organisationen und Gruppierungen müssen nun diesen Prozeß durchlaufen, um die Beziehung zur Mehrheitsgesellschaft in geordnete, normalisierte Bahnen zu bringen. Diejenigen, die nicht bereit sind, sich klar und eindeutig zu den Fundamenten dieser Gesellschaft zu bekennen, müssen sich selbst fragen, ob sie weiter zu dieser Gesellschaft gehören wollen.

Auch der Staat mit seinen Repräsentanten und Behörden hat gewisse Versäumnisse in seiner Beziehung zu der muslimischen Bevölkerung erkannt. Er ist zugänglicher geworden für ihre Fragen und Anregungen und zeigt größere Bereitschaft für Gespräche und Verhandlungen mit ihren Vertretern. Es wurde offensichtlich, daß der Zusammenhalt mit den Muslimen für die gesamte Gesellschaft zur Vermeidung beziehungsweise Überwindung weiterer Krisen lebensnotwendig ist. Dieser Zusammenhalt ist nur dann möglich, wenn der Staat bereit ist, den Muslimen ihren Platz mitten in der Gesellschaft einzuräumen. Vielleicht resultiert daraus eine raschere, pragmatische Lösung ihrer Probleme, unabhängig von partei- und wahlpolitischen Erwägungen.

Die verschiedenen Gruppen und Mitglieder der Gesamtgesellschaft haben ebenfalls die Notwendigkeit des Dialogs mit den Muslimen erkannt und werden gewiß für eine längere Zeit Interesse für Informationen über den Islam zeigen. Der nachhaltige Dialog mit den Muslimen in Deutschland kann nur fruchtbar sein, wenn er aufgrund konkreter Vorlagen wie der Islamischen Charta vor sich geht und das Ziel verfolgt, Gemeinsamkeiten zu erkennen, Ausgrenzung zu verhindern und Barrieren zu überwinden.

22. Kapitel

Bedingt dienstbereit

Der 11. September und das
Versagen der Geheimdienste

Wilhelm Dietl

Der Marokkaner Hassan Tabou, 35 Jahre alt, ist ein Phantom, wie viele in seinem Gewerbe. Er war Geheimagent, ein verdeckter Kundschafter, seinem jungen König treu ergeben. Hassan Tabou wurde in Algerien und im Irak eingesetzt – und in Afghanistan. Er schlich sich bei Osama Bin Ladens Al-Qaida ein und meldete viele Beobachtungen nach Rabat. Im Sommer 2001 erfuhr er, daß Bin Ladens Truppe einen neuen, schweren Schlag gegen den Erzfeind USA plante.

Man wollte auf amerikanischem Boden das Mißlingen des Attentats auf das World Trade Center in New York von 1993 wettmachen. Hassan Tabou meldete auch dies, und seine Chefs sandten die Information zu den Freunden in Washington. Es war kein klarer Hinweis, was passieren würde, aber es war ein Teil, der ins große Puzzle paßte. Hassan Tabou hat Al-Qaida rechtzeitig verlassen. Wer ihn und seinen Fall kennt, der weiß, daß er heute ganz anders heißt und im Umland von Washington D.C. ein neues Leben führt. Er hat durch seine geheime Tätigkeit nichts verhindert, aber doch in einer gewissen Weise geholfen, und das wird ihm honoriert.

Der 11. September 2001 brachte allen Geheimdiensten eine gewaltige Zäsur. Melodramatisch verkündeten ihre Sprecher, nichts würde mehr so sein wie vor dem historischen Datum. Sie meinten damit, nun müsse man aufrüsten, die Reihen schließen und hochmotiviert weltweit den Krieg gegen den Terror führen. Objektiv gesehen sollte es wirklich nicht mehr so sein wie vor dem 11. September, weil sich die gesamte Branche im Abschwung befand und weitgehend von den Erfolgen der Vergangenheit lebte. So konnte es zu verhängnisvollen Pannen und in ihrer Konsequenz zu den verheerenden Anschlägen von New York und Washington kommen. Mehrere Beispiele sollen diese These belegen:

- Im August 1998 forderten zwei Bombenanschläge der Al-Qaida auf die amerikanischen US-Botschaften in Nairobi und Daressalam dreihundertzwei Menschenleben. Diese Aktionen lösten die aufwendigsten internationalen Verbrechensermittlungen aus, die bis dahin von der US-Regierung in Auftrag gegeben worden waren. Wochen später offerierte die sudanesische Regierung den Amerikanern die Auslieferung von zwei Verdächtigen. Da Bin Laden und seine Anhänger von 1991 bis 1996 im Sudan gelebt hatten, kannten ihn die islamischen Machthaber bestens und verfügten über entsprechende brisante Informationen. Der Sudan wurde jedoch von den Amerikanern als Mittäter eingestuft und eine Arzneimittelfabrik aufgrund falscher Informationen mit *Cruise-Missiles* bombardiert. Mißlicherweise lehnte die Clinton-Regierung jeden Arbeitskontakt ab und damit auch die Übernahme der beiden möglichen Täter. Dem FBI wurde von seinen Dienstherren die Eröffnung eines Verbindungsbüros in Khartum untersagt.
- Und noch einmal Sudan: Die Londoner *Financial Times* fand heraus, daß dieselbe sudanesische Regierung bereits im Februar 1998, also sechs Monate vor den Anschlägen in Ostafrika, den Amerikanern ein Geheimdienstdossier von dreihundert Seiten Umfang über das Al-Qaida-Netzwerk angeboten hatte. Auch das hatte die Clinton-Regierung abgelehnt. War es Mißtrauen oder gar Desinteresse? Auch ein Gespräch zwischen dem sudanesischen Botschafter in

Washington, Mahdi Ibrahim, und dem Leiter der Nahost-abteilung im FBI, David J. Williams, im Herbst 1997 sowie ein freundliches Schreiben des Leiters des sudanesischen Abwehrdienstes, Generalleutnant Gutbi Elmahdi, vom 5. Februar 1998 konnten beide Staaten nicht zusammenbringen. Yahya Babikar, der stellvertretende Chef des sudanesischen Auslandsdienstes, schickte noch einige Sätze hinterher: »Wir hätten gerne unsere eigene Stube gesäubert, und sie hätten vieles von dem, was sie schon hatten, korrigieren können.« Sie, das waren die uneinsichtigen Amerikaner. Nach dem 11. September begann dann das große Umdenken in den bilateralen Kontakten zwischen Washington und Khartum; CIA und FBI haben sich seither bei den einstigen Feinden eingerichtet. Die Regierung von General Omar Hassan Baschir überreichte amerikanischen Diplomaten zweihundert Ordner mit Material zu Bin Ladens sudanesischer Phase. Dreißig mutmaßliche Al-Qaida-Aktivisten wurden festgenommen und des Landes verwiesen. Sudan ist seit dem 11. September kein Pariastaat mehr.

- Abu Zubeida, alias Abu Hamza, ein enger Vertrauter von Osama Bin Laden, ließ im Juli 2001 den 1965 in Algerien geborenen und in einem Pariser Einwandererviertel aufgewachsenen Franzosen Jemal Beghal zu sich kommen. Beghal hatte gerade eine militärische Ausbildung in einem der afghanischen Lager absolviert. Abu Zubeida war der Meinung, nun sei die Zeit gekommen, das Gelernte umzusetzen. Er ordnete an, Beghal solle über Marokko und Spanien nach Frankreich zurückkehren und einen Selbstmordanschlag auf die US-Botschaft in Paris vorbereiten. Der getreue Eleve rasierte seinen Bart ab und kleidete sich westlich. Bei der Rückreise am 28. Juli tauchte sein Name auf dem Computermonitor der Flughafenpolizei von Dubai auf. Er wurde festgenommen, in eine dunkle Zelle gesteckt und wochenlang mißhandelt, was zu ausführlichen Geständnissen führte. Beghal berichtete auch von einem Londoner Treffen mit einem Gesinnungsgenossen, Zacarias Moussaoui, der – wie wir heute wissen – in Verbindung mit der Hamburger Zelle von Mohammed Atta stand. Sein Komplize für die Pariser Operation sollte Nizar Trabelsi sein, ein in Deutschland und Belgien bekannter Fußballspieler. Er war von Al-Qaida als Selbstmordattentäter vorgesehen. Am 23. September unterzeichnete Beghal zweiunddreißig Dokumente in arabischer Sprache – sein Geständnis – und wurde dann nach Paris abgeschoben. Viele seiner Informationen kamen zu spät.

- Zacarias Moussaoui, alias »Shakil«, alias »Abu Khalid al-Sahrawi«, stammt aus einer marokkanischen Emigrantenfamilie. Er wurde 1968 in Frankreich geboren. Später siedelte er nach England über und nahm die britische Staatsbürgerschaft an. Im Frühjahr 1998 lebte Moussaoui vorübergehend im afghanischen Al-Qaida-Ausbildungslager Khalden. Ende September 2000 tauchte der bullige Glatzkopf bei der *Airman Flight School* in Norman, Oklahoma, auf. Zur Tarnung gab er an, für eine malaysische Technologiefirma zu arbeiten. Am 15. August 2001 meldete sich ein Fluglehrer der Pan-Am-Flugakademie in Minnesota beim FBI in Minneapolis und berichtete von einem seltsamen, nur schwach begabten Flugschüler, der kein Interesse an Starts und Landungen hatte. Man schloß daraus, daß es sich bei Moussaoui um einen künftigen Flugzeugentführer handeln könne. Das FBI fand heraus, daß das Studentenvisum des Flugschülers bereits abgelaufen war – also nahmen sie ihn fest. Eine Rückfrage beim französischen Geheimdienst brachte am 5. September die Information, daß Moussaoui mit Al-Qaida in Verbindung gebracht werden müsse. Die FBI-Zentrale nahm den Fall nicht ernst und verzichtete auf breiter angelegte Ermittlungen; die üblichen Erfahrungswerte sagten, daß sich in Minnesota niemals Topterroristen herumtrieben. Inzwischen glauben die Ermittler, daß es sich bei dem Franzosen um die Nummer 20 der Attentäter vom 11. September handelt. Er sollte vermutlich in der Maschine *United Airlines 93* sitzen und zusammen mit seinen vier Komplizen Ziad Jarrah, Said al-Ghamdi, Ahmed al-Hasnawi und Ahmed al-Nami ein weiteres Ziel in Washington angreifen, möglicherweise das Weiße Haus. Nach einem Kampf mit beherzten Passagieren stürzte UA 93 bekanntlich auf ein Feld bei Shanksville in Pennsylvania.

• Der gleichaltrige Ägypter Mohammed Atta, der mutmaßliche Anführer der Hijacker vom 11. September, war der amerikanischen Polizei ebenfalls frühzeitig bekannt. Als sich der ehemalige Student der Architektur und Stadtplanung in Florida zum Piloten ausbilden ließ, wurde er am 26. April 2001 auf dem Inverary Boulevard von Fort Lauderdale in einem roten Pontiac kontrolliert. Er konnte oder wollte seinen Führerschein nicht zeigen, und deshalb stellte der Deputy-Sheriff eine Verwarnung aus. Mohammed Atta sollte das fehlende Dokument dreißig Tage später im *County West Satellite Courthouse* vorlegen. Am 2. Mai ließ er sich einen lokalen Führerschein ausstellen und fehlte beim Termin Ende Mai. Daraufhin wurde er im polizeilichen Informationssystem von Florida zur Festnahme gespeichert. Trotzdem überstand Atta am 5. Juli mit viel Glück eine weitere Verkehrskontrolle. Durch einen Zufall hätte er ohne weiteres vor dem 11. September auffliegen können, und es wäre ihm möglicherweise wie Zacaria Moussaoui gegangen, der – gemessen an den Anschlägen vom 11. September – wegen einer Lappalie hinter Gitter geriet.

• Ein anderer Mitstreiter, der Algerier Ahmed Ressam, wurde bereits am 19. Dezember 1999 festgenommen, als er aus Kanada kommend mit sechzig Kilogramm Material zum Bombenbasteln in Port Angeles im Bundesstaat Washington in die USA einreisen wollte. Bei späteren Vernehmungen gestand er seinen Auftrag: Er sollte für Al-Qaida den Internationalen Flughafen von Los Angeles in die Luft jagen. Ein hoher Beamter wurde dazu in der *New York Times* zitiert: »Das war ein Weckruf, nicht für Polizei und Geheimdienste, sondern für den Gesetzgeber.«

Genau betrachtet schliefen aber alle drei Instanzen bis zum 11. September. Die US-Behörden konnten mit den zahlreichen, relativ vagen Hinweisen auf bevorstehende Anschläge gegen amerikanische Einrichtungen, die in den Monaten vor dem 11. September aus Ägypten, Israel, Jordanien, Saudi-Arabien, von asiatischen und europäischen Partnerdiensten (so die *Frankfurter Allgemeine Zeitung* vom 13. September 2001) eintrafen, nicht viel anfangen.

Unter den Informationen befand sich auch jene Meldung, die separat von drei befreundeten Diensten eintraf: Bin Laden habe eine seiner vier Ehefrauen, die gerade Syrien bereiste, zur raschen Heimkehr nach Afghanistan aufgefordert. Die Geheimdienste witterten Gefahr. Letzten Endes war aber alles diffus – und deshalb saß der Schock nach den Anschlägen um so tiefer.

Das Problem der geheimdienstlichen Pannen im Zusammenhang mit dem 11. September und seine Lösung lassen sich in erster Linie beim Selbstverständnis und in der Arbeitsweise der Nachrichtendienste finden. Die sogenannte amerikanische *Intelligence Community* besteht aus dreizehn Bundesbehörden, die fünf verschiedenen Ministerien zugeordnet sind. Ihr Kern ist die *National Security Agency* (NSA). Die NSA verfügt über ein Netz von hundertzwanzig Aufklärungssatelliten und weltweit installierten Bodenstationen, über Flugzeuge mit hochsensibler Funkelektronik und modernste Entschlüsselungstechnologie. Bei der NSA stehen die schnellsten und leistungsfähigsten Computer der Welt. Angeblich schaffen sie eine Quadrillion (10^{15}) mathematische Operationen pro Sekunde und können fünftausend Milliarden Dokumente speichern. Ausgedruckt ergäbe das einen Stapel von zweihundertfünfzig Meter Höhe.

Der bestinformierte NSA-Experte, James Bamford, enthüllte, daß Amerikas größter Geheimdienst einen Jahresetat von über sieben Milliarden Dollar ausgeben darf, die Kosten für die Satelliten des Pentagon nicht eingerechnet. Die streng geheime

Behörde in Fort Meade, Maryland, beschäftigt sechzigtausend Menschen, deutlich mehr als CIA und FBI zusammen. Ihre Mitarbeiter werden mit Spitzengehältern gelockt: zehntausend Dollar bei Vertragsunterzeichnung und mehr als viertausend Dollar Monatsgehalt. Viele von ihnen sind Sprachexperten, die so exotische Idiome wie Afrikaans und Xhosa, Yoruba und Dari, Zulu und Bengali beherrschen. Bei der NSA, so versichern hauseigene Dissidenten in der *New York Times*, gab es am 11. September allerdings nur einen Paschtu-Dolmetscher, bei der CIA gar keinen. Wenig bekannt ist, daß sich zusätzlich ein *National Reconnaissance Office* (NRO) mit modernsten Fotosatelliten um die visuelle Aufklärung aus dem All kümmert – Amerikas Augen und Ohren in der Welt.

Beim Zahlenvergleich mit der NSA kommen die anderen Dienste relativ bescheiden weg. Zweiundzwanzigtausend Geheimdienstler sollen bei der *Central Intelligence Agency* (CIA) arbeiten, achttausend bei der *Defense Intelligence Agency* (DIA). Das FBI, ebenfalls prominent in der Terroristenbekämpfung tätig, beschäftigt achtundzwanzigtausend Mitarbeiter und verfügte 2001 über einen offiziellen Etat von etwa vier Milliarden Dollar. Das FBI ist in den USA mit sechsundfünfzig *Field Offices*, weltweit aber nur mit vierzig Verbindungsbüros vertreten. Der Auslandsnachrichtendienst CIA unterhält mehr als zweihundert Niederlassungen.

Die amerikanische Geheimdienstgemeinde präsentiert sich sehr uneinheitlich und ist zeitweise äußerst mangelhaft koordiniert. Nicht selten überlappen sich die Zuständigkeiten, und doch sucht man vergeblich nach einer gemeinsamen Strategie. Die Dienste verbrauchen im Jahr rund dreißig Milliarden Dollar und bleiben weit hinter den Erwartungen der politischen Führung zurück.

Ein typisches Beispiel für die Misere der gesamten Branche ist das mit zweihundert Mitarbeitern ausgestattete *Counterterrorist Center* (CTC) der CIA. Mit großen Erwartungen 1986 gegründet, um die Terrorabwehr aller damit befaßten Behörden zu koordinieren, konnten anfangs veritable Erfolge präsentiert werden. Dann nahmen die Intrigen innerhalb der Abteilung jedoch zu, und eifersüchtige Terrorexperten anderer Behörden behinderten den Austausch der Informationen.

Ein Pluspunkt für das *Counterterrorist Center* ist seine *Task Force* zum Komplex Osama Bin Laden. Seit 1996 kümmern sich fünfzig Beamte exklusiv um Al-Qaida und ihren Chef, aber auch sie konnten das Desaster vom 11. September nicht voraussagen oder gar verhindern.

Trotz aller auch teuren Bemühungen entstand bis heute keine gemeinsame Datenbank mit dem gesamten Terrorismuswissen amerikanischer Ermittler. US-Experten fordern deshalb eine rasche Reform des CTC: Terrordaten der CIA-Direktorate für Operationen und Aufklärung, des FBI, der DIA, des State Department und anderer weniger bedeutender Behörden sollten vereinigt und stets aktualisiert werden. Zugleich müsse sichergestellt werden, daß alle Lieferanten Zugriff auf die gemeinsame Datensammlung haben. Das heißt, die CIA sollte vom hohen Roß der exklusiv-elitären Briefings im Weißen Haus und im Pentagon herabsteigen und künftig auch mit der Küstenwache, dem Zoll, der Drogenbehörde DEA und anderen lokalen Aufpassern zusammenarbeiten.

Seit dem Ende des Kalten Krieges sind die westlichen Geheimdienste unermüdlich damit beschäftigt, sich selbst neu zu erfinden. In ihrer Euphorie über die schier unerschöpfliche Vielfalt der schönen neuen Technologiewelt haben sie sich vom traditionellen Alltag der Agenten entfernt, erfahrene Mitarbeiter in den Ruhestand entlassen und nicht mehr ersetzt, bewährte Quellen abgeschaltet; *Signals Intelligence* (SigInt) hat *Human Intelligence* (HumInt) um Längen geschlagen. Aber jetzt, nach der Niederlage des 11. September, beklagen sich alle, daß sie kaum noch Aufklärer am Feind haben und daß ihre teuren Satelliten die finsteren Vorhaben archaischer Islamistensekten in weltentrückten Berghöhlen nur äußerst ungenügend erkennen können. So faßte es die *Süddeutsche Zeitung* in einer Analyse der amerikanischen Nachrichtendienste Ende Oktober 2001 zusammen: »Blindes Vertrauen in jede Form von Elektronik und

Technik hat die Ränge verdeckt arbeitender Aufklärer ausgedünnt.« Die *Süddeutsche Zeitung* zitierte einen ehemaligen CIA-Mitarbeiter mit folgenden Worten: »Die CIA hat wahrscheinlich keinen einzigen wirklich qualifizierten, arabischsprechenden Mitarbeiter mit einem Hintergrund im Nahen Osten, der glaubwürdig einen muslimischen Fundamentalisten spielen kann und der freiwillig Jahre seines Lebens mit beschissenem Essen und ohne Frauen in den Bergen Afghanistans verbringt. Du lieber Gott: Die meisten CIA-Angestellten leben in Vororten von Virginia. Solche Sachen machen wir nicht.« Ein anderer seiner Kollegen brachte es noch stärker auf den Punkt: »Operationen, bei denen Durchfall Teil der Lebensart ist, gibt es nicht.«

Eine Islamistenzelle zu infiltrieren ist zweifelsohne noch schwerer, als in die eingeschworenen Zirkel von Terrororganisationen wie IRA und ETA oder in die italienische Mafia einzudringen. Im Regelfall kommen die islamischen Fundamentalisten aus demselben familiären Umfeld. Sie sind zusammen aufgewachsen, häufig in einer Koranschule, haben im selben Ausbildungslager gelebt und folgen demselben Führer. Jeder fremde Seiteneinsteiger muß sich hier besonders bewähren und befindet sich pausenlos im Rampenlicht. Aktivisten wie Mohammed Atta oder Ziad Jarrah zählen zu den später Berufenen, die sich stärker profilieren müssen, und die mit einer ausgefeilten Gehirnwäsche auf ihre tödliche Mission vorbereitet werden – keine gute Arbeitsgrundlage für V-Leute und Agenten der traditionellen amerikanischen Art.

Trotzdem kann sich Terroristenabwehr nicht in Flächenbombardements und *Cruise-Missiles* erschöpfen. Selten werden die Wunschziele korrekt getroffen, und jeder tote Terrorist wird sofort durch zwei lebende ersetzt. Der direkte Kontakt mit dem Feind ist letztlich durch nichts zu kompensieren. Mit dem 11. September begann dementsprechend bei allen westlichen Geheimdiensten eine fieberhafte Suche nach motivierten Einsatzkräften mit Kenntnissen in den lokalen afghanischen und südasiatischen Sprachen.

Wilhelm Dietl

Das Umdenken ist noch in vollem Gange, und die Gegner der Technologiehörigkeit gewinnen an Boden. »Ich weiß nicht, wie wir diese Terroristen fassen sollen«, gibt Ann Wilson, Historikerin der Washingtoner American University, zu bedenken, »ohne einen Riesenaufwand an menschlicher Recherche. Technologie und Satelliten helfen da nicht weiter.« Bis sich diese Einstellung im Gewerbe durchsetzt, werden noch Jahre vergehen, weil die neuen Kräfte Sicherheitskontrollen bestehen und nachrichtendienstliche Grundkenntnisse erwerben müssen. Dabei würden schnell viele altmodische Spione gebraucht, die sich in jeder Lebenslage zurechtfinden.

Aktuell wird diese mißliche Lage erst jetzt diskutiert, weil in den USA nach dem 11. September tage-, wochen- und monatelang nur eine Überdosis an Patriotismus zählte. Selbstkritik, und vor allem Kritik an den Sicherheitsbehörden, war verpönt. Die ersten Stimmen werden laut und erinnern an die Konsequenzen aus Pearl Harbour. Damals haben die Amerikaner ihre militärischen, nachrichtendienstlichen und diplomatischen Institutionen völlig neu geschaffen. Auch die CIA entstand als Folge der Ereignisse.

Erste kritische Geister fordern nun, die CIA gehörig umzukrempeln. Beginnen müßte dies, so sagen sie, mit der Ablösung des seit fünf Jahren amtierenden unfähigen Direktors George Tenet. Die Senatoren John McCain und Joseph Lieberman regten einen parlamentarischen Untersuchungsausschuß an, der die Versäumnisse vor dem 11. September aufklären soll. Das politische Washington zögert noch, weil es befürchtet, zuviel Nestbeschmutzung könnte die überaus selbstbewußte Regierung beschädigen.

Letzten Endes wird aber die CIA erneut den Sündenbock abgeben. Eine erste Vorlage lieferte der *Newsweek*-Kolumnist Fareed Zakaria in der Ausgabe vom 21. Januar 2002. Darin bezeichnete er die CIA als »schwerfälligen Giganten, falsch ausgerüstet für die Welt, in der er operiert«. Die CIA sei eine »hierarchische Organisation, strukturiert, um eine andere hierarchische Organisation – wie die Sowjetunion – zu attackieren und nicht die schemenhaften, dezentralisierten Feinde von heute«. Und dazu, so *Newsweek*, müsse die CIA neues, besseres Personal einstellen. Die mittelmäßigen Rekruten des letzten Jahrzehnts sollten der Vergangenheit angehören. Mit neuen Leuten könne man auch wieder Risiken eingehen. Die CIA sei jetzt »eine übervorsichtige und konservative Bürokratie«. Denn stolz und selbstbewußt sei der Auslandsnachrichtendienst nur dann gewesen, wenn er das Weiße Haus hinter sich wußte. Das sei lange her. In den vergangenen fünfundzwanzig Jahren habe das Weiße Haus die Agency aber immer im Regen stehen lassen, wenn ein Bauernopfer gebraucht worden sei. Das sei bei Ronald Reagan mit Nicaragua passiert, bei Bill Clinton nach dem Aufstand im Nordirak. Die CIA habe sich dieses Muster gemerkt und einfach beschlossen, sich aus allem rauszuhalten.

Was wird passieren? Eine Denkschule der Reformer fordert, die verdeckten Operationen und die Auswertung zu trennen. Radikalreformer wagen es sogar anzuregen, die Aufklärung dem Pentagon und die Analyse dem Außenministerium zu übereignen – und das gegen den Willen der Empfänger. Schon 1998 forderte Bill Clintons früherer CIA-Direktor John Deutch in einem Essay für *Foreign Affairs* den Transfer des *Counterterrorist Centers* von der CIA zum FBI.

Der neue Präsident, George W. Bush, tastete sich vor dem 11. September nur langsam an das heikle Thema einer CIA-Reform heran; er bat um eine ausführliche Vorlage. Bis zum 11. September hatten die ratlosen Berater noch keine Zeile zu Papier gebracht, und seither war keine Zeit für solche destruktiven Aktionen. George W. Bush fügte sich in die latente Krise und zeigte sich seither laufend mit George Tenet. Das könnte dessen Position auf längere Zeit sichern.

Das Beispiel CIA läßt sich in vielen Bereichen auf den kleinen Bruder in Deutschland, den Bundesnachrichtendienst (BND), übertragen. Noch sitzt er überwiegend in München-Pullach. Die Zahl seiner momentan noch sechstausend Mitarbeiter (Jahresetat: 350 Millionen Euro) nimmt jedoch beständig ab. Viele scheiden aus und werden nicht mehr ersetzt, und noch mehr werden an den neuen Standort Berlin geschickt. Ende 2003 soll die ganze Abteilung 3, zuständig für Auswertung, in der Hauptstadt, unweit des Dienstherrn im Kanzleramt, angekommen sein. Bis dahin will man das Personal aber auch mit neuen Kräften aufgestockt haben – Ingenieure, Physiker, Computertechniker, Kenner exotischer Sprachen aus den Ländern der Terroristen.

Seine Bemühungen in der Terrorismusabwehr (TE-Bereich) beschrieb der BND bereits in einer Werbebroschüre des Jahres 1999: Man befasse sich mit der »Organisation und Infrastruktur terroristischer Gruppen«, mit den »Mitteln und Wegen der Finanzierung sowie Beschaffung von Waffen«, ihrer »Zusammenarbeit mit anderen Gruppierungen«, ihren »geplanten terroristischen Aktivitäten« und ihrer Reisetätigkeit.

Das Engagement des deutschen Auslandsnachrichtendienstes im TE-Bereich begann mit einer Spendenaffäre. Unter dem Präsidenten Klaus Kinkel (1979-1982) trugen zehn deutsche Firmen rund vierhunderttausend Mark zusammen, damit der Geheimdienst die Mörder des Arbeitgeberpräsidenten Hanns Martin Schleyer suchen lassen konnte. Die Operation mißlang und wurde 1985 publik. Vertreter aller Parteien distanzierten sich von der Fremdfinanzierung öffentlicher Sicherheitsaufgaben. Dem BND wurde untersagt, Industriegelder anzunehmen.

Das kleine und sehr aktive Referat 16C kümmerte sich bis Anfang der neunziger Jahre um den internationalen Terrorismus, manchmal auch gesetzwidrig im Inland, wurde dann vorübergehend in 12E umbenannt – und schwand schließlich dahin. Als die Amtsleitung des BND nämlich den Eindruck bekam, daß der Arbeitsaufwand bei der Beobachtung der Terroristen zurückging, verteilte sie die Aufgabe, ohne lange zu überlegen, auf die Länderreferate. So kam es, daß sich zahlreiche Länderexperten ohne Erfahrungen im sehr speziellen Bereich des internationalen Terrorismus in die mobile Welt der verdächtigen Polittäter einarbeiten mußten. Der Aufwand war groß und verfehlte zumeist sein Ziel.

Auch der BND ging auf den High-Tech-Trip und bastelte in den neunziger Jahren vorwiegend am Ausbau der Abhörkapazitäten. Um die relative Vollbeschäftigung nach dem Wegfall des Ostblocks zu sichern, trat er im Bereich der organisierten Kriminalität in Konkurrenz zu den Polizeibehörden und zum bayerischen Landesamt für Verfassungsschutz. Die Terrorismusbekämpfung war längst zum absoluten Stiefkind geworden, und so stellte der BND Anfang 1998 die Suche nach seinen Akteuren im internationalen Fernmeldeverkehr ein; die fünfhundert Begriffe in der Suchwortbank wurden ausgetauscht beziehungsweise abgeschaltet, zusammen mit zahlreichen bewährten Quellen.

Erst im August 2001 startete der Bundesnachrichtendienst die Reform der Reform. Eine neue Terrorismusabteilung nahm mit dem Grundstock von fünfzig Mitarbeitern Gestalt an. Die Wiederbelebung der TE-Experten gelang rechtzeitig zum 11. September. Danach gab es erst einmal fünfzig Millionen Mark aus dem Berliner Drei-Milliarden-Füllhorn für die innere Sicherheit; der BND war damit im Terrorismusbereich rein behördentechnisch erneut arbeitsfähig.

Osama Bin Laden sorgte unwissentlich dafür, daß der schläfrig gewordene Pullacher Auslandsdienst über Nacht von seiner Regierung wieder geliebt und gebraucht wurde. Nach dem 11. September gab es deshalb folgerichtig nur noch Erfolgsmeldungen. BND-Techniker fingen sofort Telefonate ab, in denen jubelnde Bin-Laden-Anhänger die Anschläge in den USA feierten. Stolz übermittelte der deutsche Dienst den amerikanischen Freunden eine eigene Lageanalyse und beanspruchte für sich, in Rekordgeschwindigkeit aufgeklärt zu haben.

In den Zeitungen war zu lesen, daß Präsident August Hanning bei seinem Aufseher im Kanzleramt, Ernst Uhrlau, besser gelitten sei als Hannings Vorgänger beim egozentrischen und eitlen Uhrlau-Vorgänger Bernd Schmidbauer. Flugs erhielt er neue Standleitungen zu den Chefs der Partnerdienste und zu den eigenen »Bedarfsträgern«. Im Herbst 2001, als die Amerikaner ihre Luftangriffe auf afghanische Ziele flogen und zunehmend über den Aufenthaltsort von Osama Bin Laden und Mullah Mohammed Omar rätselten, setzte der BND fünf Mitarbeiter vor Ort in Pakistan ein, von denen mindestens einer aus dem Ruhestand zurückgeholt worden war. Wie erfolgreich sie wirkten, ist seither nicht bekannt geworden.

Immerhin hat ihnen die wohlgesinnte *Bild-Zeitung* unter der Überschrift »Auch BND-Agenten riskieren im Krieg gegen den Terror ihr Leben« ein zweifelhaftes Denkmal gesetzt: »Also schwärmen die Agenten aus – Typen wie aus den Büchern von John le Carré versuchen, Bin Laden auf die Spur zu kommen. In der pakistanischen Grenzstadt zu Afghanistan, Peschawar, horchen sie Taxifahrer, Schmuggler, Lastenträger, Hoteldiener, Soldaten, Polizisten aus. Ein lebensgefährlicher Job! Denn auch Bin Ladens Krieger sind in der Stadt, um jene auszuschalten, die ihren Boß killen wollen!«

23. Kapitel

Nichts ist gefährlicher, als seine eigene Propaganda zu glauben

Die Nahostpolitik der Vereinigten Staaten

Rudolph Chimelli

Zweimal in zehn Jahren haben die USA im Nahen Osten Krieg geführt. In beiden Konflikten war der Feind personalisiert durch einen Araber, den Washington zuvor – diskret oder weniger diskret – unterstützt hatte. Der erste dieser Gegner, Saddam Hussein, wurde als laizistisches Bollwerk gegen den Gottesstaat der Ayatollahs gepriesen, bevor er zum »neuen Hitler« abstieg. Der zweite, Osama Bin Laden, war ein nützliches Werkzeug im afghanischen Partisanenkrieg gegen die Sowjets und konnte sich damals nicht vorstellen, daß er dank Diabolisierung durch Informationspolitik und Medien einmal zur weltweit mächtigen Symbolfigur des Bösen werden würde.

Indessen war der rasche amerikanische Sieg in Afghanistan nicht der Anfang vom Ende des proklamierten Feldzugs gegen den Terrorismus, sondern nur das Ende von dessen Anfang. Es war schon immer einfacher, einen Krieg zu beginnen, als ihn zu beenden. Dies dürfte auch für eine Supermacht gelten, zumal der Widersacher diesmal nicht ein Staat oder eine Koalition von Staaten ist, sondern eine moralische Kategorie mit ungenauen und wechselnden Konturen. Daß die High-Tech-Terroristen, welche die USA und andere westliche Staaten bedrohen, durch die Entmachtung der Taliban nachhaltig geschwächt worden sind, daran sind große Zweifel erlaubt. Terrornetze wie jene, welche die Attentäter des Anschlags auf das World Trade Center hervorbrachten, brauchen keine territoriale Basis von der Art Afghanistans. Ja es könnte sogar sein, daß sich zumindest die erste Phase der Operation *Enduring Freedom* langfristig als kontraproduktiv erweist. Denn durch den Haß, den sie in der arabisch-islamischen Welt entfachte, dürfte die Zahl möglicher Kamikaze-Freiwilliger heute viel größer sein als vor dem 11. September. Nichts ist gefährlicher, als seine eigene Propaganda zu glauben.

Es ist schwer zu entscheiden, ob die USA durch eine Verkettung unkontrollierbarer Entwicklungen in das Unternehmen Afghanistan hineinschlitterten oder ob der »Krieg gegen den Terror« das Instrument einer auf lange Sicht angelegten imperialen Politik ist. Es läge nahe, daß der Entscheidungsapparat einer Demokratie wie der USA nach dem Prinzip »sowohl als auch« funktioniert, daß in ihm Durchwurstler und Strategen am Werk sind. Eine Konstante der amerikanischen Nahostpolitik war immer die Kontrolle über die Energiereserven der Golfregion. Da die USA elf Millionen Barrel Erdöl pro Tag importieren, ein Siebtel der Weltproduktion, liegt hier für sie ein vitales Interesse vor. Das Preiskartell der Organisation erdölexportierender Länder (*Organization of Petroleum Exporting Countries*, OPEC) ist in seiner Energiepolitik noch immer eingeschränkt, nicht zuletzt wegen der Vorkommen, die in den sechziger und siebziger Jahren des letzten Jahrhunderts an anderen Stellen der Erde erschlossen wurden. Das wird sich in Zukunft jedoch ändern; so sind einige große Felder in der Nordsee bereits zu siebzig Prozent erschöpft. In diesem Jahrzehnt beträgt der Anteil der nahöstlichen OPEC-Staaten an der Weltproduktion knapp fünfzig Prozent; im nächsten Jahrzehnt wird er auf mehr als drei Viertel steigen. Die Frage, was Öl kosten darf, wird sich dann neu stellen. Über Jahrzehnte hinweg hat die Allianz zwischen Washington und dem saudischen Königshaus den Zugriff auf das Erdöl gesichert, das für die Industrie und die Verbraucher der Industrieländer preislich sehr günstig war. So erhöhten die Saudis, als sich nach dem 11. September die globale Rezession verschärfte, rasch und unter Mißachtung von OPEC-Vereinbarungen ihre Exporte um fünfhunderttausend Barrel pro Tag. Alsbald sank der Ölpreis von achtundzwanzig auf zwanzig Dollar. Die Saudis verfügen über ein Viertel der Weltreserven, mehr als jedes andere Land. Ihre Vorräte sind um ein Vielfaches größer als die der Russen. Ferner sind die Produktionskosten im Königreich niedrig und die Transportwege von den Ölfeldern zu den Verschiffungshäfen kurz. Ohne saudisches Erdöl würde die Weltwirtschaft binnen kurzem in eine tiefe Krise stürzen. Ein solches Risiko ist jedoch kaum als Folge politischer Pressionen zu befürchten, denn jedes Regime, gleich ob konservative Monarchie oder revolutionäre Republik, will sein Öl verkaufen. Konkrete Gefahren können sich hingegen aus sozialen oder politischen Umwälzungen ergeben, aus Ausweitungen des Konflikts zwischen Palästinensern und Israelis, aus amerikanischen Militäraktionen gegen den Irak oder ein anderes Land. Öl ist wie Blut ein besonderer Saft; seine Gefäße sind verwundbar. Gerade durch den Versuch, sie mit Gewalt zu schützen, können sie zerbrechen. Der Krieg um Kuwait war dafür ein Schulbeispiel.

Nicht erst seit dem 11. September ist die alte Freundschaftsformel »Schutz des saudischen Königshauses durch die USA gegen billige Energie« ernsten Belastungen ausgesetzt. Daß König Fahd amerikanische Truppen ins Land rief, hat die Dynastie angreifbarer als vorher gemacht. Massive Kritik kommt nicht nur von Osama Bin Laden – der bis zur Truppenstationierung nicht viel gegen die Amerikaner hatte. Er ist zwar heute vom Staat geächtet, aber in der Meinung seiner Landsleute alles andere als ein isolierter Einzelgänger. Auch namhafte Theologen mißbilligen die Anwesenheit von fünftausend fremden Soldaten (und Soldatinnen) auf der Prinz-Sultan-Flugbasis, dem Zentrum der amerikanischen Luftherrschaft über die Region. Wer Ungläubigen im Kampf gegen Muslime hilft, ist selber ein Ungläubiger, lautete während des Afghanistankriegs der Tenor einer *fatwa*. Kronprinz Abdullah, der anstelle des kranken Fahd die Regentschaft ausübt, sucht aus diesem Dilemma einen Ausweg. Wiederholt und energisch hat der Prinz Washington gemahnt, Israel zu zügeln und mehr für die Palästinenser zu tun. Dies dürfte bei Abdullah, der national-arabischer eingestellt ist als seine Brüder, mehr als Taktik oder Opportunismus sein: Er hatte schon nach der Besetzung Kuwaits durch den Irak in aller Stille seine Vorbehalte gegen die Herbeirufung amerikanischer Truppen angemeldet. Die brutale Unterdrückung der Palästinenser führte im Jahre 2001 sogar zu saudischen Scheidungsdrohungen gegenüber den USA, die Abdullah initiiert hatte. Seit Beginn des Jahres 2002 sickern denn auch in Washington und Riad Andeutungen durch, die Truppenpräsenz der Amerikaner in Saudi-Arabien könnte zu Ende gehen.

Die bedingungslose Unterstützung Israels durch die USA ist die Achillesferse der amerikanischen Nahostpolitik. Solange dieses Leiden nicht geheilt ist, wird in der Region permanente Krise herrschen. Denn auf alle Konflikte zwischen dem Mittelmeer und dem indischen Subkontinent strahlt dieser Antagonismus aus, bei dem auf der einen Seite Israel und die USA stehen und auf der anderen Personen, Bewegungen und Länder, die für Muslime Glaubensbrüder sind. Das Ansehen der Vereinigten Staaten bei den Völkern der arabisch-islamischen Welt und – was viel schlimmer ist – bei deren Vordenkern ist dadurch beinahe irreparabel geschädigt. Daß viele Regierungen aus wirtschaftlichem Interesse, Selbsterhaltungstrieb oder realpolitischen Erwägungen trotzdem mit Washington kooperieren, kaschiert diesen Sachverhalt nur noch notdürftig. Nicht allein Saudi-Arabien, auch Ägypten, das durch seinen Frieden mit Israel zu einer festen Stütze Washingtons in der Region wurde, möchte bei militärischen Unternehmungen nicht in engem Schulterschluß mit den USA gesehen werden. Entsprechend distanziert verhalten sich fast alle Regime, die im Westen als »gemäßigt« eingestuft werden. Das war schon im Falle des Afghanistankriegs so. Um so mehr würde jeder Angriff auf ein arabisches Land die Grundlagen der Allianz erschüttern. Mit Ausnahme Kuwaits sind die Regierungen aller Nachbarländer des Irak längst von der amerikanischen Sanktionspolitik abgerückt.

Vor allem Palästina und Afghanistan machen die Solistenrolle der USA deutlich. Aus Gründen politischer Kosmetik wurde die Bomberoffensive gegen die Taliban einer »Koalition« zugeschrieben. Tatsächlich führten amerikanische Piloten achtundneunzig Prozent der Lufteinsätze aus. Für ein Alibi von zwei Prozent der Flüge kamen die Briten auf. Die Angebote anderer Verbündeter wurden monatelang als unerheblich behandelt: ein französisches Kontingent saß zwei Wochen in Usbekistan fest. Die deutsche Beteiligung wurde zu einer Farce, die sich auf die Stichworte »keine eigenen Flugzeuge, Anheuerung russischer Transporter unter niederländischer Flagge, Warten im türkischen Schnee« reduzieren ließ. Der Afghanistankrieg war kein Nato-Unternehmen. Die Bündnispartner wurden nur in beschränktem Umfang konsultiert, damit Washington nach eigenem Gutdünken handeln konnte. Sogar die Zusammenarbeit der Geheimdienste erfolgte überwiegend auf einer Einbahnstraße: Die Amerikaner verlangten von den Spezialisten der Koalition alles – und lieferten fast nichts.

Auch die weiteren zu erwartenden Feldzüge im Krieg gegen den Terrorismus sind konzeptionell als Alleingänge angelegt. Was die Mißbilligung der arabischen Welt und mäßigende Ermahnungen westlicher Verbündeter eventuell bewirken, darüber kann nur spekuliert werden. Das Vorgehen der USA entspricht hierbei einem Selbstverständnis, das der ehemalige französische Außenminister Hubert Védrine als erster das einer »Hypermacht« nannte. Das Gegengewicht einer zweiten Supermacht, die in das Risikokalkül einbezogen werden mußte, besteht seit dem Untergang der Sowjetunion nicht mehr. Da diese Gefährdung entfallen ist, sind auch die Verbündeten abgewertet. Nach dem 11. September kamen Erwartungen auf, die Vereinigten Staaten seien durch die Anschläge endgültig Teil einer Welt geworden und hinfort gegen isolationistische Bestrebungen gefeit; sie haben sich auf paradoxe Weise erfüllt: Die USA haben gezeigt, daß sie weltweit militärisch handlungsfähig sind – aber sie entscheiden allein. Daß sie auf keine Ratschläge hören, erfährt niemand so schmerzhaft wie die Palästinenser und neben ihnen niemand so nachdrücklich wie die Europäer; ihre Machtlosigkeit war nie so offensichtlich. Sie können sich von dem schrankenlosen Rückhalt distanzieren, den Washington dem Vorgehen Ariel Sharons gibt; es verschafft ihnen Sympathie bei den Arabern, wenn sie dem angeschlagenen Yassir Arafat versichern, daß er für sie nach wie vor der Partner für alle Versuche einer Friedenslösung ist; sie können auch protestieren oder Schadensersatz verlangen, wenn die Israelis bei ihren Repressalien den Flughafen von Gaza und andere Infrastruktureinrichtungen demolieren, die mit Hunderten von EU-Millionen errichtet wurden. Aber alle Beteiligten wissen, daß nur die Amerikaner die Israelis zum Einlenken bewegen können. Die Israelis wissen es, die Palästinenser wissen es, und jeder weiß vom anderen, daß er es weiß.

Als die Sowjets Afghanistan besetzten, war es ein strategisches Ziel der Amerikaner, sie vom Persischen Golf und vom Indischen Ozean so fern wie möglich zu halten. Im Südjemen, in Somalia und Äthiopien hatten die Russen zu jener Zeit militärisch bereits den Fuß in der Tür. Die Unterstützung der afghanischen Mudschahedin war unter diesen Umständen kein Spiel mit dem Feuer – wie es den USA heute vielfach vorgeworfen wird –, sondern von klaren Interessen bestimmte Realpolitik. Wäre es der Sowjetunion gelungen, über Klientenregime eine Hebelwirkung in der Golfregion zu erlangen und hätte sie sich synchron dazu in den achtziger Jahren durch politischen Druck die moderne Technik und das Kapital Westeuropas verschafft, wäre die Implosion des kommunistischen Imperiums möglicherweise nicht oder nicht so schnell erfolgt. Damals bestand für die USA *clear and present danger* in Afghanistan, im September 2001 nicht. Gleichwohl hat Washington den Krieg gegen die Taliban für ein weiteres strategisches Ziel genutzt, nämlich die Errichtung einer – voraussichtlich dauerhaften – militärischen Präsenz in Zentralasien. Seit dem Zusammenbruch der Herrschaft Moskaus über jenes Gebiet versuchen die USA, die Unabhängigkeit der neu entstandenen Republiken zu stärken. Die Russen sollen nie wieder kommen, und auch chinesischer Einfluß soll sich nicht entfalten. Bisher sind Armut und Unterentwicklung jedoch die

größten Hindernisse für die Festigung der nationalen Strukturen Zentralasiens. Noch immer führen aus dieser landumschlos-
senen Region fast alle Wege durch Rußland. Die reichen Erdöl-
und Gasvorkommen werden sowohl für die Besitzer als auch
für den Weltmarkt erst in vollem Umfang nutzbar, wenn kein
Dritter die Konditionen diktieren oder den Hahn zudrehen
kann. Das unter Präsident Bill Clinton entwickelte amerikanische Projekt eines »eurasischen Korridors« blieb bislang auf dem
Reißbrett; er soll in Zukunft das zentralasiatische Öl und Gas
durch das Kaspische Meer und den Kaukasus, an Rußland vorbei, zum Mittelmeer transportieren. Pläne für Leitungen nach
Süden, die technisch und finanziell leichter zu verwirklichen
wären, wurden von den USA aus politischen Gründen in die
Schublade gelegt: Der Iran sollte in Quarantäne gehalten werden, und die Taliban entfielen als Partner, weil Menschenrechts-
gruppen gegen eine Kooperation mit ihnen Sturm liefen. Im Fall
der Taliban sind mit dem Afghanistankrieg die Hindernisse entfallen, und dies in einem Augenblick, da die Energievorräte Zentralasiens und des Kaspischen Beckens wegen der unsicheren
Perspektiven am Golf interessanter geworden sind als je zuvor.

Manchmal macht der Zufall seine Sache gut. Das alte Interesse der USA an verläßlichen Quellen für ihren Ölbedarf trifft
sich glänzend mit der neuen militärischen Situation. Afghanistan, das lange am Tropfhahn hängen wird, ist flankiert von amerikanischen Stützpunkten in Usbekistan und Tadschikistan sowie einer militärischen Präsenz der USA in Pakistan. Sie dürfte
auf unabsehbare Zeit erhalten bleiben, denn für die Pakistani
kommt sie einer Absicherung gegen jeden Angriff Indiens gleich.
Aserbaidschan bewirbt sich seit Jahren um eine US-Basis. Die
Türkei ist Nato-Mitglied. Im Kalten Krieg, als noch eine kon-
kretere Gefahr bestand, war das amerikanische Netz um den
Nahen Osten längst nicht so dicht gewoben wie heute.

Nur zwei Länder der Region entziehen sich diesem System:
der Iran und der Irak. Beide sind Räder in der von Präsident
George W. Bush konstruierten »Achse des Bösen«. Eine im Nahen Osten verbreitete Version behauptet, daß Nordkorea als

drittes Land nur aufgenommen wurde, damit nicht ausschließlich muslimische Staaten als Feinde im Krieg gegen den Terrorismus erscheinen.

Mindestens zweimal hat Bush von »Kreuzzug« gesprochen, ein Terminus, den sonst auf die aktuelle Situation nur Bin Laden anwendet, wenn er zum Heiligen Krieg gegen »Juden und Kreuzzügler« aufruft; er meint damit die christliche Welt. Falls es den Amerikanern gelingt, Saddam Hussein ohne größere »Kollateralschäden« zu Fall zu bringen, wird mit dem Irak zugleich sein Öl vom Boykott befreit. Auch der Modernisierung der iranischen Erdölindustrie stünde kein Hindernis mehr im Weg, wenn erst die Islamische Republik destabilisiert wäre. Das freilich dürfte ohne Krieg schwierig sein. Seit nunmehr zweiundzwanzig Jahren rufen im Iran Sprechchöre bei jeder öffentlichen Kundgebung »Tod Amerika!« Aber ausgerechnet dort spricht der Volksmund, ganz im Gegensatz zur arabischen Welt, selten ein böses Wort über den Großen Satan.

24. Kapitel

Der Nahostkonflikt nach dem 11. September 2001

Ludwig Watzal

Die Anschläge in New York und Washington vom 11. September 2001 haben die Agenda in den internationalen Beziehungen von Grund auf verändert. Seither gilt die Bekämpfung des »internationalen Terrorismus« in all seinen Schattierungen als wichtigste Aufgabe internationaler Politik. Aspekte sozialer Gerechtigkeit, der Freiheit von Unterdrückung und Ausbeutung sowie des Rechts auf Selbstbestimmung sind nicht nur in Verruf geraten, sondern werden häufig gar als Terrorismus gebrandmarkt. Militärische Sicherheit wird zur dominanten, wenn nicht sogar alleinigen Größe internationaler Politik. Die USA als Hypermacht bestimmen jetzt die politische Agenda und üben erheblichen Druck auf alle Beteiligten aus. Sie definieren, wer als Terrorist zu gelten hat und wer nicht. Wie sagte US-Präsident George W. Bush nach dem 11. September: »Wer nicht für uns ist, ist gegen uns!« Eine zutiefst arrogante Haltung, da kein Staat diese Entscheidung treffen muß. Jedes legitime Aufbegehren gegen Ungerechtigkeit und Unterdrückung sowie ökonomische Ausbeutung durch die Politik der Globalisierung wird seitdem als Terrorismus diffamiert. Langsam regt sich in einigen Staaten Europas und der arabischen Welt jedoch Widerstand gegen diese simple Sichtweise internationaler Politik. Ob dieser aber von den Staaten der Europäischen Union durchgehalten werden kann, darf aufgrund der widerstreitenden Interessen innerhalb der Gemeinschaft bezweifelt werden.

Einer der ersten Staaten, die sich der von den USA ins Leben gerufenen »Antiterrorallianz« anschließen wollten, war Israel. Endlich, so schien es, verstanden die anderen Staaten das Anliegen Israels: den Widerstandskampf eines von militärischer Okkupation strangulierten Volkes als »Terrorismus« auszugeben. Die Enttäuschung in Israels Regierung war groß, als die USA die Mitgliedschaft des Landes in dieser Allianz nicht wünschten. In einer Art Blackout verglich der israelische Ministerpräsident Ariel Sharon die Lage seines Landes mit derjenigen der Tschechoslowakei 1938. Die US-Führung sah ihm diesen Fehltritt nach, wie sie überhaupt zu den permanenten Völkerrechtsverstößen Israels schweigt. Seither führt sich Israel auf wie eine wildgewordene Kolonialmacht, deren Politik und »Ansprüche« auf die besetzten Gebiete immer weniger verstanden werden. Eine regionale Supermacht führt einen Krieg gegen ein Volk der Dritten Welt, das um seine Selbstbestimmung und Freiheit kämpft. Israel ist es gelungen, der internationalen Staatengemeinschaft zu vermitteln, dies sei »Terrorismus«. Wie verzerrt Sharons Sicht der Dinge ist, zeigt seine Einschätzung in der Tageszeitung *Haaretz* vom 5. März 2002: »The PA (Palestinian Authority) is behind the terror, it's all terror. Arafat is behind the terror. Our pressure is aimed at ending the terror. Don't expect Arafat to act against the terror. We have to cause them heavy casualties and then they will know they can't keep using terror and win political achievements.« Konkret: Noch mehr Zerstörung und Tote werden zur Kapitulation Arafats und des palästinensischen Volkes führen.

Der sogenannte »Antiterrorkrieg« hat auch die berechtigten Anliegen des palästinensischen Volkes völlig in den Hintergrund treten lassen. Sein legitimer Widerstand gegen die militärische Besatzung wird ausschließlich in der Begrifflichkeit des Terrorismus gesehen und vermittelt. Baruch Kimmerling begründete das palästinensische Widerstandsrecht am 27. März 2001 in der Tageszeitung *Haaretz* wie folgt:»Since 1967, millions of Palestinians have been under a military occupation, without any civil rights, and most lacking even the most basic human rights. The continuing circumstances of occupation and repression give them, by any measure, the right to resist that occupation with any means at their disposal and to rise up in violence against that occupation. This is a moral right inherent to natural law and international law.« Dieses Widerstandsrecht werde noch durch die Vierte Genfer Konvention bestärkt, die einen Bevölkerungstransfer des Besatzers in besetzte Gebiete untersagt.

Seit dem 11. September wird aber nicht mehr über die Besatzung und deren verheerende Konsequenzen geredet, sondern der Widerstand dagegen wird als Terrorismus diffamiert. Es soll hier keine Rechtfertigung der Terroranschläge im Kernland Israel erfolgen, durch die Unschuldige getötet werden – sie sind völlig inakzeptabel und müssen mit allen Mitteln verhindert werden. Aber es ist ebenfalls nicht ausreichend, nur über Terrorismus zu sprechen und die Besatzung zu ignorieren. Beide sind keine Zwillingsbrüder, sondern Terrorismus ist der illegitime Abkömmling der Besatzung. Das heißt, die Ursache des palästinensischen Terrorismus ist nicht die Gewalt und der Terror der Palästinenser, sondern die das palästinensische Volk strangulierende israelische Okkupation. Über deren Beendigung muß primär verhandelt werden, weil dann die Grundlage für die palästinensische Gegenwehr entfallen würde. Es gibt nach dem Völkerrecht eine juristische Grundlage für eine Besatzung, aber nur für eine kurze, begrenzte Zeit und nicht für fünfunddreißig Jahre. Ebenfalls gibt es das Widerstandsrecht – und darum handelt es sich beim »palästinensischen Terrorismus« –, das sich aber nicht gegen unschuldige Personen richten darf. Beide Sachverhalte sind mörderisch: unschuldige Israelis werden Opfer des Terrors, und unschuldige Palästinenser werden zu Opfern der Besatzung.

Eines der lächerlichsten Argumente, das von Teilen des politischen Establishments Israels vorgetragen wird, lautet, daß die Okkupation den Israelis gegen ihren Willen aufgezwungen worden sei. Diese Groteske wurde von Ariel Sharon in seiner Rede an das israelische Volk vom 21. Februar 2002 wieder vorgetragen. In dieser Rede bezeichnete er Arafat als das größte Hindernis auf dem Weg zum Frieden. Die westliche Presse fragte unisono, ob Arafat wirklich Frieden wolle. Niemand stellte die Frage, ob Sharon oder das israelische Volk, das ihn ja gewählt hat, Frieden will. Mit der gleichen »Logik« hatte der ehemalige Ministerpräsident Ehud Barak nach der Zurückweisung seines »großzügigsten Angebots« an die Palästinenser in Camp David argumentiert, man könne die Besatzung nicht beenden. Die einfache Tatsache lautet aber, daß Israel die palästinensischen Gebiete besetzt hält, weil es sie besetzt halten will. Israel will sich nicht zurückziehen, weil es das Land für sein kolonialistisches Siedlungsprojekt, für die Ausbeutung des Wassers und aus strategischen Gründen benötigt. Israel will das Gebiet nicht annektieren, weil es den drei Millionen Palästinensern keine Staatsbürgerrechte geben will, das heißt, Israel will das Land, aber möglichst ohne dessen Bewohner. Die Besatzung ist der einzige Weg, beide Ziele zu erreichen. Dabei kann Israel Yassir Arafat sowohl die direkte als auch die indirekte Besatzung anbieten: entweder akzeptiert Arafat die Besatzung, oder er wird durch einen anderen »Führer« ersetzt, der diese Bedingungen als palästinensisches »Ziel« oder palästinensischen »Wunsch« annimmt. Moshe Dayan und Abba Eban hatten noch von einer »wohlwollenden oder aufgeklärten Besatzung« gesprochen. Jahrhunderte kolonialer Herrschaft haben aber gezeigt, daß es keine »aufgeklärte Besatzung« geben kann. Man kann kein Volk zum Wohle eines anderen unterdrücken, ohne Greueltaten zu begehen.

Daß zu Beginn des 21. Jahrhunderts ein Volk in nahezu allen Lebensbereichen seiner Rechte beraubt wird und die aufgeklärte Weltöffentlichkeit dazu schweigt, ist der wirkliche Skandal. Dabei bietet sich der Vergleich mit Südafrika geradezu an. Das weiße Apartheidregime in Südafrika hätte es niemals gewagt, F-16-Kampfbomber, *Apache*-Kampfhubschrauber und Panzer sowie anderes schweres militärisches Gerät »Made in USA« gegen Zivilisten einzusetzen. Israel tut es mit Billigung der Vereinigten Staaten und eines Teils der Europäischen Union. Die Schuld- und Verantwortungsfrage wird dabei auf den Kopf gestellt. Von den Unterdrückten erwartet man die Akzeptierung der Bedingungen der Unterdrücker! Eine solche »Logik« hat es in der modernen Kolonialgeschichte bisher nicht gegeben.

Ein weiterer Irrtum scheint in westlichen Politikkreisen verbreitet zu sein, nämlich, daß es zwischen der Elite der Arbeitspartei und der des konservativen israelischen Spektrums gravierende Unterschiede gäbe. Dieser Fehlwahrnehmung ist es zu verdanken, daß der sogenannte Friedensprozeß über acht Jahre positiv bewertet wurde. In völliger Verkennung des Unterdrückungscharakters dieses Prozesses forderte man dessen Fortsetzung. Mitte Dezember 2001 fand das jährliche Treffen von *Kenes Herzliya* statt. Hier traf sich für drei Tage das gesamte politische und Sicherheitsestablishment Israels, um über *The Balance of Israel's Strength and National Security* zu beraten. Auf dieser Veranstaltung traten neben dem Generalstabschef Shaul Mofaz, dem ehemaligen Shin-Bet-Chef Ami Ayalon, Verteidigungsminister Benyamin Ben-Elieser, dem Mossad-Chef Ephraim Halevy, Außenminister Shimon Peres und dem ehemaligen CIA-Direktor Jim Weseley auch die früheren Ministerpräsidenten Benyamin Netanyahu und Ehud Barak auf. Was letztere über die Aussichten für die Palästinenser zum besten gaben, war die Wahl zwischen Pest und Cholera.

So schlug Netanyahu folgendes vor: Israel müsse den Zusammenbruch des palästinensischen Regimes herbeiführen. Arafat müsse begreifen, daß ein Preis für die nicht eingehaltenen Abkommen zu zahlen sei. (Daß sich die israelischen Regierungen nie an eine Abmachung gehalten haben, müßte Netanyahu wissen.) Falls Hamas die Macht übernehmen sollte, würde dies Israels Handlungsspielraum erweitern. Israel solle seine ernste Bereitschaft zur Wiederaufnahme von Verhandlungen erklären, aber nur unter der Bedingung, daß die Palästinenser ausdrücklich auf ihr Rückkehrrecht verzichteten; sollte dies nicht geschehen, werde es auch keine Gespräche über andere Fragen geben. Falls Israel einen Zaun um die besetzen Gebiete bauen sollte, sollte dieser nur in einer Richtung offen sein. Die Palästinenser sollten nicht nach Israel kommen können, aber Israel habe jederzeit das Recht, in die besetzen Gebiete einzudringen, falls die Palästinenser nicht effektiv den Terrorismus bekämpften. Unter keinen Umständen solle der Zaun entlang der Waffenstillstandslinie von 1967 gebaut werden. Solange es kein vertrauenswürdiges palästinensisches Regime gebe, solle Israel die Staatswerdung nicht in Betracht ziehen. Über Souveränität, Grenzkontrollen, Wasserrechte etc. könne Israel nur mit einer verantwortungsvolleren palästinensischen Führung verhandeln. Die Frage nach einer verantwortungsbewußten israelischen Regierung stellte er wohlweislich nicht.

Baraks Vorschläge nahmen sich fast noch restriktiver als die von Netanyahu aus. Während Israel aktiv den Terrorismus bekämpft, sollte es eine einseitige Politik der Trennung anstreben nach dem Motto: *us here and them there*. Dieser Plan sollte in vier Jahren umgesetzt werden; wenn die Palästinenser kooperieren, können sie davon profitieren, wenn nicht, sollte Israel alleine entscheiden. Mit der Umsetzung dieses Planes sollen fünf Siedlungsblocks entstehen, die zwölf bis dreizehn Prozent des Westjordanlands umfassen, sowie das Jordantal, das nochmals zwölf Prozent ausmacht. Alle isolierten Siedlungen sollten geräumt werden, aber erst, nachdem die Gewalt beendet ist. Israel hat das Recht, Zäune, Straßensperren, Mauern und Grenzübergänge zu errichten, die es aus Sicherheitsgründen für nötig erachtet. Der Trennungsplan soll nicht nur die israelischen Sicherheits- und Verteidigungsbedürfnisse befriedigen, sondern auch eine »signifikante jüdische Mehrheit« in Israel sicherstellen; falls Israel diesen Plan nicht umsetzt, wird es entweder ein binationaler oder Apartheidstaat werden. Beides wäre das Ende des »zionistischen Traums«. Auch um Jerusalem sollte es Zäune und Straßensperren geben. Barak gibt sich aber auch »sozial«. Israel sollte sich um das Wohlergehen unschuldiger Palästinenser kümmern und dies mit Hilfe der internationalen Staatengemeinschaft garantieren. Die Gebiete jenseits des Zauns können den Staat der Palästinenser bilden, Israel werde aber die Grenzen dieses »Staates« kontrollieren. Israel sollte immer die Möglichkeit für Verhandlungen offenhalten, aber nur, wenn die Palästinenser erfolgreich den Terrorismus bekämpften. Wenn die Palästinenser dieses Gebilde Staat nennen wollen, so können sie dies tun, hatte schon Yossi Sarid, Vorsitzender der Meretz-Partei, vor Jahren erklärt.

Völlige Übereinstimmung zwischen beiden Politikern bestand in bezug auf den von den USA geführten »Krieg gegen den Terror« und die damit einhergehenden Vorteile für Israel. Für Barak, Netanyahu und Sharon ist Arafat kein Partner mehr. Daß aber alle drei Politiker wesentlich zu seiner Delegitimierung und zur Zerstörung des Friedensprozesses beigetragen haben, sei hier nur der ausgleichenden Gerechtigkeit halber erwähnt. Nicht Arafat trägt für das Scheitern des Friedensprozesses die Verantwortung, sondern die diversen israelischen Ministerpräsidenten und zu einem erheblichen Teil der ehemalige US-Präsident Bill Clinton.

Auch für den Krieg gegen das palästinensische Volk, den Sharon im Rahmen des »Antiterrorfeldzugs« des Westens gegen die islamische Welt glaubt führen zu müssen, trägt Israel die direkte und die US-Administration unter Präsident George W. Bush letztendlich die Mitverantwortung. Die US-Regierung hat Sharon zur Zerschlagung der »Infrastruktur des Terrors« grünes Licht gegeben. Daß diese »Infrastruktur des Terrors« und die Terroristen das Resultat israelischer Politik sind, hat bereits Nurit Elhanan-Peled festgestellt, deren vierzehnjährige Tochter Smadar durch einen Terroranschlag ums Leben gekommen ist. Am 7. September 1997 sagte sie gegenüber der israelischen Tageszeitung *Maariv*: »Unsere Regierung ist schuldig, weil sie das äußerste tut, um den Friedensprozeß zu zerstören; sie bringt Tod und Zerstörung über uns. Ich kritisiere nicht die Terroristen – wir haben sie nämlich selbst hervorgebracht. Fast jede palästinensische Familie wurde durch uns verletzt, und sie leben in Elend und Verzweiflung. Die Selbstmörder sind unser Spiegel.« Diese Feststellung war schon gegenüber der Regierung Netanyahu mehr als berechtigt; sie hat eine noch größere Berechtigung gegenüber der Regierung Sharon.

Im Rahmen dieses »Antiterrorkriegs« erlaubten die USA Israel alles, bis auf die Ermordung Arafats. Für die stillschweigende Hinnahme dieser Gewaltstrategie Israels ist aber auch indirekt die Europäische Union verantwortlich. Beide, die USA und die EU, haben keine Maßnahmen ergriffen, um die israelische Armee und Regierung von ihrem unverhältnismäßigen Militäreinsatz gegen eine wehrlose Bevölkerung abzuhalten. Unter der Führung des deutschen Außenministers Joschka Fischer wurde alles getan, um Sanktionen der EU gegenüber Israel zu verhindern. Fischer ist auch derjenige, der immer wieder versucht, die israelische Vorgehensweise gegenüber den Palästinensern durch den von Nazideutschland begangenen millionenfachen Mord an den europäischen Juden zu relativieren. Seine Kritiklosigkeit an Israels unterdrückerischem Besatzungsregime hat ihm von seiten des CDU-Bundestagsabgeordneten Karl Lamers den Vorwurf eingetragen: »Manchmal meint man, man hört die Israelis sprechen.« Fischer solle klar sagen, »daß Israel die größere Verantwortung« trage. Diese diplomatisch abgewogene Kritik könnte man auch viel deutlicher formulieren. In seinen Äußerungen betont Fischer permanent, daß es um die Existenz Israels gehe. Irreführender und mehr an der politischen Wirklichkeit vorbeigehend kann man die Öffentlichkeit nicht manipulieren. Nicht um die Existenz Israels geht es, sondern um die des palästinensischen Volkes; denn dieses steht am Abgrund – nicht Israel. Hier findet eine völlige Umwertung von Fakten statt; wie denn auch Fischer immer wieder betont, daß der Terror die Ursache der Gewalt sei – von der Besatzung als Ursache will er nichts wissen.

Wie »schwach« und »bedroht« Israel ist, zeigen folgende Fakten: Das Land verfügt über dreihundert bis fünfhundert Atomsprengköpfe sowie ein großes Arsenal biologischer und chemischer Waffen. Trotzdem wird immer von einer »islamischen Bombe« geredet. Warum spricht niemand über die »jüdischen Bomben«? Israels Panzerarmee und das Arsenal schwerer Waffen ist größer als das Frankreichs, Großbritanniens und Deutschlands zusammen. Hinzu kommt die nach den USA beste Luftwaffe;

sie ist vollständig »Made in USA« und »Payed by the US«. Israel verfügt über drei U-Boote – von Deutschland kostenlos geliefert – die mit atomaren *Cruise-Missiles* (Marschflugkörpern) ausgestattet sind. Demgegenüber verfügen die Palästinenser über zwanzigtausend veraltete K47-Gewehre und einige selbstgebaute »Raketen« – Reichweite drei bis fünf Kilometer. Soviel zur »Bedrohung« Israels. Wenn sich jemand im Nahen Osten bedroht fühlen muß, dann indirekt die arabischen Staaten und direkt die Palästinenser.

Nachdem Israels Krieg (Operation »Schutzwall«) gegen ein nahezu wehrloses Volk im Mai 2002 vorläufig beendet war, wurde das ganze Ausmaß der Verwüstung sichtbar. Der Vandalismus der israelischen Armee wurde sogar im Fernsehen vorgeführt, als man auch noch die beiden letzten einsatzfähigen Fahrzeuge in Arafats Hauptquartier in Ramallah mutwillig durch Bulldozer zertrümmerte. Alle palästinensischen und internationalen Menschenrechtsorganisationen haben die Verwüstungen durch das israelische Militär dokumentiert. Ob es sich um die Einrichtungen der Palästinensischen Regierungsbehörde handelte oder ob es Privatwohnungen sowie andere öffentliche Gebäude, zum Beispiel auch Kirchen, waren: zurück blieb ein Bild der mutwilligen Verwüstung und Zerstörung. Und US-Präsident George W. Bush fiel dazu nur ein: »Sharon ist ein Mann des Friedens!«

Als Resultat des 11. September 2001 wurde der Nahostkonflikt für machtpolitische Zwecke instrumentalisiert, die langfristig enormen Schaden für das Völkerrecht und die Glaubwürdigkeit westlicher Demokratien bedeuten werden. Insbesondere die Haltung der israelischen Regierung gegenüber der Europäischen Union, den Vereinten Nationen und dem Völkerrecht ist vor dem Hintergrund eines demokratischen Wertesystems völlig inakzeptabel, wird aber von allen Parteien hingenommen und von den USA gedeckt und damit gefördert. So hat Sharon nicht nur Yassir Arafat fünf Monate als seinen persönlichen Gefangenen in Arafats Hauptquartier festgesetzt, sondern auch keine EU-Politiker zu ihm gelassen. Der spanische Außenminister Joseph Piqué und Javier Solana, der Koordinator der EU-Außenpolitik, wurden schroff abgewiesen und mußten gedemütigt Jerusalem wieder verlassen. Den US-Außenminister Colin Powell mußte Sharon zwangsläufig vorlassen, obwohl er das Treffen zwischen Arafat und Powell öffentlich als Fehler bezeichnet hatte. Trotz dieser Mißachtung der EU konnten sich die europäischen Regierungen nicht zu einem Boykott gegenüber Israel entscheiden. Das Nichthandeln ist zu einem großen Teil dem deutschen Außenminister Fischer zuzuschreiben, der die Interessen Israels in den EU-Gremien am stärksten vertritt.

Die Mißachtung der internationalen Institutionen und des Völkerrechts erreichte seinen Höhepunkt in der Weigerung Israels, eine von der UNO eingesetzte internationale Untersuchungskommission über die Menschenrechtsverletzungen im Flüchtlingslager Jenin einreisen zu lassen. Nachdem man anfangs Zustimmung signalisiert hatte, gelang es Sharon mit Zustimmung der USA, die Einreise der Kommission zu torpedieren. UN-Generalsekretär Kofi Annan löste daraufhin die Kommission wieder auf. Hatte Israel vielleicht doch etwas zu verheimlichen? War die Zahl der von Israel Ermordeten vielleicht doch höher als behauptet? Wurden Tote in Massengräbern verscharrt, wie die Palästinenser behaupten? War nicht bei den Massakern in Sabra und Shatila 1982 in Beirut auch Ariel Sharon als Verteidigungsminister Israels maßgeblich beteiligt? Für die Verwüstungen und Tötungen im Rahmen des sogenannten Antiterrorkriegs trägt das israelische Sicherheitskabinett die politische Verantwortung. Sollte es eines Tages zu einer Anklage vor dem Kriegsverbrechertribunal in Den Haag kommen, sind die Mitglieder dieses inneren Entscheidungsgremiums zur Rechenschaft zu ziehen. Außenminister Shimon Peres hatte vor der Wiederbesetzung des Westjordanlands seine Kabinettskollegen mit den Worten gewarnt, daß sich das Kabinett in Den Haag wiederfinden könnte – eine durchaus weitsichtige und realistische Einschätzung.

Die Kapitulation der UNO vor Israel und seinem Interessenvertreter USA bedeutete für die Vereinten Nationen eine politische Bankrotterklärung. Es zeigte sich auch deutlich, daß Gewalt vor Recht geht – die Ungerechtigkeit hatte obsiegt. In welchem Konflikt will die UNO jetzt überhaupt noch mit Autorität oder Glaubwürdigkeit auftreten? Die Weltorganisation hat sich zu einem Spielball amerikanischer Interessen machen lassen. Die UNO wird erst dann wieder gefragt sein, wenn die USA beschließen werden, einen Krieg gegen den Irak zu führen. Dafür benötigt die US-Regierung nämlich einen Beschluß des UN-Sicherheitsrats; es ist zu befürchten, daß sie ihn bekommen wird. Ist den Europäern nicht klar, in welchem fragwürdigen Spiel sie Partner sind? Der Schaden für die westliche Glaubwürdigkeit wird irreparabel sein.

Das Schlimmste könnte den Palästinensern aber noch bevorstehen. Sharon hat in einem Interview mit der Tageszeitung *Haaretz* im März 2001 davon gesprochen, daß der Krieg von 1948 noch nicht zu Ende sei. Seit Monaten wird in Israel öffentlich über eine Vertreibung der Palästinenser diskutiert. Besorgte Stimmen wie die des Soziologieprofessors Baruch Kimmerling oder des Militärhistorikers Martin van Creveld prognostizieren eine bevorstehende Vertreibung im Rahmen eines Kriegs gegen den Irak. Solch unglaubliche Vorstellungen haben auch schon Einzug in die amerikanische Öffentlichkeit gehalten. Der republikanische Abgeordnete von Texas und Mehrheitsführer im US-Repräsentantenhaus, Dick Armey, hat am 2. Mai 2002 in der Sendung *Hardball* des Fernsehsenders MSNBC in einem Interview folgendes geäußert: »I'm content to have Israel grab the entire West Bank.« In den verschiedenen arabischen Ländern gebe es genügend Land, um einen Palästinenserstaat zu gründen. Auf die Frage, ob die Palästinenser ihr Land verlassen sollten, antwortete Armey: »That's right ... I happen to believe that the Palestinians should leave.« Auf Nachfrage, ob er dies tatsächlich meine, antwortete Armey mit »Yes«.

Da es Sharon gelungen ist, Arafat als seinen Bin Laden im amerikanischen Bewußtsein zu verankern, wäre es aus israelischer Sicht nur folgerichtig, bis zu seiner völligen Liquidierung zu kämpfen. Wenn die Vertreibung als »politischer GAU« eintre-

Ludwig Watzal

ten würde, wie würde sich wohl die Weltöffentlichkeit und insbesondere die EU verhalten? Natürlich würde es einen enormen Aufschrei – eine moralische Entrüstung – geben. Die EU würde ausgewogene Presseerklärungen und »Verurteilungen« Israels veröffentlichen. Eine Delegation würde Israel besuchen und unverrichteter Dinge wieder abziehen, und die USA würden im UN-Sicherheitsrat eine Verurteilung Israels entweder verhindern oder so verwässern, daß die Massenvertreibung als ein Nebeneffekt des »Antiterrorkriegs« hinzunehmen sei. Die Europäische Union hat als internationaler Akteur – nicht als Zahlmeister israelischer Verwüstungen – bereits abgedankt. Nach einem solchen Szenario sollte sie sich in der alten Form schleunigst von der Weltbühne verabschieden und sich auflösen. Aber vielleicht behauptet Außenminister Fischer dann immer noch, daß es um die Existenz Israels gehe!

25. Kapitel

Neue Impulse für eine Nahostpolitik

Plädoyer für eine Konferenz über Sicherheit und
Zusammenarbeit im Nahen Osten (KSZNO)

Jürgen W. Möllemann

Der Nahe und Mittlere Osten gelten als Pulverfaß: Seit
einem halben Jahrhundert hat diese Region keinen
Frieden mehr erlebt. Krieg scheint in ganz unterschiedlichen Konstellationen fast jederzeit denkbar. Der Konflikt zwischen Israel und Palästina ist für eine dauerhafte Befriedung der
Region von besonderer Bedeutung. Ein tragfähiges Friedenskonzept für den Nahen und Mittleren Osten braucht als unabdingbare Voraussetzung die gegenseitige Anerkennung souveräner Staaten. Nur unter dieser Bedingung ist eine Waffenruhe
zwischen Israel und Palästina und eine Friedensregelung für den
Nahen Osten insgesamt möglich.

Der Umkehrschluß gilt jedoch leider ebenfalls: Ohne die Bemühung um ein solides Friedenskonzept scheinen allein auf Israel und Palästina bezogene Vermittlungs- und Schlichtungs-
versuche erfolglos zu bleiben. Zwar gab es immer wieder Hoffnung nährende Phasen der Annäherung, letztlich dominiert jedoch das Schema von militärischer Aktion und Reaktion das
israelisch-palästinensische Verhältnis – allzuoft muß hinter diesem Schema eine Eskalationsstrategie verschiedener Akteure auf
beiden Seiten diagnostiziert werden.

Jürgen W. Möllemann

Nur durch ein supranationales Friedenskonzept kann der Nahe und Mittlere Osten aus dem Teufelskreis von Mißtrauen, Ablehnung und Aggression herauskommen. Und herauskommen heißt nicht herausgeführt werden. Keine Macht wird am Reißbrett eine neue Weltordnung entwerfen können, die den Nationen und Völkern ohne deren Zutun Frieden bringt. Ein Friedenskonzept macht nur Sinn, wenn alle Länder dieser Region erstens beteiligt sind und zweitens wesentlichen Gestaltungsraum bekommen. Natürlich braucht dieses Konzept Impulse von außen, unter Umständen auch Moderation. Aber die seit Jahren praktizierten Feuerwehreinsätze der USA und der Europäer, wenn das Pulverfaß wieder einmal zu explodieren drohte, müssen als gescheitert angesehen werden.

Eine deutsche Nahostpolitik?

Eine deutsche Nahostpolitik, die diesen Namen verdienen würde, existiert seit Jahren kaum mehr; eine Vision für eine europäische Rolle bei der Gestaltung einer friedlicheren Zukunft für den Nahen Osten gibt es nicht. Nach dem Ende der Amtszeit von Hans-Dietrich Genscher als Außenminister wurde das Feld vollständig anderen Akteuren überlassen. Die heutige Bundesregierung verfolgt nur marginal europäische und deutsche Interessen in der Nahostregion.

Diese Interessen sind aber höchst bedeutend. Mehr noch als den USA muß den Staaten der Europäischen Union an Stabilität und Sicherheit im Nahen und Mittleren Osten gelegen sein, denn wir Europäer sind es, die in Nachbarschaft zu den Staaten im südlichen und östlichen Mittelmeerraum leben. Eine krisenhafte Zuspitzung vor unserer Haustür, gar eine weitere Eskalation der Gewalt, hätte unmittelbare Auswirkungen auf uns alle. An erster Stelle ist die sicherheitspolitische Dimension zu nennen. Noch immer sind in der Region Massenvernichtungswaffen und Trägersysteme vorhanden. Welche Folgen deren Einsatz – sei er auch »nur« lokal – für Europa und seine Bürger hätte, ist ein Alptraum. Man muß jedoch nicht gleich mit dem Schlimmsten rechnen; die Konsequenzen eines bewaffneten Konflikts oder einer schweren Wirtschaftskrise in der Region wären schlimm genug. Es ist nicht davon auszugehen, daß sich die Flüchtlingsströme dann in eine andere Richtung wenden würden als während der Kriege im ehemaligen Jugoslawien. Westeuropa wäre das bevorzugte Ziel. Seit die Binnengrenzen in der Europäischen Union aufgehoben sind, ist die Bundesrepublik unter Einwanderungsgesichtspunkten ein Mittelmeerland.

Die Region birgt aber nicht nur Risiken, sondern auch Chancen. Von einem wirtschaftlichen Aufschwung der Staaten des Nahen und Mittleren Ostens und einer Ausweitung des Handelsvolumens würde gerade die Europäische Union erheblich profitieren. Das wirtschaftliche Potential der Region ist – nicht nur aufgrund des Faktors Öl – beträchtlich und wird bisher nur äußerst unzureichend genutzt. Die im Jahre 2010 angestrebte Errichtung einer Freihandelszone zwischen der Europäischen Union und den ihr nicht angehörenden Mittelmeeranrainerstaaten ist ein wichtiger Schritt in die richtige Richtung. Wirkliche Aussicht auf Erfolg hat dieses Konzept aber nur dann, wenn es politisch flankiert wird. Eine Freihandelszone unter Einschluß von Staaten, die sich untereinander quasi im Kriegszustand befinden, ist schlecht vorstellbar.

All dies macht eine gestaltende Rolle der Europäischen Union und ihrer Mitgliedsstaaten im Bemühen um Sicherheit, Stabilität und wirtschaftliche Prosperität im Nahen Osten erforderlich. Das bedeutet nicht, daß die EU-Staaten versuchen sollten, Lösungen ohne oder gar gegen die USA zu verfolgen – das wäre weder realistisch noch wünschenswert. Die USA bleiben Europas stärkster und wichtigster Partner; die Pflege des transatlantischen Verhältnisses muß – zumal aus deutscher Sicht – auf Dauer außenpolitische Priorität genießen. Soll aber die europäische Perspektive angemessene Berücksichtigung finden, müssen die Europäer selbst dafür sorgen.

Von den Amerikanern war das schon unter Bill Clinton nicht zu erwarten. Und die Bush-Administration schaut zuerst nach Lateinamerika und Asien – erst dann nach Europa. George W. Bush und seine Leute blicken sozusagen aus der anderen Richtung, aus dem Mittleren in den Nahen Osten. Das muß die EU begreifen. Es gilt, eine nüchterne Abwägung unserer Interessen und der Möglichkeiten zu ihrer Verwirklichung vorzunehmen. Deutschland und die EU als Ganzes haben weder die Mittel noch den politischen Willen, zu den USA in ihrer Eigenschaft als weltpolitische Führungsmacht aufzuschließen. Dies sollte die EU-Staaten aber nicht daran hindern, eine Rolle zu übernehmen, die ihnen aufgrund ihrer Wirtschaftskraft und ihres Bevölkerungspotentials angemessen ist. In diesem Zusammenhang wird die gewachsene Verantwortung des vereinten Deutschlands von anderen oft deutlicher gesehen als von uns Deutschen selbst.

Das Projekt: Die KSZE als Modell für eine KSZNO

Europa und Deutschland haben viel beizusteuern zu dem Versuch einer umfassenden Friedensordnung für die Nahostregion. Da ist zunächst die historische Erfahrung der Überwindung von Haß, zäher Feindschaft und den Folgen von Krieg und Vernichtung. Das europäische Beispiel zeigt, daß Versöhnung auch über tiefste Gräben hinweg möglich ist. Und: Europa hat – mit den USA und Kanada – in der Konferenz über Sicherheit und Zusammenarbeit in Europa (KSZE) ein Instrumentarium entwickelt, mit dem es möglich war, in den Zeiten des Kalten Krieges ungeachtet aller ideologischen Differenzen und unvereinbar scheinenden Interessen auch in schwierigen Situationen ein Gesprächsforum zu erhalten. Selbst während der weltpolitischen Eiszeit Ende der siebziger Jahre ist es der KSZE gelungen, vorzeigbare Ergebnisse zu präsentieren. Dieses Festhalten am KSZE-Prozeß hat sich als richtig erwiesen. Dazu Hans-Dietrich Genscher: »Mit der deutschen Ostpolitik und der Schlußakte von

Helsinki wurde der Weg freigemacht für die Überwindung der Teilung Europas und Deutschlands« (*Focus*, 4.8.1997).

Es ist an der Zeit, daß die Europäische Union die Initiative ergreift und sich für die Einberufung einer KSZNO (Konferenz über Sicherheit und Zusammenarbeit im Nahen Osten) einsetzt. Eine couragierte Nahostpolitik Deutschlands und der Europäischen Union sollte das Projekt in Angriff nehmen und in Anlehnung an das KSZE-Modell unkonventionell Elemente einer Friedensordnung für den Nahen Osten zu einem Gesamtkonzept zusammenfügen.

Das Projekt einer KSZNO hätte gegenüber den zur Zeit verfolgten Lösungsansätzen wesentliche Vorzüge. Die katastrophale Eskalation der Gewalt in Israel und den palästinensischen Selbstverwaltungsgebieten mit über eintausendfünfhundert Toten allein in den Jahren 2000/2001 hat deutlich gemacht, daß bilaterale Teillösungen allein keinen dauerhaften Erfolg versprechen.

Der israelisch-palästinensische Konflikt ist nur ein – wenn auch äußerst symbolträchtiges – Teilproblem in einer Region, die von einer Vielzahl von Frontlinien durchzogen ist. Gefahren für Sicherheit und Stabilität gehen auch von zahlreichen anderen Spannungsherden aus (Israel – Syrien, Israel – Libanon, Syrien – Irak, Irak – Iran, Irak – Kuwait, Türkei – Syrien, um nur einige zu nennen). Der Start eines Regionalprozesses nach dem Beispiel der KSZE würde es möglich machen, diese emotions- und prestigeüberladenen Teilkonflikte, die sich oft gegenseitig bedingen, aus ihrer bilateralen Quasi-Unlösbarkeit zu befreien und als Lösungselemente einer umfassenden Friedensordnung zwischen gleichberechtigten Partnern zu definieren. Kompromisse und Zugeständnisse im Interesse des größeren Ganzen würden erleichtert und könnten gemeinschaftlich honoriert werden.

Der bewußt offen gehaltene Rahmen einer KSZNO würde zudem die erfolgsorientierte Einbeziehung weiterer Problemfelder ermöglichen. Der KSZE-Prozeß war nicht zuletzt deshalb erfolgreich, weil er sich nicht auf Fragen der inneren und äußeren Sicherheit beschränkte, sondern sich zugleich auf Zusammenarbeit in den Bereichen Wirtschaft, Wissenschaft, Umwelt sowie auf »humanitäre Fragen« erstreckte. Wie 1975 in Helsinki sollten deshalb auch im Rahmen einer KSZNO verschiedene »Körbe« geschaffen werden. Eine Verknüpfung dieser Körbe bietet die Chance eines flexiblen Herangehens an die Einzelprobleme und eines fairen Interessenausgleichs, wodurch eine »Win-win-Situation« entsteht.

Die Realisierung

Wie müßte eine Initiative zur Einberufung einer KSZNO konkret aussehen? Die Führungsrolle sollte die Europäische Union übernehmen, die damit die bisher fast ausschließlich auf dem Papier existierende Gemeinsame Außen- und Sicherheitspolitik (GASP) mit Leben erfüllen würde. Innerhalb der EU könnte Deutschland nach enger Abstimmung mit der US-Regierung zum Motor der Initiative werden.

Am Anfang des KSZNO-Prozesses könnte eine Grundlagenkonferenz stehen, etwa der Außenminister, um eine Einigung über Rahmen, Grundsätze und Ziele zu erreichen. Diese Einigung wäre in einem Prinzipienkatalog niederzulegen, der dann gewissermaßen das »Grundgesetz der KSZNO« darstellen würde.

Auf der Grundlagenkonferenz wäre der Inhalt der einzelnen Körbe zu bestimmen. Zu den Schlüsselthemen gehört – neben den klassischen Themen Vertrauensbildung, Sicherheit und Rüstungskontrolle – an erster Stelle die auf der gesamten Region lastende Frage einer gerechten Verteilung der ebenso knappen wie lebenswichtigen Ressource Wasser. Viele Beobachter sehen in der Wasserproblematik die eigentliche Bedrohung für Sicherheit und Stabilität im Nahen Osten. Eine am Grundsatz der Konfliktprävention orientierte Politik muß diese Zeitbombe vor einer Eskalation entschärfen.

Ebenso wichtig sind konkrete Initiativen zur wirtschaftlichen Entwicklung der Region. Eine florierende Wirtschaft ist immer ein Stabilitätsfaktor: Wer etwas zu verlieren hat, wird Stabilität wollen. Allen Konfliktparteien muß durch die Aussicht auf internationale Wirtschaftshilfe ein Anreiz zur Einigung geboten werden. Dies darf jedoch nur ein erster Schritt sein. Langfristig muß es darum gehen, regionale Wirtschaftskooperation zu institutionalisieren. Die Staaten des Nahen Ostens treiben heute Handel mit Europa, Japan und den USA. Die Handelsvolumina der Staaten untereinander sind hingegen nicht der Rede wert. Ist es nicht historische Feindschaft, die den Austausch von Waren und Dienstleistungen behindert oder gar unmöglich macht, dann sind es bürokratische Hemmnisse, fehlende Infrastruktur und in so manchem Staat auch planwirtschaftliche Verirrungen. Bei vielen herrscht noch immer das alte Denken vor, daß der Vorteil des anderen gleichzusetzen ist mit dem eigenen Nachteil. Auch hier kann Europa am eigenen Beispiel demonstrieren, daß von Wettbewerb, Liberalisierung und wirtschaftlicher Öffnung alle profitieren.

Daneben könnten weitere Themen, deren isolierte Behandlung oft auf kaum zu überwindende Vorbehalte einzelner Länder stößt, zum Gegenstand der KSZNO-Verhandlungen gemacht werden. Dazu gehören Menschenrechte, Minderheitenschutz und eine Stärkung der Zivilgesellschaft. Zu denken ist darüber hinaus aber auch an eine Kooperation in den Bereichen Umwelt, Technologie, Wissenschaft und Kultur. Denkbar erscheint somit die folgende Untergliederung:

- Korb 1: Vertrauensbildende Maßnahmen, Konfliktbeilegung und -prävention (insbesondere die Wasserproblematik), Sicherheit und Rüstungskontrolle;
- Korb 2: Zusammenarbeit in den Bereichen Wirtschaft, Technologie, Umwelt, Wissenschaft und Kultur;
- Korb 3: Menschenrechte, Minderheitenschutz und Stärkung der Zivilgesellschaft.

Jürgen W. Möllemann

Die Teilnehmer

Der Teilnehmerkreis müßte im Interesse der erstrebten Globallösung recht weit gefaßt sein und wichtige internationale Organisationen einschließen. Zuerst zu nennen sind alle am israelisch-arabischen Kernkonflikt unmittelbar beteiligten nahöstlichen Staaten und Akteure, im einzelnen also: Israel, die Palästinensische Nationalbehörde, Ägypten, Jordanien, Syrien und der Libanon. Dann die Mittler: die EU und ihre Mitgliedsstaaten als Initiatoren und verantwortliche Träger des KSZNO- Prozesses, die USA als einzige verbliebene Supermacht mit erheblichen eigenen Interessen in der Region.

Auch Rußland wird aufgrund seiner Stellung als ständiges Mitglied im UN-Sicherheitsrat und Mitglied der G-8-Staatengruppe eine wichtige Rolle übernehmen. Die momentane Schwäche der einstigen Großmacht darf nicht darüber hinwegtäuschen, daß mit ihr schon angesichts ihres enormen wirtschaftlichen Potentials langfristig wieder zu rechnen sein wird. Und vergessen wir nicht: Rußland verfügt noch immer über ein beträchtliches Atomarsenal. Um so wichtiger ist es, die russische Führung in einer berechenbaren Außenpolitik zu bestärken und in die Gestaltung der weltpolitischen Ordnung einzubinden. Der Zusammenbruch des Sowjetreiches, der Verlust der einstigen Machtposition war für viele Russen eine traumatische Erfahrung. Ein Abgleiten des Landes in Extremismus und übersteigerten Nationalismus wäre fatal.

Weitere Staaten sollten hinzukommen. Die Türkei hat geographisch, kulturell und in ihrer Eigenschaft als Nato-Mitglied und EU-Beitrittskandidat eine Brückenfunktion; zudem ist sie – man denke nur an die Wasserfrage – selbst ein Schlüsselland bei der Lösung einer Reihe von Teilproblemen. Auch die Staaten des Golf-Kooperationsrats (Bahrain, Katar, Kuwait, Oman, Saudi-Arabien, die Vereinigten Arabischen Emirate) können bedeutende Beiträge zur Konfliktlösung erbringen, ebenso die nordafrikanischen Länder, insbesondere Algerien, Marokko und Tunesien mit ihrer moderaten Außenpolitik, die in der Vergangenheit oft gute Dienste als Vermittler geleistet haben. (Letzteres scheint offensichtlich auch für Libyen zu gelten: Die rot-grüne Bundesregierung war auf Muammar el-Gaddafi angewiesen, um die Freilassung der deutschen Geiseln auf den Philippinen zu erreichen.)

Die Verwirklichung des KSZNO-Konzepts einer tragfähigen Ordnung, die Vertrauen und Kooperation unter Gleichberechtigten schafft, muß ebenso den Irak einschließen. Auch während des Angriffskriegs der Sowjets auf Afghanistan hat niemand in Europa ernsthaft daran gedacht, die UdSSR aus dem KSZE-Prozeß auszuschließen. Eine grundlegende Revision der Irakpolitik ist ohnehin überfällig. Am Ende des Golfkriegs stand die Entscheidung der von den USA, Großbritannien und Frankreich geführten Anti-Irak-Allianz, Saddam Hussein nicht aus seiner Machtposition zu entfernen, obwohl dies möglich gewesen wäre. Zehn Jahre später wird mit Saddam Hussein ein Sanktionsregime begründet, das noch immer dramatisches Leid über die Zivilbevölkerung bringt und für die Frage der Wiedereingliederung des Irak in die regionale Politik und in die internationale Staatengemeinschaft eine gefährliche Perspektivlosigkeit zur Folge hat. Das kann nicht der Weisheit letzter Schluß sein.

Wünschenswert erscheint überdies eine Einbeziehung des Iran. Spätestens seit der Amtsübernahme von Präsident Muhammad Khatami im Jahre 1997 verfolgt Teheran eine auf Ausgleich und Entspannung gerichtete Politik gegenüber seinen Nachbarn und leistet auf diese Weise einen wichtigen Beitrag zur regionalen Stabilität. Die reformorientierten Kräfte im Iran haben erkannt, daß Frieden in der Region im Interesse ihres Landes liegt. Sie sollten darin bestärkt werden, über ihren Einfluß auf die Hizbollah und die Hamas auch im israelisch-arabischen Konflikt mäßigend einzuwirken. Der multilaterale Rahmen einer KSZNO könnte überdies die Chance bieten, daß der Iran und die USA zu einem Durchbruch in ihren bilateralen Beziehungen gelangen, was den Regierungen beider Länder aus innenpolitischer Rücksichtnahme bisher unmöglich war. Für Deutschland und Europa hätte dies den positiven Effekt, daß ein potentieller Konfliktherd im transatlantischen Verhältnis beseitigt würde – man denke nur an die US-Sanktionsgesetzgebung, welche nichtamerikanische Unternehmen, die in die iranische Erdölindustrie investieren, mit schweren Strafen belegt. Abgerundet werden sollte der Teilnehmerkreis schließlich durch die OSZE, die Weltbank, die Arabische Liga und die Vereinten Nationen einschließlich wichtiger Sonderorganisationen und -organe, beispielsweise des UNHCR (Hoher Flüchtlingskommissar der Vereinten Nationen), der UNRWA (UN-Hilfswerk für Palästina-Flüchtlinge im Nahen Osten), der UNESCO und des Internationalen Währungsfonds.

Ausblick

Gegen das hier skizzierte Projekt einer KSZNO lassen sich manche Bedenken ins Feld führen. Haben die Staaten in der Region wirklich den Willen zum Frieden? Werden die USA die Initiative unterstützen? Droht nicht die Gefahr immer neuer Rückschläge durch Aktionen extremistischer und terroristischer Gruppierungen?

Sicher ist, daß Abwarten nicht die Alternative sein kann. Der Nahostfriedensprozeß befindet sich in einer Sackgasse; die derzeitige Situation birgt die Gefahr, sich zu einer internationalen Krise auszuweiten. Selbst ein erneutes israelisch-palästinensisches Abkommen brächte keine dauerhafte Sicherheit und Stabilität. Eine Lösung der zahlreichen anderen Konflikte in der Region ist nicht in Sicht. Die Europäische Union betätigt sich allenfalls als Zahlmeister; an einer zielgerichteten, perspektivisch angelegten deutschen Nahostpolitik mangelt es.

Dies muß sich ändern. Auch die Idee einer KSZE wurde von vielen Westeuropäern zunächst mit großer Skepsis betrachtet, denn die Initiative dazu ging – heute oft vergessen – von der Sowjetunion aus. Die Gegensätze und die Konfliktpunkte zwischen Nato und Warschauer Pakt waren nicht geringer als jene in Nahost. Die Kriegsgefahr war ungleich größer, die politische und menschliche Abneigung zwischen manchen Antipoden in Ost und West nicht weniger ausgeprägt.

Die Umsetzung des Vorhabens, im Nahen Osten einen umfassenden Prozeß nach dem Vorbild der KSZE in Gang zu setzen, erfordert Mut, Entschlossenheit und einen langen Atem. Ein Blick zurück auf die Ostpolitik der sozial-liberalen Koalition lehrt jedoch: Erfolgreiche Außenpolitik wird nicht von heute auf morgen gemacht. Fortschritt hat es noch nie ohne Visionen gegeben.

26. Kapitel

Die Amerikaner haben echte Feinde und falsche Freunde

Bemerkungen zum bejubelten Krieg

Rafik Schami

11.10.2001

Ich brauchte einen Monat, um an den Schreibtisch zurückzukehren. Ich hatte am 11. September 2001 bis zum Nachmittag keine Nachrichten gehört. Kurz vor 17 Uhr fuhr ich damals zum Supermarkt, um Lebensmittel zu besorgen. Danach stieg ich ins Auto und wollte nach Hause fahren. Ich schaltete das Radio ein. Beim Fahren innerhalb der Ortschaften höre ich immer SWR 1. Das war früher der Rentnersender; heute sendet er unsere Lieblingslieder der sechziger und siebziger Jahre. Man merkt an der Senderwahl, daß man alt geworden ist.

Plötzlich kam die Nachricht vom Angriff in New York. Da ich selten auf die Uhr schaue, dachte ich im ersten Augenblick, es handle sich um ein Hörspiel auf dem Kultursender SWR 2. Orson Welles hat 1938 mit seinem berühmten, in Form von Nachrichten getarnten Hörspiel *Der Krieg der Welten* (es geht darin um die Landung der Marsmenschen in Amerika) eine Panik in der amerikanischen Bevölkerung hervorgerufen, die mehrere Tote forderte. Einen Augenblick lang war ich nun erfüllt von Ekel angesichts der Sensationshascherei der Medien und der Kulturszene in Deutschland, die nur noch mit dem Nervenkitzel arbeiten. Dann zu Hause die schreckliche Gewißheit. Welch ein Verbrechen! Ich erkenne die Grenzen der Vernunft

361

an den fehlenden Zahnrädern, die ein solches Ereignis irgendwie einordnen, verständlich machen. Wie und wo fängt man an? Jede Frage reißt einen Abgrund auf. Die Vernunft scheitert, und aus den hintersten Kammern meines Hirns melden sich nur Spekulationen. Das ist nicht Vernunft, das ist Hilflosigkeit.

12.10.2001
Am 11. September starben viele unschuldige Menschen durch ein Verbrechen, das nie zu entschuldigen und nie zu erklären sein wird, weil an seinen Wurzeln viel zu viele beteiligt sind. Es war ein großes Verbrechen, aber um das, was noch nicht geschehen ist, mache ich mir noch größere Sorgen.

13.10.2001 morgens
Wenn ich am frühen Morgen aufwache, bin ich für ein paar Minuten im Herzen ein Kind und habe prophetische Visionen. Von Stunde zu Stunde aber kämpfe ich verzweifelter gegen das Erwachsenwerden an, und am Abend stelle ich meine Niederlage fest. Ich bin alt und müde, doch bevor meine Augen zufallen, beschließe ich jede Nacht von neuem, am nächsten Morgen wieder ein Kind zu werden.

13.10.2001 nachmittags
Al-Jazira, ein Fernsehsender in Katar, wirbelt die Araber durcheinander. Von einem der kleinsten Staaten Arabiens ausgestrahlt, reicht sein Einfluß bis nach Marokko. Nach dem 11. September war und ist er einer der wenigen Sender, die vor der Nachrichtensperre der Amerikaner nicht gekuscht haben und deshalb weltweit berühmt geworden sind. Dabei kommt seine Entstehung einem Wunder gleich; aber der Orient, dessen Diktaturen sich hartnäckiger halten als die der Ostblockländer, ist immer gut für Wunder. Viele Minister in den arabischen Ländern fingen an, sich vor laufenden Kameras mit besorgter Miene zu fragen, wer hinter dem Sender stünde. Katar als Staat mischte sich trotz des ungeheuren Drucks von seiten der konservativen Nachbarn bisher wenig in die Angelegenheiten des Senders ein. Da-

bei läge die Frage näher, wer hinter der Verdummung steht, die diese Minister ihren Völkern zumuten. Bisher waren Rundfunk und Fernsehen nichts weiter als ein Sprachrohr der jeweiligen Regierung. Diese Region der Welt kannte das nicht anders. Das galt von Persien über die Türkei und für ganz Arabien. Auch Israel ist in der Frage der Medien nicht frei. Sicher sind die israelischen Sender freier als die arabischen, aber Israel führt Krieg, und vieles ist aus Sicherheits- oder Tabugründen verboten. Nun beginnt ein Sender die Gesellschaften aufzumischen. Er sitzt aber nicht in Beirut, Damaskus oder Kairo. Und das allein ist schon ein Schlag, denn bisher kam alles politisch oder kulturell Entscheidende aus diesen Metropolen.

Man muß die Zeit in Arabien in zwei Epochen aufteilen: in die Zeit vor und die Zeit nach der Gründung von *Al-Jazira*. Früher war der Informationsstand eines Arabers, der sich vierundzwanzig Stunden täglich von einem arabischen Sender berieseln ließ, gleich dem eines Gefangenen, der in derselben Zeit die Wand seiner Zelle angestarrt hat. Heute kann man dank *Al-Jazira* jedem europäischen Zuschauer die Stirn bieten.

14.10.2001

Niemand weiß genau, wer die Täter von New York sind, aber ich bin mir sicher, daß die Araber und der Islam die Zeche für den Anschlag zahlen werden. Warum bin ich mir da so sicher? Seit dreißig Jahren lebe ich in meinem deutschen Exil und habe tagtäglich mit anzusehen, wie die Araber und der Islam verunglimpft werden. Nicht selten muß ich die unangenehme Rolle übernehmen, die Araber und den Islam vor meinen deutschen Gesprächspartnern zu verteidigen. Diese Rolle ist deshalb so häßlich, weil ich hier im Exil lebe. Aber ich habe als Angehöriger der christlichen Aramäer, einer historischen Minderheit, früh gelernt: Wenn sich die Meute gegen etwas richtet, mußt du die Gegenposition einnehmen. Das hat meinen Charakter beeinflußt, und ich bin nicht unglücklich darüber.

Wer als Araber in Deutschland lebt, einem Land, das den Mord an über sechs Millionen Juden zu verantworten hat, der muß gute Nerven haben. Mit den hier lebenden Juden oder Israelis habe ich keine Probleme, da ich mich als Aramäer wie ein alter Onkel sowohl der Juden als auch der Araber fühle und die beiden – übrigens eng verwandten – Streithähne miteinander versöhnen möchte. Je intellektueller sich aber ein Deutscher gibt, desto schwieriger wird für ihn die Begegnung mit einem Araber oder dem, was der durchschnittliche Deutsche für einen Araber hält, und das ist nicht selten ein Aramäer, ein Tscherkesse, ein Kurde oder ein Afrikaner.

15.10.2001
Etwas Wichtiges fällt mir auf: Die arabische Kultur ist eine wortgewaltige Kultur. Im Bereich der Malerei und Bildhauerei hat sie hingegen keine Bedeutung. Man führt die Rückständigkeit der Malerei auf den Islam zurück. Das leuchtet sofort ein – und ist doch falsch. Auch vor der Entstehung des Islam haben die Araber im Vergleich zu den Römern und Griechen in der darstellenden Kunst wenig zu melden gehabt. Nein, der Islam hat nur bestätigt, was er an Tendenzen vorfand. Östlich von Arabien war die Malerei hochentwickelt, und die Perser fertigten geniale Miniaturen an, obwohl sie strenge Muslime waren.

Das erste Wort im Koran heißt nicht »siehe« oder »Gott«, sondern: »lies«. Und das Wort Koran (arab. Qur'an) selbst bedeutet Lesung. Nichts hat der Prophet so sehr getadelt wie die Dichtung und ihre Dichter. Und was hat das bewirkt bei einem Volk, das die Lyrik vergöttert? Nichts. Das mächtige Wort und das Wissen darum, wie sehr die arabischen Völker das Wort lieben, führte dazu, daß die Politiker – ganz gleich ob konservativ, liberal oder revolutionär – überaus wortreiche Redner, ja Phrasendrescher wurden. Ich erinnere mich an den Junikrieg. Ich war damals Student in Damaskus und mir schien, die arabischen Sender hätten Israel mit einer hundert Meter hohen Wortschicht bedecken können. Die ganze Zeit über quasselten die Rundfunksender vom Sieg. Israel dagegen sendete klassische Musik, und am sechsten Tag gab der Rundfunk am Ende der Nachrichten die Temperaturen am Suezkanal und auf den Golanhöhen bekannt.

Es ist wichtig, die Leidenschaft der Araber für das Wort zu berücksichtigen, wenn man den Terroranschlag von New York betrachtet. Fällt niemandem auf, daß hier die Verbrecher schwiegen? Das ist nicht arabisch. Das können niemals normale Araber gewesen sein, auch keine arabischen Fanatiker. Man muß muslimische Extremisten einmal erlebt haben. Ich habe sie erlebt. Sie lassen selbst beim Verlesen des Todesurteils weder Richter noch sonst jemanden zu Wort kommen. Die New Yorker Verbrecher aber schwiegen. Warum? Ist das Verstummen der Täter Ausdruck ihrer Wut, ihrer Verbitterung? Sind es völlig deformierte Menschen, die im Grunde ihrer Seele unpolitisch sind, auch wenn ihre Tat von verheerender politischer Wirkung ist? Politik, so schlecht sie auch sein mag, unterscheidet sich vom Verbrechen durch das Wort. Das Verbrechen kann stumm sein, die Politik nie. Aber unsere Welt ist krank, so krank, daß kleine Verbrecher, die noch gestern brave angepaßte Studenten waren, mit einer Verbrechertat Weltpolitik machen.

16.10.2001

Ich habe seit dem 11. September pro Tag zwei bis drei Anfragen hinsichtlich einer Talkshow, einem Interview, einer Diskussion oder einem Vortrag über den Terror bekommen. Ich lehnte dankend ab. Ich brauche Zeit zum Nachdenken. Früher habe ich Kollegen wie Hans Magnus Enzensberger bewundert, die nach bestimmten Ereignissen sofort etwas schrieben, was griffig war und gut klang. Heute weiß ich, daß das meiste nur ein Produkt für den Augenblick, für die Stimmung war und daß diese Kollegen gar keine Schnelldenker sind, sondern jeweils ihre Schublade mit bereits vorgefertigten Urteilen aufmachten und daraus etwas zusammenmischten. Enzensberger öffnete mehrmals solch eine Schublade und lieferte ein Konglomerat aus alten Vorurteilen und hinkenden Vergleichen (wie etwa seine verzweifelte Suche nach einem Wiedergänger Hitlers. Seine damalige Entdeckung Saddam Husseins war jedoch nicht mehr taufrisch; das haben vor ihm schon andere behauptet). Enzensbergers fixe Idee ist eine zu simple These. Der Terror, meint er, würde auch deshalb von Muslimen verübt, weil der Islam seit langem »keine produktiven Ideen mehr entwickelt habe«. Ich selbst halte diesen Produktivitätsstreß für absurd und würde lieber debattieren, ob das nicht ein Hauptbestandteil der Misere unserer Erde ist. Aber auch wenn ich mich auf die schmale und bedenkliche (weil Staatsterror wie in Vietnam, Lateinamerika und Hiroschima dabei ausgeklammert wird) Terrordefinition bei Enzensberger beschränke, kann ich ihm nur widersprechen. Denn sonst wären die Terroristen der ETA, der Roten Brigaden, der IRA und der RAF samt und sonders Muslime. Und wie wäre es dann zu erklären, daß hoch- und höchstproduktive Gesellschaften wie die japanische, deutsche, amerikanische oder italienische Gesellschaft Terroristen hervorbringen?

Der tiefsitzende nationalistische Stolz ist der Vater solcher Fehlurteile. Der Stolz der europäischen Intellektuellen und Politiker (Silvio Berlusconi) auf ihre Industrie- und Wirtschaftsmacht wirkt verblendend. Ich kenne mich nicht aus in der großen islamischen Welt, aber in bezug auf Arabien ignoriert dieser Satz die Folgen von vierhundert Jahren osmanischer Besatzung samt anschließender europäischer Kolonialisierung. Das ist, als wollte man den Nachfahren der Mayas vorwerfen, sie seien nicht so produktiv wie ihre Vorfahren. Andererseits stimmt der Satz für die letzten hundert Jahre nicht, nicht einmal für die letzten zwanzig Jahre. Enzensberger hat keine Ahnung von all den Denkern der Moderne in Arabien, hat keinen Buchstaben gelesen von Hadi Al-Alawi, Hussein Muruwa oder Mehdi Amel, um nur drei zu erwähnen; und doch stellt er solche Behauptungen auf. Hätte er auch nur einen einzigen Satz des revolutionären Sufi Hadi Al-Alawi gelesen, müßte er vor Scham über seine Verunglimpfung der Islamdenker im Boden versinken.

Der Satz eines anonymen Autors half mir früher bei meiner Forschung im Chemielabor. Oft war ich damals verzweifelt, weil ich kaum Grundlagen für mein Thema finden konnte. Der Satz lautete: »Die Lücken in der Literatur sind oft Lücken beim Suchenden«, und ich gab mir Geduld zur Suche. Hier fehlt es also nicht am arabischen produktiven Geist, sondern an dessen Übersetzung!

17.10.2001 morgens
Was haben die Araber von Israel gelernt? Nichts über die westliche Demokratie, auch nichts über die Liebe zu ihrer Heimat oder den Zusammenhalt in einer Gesellschaft, nein. Sie lernten von den Israelis, ihre Armee und die Geheimdienste besser zu organisieren, und versuchen, sich mit atomaren und chemischen Waffen auszurüsten. Was haben die Israelis von den Arabern gelernt? Nichts über die Großzügigkeit im Hinblick auf die Minderheit, nichts über die Milde angesichts des unterlegenen Feindes, aber viel über die zunehmende Militarisierung ihrer Regierungen.

17.10.2001 nachmittags
Ein palästinensischer Bekannter ruft mich aus Paris an. Im Laufe des Gesprächs entdecke ich etwas Ungeheuerliches. Ich mache ihn darauf aufmerksam – und das Gespräch stirbt ab. Dieser Bekannte, ein Journalist, wollte mir weismachen, die Palästinenser sollten die Israelis reinlegen und zu allem Ja und Amen sagen, um möglichst viele Gebiete zu bekommen, und danach alles Gesagte wieder rückgängig machen. »Verträge sind Dreck auf Papier«, sagte er und lachte.

Die Doppelzüngigkeit ist in der Tat eine große Schwäche der Palästinenser. Sie wurden in fünfzig Jahren Elend unter den arabischen Diktaturen dazu erzogen und merken es nun nicht mehr. Sagt es ihnen ein Freund, so werfen sie diesem vor, ein Agent der Israelis zu sein. Das ist die Tragödie der Geschichte dieses Volkes. Yassir Arafat wäre 1965 am Tag nach der Gründung seiner Fatahbewegung umgebracht worden, wenn er nicht doppelzüngig gewesen wäre, und auch heute wäre selbst der kleinste und unbedeutendste Palästinenser in jedem arabischen Staat auf der Stelle tot, sobald er den Mund aufmachte. Palästinenser galten schon immer und überall in Arabien als Unruhestifter, wurden verfolgt und brutal gefoltert. Wollte da ein Palästinenser seine verstreute Familie nicht für immer verlieren, mußte er sich in Syrien, im Irak, im Libanon, in Kuwait, Saudi-Arabien, Jordanien und Libyen der jeweiligen lokalen Diktatur gegenüber freundlich erweisen. Arafat ist das offizielle, ehrliche und zugleich tragische Spiegelbild seines Volkes. Nicht selten sind arabische Oppositionelle, die Palästinensern bedingungslos zur Seite gestanden hatten, vor diesen zurückgeschreckt, wenn deren Führer (Yassir Arafat, George Habasch, Nayef Hawatmeh etc.) jene Diktatoren umarmten, die ihresgleichen quälten und ermordeten. Oft haben selbst sensible Palästinenser nicht verstanden, warum wir oppositionellen Araber diese Umarmung so ekelhaft fanden.

Auch Israel gegenüber haben sich führende Palästinenser nicht eindeutig verhalten. Ich erinnere mich sehr wohl an mehrere Anhänger der Fatah, die uns Verräter schimpften, weil wir ängstlich und ungeschützt Anfang der siebziger Jahre für einen bedingungslosen und freundschaftlichen Dialog mit den demokratischen, aufgeklärten Israelis eintraten und diesen Dialog unter Lebensgefahr auch praktizierten. Das Wort Verräter kam einem Todesurteil gleich. Plötzlich überholten uns nach Oslo dieselben Fatahanhänger von rechts und suchten mit den konservativsten Israelis unterwürfig den Dialog. Sie pfiffen auf ihre bisherige Haltung und geschwollen formulierten Bedingungen. Sie fühlten sich nicht einmal moralisch verpflichtet, sich bei jenen zu entschuldigen, die sie einst Verräter genannt hatten. Das war ein hoher Preis für das Überleben in einer Umgebung, die sich gegenüber jedweder Form von Widerstand und Demokratie als feindlich erwies. Aber die Doppelzüngigkeit wirkt tödlich, sobald sie zur Staatsdoktrin wird. Man verhandelt über ein Dorf im Westjordanland und schielt nach Tel Aviv. Das ist wie eine Kriegserklärung. Ein palästinensischer Staat kann nicht ernsthaft mit Israel verhandeln und zugleich offiziell Büros von terroristischen Islamisten unterstützen, deren oberstes Ziel es ist, Israel restlos zu zerstören. Israel ist eine Realität, und wir müssen aufhören, die Rolle des Debilen auf der politischen Bühne zu spielen. Natürlich muß Israel auch aufhören, auf dieser Bühne den Sonderstaat zu spielen, der andere Länder besetzt und weder Völkerrecht noch UNO-Resolutionen anerkennt. Dies ist die größte Schwäche Israels: sich im eigenen Land als ein Verfolgter in der Diaspora zu fühlen und in Arafat einen zweiten Hitler zu sehen. Auf die Dauer verursacht diese Haltung genau den Terror, den Israel befürchtet.

17.10.2001 abends
Ein Treffen mit einem Bekannten endete im Streit. Ich wollte einkaufen und traf einen Syrer, der in Mainz lebt. Wir wollten schnell einen Kaffee trinken und – wie das unter Syrern üblich ist – verkrachten uns bald wegen der Lage in Syrien. Im Streit wurde der Bekannte antisemitisch. Ich sagte ihm das auf den Kopf zu. Da erwiderte er fast triumphierend und mit der Dummheit, die viele Araber und deutsche Araberfreunde unentwegt wiederholen: »Wie könnte ich antisemitisch werden? Ich bin doch ein Semit.« Antisemitismus ist eine der übelsten Plagen der Menschheit. Jeder kann von ihr angesteckt werden. Es gibt keine Garantie für eine Immunität gegenüber dieser üblen Krankheit. Antisemitismus ist wie die Dummheit: Er verbreitet sich unabhängig von der Herkunft und der sozialen Schicht.

Der größte Unsinn aller Zeiten besteht darin zu behaupten, Araber könnten keine Antisemiten sein, weil sie selbst Semiten seien. Das hört sich griffig und verführerisch an, aber es ist falsch. Dieser Satz wirft zusammen, was nicht zusammengehört. Semiten bilden eine Sprachgruppe, das heißt, es handelt sich dabei um verschiedene Völker, deren Sprachen miteinander verwandt sind. Arabisch, Hebräisch, Amhari (eine äthiopische Sprache) oder Aramäisch zählen zu den semitischen Sprachen. Die Semiten als Volk gibt es nicht. Antisemiten aber sind Menschen, die ein bestimmtes Volk – die Juden – hassen und in krankhafter Weise diesem Volk alles Üble in der Gesellschaft oder in der Welt anlasten. Ein Antisemit ist also ein spezialisierter Rassist. Antisemiten sind demzufolge weder eine Volks- noch eine Sprach-, sondern eine Gesinnungsgruppe. Russische, deutsche, arabische oder französische Antisemiten können sehr verschieden voneinander sein, aber sie sind sich einig in einem Punkt: im Haß gegen die Juden.

18.10.2001 frühmorgens
Spätestens am 11. September muß auch der naivste unpolitische Mensch begriffen haben, daß der Nahostkonflikt jeden etwas angeht. Israelis und Palästinenser, diese beiden Völker, schinden sich seit Jahrzehnten. Es gilt, kritisch versöhnend, nicht blind für eine Seite Partei nehmend, etwas zu bewirken. Wer fanatisch für eine der Seiten ist, ist auch schon gegen sie. Es gibt kein Überleben der Palästinenser ohne die Israelis und umgekehrt.

18.10.2001 nachmittags
Ich gehöre den Aramäern an, einem uralten Volk, das einst ein großes Reich im Orient beherrschte und tausend Jahre vor Christus schon zivilisiert war. Wir sind heute eine winzige Minderheit, die verstreut im Irak, in der Türkei, in Indien und Syrien lebt. Ich bin christlich erzogen worden. Die Kultur, die mich formte, ist eine islamisch-arabische Kultur, an der sowohl arabische Christen und Juden wie auch muslimische Nicht-Araber mitgewirkt haben. So ist jetzt auch meine Kultur die deutsche Kultur, mit der ich ohne Bedarf an Leitkultur oder Leithammel, aber zusammen mit vielen anderen etwas bewirke. Auch in der Demokratie gibt es versklavte Seelen, die immer geleitet werden wollen, immer nach einem Leithammel schielen – aus denen kann höchstens eine Herde entstehen, aber keine lebendige demokratische Kultur.

Früher haben die Araber der Welt viel an Wissen und Kultur gegeben, und heute liefern sie, entrechtet und beraubt, ihr Öl überallhin, um die Menschheit zu beglücken. Dafür muß man sie weder verachten noch mit rassistischen Filmen und Büchern solange verteufeln, bis jeder Araber in Wut gerät, wenn er diese Undankbarkeit erlebt. »Warum«, antworte ich meinen deutschen Freunden auf die wiederholte Frage, was die Araber heute geben, »warum muß man dauernd etwas geben? Warum nehmt ihr die Zivilisationen nicht so, wie sie sind? Was soll diese kleine Region noch mehr geben? Vier Weltreligionen bester Qualität hat sie hervorgebracht – Judentum, Christentum, den Islam und die Bahai-Religion – und auch die Null auf ihren Siegeszug geschickt, die die Araber aus Indien importiert hatten. Was wären eure Computer ohne diese eine kleine Null? Das Erdöl gibt euch diese Gegend fast gratis. Darf sie sich nicht etwas ausruhen?«

18.10.2001 nachts
Wir haben ein großes Problem im Orient: Das Fehlen von Demokratie und Freiheit verhindert die Auseinandersetzung mit der Vergangenheit. Ohne die kritische Auseinandersetzung mit der Vergangenheit können wir uns aber nicht aus ihrer Umklammerung lösen und die frische Luft der Zukunft atmen.

19.10.2001
Die US-Amerikaner bilden sich ein, ohne die CIA nicht auskommen zu können. Das ist dummes Zeug. Ich behaupte, die USA würden in aller Welt ohne diesen Verein von Kriminellen mehr geachtet werden und durch die großen natürlichen und vor allem menschlichen Ressourcen als eine noch mächtigere Nation mit weniger Feinden gelten. Man wird mich übereilt auslachen, aber man sollte nicht vergessen, daß die Rechnung der CIA am Ende die Menschen in den USA zahlen werden. Osama Bin Laden ist eine dieser Rückzahlungen. Die USA müssen nun in Saudi-Arabien, Kuwait, Oman, im arabisch-persischen Golf, in der Türkei, in Israel und Afghanistan militärisch präsent sein, um überhaupt noch Politik machen zu können. Ist das eine Erfolgsbilanz? Ist das nicht das völlige Scheitern einer Macht, die sich freiheitlich gibt und militärisch besetzt?
Dieser Zustand ist das Resultat einer falschen amerikanischen Politik in der arabischen Welt. Statt demokratische Völkerfreundschaft zu betreiben, überließ die Regierung der CIA das Feld. Das Bild wurde absurd: Die Führung des mächtigsten Staates der Erde folgte einem Haufen menschenverachtender Militaristen. Die CIA hat systematisch einen Putsch nach dem an-

deren organisiert, radikaldemokratische Denker selbst verfolgt und umgebracht oder den düstersten Regimen heimlich ausgeliefert und von ihnen umbringen lassen. Die CIA hat fast alle bekannten reaktionären Kräfte gezüchtet, bewaffnet, finanziert und für den Terror geschult. Die islamistischen Extremisten hätten ohne die CIA gar keine Chance in Arabien gehabt; schließlich lebten die Araber und der Islam nachweislich mehr als tausend Jahre lang gut mit anderen Kulturen und Glaubensrichtungen zusammen.

Die CIA wiederum wurde jedoch immer instrumentalisiert. Die Islamisten waren keine Sekunde lang Anhänger der USA und der amerikanischen Freiheit und Zivilisation, sondern benutzten nur die mit Milliarden von Petrodollars ausgerüstete CIA, um ihre eigenen Ziele zu verfolgen. Die ersten ihrer Ziele waren die Vertreibung der Juden und Christen aus dem Orient sowie die Unterdrückung der Frau und aller Minderheiten. Die US-Führung wußte das. Kein Mensch kann mir erzählen, Henry Kissinger hätte nichts von der Beziehung der CIA zu den arabischen Entführern und Mördern in Beirut gewußt. Diese Killer haben Hunderte von sensiblen, radikaldemokratischen Menschen auf dem Gewissen. Zwei Philosophen seien hier erwähnt: Mehdi Amel und Hussein Muruwa, zwei der genialsten Denker seit Avicenna (Ibn Sina), Averroes (Ibn Ruschd) und Ibn Khaldun. Muruwa hat in großen Werken versucht, die Elemente der Moderne aus dem Islam herauszulesen. In mühseliger Arbeit spürte er die revolutionären Elemente des islamischen Denkens auf, um sie zu bündeln und als Grundlage für eine freie, von West und Ost unabhängige Entwicklung zu aktivieren. Er wurde über seine Bücher gebeugt erschossen; er war über siebzig Jahre alt.

Die CIA trägt auch die Verantwortung dafür, daß es in Arabien keine demokratische Opposition mehr gibt. Es existieren nur noch zwei Pole: die Diktatoren und die Islamisten. Eine Zeitlang schienen die CIA und die amerikanische Politik recht zu haben. Die USA ließen die lokalen Regime und Israel die Dreckarbeit vor Ort erledigen. Die Menschen in der Region sollten ohne Alternative bleiben. Diktator (Turm) gegen Islamisten (Läufer) und zwischendurch eine Überraschung mit Israel (Springer). Hier mal vorrücken, dort mal zurückziehen. Ein wunderbares Spiel, an dessen Ende die arabische Welt bar allen Öls zurückbleibt, als verseuchtes Gebiet mit rostigen, radioaktiv strahlenden Kriegsgeräten, die aus dem Sand ragen. Doch die Rechnung geht nicht auf – das Leben auf unserer Erde ist kompliziert, und so kann es tatsächlich zu dem kommen, was unsere Vorfahren immer gewußt haben: Wer Wind sät, wird Sturm ernten. Noch nie wurde eine Supermacht in Arabien so gehaßt wie jetzt die Amerikaner.

20.10.2001
Man ermordet bedeutende Menschen wie Patrice Lumumba, Ken Saro-Wiwa und Mohammed Mossadegh, zerstört die Gesellschaft, indem man Kriminelle an die Macht bringt, die nur ihre Taschen füllen wollen – wie sonst sollte ein armer, charakterloser Putschist nach zehn Jahren Dienst fünf Milliarden Dollar besitzen? Man zerstört die Umwelt und wird nicht zur Rechenschaft gezogen, weil der anonyme Drahtzieher einer Supermacht angehört und nicht ein Verbrecher vom Kaliber eines Slobodan Milošević ist. Wenn also all das gemacht wird im Namen der Freiheit und der Zivilisation, in Wirklichkeit aber im Interesse einiger weniger Ölgesellschaften und der Waffenindustrie geschieht, dann erzeugt die beschädigte Gesellschaft nicht nur viele jammernde, erbärmliche Seelen und ohnmächtige Intellektuelle, sondern auch wenige, die versuchen, sich zu rächen, und dabei keine Angst mehr kennen.

Die Araber lieben das Leben und den Genuß, aber die dem Tod Geweihten sind gar keine Araber mehr. Sie sind nicht einmal mehr von dieser Erde, und kein Mensch, auch nicht George W. Bush, kann ihnen drohen. Sie haben bereits die Fahrkarte ins Totenreich in der Tasche und wollen nur noch ein paar Details klären auf dem Weg dorthin. Das zu verstehen, wird die schwere Aufgabe der westlichen Gesellschaften sein, ganz gleich, ob mit oder ohne Hilfe ihrer Intellektuellen. Denn ich vermute, daß sich die Intellektuellen in den Metropolen immer mehr disqualifizieren, je näher der Krieg an diese Metropolen heranrückt. Sie haben ihren Intellekt viel zu sehr an die ökonomischen Vorteile gebunden, wurden korrumpiert. Das ist kein neues Phänomen für die Menschen in der Dritten Welt. Ein europäischer Intellektueller ist nicht dann am schwierigsten anzusprechen, wenn seine Regierung Schaden nimmt, sondern seine Wirtschaft. Ein neuer Typ Intellektueller ist gefragt, der sich von dieser gewaltigen Umarmung der Wirtschaft befreit. Vielleicht werden der Schmerz und die Sorge um die Zukunft solche Intellektuellen hervorbringen.

21.10.2001 nachts

Für mich ist jede Form von Antiamerikanismus eine feige Ausländerfeindlichkeit. Nicht selten versteckt sich dahinter der Wunsch, das eigene Unbehagen den Fremden gegenüber durch den Haß auf einen mächtigen Staat loszuwerden oder zu tarnen. Man kann vieles von den Amerikanern – wie übrigens von anderen Völkern auch – lernen.

Ich bewundere jeden Menschen, der unschuldig durch das Verbrechen am 11. September sterben mußte, vor allem die tapferen Feuerwehrleute. Aber ich bin nicht bereit, den 11. September als den Beginn eines Kriegs gegen die Zivilisation zu betrachten. In dieser Formulierung, die viele Europäer naiv in den Mund nehmen, steckt eine gehörige Portion Rassismus. Als wären die Kriege außerhalb der westlichen Metropolen Kriege gegen die Barbaren. Seit meiner Geburt 1946 gibt es weltweit Kriege, und man kann in der Tat von einem Weltkrieg neuen Typs sprechen. Ich bin auch überhaupt nicht bereit, den Anschlag der Terroristen als einen Anschlag auf die Freiheit und die Zivilisation zu bezeichnen. Es war ein Anschlag gegen die Vereinigten Staaten, und zwar ein verbrecherischer Anschlag mit ungeheurer Symbolkraft, da er sich eindeutig gegen die amerikanischen Machtzentren richtete.

22.10.2001

Es gibt einen großen Unterschied zwischen einem Intellektuellen und einem belesenen Schwätzer: den zwischen Weisheit und gut getarnter Dummheit. Der Unterschied besteht nicht in der Zahl der Bücher, die einer gelesen hat, auch nicht in der, die einer geschrieben hat. Das Werk von Jesus Christus besteht aus höchstens vierzig Seiten, und doch ist er einer der wenigen Weisen dieser Erde. Miguel de Cervantes, Hussein Muruwa und Leo Tolstoi schrieben mehrere tausend Seiten und sind nicht minder weise. Der Unterschied zwischen einem Intellektuellen und einem belesenen Schwätzer besteht darin, daß es bei ersterem eine feste Brücke zwischen seiner Zunge, seinem Herzen und seinem Kopf gibt. Seine klug begründeten, verbindlichen Worte und sein Handeln, das immer von der Menschlichkeit seines Herzens geleitet wird, bilden also eine Einheit. Beim Schwätzer hingegen sind Herz, Zunge und Hirn voneinander abgekoppelt. Sein Herz ist feige, sein Hirn sucht den Vorteil, und seine Zunge spricht scheinbar kluge, aber letztlich nur opportune Worte.

23.10.2001

Eine Frage zeigt, wie wenig zivilisiert die westliche Welt ist: Warum muß soviel Mord und Totschlag, soviel Hunger, soviel Elend und Unfreiheit in den Regionen der Welt herrschen, die ihre Reichtümer an die Industrieländer liefern? Ganz gleich, ob Erdöl, Kupfer, Bananen oder Kakao – überall die gleiche Unterdrückung. Warum? Damit diese Reichtümer geraubt werden können? Ist das wirklich billiger? Was würde eine demokratische Regierung wie die der EZLN (Zapatistische Armee der nationalen Befreiung) der indigenen Völker von Chiapas oder sagen wir mal eine radikaldemokratische Regierung in einem arabischen, Erdöl produzierenden Land mit diesem Erdöl machen? Bestimmt nicht essen, oder? All diese Länder sind klein und können kaum ein Zehntel von all dem selbst brauchen – neun Zehntel würden sie verkaufen. Sicher zu einem angemessenen, aber auch vom Weltmarkt abhängigen Preis. Erdölproduzenten und -käufer würden würdig miteinander umgehen und

einander Überfallkommandos, CIA, KGB und andere kriminelle Vereinigungen ersparen. Wieviel kosten die Zerstörungen
durch den Krieg? Saudi-Arabien produziert wie verrückt und
ist hochverschuldet. Warum? Wer zahlt all die Milliarden, die
die Armeen gegen Osama Bin Laden kosten? Wer zahlt den Aufbau von Afghanistan?

24.10.2001 morgens
Mein Gott, denke ich manchmal, wenn so viele Kraftanstren-
gungen nötig sind, um einen Bin Laden zu bezwingen, was wird
dann sein, wenn es erst einmal hundert Bin Ladens gibt? Ich
garantiere denjenigen, die diesen Krieg bedingungslos unterstützen, daß er Tausende von haßerfüllten, verbitterten Muslimen
hervorbringen wird, im Vergleich zu denen Bin Laden wie ein
Oxford-Professor erscheinen wird.

24.10.2001 nachmittags
Israel kann mit Hilfe der USA alle arabischen Staaten in einem
Krieg besiegen. Aber Israel kann selbst mit dem Beistand aller
Staaten nicht den palästinensischen Terror besiegen. Ariel Sharon
wird den Leidensweg der Israelis nicht verkürzen, sondern ver-
längern. Die einzige Lösung ist eine gerechte Versöhnung mit
den Palästinensern.

24.10.2001 nachts
Ich behaupte seit Jahren erfolglos, daß die Medien allen Völkern gegenüber eine humane Verpflichtung haben. Sie dürfen –
zu Recht – keine antisemitische Sendung zulassen, aber wer oder
was gibt ihnen das Recht, jeden möglichen Dreck auf die Araber zu werfen? Dabei handelt es sich bei diesen Sendungen nicht
nur um billige amerikanische Filme, sondern auch um sogenannte ernsthafte Reportagen über die Araber und den Islam. Man
denke nur an die Kommentare des bekannten Trio-Infernal, be-
stehend aus dem Islamhasser Peter Scholl-Latour, dem ertapp-
ten Plagiator Gerhard Konzelmann und dem von Minderwer-
tigkeitskomplexen beladenen Ausländer auf der Suche nach ei-

nem Leithammel, Bassam Tibi. In letzter Zeit treten auch junge Männer mit Milchbubengesichtern als »Nahostexperten« auf. Da sie schwach auf der Brust sind, befragen sie extrem rechte Israelis nach deren Meinung über den Islam. Herrlicher Journalismus. Das kommt einem Auftrag an die Milizen der Hizbollah gleich, über die israelische Kultur zu berichten. In einer deutschen Sendung wird der massive Verdacht ausgesprochen, daß die Milzbrandbakterien aus dem Irak stammen. Eine Stunde später sagen die Amerikaner dann, daß sie nicht wissen, wer dieses Verbrechen begangen hat. Die Amerikaner halten sich zurück, aber der drittklassige deutsche Moderator weiß bereits, daß es der Irak war – und das im ZDF, zu dessen Finanzierung ich mit meinen Gebühren beitrage. Was aber, wenn jener feige Moderator Österreicher, Israelis oder Amerikaner statt Iraker beschuldigen würde? Ein Skandal. Ein paar Tage später geben die Amerikaner bekannt, die Milzbrandverbrecher seien mit großer Sicherheit Amerikaner. Wird der deutsche Moderator dadurch entlarvt? Das spielt nach neuesten psychologischen Erkenntnissen gar keine Rolle mehr, denn die Stimmung hat er bereits angeheizt, und mehr sollte seine Sendung nicht erreichen. Und das im öffentlich-rechtlichen Auftrag! Hat Deutschland keine anständigen Kulturproduzenten mehr? Hat das Land gar keine anständigen Nahostexperten mehr, die die Bevölkerung ohne Ideologie informieren?

25.10.2001 nachmittags
Ein arabisches Kind fragt mich: »Was würden die Europäer und Amerikaner machen, wenn die Attentäter Japaner, Chinesen oder Deutsche wären? Würden sie Tokio, Peking oder Berlin bombardieren?« Das Kind wartet nicht auf die Antwort. Es lacht sarkastisch und sagt: »Natürlich nicht!«

25.10.2001 abends
Merkwürdige Parallelen tun sich auf. Eurozentristen und Islamisten sprechen dieselbe Sprache, und der allerreaktionärste Islamist ist fortschrittlicher als der neueste Computer.

Der reaktionäre Islamist erkennt, daß alle Raketen, alle Radargeräte und Kameras aus dem Weltall überhaupt nichts bewirken, wenn er als Täter bereit ist zu sterben. Nachdem er die Bereitschaft dazu erklärt hat, eröffnet sich ihm ein Horrorspektrum, aus dem er beliebig auswählen kann, um seinen hochgerüsteten Feind an jedem Ort empfindlich zu treffen.

Ich habe mich gefragt, als ich Osama Bin Laden in über zehn verschiedenen Verkleidungen gesehen habe, ob der Mann nicht doch so eitel ist, wie viele seiner Gegner sagen. Ein verhinderter Schauspieler ist er bestimmt. Bei Bin Laden weiß man zumindest, wie er aussieht. Die jüngere Generation der Islamisten ist anonym. Ihre Anhänger wollen weder vor Journalisten noch vor Kameras auftreten. Niemand weiß, wie sie aussehen. Damit stirbt auf der Stelle alle Technik der Welt, und ein Terrorist wird zum Quecksilber: präsent, aber nicht faßbar. Diese Terroristen aber, selbst ausgerüstet mit der modernsten Technik, wissen genau, wo und wie ihr Feind ist.

Es ist eine neue Generation von Kriegern, die sich schon beim Heranwachsen so hermetisch abschottet, daß ein fremder Agent es sehr schwer haben wird, in ihren inneren Machtkreis vorzudringen; und je fremder eine Kultur ist, um so schwieriger wird es. In diese inneren Kreise dringt auch kaum ein gekaufter Einheimischer, weil es unterwegs tausendundeine Prüfungen gibt, und wer die alle mitmacht und überlebt, ist kein Agent mehr, sondern selbst ein Terrorist. Das Gefühl verläßt mich nicht, daß diese reaktionärsten Kräfte auf eine Organisationsform gestoßen sind, die vom 21. Jahrhundert geprägt wird, während die Supermächte mit Mitteln des 19. Jahrhunderts reagieren.

26.10.2001 morgens
Die Deutschen waren immer gute Tüftler und schlechte Politiker. Wann auch immer sie selbständig Politik machen wollten, endete es mit einem Weltkrieg und einer Katastrophe für die Welt und Deutschland. Jetzt versuchen die Deutschen, sich ohne jeden Widerspruch einem Sieger anzuschließen, und verpassen es damit, selbst große Politik zu machen. Man spürt es: Sie freu-

en sich, weil sie berücksichtigt werden. Das ist keine große Politik.

26.10.2001 nachts

Terror hat viele Gesichter. Die Terroristen haben viele Gesichter und eines gemeinsam: Sie verachten die Menschen. Aber das Bombenlegen ist nur eine Form des Terrors. Es gibt viele andere Formen, die subtiler und nicht weniger menschenverachtend sind. Es ist bekannt, daß viele Industriestaaten ihren atomaren Müll in arme Länder abschieben, wo er schlampig vergraben wird. Nutznießer solcher Aktionen sind ein paar Verbrecher, der Schaden jedoch betrifft jeden der dort Lebenden. Da aber die Erde begrenzt ist, wird kein Schaden, den man dem einen Ort zufügt, einem anderen Ort erspart bleiben. Insofern globalisiert sich alles. Nun, die Medien überspielen solche kleinen Nachrichten oder bringen sie gar nicht erst. Aber die Bevölkerung jenes Landes X, in dem der Atom- oder Industriemüll deponiert wurde, weiß Bescheid. Sie nennt die Namen der Täter. Sie ist machtlos, und Machtlosigkeit erzeugt Wut.

27.10.2001 morgens

Mir fällt ein Beispiel ein, das deutlich macht, wie europäische Länder Konflikte auf die Spitze treiben beziehungsweise erst schaffen. Es sei vorausgesagt, daß der nächste große Krieg im Orient nicht durch das Öl, sondern durch das knappe Wasser verursacht wird.

Mehrere türkische Regierungen haben vor allem im letzten Jahrzehnt Wahnvorstellungen von einer Landwirtschaft gewaltigen Ausmaßes entwickelt, die Europa mit Gemüse beliefert. Der Wahn ist deshalb komplett, weil Europa bereits an Gemüse erstickt und die jetzigen Großproduzenten (Italien, Holland, Spanien, Frankreich und Griechenland) ohnehin nicht wissen, wohin mit der Überproduktion. Für diesen Wahn wollen die türkischen Regierungen, die am Rande des Bankrotts wirtschaften, gigantische Staudämme bauen. Die Amerikaner rieten weise davon ab und wollten sich nicht beteiligen, auch die Deut-

schen waren vorsichtig. Nun kamen die Schweizer und unterstützten vorbehaltlos den Aufbau. Nur eins wollten die Schweizer nicht wissen: Dieses Wasser fließt in zwei weitere Länder,
nach Syrien und in den Irak. Wie verantwortungslos ist die
Schweiz eigentlich? Kann sie ihre Hände in Unschuld waschen,
wenn bald ein Krieg zwischen dem Irak und Syrien auf der einen Seite und der Türkei auf der anderen Seite entbrennt? Diesen Krieg wird niemand gewinnen. Er wird alle drei Länder in
Schutt und Asche legen; drei der schönsten Länder der Erde.

27.10.2001 nachts
Die Literatur ist ein Spiegel der Seele eines Volkes. In ihr kommt
all das vor, was die offizielle Geschichte eines Landes nicht erzählen, die Statistik nicht erfassen und das Gesetz nicht formulieren kann. Man wird also ein Volk niemals allein durch das
Studium seiner Geschichte, seiner Wirtschaft und seiner Gesetze kennenlernen, sondern muß vor allem die Literatur lesen, die
dieses Volk erzeugt hat und erzeugt. Deshalb ist die Blindheit
gegenüber der Kultur und Literatur anderer Länder bereits ein
Zeichen dafür, daß man nichts Gutes mit diesen Ländern vor-
hat.

28.10.2001 abends
Zur Zeit haben es die Amerikaner sehr schwer: Sie haben echte
Feinde und falsche Freunde. Wie sollen sie da noch etwas ge-
winnen?

29.10.2001
Mit der Ähnlichkeit hat es eine seltsame Bewandtnis. Sie ist ein
Schlüssel für Erleichterung und Annäherung, wenn Frieden
herrscht. Herrscht jedoch Krieg, und sei er noch so geschickt
getarnt, verursacht Ähnlichkeit dagegen Peinlichkeit und Aggression. Religionen sind sich sehr ähnlich. So sehr sie sich in
den Perspektiven bei der Betrachtung des Lebens voneinander
unterscheiden, so sehr negiert jede Religion schon bei ihrer Entstehung alle bisherigen Religionen. Das heißt, sie erklärt ihnen

den Krieg. Das wissen am besten die Theologen, die sich dauernd bemühen, die Unterschiede aufzuzeigen.

Dieses Phänomen betrifft nicht nur Religionen, sondern auch Völker. Die Ähnlichkeit zwischen Arabern und Juden hat in Spanien über siebenhundert Jahre lang zauberhafte Früchte getragen. Heute herrscht Krieg zwischen den beiden Völkern. Die Feindseligkeit zwischen Arabern und Juden ist so groß, weil sie einander tatsächlich sehr ähnlich sind.

31.10.2001

Man muß damit aufhören, alles, was in Arabien passiert, irgendwelchen Mächten von außen zuzuschreiben. Von innen sind wir, die Araber, kaputt. Ganz tief in uns sitzen immer noch fürchterliche Illusionen. Wir haben in unserer Wahrnehmung einen zentralen Fehler, der uns hindert, selbstkritisch zu urteilen. Der Fehler liegt in der Aufteilung der Zeit in bezug auf den Faktor Wichtigkeit. Zukunft und Gegenwart verfügen in unserem Hirn nur über schmale Streifen, dafür besetzt die Vergangenheit einen ungeheuer großen Raum. Das ist aber nicht notwendig, denn dieser überdimensionale Raum der Geschichte lähmt uns, weil er mit Legenden, Lügen und Halbwahrheiten angefüllt ist. Die Geschichte Arabiens ist interessant, aber sie braucht nicht so viel Raum. Was haben wir nicht alles an Lügen und Legenden in der Schule oder durch die Medien kennengelernt? Wir schwelgen ohne Sinn und Verstand in unserer Erinnerung an die glorreichen Zeiten. Aber statt zu schwärmen, sollten wir feststellen, daß unsere Vorfahren nicht einmal ein Hundertstel unserer heutigen Mittel hatten und doch aus verlausten, zerstrittenen Sippen eine der faszinierendsten Zivilisationen der Welt entwickelten. Schwärmerei hat mit Unwissen zu tun. Wer die historischen Analysen unserer Geschichte von Hadi Al-Alawi liest, hat allen Grund, sich auf die revolutionären Momente der selbständig denkenden Sufis zu besinnen. Wer von ihnen ausgeht, kann anfangen, zu sich zu finden, realistisch zu denken, demokratisch zu handeln und einen jeden Menschen unabhängig von seinem Paß zu lieben und zu achten. Mögen Diktaturen auch von außen gewollt sein – wären wir im Innern nicht untertan und bereit dafür, könnte nicht eine Diktatur mit all den Geheimdiensten der Welt auch nur ein Jahr überleben. Nicht die Diktatoren sind groß und mächtig, sondern unsere Seele ist mickrig klein. Wir müssen aus der geschichtlichen Kloake herauskommen und frische Luft atmen. Wir müssen aufhören mit dem Satz »Wir waren die größte Zivilisation« und statt dessen den einzig aufrichtigen aussprechen: »Wir stecken in einer tiefen Krise.« Und wir müssen die Frage nach dem Warum stellen. Erst dann sehe ich Hoffnung.

1.11.2001

Ich erschrak, als ich während meiner historischen Recherchen zur Beziehung zwischen Muslimen und Christen auf die dunklen Phasen der arabischen Geschichte stieß. Es waren weder Zionisten noch Imperialisten, deren Berichte ich las, sondern integre arabische Historiker. In jenen Phasen wurden meine Vorfahren, die orientalischen Christen, gequält und entrechtet. Aber sie harrten aus und hofften auf einen besseren Herrscher. Nach der Unterdrückung brach dann entweder ein Bürgerkrieg aus, oder es wurde der Tyrann gestürzt, der die rassistische Hetze angezettelt hatte.

Ich fand einen erstaunlichen Zusammenhang: Immer wenn sich die Führung nach innen richtete, der Welt den Rücken kehrte und gegen die Minderheiten vorging, geriet der Islam in eine Krise. Nicht selten führte umgekehrt eine Krise des Islam zu einer Verkrampfung der politischen Verhältnisse im Innern. Aber all diese Herrscher, die Christen quälten, handelten gegen den Islam und gegen den großartigen Propheten, der sich schützend vor die religiösen Minderheiten gestellt hatte.

Nie im Leben hätte ich gedacht, daß es im Orient je einen Herrscher gegeben haben könnte, der bestimmte Erkennungszeichen für Minderheiten vorschrieb: Kleider, die auffallende Farbstreifen haben mußten, oder andere Merkmale wie etwa ein schweres Kreuz am Hals für die Christen oder eine schwere Glocke für die Juden, damit man sie schnell identifizieren konnte.

Und doch gab es diese Grausamkeiten, manchmal jahrhundertelang. Dennoch war die orientalische Gesellschaft Minderheiten gegenüber viel toleranter als die europäische.

2.11.2001
Ich weiß nicht, warum alle Politiker im Mittelmeerraum, die mit den USA eng zusammenarbeiteten, am Ende gedemütigt wurden. Anwar as-Sadat wurde so blamiert, daß er schon längst vor den Schüssen tot war. Der Schah von Persien ging wie ein armer, kranker Hund ins Asyl, und die USA standen ihm nicht bei. Auch Saddam Hussein war einmal einer der engsten Verbündeten der USA. Yassir Arafat stirbt einen langsamen Tod bei lebendigem Leib und muß mit ansehen, wie seine Gegner im eigenen Lager Aufwind bekommen. Er steht vor demselben Grab, in das er die alte und verbrauchte Führung der Palästinenser stieß, als er ein junger, bewaffneter und – zumindest verbal – kompromißloser Nationalist war. Und Arafat war immer ein zuverlässiger Antikommunist und Freund der Saudis und Amerikaner. Ich hoffe, die leidenden Völker Afghanistans, die jüngsten Verbündeten der Amerikaner, werden mich in zehn Jahren korrigieren.

3.11.2001
Es herrscht eine große Verwirrung in bezug auf viele Wörter. Diese Verwirrung führt zu Mißverständnissen. Zwei Beispiele dafür: Heiliger Krieg und Allah. Der Begriff »Heiliger Krieg« war keine Erfindung des Islam, sondern eine höchst christliche Angelegenheit. Der Heilige Augustinus hat ihn eingeführt, fast zweihundert Jahre vor der Geburt des Propheten Muhammad.

Die größte Ignoranz aller Zeiten aber ist, daß man sich über das Wort »Allah« der Muslime so lustig macht. Allah ist ein arabisches Wort und bedeutet nichts anderes als Gott. Auch Christen und Juden beten zu Allah, wenn sie in Arabien leben. Niemand wird auf deutsch sagen, die Franzosen glauben an einen lustigen »dieu« und die Engländer sind konservativ, weil sie an einen strengen »god« glauben.

4.11.2001

Seit Jahren plädiere ich dafür, in den Schulen mindestens eine Stunde pro Woche das Fach »Weltkulturen« zu geben. Dabei kann man den Unterricht so spannend, so fantasievoll gestalten, daß die Kinder mit Lust Näheres über die Lebensweisen, das Verhalten und die Werte anderer Kulturen kennenlernen. Man darf die anderen, fremden Kulturen jedoch weder mit dem berühmten Samthandschuh anfassen noch sie verurteilen, weil sie an Allah, Buddha oder auch an niemanden glauben. Sachlich, informativ und kritisch sollte es möglich sein, anderen Kulturen zu begegnen. Ein Kind, das eine solche Schule besucht, ist gegen jede Art von Rassismus besser gewappnet.

5.11.2001

Es gab noch nie einen Herrscher, der ehrlich seinen Krieg rechtfertigen konnte. Nie! In über zehntausend Jahren rief noch kein einziger Herrscher: »Wir greifen das Land an, weil es Bodenschätze/eine wichtige geographische Lage/gute Märkte/Sklaven für unsere Produktion hat.« Ein solcher Herrscher wäre zwar auch ein Kriegsverbrecher, aber immerhin ein aufrichtiger. Nein, alle Herrscher erklären feige – und dies seit Beginn der menschlichen Geschichtsschreibung –, sie wollten Gott, die Freiheit, die Kultur, die Religion, die Menschenrechte, die Kinder oder die Demokratie retten.

10.11.2001

Christliche Eiferer wollen nun der Bevölkerung beibringen, Fremde immer und unter allen Umständen zu lieben. Das zeugt nicht von Vernunft, sondern ist ein Ergebnis ihrer Gewissensbisse. Auch unter den Fremden gibt es Kriminelle, Zuhälter und Drogenhändler; in diesem Punkt gleichen sie den Einheimischen aller Länder. Logisch, denn sie sind irgendwo selbst einmal Einheimische gewesen. Für diese Fremden interessieren sich in jedem Land nur Rassisten oder die Kriminalpolizei – niemand sonst, denn um die Kriminellen geht es nicht in der Diskussion über die Beziehung zu den Fremden. Eine andere Art von Fremden ist viel gefährlicher. Das sind diejenigen, die nicht nur ihre eigene Rettung in einer völligen Selbstaufgabe im Gastland suchen – denn damit allein wären sie arme Seelen, die nur Mitleid verdienten. Wer als Fremder aber Fremden die Unterwerfung im Gastland als einzige Alternative empfiehlt, ist verachtenswert. Er liefert den reaktionärsten Einheimischen, die gerne Leithammel für eine Herde spielen, Argumente, die den Fremden dort ein Leben mit Selbstbewußtsein schwer machen.

15.11.2001
Die Handlungsweise einer Supermacht hat sich seit viertausend Jahren nicht verändert. Eine Supermacht kennt keine Moral. Ihr ist ein ihrem Interesse dienender Krimineller lieber als ein kritischer Freund, der ihr im Wege steht. Jede Supermacht arbeitet seit Menschengedenken gerne mit Kriminellen zusammen und fördert diese, solange sie klein sind. Wollen sie jedoch selbständig werden, werden sie wie räudige Hunde erbarmungslos totgeschlagen. Diese Kriminellen können Drogenhändler, religiöse Fanatiker, Pseudorevolutionäre und Staatsmänner sein. Aber alle haben eine Gemeinsamkeit: Sie verachten die Menschen.

1.12.2001
Ich merke, wie ich müde werde. Ich ertappe mich dabei, wie ich tagelang, wenn nicht gar eine ganze Woche lang keine Nachrichten lesen, hören und sehen will oder kann. Ich, der ich früher jeden Morgen noch vor dem Kaffeetrinken alle Nachrichten in arabischer und deutscher Sprache per Internet verfolgt und erst dann an meinem Roman gearbeitet habe, will nun – angewidert – nichts mehr wissen. Ich flüchte mich in Recherchen zur Beziehung der Muslime und Christen im 18. und 19. Jahrhundert. Diese sind wichtig, sicher. Das sage ich mir tagtäglich, um meine Flucht zu rechtfertigen. Wie aber geht es der Mehrheit der Bevölkerung, die noch weniger politisch ist als ich? Ist das nicht merkwürdig? Ein Krieg entpolitisiert die Menschen, statt sie zu politisieren!

10.12.2001
Ich muß Joschka Fischer vor seinen aus Enttäuschung haßerfüllten Kritikern in Schutz nehmen. Er hat nichts versprochen. Er ist eine Wüste, nimmt alles auf und gibt nichts her. Wer sich auf ihn einließ, darf am Ende nicht jammern. Schlimmer finde ich Grüne, die Fata Morgana spielen. Und verachtenswert sind jene Grünen, die mit vor Betroffenheit geknicktem Hals lamentieren, die ihren Widerstand anmelden, bis alle Medien sie im Großformat aufgenommen haben und sich die Hoffnung vieler Menschen auf sie gerichtet hat – und dann umfallen. Sie sind so charakterlos, daß sie sich nicht einmal für ihren Opportunismus entschuldigen. Solche Grüne ersticken den demokratischen Widerstand.

16.12.2001
Ein Gedanke quält mich von früh bis spät. In allen Konflikten zwischen Orient und Okzident spielten seit den Kreuzzügen die realen Merkmale der jeweils anderen Seite gar keine Rolle. Pure Einbildung, was die jeweils andere Seite betraf, bewegte die Menschen zum Haß und zur Billigung eines vernichtenden Kriegs. Die meisten Araber kennen fast alle europäischen Produkte, aber vom Geist, der sie erzeugte, haben sie keine Ahnung. Die meisten Europäer sind Anhänger einer der vier orientalischen Weltreligionen. Sie beten orientalisch, schreiben arabische Zahlen und haben doch von den Arabern gar keine Ahnung.

17.12.2001
Der schlaue Vorstand der Grünen hat die dummen Delegierten hereingelegt. Sie akzeptierten den Krieg mit großer Mehrheit. Wenn nun das Elend in Afghanistan zur Katastrophe und die Bundesrepublik in immer weniger zu durchschauende Kriege in der Region verwickelt wird, dürfte wohl kein Grüner mehr den Krieg akzeptieren. Aber dem schlauen Vorstand wird bestimmt auch dann wieder was einfallen, um eine große Mehrheit seiner dummen Delegierten über den Tisch zu ziehen. Hier

zwei von vielen Varianten: »Zähneknirschend dulden wir den Krieg« oder »Unheimlich betroffen müssen wir leider mitmachen, um dem Gemetzel ein Ende zu bereiten.«

18.12.2001

Manchmal wird mir bange, wenn ich in der Finsternis der dritten Position stehe, während um mich herum zwei Parteien, von der absoluten Wahrheit erleuchtet, miteinander Krieg führen und rhythmisch rufen: »Wer nicht für uns ist, ist für die Bösen.« George W. Bush war nicht der erste, der diesen Satz ausgerufen hat. Das erste Mal kam es dazu in der Rushdie-Affäre, dann wiederholte es sich im zweiten Golfkrieg und nun auch im jetzigen Krieg in Afghanistan.

Um den einfachsten der drei Fälle – Salman Rushdie – als Beispiel zu nennen: Die Mehrheit der erleuchteten Feinde und Freunde von Rushdie hat seinen umstrittenen Roman nicht gelesen. Ihre falsche, feindselige Einstellung der anderen Seite gegenüber erleichterte ihnen die eindeutige und fanatische Parteinahme. Der Roman ist ein durchschnittliches Werk. Im Vergleich zu Rushdies *Mitternachtskindern* bedeuten *Die satanischen Verse* eher einen Rückschritt. In diesem Roman wirken etwa fünfzehn Seiten aufgesetzt, gekünstelt. Sie entstammen eher den Witzrunden einer wohlhabenden muslimischen Schickeria als der Feder eines seriösen Romanciers und beleidigen die Araber in eindeutig rassistischer Weise. Alle Araber, die im Roman auftreten, sind entweder Zuhälter oder Drogenhändler, Huren, Hurenmütter, Hurenböcke, Messerstecher oder Lügner; alle Perser sind edle, selbstlose Revolutionäre. Die umstrittene Beleidigung des Islam durch Rushdie resultiert aus der Verunglimpfung der Araber: Muhammad und alle seine Weggenossen der ersten Stunde waren bis auf eine legendäre revolutionäre Person (Salman al-Farsi) Araber. Salman Rushdie war bis zum Vorabend des verwerflichen und menschenverachtenden Todesurteils durch die *fatwa* in Persien hoch angesehen. Sein Schock muß ungeheuer groß gewesen sein, als er feststellte, daß nicht die Araber, sondern die Perser das Todesurteil ausgesprochen hatten. Warum?

Das ist eine lange Geschichte, die mit der Weltpolitik und der Feindschaft zwischen Schiiten und Sunniten zu tun hat.

20.12.2001
Noch nie wurden die bürgerlichen Medien so manipuliert wie in diesem Krieg. Wenige Tageszeitungen, wie etwa die *Frankfurter Rundschau*, haben eine anständige Haltung gezeigt und jeden Tag ihre Leser daran erinnert, daß die Redaktion keine unzensierten Nachrichten bekommt. Warum haben die Mächtigen solch eine furchtbare Angst vor der freien Meinungsäußerung? Sie beherrschen alle Sphären der Erde, sie haben alle Medien samt Moderatoren, Intendanten, Redakteuren und Komikern auf ihrer Seite. Sie haben gehorsame Militärs und mörderische Geheimdienste, Ministerien und einen dicken Etat, mit einem Wort, fast alles auf ihrer Seite und fürchten sich vor einer ruhig vorgetragenen Meinung. Warum? Ich weiß es nicht. Früher, als ich noch jung war, fand ich schnell Hilfe und griffige Antworten bei Marx, Engels, Lenin und anderen klugen Herren. Doch dann habe ich erlebt, wie diese Herren oder die Verbreiter ihres Gedankenguts selbst fürchterliche Angst hatten vor einem Gedicht, einer Zeile gut recherchiertem Journalismus oder einem Witz. Deshalb sage ich ohne Ironie: Ich weiß wirklich nicht, weshalb die Mächtigen diese furchtbare Angst vor der Wahrheit haben. Fürchten sie vielleicht, daß ihre Völker doch nicht so dumm sind und etwas mit der Wahrheit anfangen können?

22.12.2001
Wenn ich die Gesichter der Sieger sehe, ist es mir eine besondere Genugtuung, unter den Verlierern zu sein.

(Bei den hier veröffentlichten Tagebuchaufzeichnungen von Rafik Schami handelt es sich um einen Auszug aus dem ebenfalls im Palmyra Verlag erschienenen Buch *Mit fremden Augen. Tagebuch über den 11. September, den Palästinakonflikt und die arabische Welt*.)

Autorenangaben

Adonis, mit bürgerlichem Namen Ali Ahmad Said Esber, wurde 1930 in Kassabin, einem Dorf bei Latakia in Syrien geboren. Nach dem Studium der Philosophie in Damaskus emigrierte er 1956 aus politischen Gründen in das liberale Beirut, wo er den Künstlernamen Adonis annahm, eine Beschwörung des unsterblichen syrischen Gottes der Erneuerung durch Tod und Wiedergeburt. Adonis gilt als der bedeutendste zeitgenössische arabische Dichter und ist einer der Wortführer modernistischer arabischer Intellektueller. Seit 1986 lebt er in Paris.

Jörg Armbruster, geboren 1947 in Tübingen, studierte Theater-, Sozial- und Politikwissenschaften in Köln. Seit 1999 ist er Nahostkorrespondent und Leiter des ARD-Fernsehstudios für die arabische Welt mit Sitz in Kairo. Davor war er unter anderem Leiter des Auslandsressorts beim SWR-Fernsehen in Stuttgart.

Sadik Jalal al-Azm, geboren 1934 in Damaskus, studierte Philosophie und Soziologie in Beirut und an der Yale-Universität in den USA. Seit 1997 ist er Professor für Philosophie und Soziologie an der Universität Damaskus sowie Gastprofessor für zeitgenössisches arabisches Denken an der Princeton-Universität. Sadik Jalal al-Azm zählt zu den profiliertesten arabischen Intellektuellen der Gegenwart.

Micha Brumlik, geboren 1947 in Davos in der Schweiz, studierte Soziologie, Psychologie, Philosophie und Erziehungswissenschaft. Von 1981 bis 2000 war er Professor für Erziehungswissenschaft an der Universität Heidelberg. Seit 2000 ist er Professor am Institut für allgemeine Erziehungswissenschaft der Johann-Wolfgang-Goethe-Universität in Frankfurt am Main.

Darüber hinaus ist er seit Oktober 2000 Direktor des Fritz-Bauer-Instituts in Frankfurt am Main, dem Studien- und Dokumentationszentrum zur Geschichte und Wirkung des Holocaust.

Friedemann Büttner, geboren 1938, studierte Politikwissenschaft, Philosophie sowie Kultur- und Geschichtswissenschaft des Vorderen Orients in Göttingen, München, London und Oxford. Seit 1979 ist er Professor für Politik und Zeitgeschichte des Vorderen Orients und Leiter der Arbeitsstelle Politik des Vorderen Orients am Otto-Suhr-Institut für Politikwissenschaft der Freien Universität Berlin.

Butros Butros-Ghali, geboren 1922 in Kairo, studierte Politische Wissenschaften, Wirtschaftswissenschaften und Internationales Recht in Kairo und Paris. Von 1949 bis 1977 war er Professor für Internationales Recht und Internationale Beziehungen an der Universität Kairo und anschließend bis 1991 Staatsminister im ägyptischen Außenministerium. Nach seiner Tätigkeit als UNO-Generalsekretär von 1992 bis 1996 wurde er 1997 Generalsekretär der *Francophonie*, der Gemeinschaft der französischsprachigen Staaten.

Rudolph Chimelli, geboren 1928 in München, studierte Rechtswissenschaften und Volkswirtschaft. Von 1979 bis 1998 war er Frankreich- und Nordafrikakorrespondent der *Süddeutschen Zeitung,* davor Korrespondent in Moskau (1972 bis 1979) und Beirut (1964 bis 1972).

Wilhelm Dietl, geboren 1955, ist Journalist und seit 1993 Mitarbeiter des Nachrichtenmagazins *Focus.* Zu seinen Spezialgebieten Geheimdienste, Naher Osten und internationaler Terrorismus schrieb er mehrere Bücher.

Nadeem Elyas, geboren 1945 in Mekka in Saudi-Arabien, lebt seit 1964 in Deutschland. Nach dem Medizinstudium in Frankfurt und einer Facharztausbildung in Frauenheilkunde und Zytologie absolvierte er ein Zweitstudium in Islamwissenschaft. Seit 1995 ist er Vorsitzender des Zentralrats der Muslime in Deutschland (ZMD). In dieser Funktion setzt er sich für die Überwindung von Fremdenfeindlichkeit und den interreligiösen Dialog ein.

Heiko Flottau, geboren1939, studierte Geschichte, Philosophie und Anglistik in Göttingen und Saarbrücken. Seit 1978 arbeitet er als Korrespondent für die *Süddeutsche Zeitung*, zuständig von 1978 bis 1985 für Südosteuropa, von 1985 bis 1992 für den Nahen Osten und von 1992 bis 1996 für Osteuropa. Seit 1996 ist er wieder Nahostkorrespondent mit Sitz in Kairo.

Karim El-Gawhary, geboren 1963 in München als Sohn einer deutschen Mutter und eines ägyptischen Vaters, studierte Islamwissenschaft und Politik in Berlin. Seit dem Golfkrieg 1991 ist er Nahostkorrespondent der *Tageszeitung (taz)* mit Sitz in Kairo. Daneben arbeitet er als Korrespondent für die arabische Welt für den Hörfunk der ARD, verschiedene weitere Tages- und Wochenzeitungen in Deutschland, der Schweiz und Österreich sowie für das in London erscheinende Fachmagazin *Middle East International*.

Kai Hafez, geboren 1964 in Bielefeld, studierte Geschichte, Politikwissenschaft, Journalistik und Islamwissenschaft in Hamburg und an der Georgetown-Universität in Washington. Seit 1995 ist er wissenschaftlicher Mitarbeiter des Deutschen Orient-Instituts in Hamburg und seit 1997 zudem Privatdozent am Institut für Politische Wissenschaft der Universität Hamburg. Seit 2001 hat er eine Vertretungsprofessur für internationale und interkulturelle Kommunikation an der Universität Erfurt. Darüber hinaus ist er wissenschaftlicher Berater des Bundespresseamtes und Konferenzleiter für Bundespräsident Johannes Rau.

Amr Hamzawy, geboren 1967 in Kairo, studierte Politikwissenschaft in Kairo, Amsterdam und Berlin. Zur Zeit ist er wissenschaftlicher Mitarbeiter an der Arbeitsstelle Politik des Vorderen Orients am Otto-Suhr-Institut für Politikwissenschaft der Freien Universität Berlin. Seine Forschungsschwerpunkte sind Islamismus, zeitgenössische arabische Denkströmungen, Zivilgesellschaft und Demokratisierungsprozesse im Nahen Osten sowie kulturelle Auswirkungen der Globalisierung auf die arabischen Gesellschaften.

Navid Kermani, geboren 1967 in Siegen, studierte Islamwissenschaft, Philosophie und Theaterwissenschaften in Köln, Kairo und Bonn. Zur Zeit hat er einen Forschungsauftrag am Wissenschaftskolleg in Berlin. Kermani arbeitet zudem als freier Publizist und gilt als einer der führenden Islamkenner und Iranexperten in Deutschland.

Michael Lüders, geboren 1959 in Bremen, studierte Islamwissenschaft, Politologie und Publizistik in Berlin sowie Arabische Literatur in Damaskus. Nach seiner Tätigkeit als Dokumentarfilmer für den SWR in Baden-Baden war er langjähriger Nahostredakteur der Wochenzeitung *Die Zeit*. Seit 2001 ist er Politikberater der Friedrich-Ebert-Stiftung und freier Publizist.

Mohssen Massarrat, geboren 1942 in Teheran, lebt seit 1961 in Deutschland. Er studierte Bergbau in Clausthal-Zellerfeld sowie Wirtschafts- und Politikwissenschaften in Berlin. Seit 1982 ist er Professor für Politikwissenschaft an der Universität Osnabrück. Die Schwerpunkte seiner wissenschaftlichen Arbeit sind Politische Ökonomie, Internationale Wirtschaftsbeziehungen, Friedens- und Konfliktstudien sowie der Nahe und Mittlere Osten.

Jürgen W. Möllemann, geboren 1945 in Augsburg, studierte Germanistik, Geschichte und Sport in Münster. Seit 1970 ist er Mitglied der Freien Demokratischen Partei (FDP). Möllemann war 1982 bis 1987 Staatsminister im Auswärtigen Amt, 1987 bis 1991 Bundesminister für Bildung und Wissenschaft sowie 1991 bis 1993 Bundesminister für Wirtschaft. Von 1972 bis Juni 2000 war er Mitglied des Deutschen Bundestages. Seit 2000 ist er Fraktionsvorsitzender seiner Partei im Landtag von Nordrhein-Westfalen. Von 1981 bis 1991 war er und seit 1993 ist er wieder Präsident der Deutsch-Arabischen Gesellschaft.

Reinhard Mutz, geboren 1938 in Hamburg, ist stellvertretender Direktor des Instituts für Friedensforschung und Sicherheitspolitik an der Universität Hamburg und Privatdozent für Politikwissenschaft an der Freien Universität Berlin. Er ist Mitherausgeber des Jahresgutachtens der friedenswissenschaftlichen Forschungsinstitute Deutschlands.

Horst-Eberhard Richter, geboren 1923, ist einer der führenden deutschen Psychoanalytiker und Sozialpsychologen. Von 1973 bis 1991 war er Direktor des Zentrums für Psychosomatische Medizin an der Universität Gießen. 1998 wurde er Direktor des Sigmund-Freud-Instituts in Frankfurt am Main. Seit 1982 ist er zudem im Vorstand der bundesdeutschen Sektion der Internationalen Ärzte für die Verhütung des Atomkriegs (IPPNW).

Gernot Rotter, geboren 1941 in Troppau, studierte Islamwissenschaft, Afrikanistik und Vergleichende Religionswissenschaften in Würzburg, Bonn und Köln. Von 1980 bis 1984 war er Direktor des Orient-Instituts in Beirut. Seit 1984 ist er Professor für Gegenwartsbezogene Orientwissenschaft am Orientalischen Seminar der Universität Hamburg. Breiten Kreisen bekannt wurde er mit seinem 1992 im Palmyra Verlag erschienenen Buch *Allahs Plagiator – Die publizistischen Raubzüge des »Nahostexperten« Gerhard Konzelmann*.

Edward W. Said, geboren 1935 in Jerusalem, ist Professor für Anglistik und Vergleichende Literaturwissenschaft an der Columbia-Universität in New York und machte sich vor allem als brillanter Kulturkritiker einen Namen. Berühmt wurde der weltweit bedeutendste palästinensische Wissenschaftler 1978 mit seinem Buch *Orientalismus*, einer Abrechnung mit der westlichen Wahrnehmung orientalischer Gesellschaften. Said gilt seit vielen Jahren als einer der profiliertesten Anwälte der Palästinafrage.

Mahmoud Hamdi Saksuk, geboren 1933 im östlichen Nildelta, studierte Philosophie und Islamwissenschaft in Kairo und München. Seit 1968 ist er Professor für Philosophie an der berühmten Al-Azhar-Universität in Kairo, an der er von 1987 bis 1995 auch Dekan der Fakultät für Islamische Theologie war. Seit 1996 ist er ägyptischer Religionsminister und Präsident des Höchsten Islamischen Rates in Ägypten. In seinen zahlreichen Schriften und Vorträgen verficht Saksuk eine zeitgemäße Interpretation islamischer Glaubensinhalte und verurteilt die Scheindogmen islamistischer Extremisten als politisch motivierte religiöse Verirrungen.

Rafik Schami, geboren 1946 in Damaskus, lebt seit 1971 in Deutschland und studierte in Heidelberg Chemie mit Promotionsabschluß. Seit 1982 ist er freier Schriftsteller und zählt heute zu den erfolgreichsten deutschsprachigen Autoren. Seine Bücher wurden in zweiundzwanzig Sprachen übersetzt und mit vielen Preisen ausgezeichnet. Seit 2002 ist er Mitglied der Bayerischen Akademie der Schönen Künste. Zu seinen neueren Veröffentlichungen zählen *Die Sehnsucht der Schwalbe* und *Angst im eigenen Land*.

Udo Steinbach, geboren 1943, studierte Islamwissenschaft und Klassische Philologie. Von 1971 bis 1975 war er wissenschaftlicher Mitarbeiter bei der Stiftung Wissenschaft und Politik und danach Leiter der türkischen Redaktion der *Deutschen Welle* in Köln. Seit 1976 ist er Direktor des Deutschen Orient-Instituts in Hamburg.

Peter Waldmann, geboren 1937, studierte Rechts- und Sozialwissenschaften in München und Paris. Seit 1975 ist er Professor für Soziologie und Sozialkunde an der Universität Augsburg. Er gilt als einer der führenden deutschen Terrorismusexperten.

Ludwig Watzal, geboren 1950, studierte Politische Wissenschaft, Internationale Beziehungen, Philosophie und Katholische Theologie in Berlin, München, Würzburg und Philadelphia. Er ist Redakteur bei der Bundeszentrale für politische Bildung und Lehrbeauftragter an der Universität Bonn. Er schrieb zahlreiche Artikel und mehrere Bücher zum israelisch-palästinensischen Konflikt.

Stefan Wild, geboren 1937 in Leipzig, studierte an den Universitäten München, Erlangen, Tübingen und Yale. Seit 1977 ist er Professor für Semitische Sprachen und Islamwissenschaft an der Universität Bonn. Darüber hinaus gibt er die Zeitschrift *Die Welt des Islams* heraus.

Volkhard Windfuhr, geboren 1937 in Essen, studierte Arabische Literatur und Orientalische Sprachen in Kairo. Von 1969 bis 1973 war er Leiter des arabischen Programms der *Deutschen Welle* in Köln. Seit 1974 ist er Korrespondent des Nachrichtenmagazins *Der Spiegel* für die arabische Welt mit Sitz in Kairo. Windfuhr zählt international zu den renommiertesten Kennern der arabisch-islamischen Welt. Für seine Berichterstattung erhielt er 2002 das Bundesverdienstkreuz.

Bibliographie

Ali, Tariq: Fundamentalismus im Kampf um die Weltordnung. Die Krisenherde unserer Zeit und ihre historischen Wurzeln. Kreuzlingen/München 2002.

Aust, Stefan/Schnibben, Cordt (Hg.): 11. September. Geschichte eines Terrorangriffs. Stuttgart/München/Hamburg 2002.

Avenarius, Tomas: Mehr Gottesfurcht als Allah brauchen kann. Afghanische Eindrücke. Wien 2002.

Bennis, Phyllis: Before & After. US Foreign Policy and the September 11th Crisis. Northampton 2002.

Bergen, Peter L.: Heiliger Krieg Inc. Osama bin Ladens Terrornetz. Berlin 2001.

Brisard, Jean-Charles/Dasquié, Guillaume: Die verbotene Wahrheit. Die Verstrickungen der USA mit Osama bin Laden. Zürich/München 2002.

Broder, Henryk M.: Kein Krieg, nirgends. Die Deutschen und der Terror. Berlin 2002.

Chomsky, Noam: The Attack. Hintergründe und Folgen. Hamburg/Wien 2002.

Cooley, John K.: Unholy Wars. Afghanistan, America and International Terrorism. London 1999.

Dohnanyi, Johannes und Germana von: Schmutzige Geschäfte und Heiliger Krieg. Al-Qaida in Europa. Zürich/München 2002.

Falk, Richard: Winning (and Losing) the War Against Global Terror. Northampton 2002.

Finke, Ralf: Unter weinenden Himmeln. Ein Reporter-Tagebuch aus Afghanistan. Berlin 2002.

Friedensgutachten 2002. Herausgegeben von Bruno Schoch, Corinna Hauswedell, Christoph Weller, Ulrich Ratsch und Reinhard Mutz im Auftrag der friedenswissenschaftlichen Forschungsinstitute Deutschlands (Hessische Stiftung Friedens- und Konfliktforschung, Bonn International Center for Conversion, Institut für Entwicklung und Frieden, Forschungsstätte der Evan-

gelischen Studiengemeinschaft und Institut für Friedensforschung und Sicherheitspolitik an der Universität Hamburg).
Münster 2002.

Griffin, Michael: Reaping the Whirlwind. The Taliban Move-
ment in Afghanistan. London 2001.

Halliday, Fred: Two Hours That Shook the World. September 11,
2001. Causes & Consequences. London 2001.

Haug, Wolfgang (Hg.): Angriff auf die Freiheit? Die Anschläge
in den USA und die »Neue Weltordnung«. Hintergründe, Analysen, Positionen. Grafenau 2001.

Hesse, Reinhard: Ground Zero. Westen und islamische Welt gegen den globalen Djihad. München 2002.

Hoffman, Bruce: Terrorismus – der unerklärte Krieg. Neue Gefahren politischer Gewalt. Frankfurt/M. 2001.

Hoffmann, Hilmar/Schoeller, Wilfried F. (Hg.): Wendepunkt 11.
September 2001. Terror, Islam und Demokratie. Köln 2001.

Hübsch, Hadayatullah: Fanatische Krieger im Namen Allahs.
Die Wurzeln des islamistischen Terrors. Kreuzlingen/München
2001.

Huntington, Samuel P.: Kampf der Kulturen. The Clash of Civilizations. Die Neugestaltung der Weltpolitik im 21. Jahrhundert. München/Wien 1996.

Jacquard, Roland: Die Akte Osama Bin Laden. Das geheime Dos-
sier über den meistgesuchten Terroristen der Welt. München 2001.

Langbein, Kurt/Skalnik, Christian/Smolek, Inge: Bioterror. Die
gefährlichsten Waffen der Welt. Wer sie besitzt, was sie bewirken, wie man sich schützen kann. Stuttgart/München 2002.

Laquer, Walter: Die globale Bedrohung. Neue Gefahren des Terrorismus. München 2001.

Lüders, Michael: »Wir hungern nach dem Tod«. Woher kommt
die Gewalt im Dschihad-Islam? Zürich/Hamburg 2001.

Müller, Harald: Das Zusammenleben der Kulturen. Ein Gegenentwurf zu Huntington. 5. Aufl., Frankfurt/M. 2001.

Pohly, Michael/Durán, Khalid: Osama bin Laden und der internationale Terrorismus. 2. Aufl., München 2001.

Pohly, Michael/Durán, Khalid: Nach den Taliban. Afghanistan zwischen internationalen Machtinteressen und demokratischer Erneuerung. München 2002.

Prantl, Heribert: Verdächtig. Der starke Staat und die Politik der inneren Unsicherheit. Hamburg/Wien 2002.

Rashid, Ahmed: Taliban. Afghanistans Gotteskrieger und der Dschihad. München 2001.

Reuter, Christoph: Mein Leben ist eine Waffe. Selbstmordattentäter – Psychogramm eines Phänomens. München 2002.

Roth, Jürgen: Netzwerke des Terrors. Hamburg 2001.

Rowohlt Verlag (Hg.): Dienstag – 11. September 2001. Reinbek 2001.

Roy, Arundhati: Die Politik der Macht. München 2002.

Schiffauer, Werner: Die Gottesmänner. Türkische Islamisten in Deutschland. Eine Studie zur Herstellung religiöser Evidenz. Frankfurt/M. 2000.

Schwarzer, Alice (Hg.): Die Gotteskrieger und die falsche Toleranz. Köln 2002.

Shakib, Siba: Nach Afghanistan kommt Gott nur noch zum Weinen. Die Geschichte der Shirin-Gol. München 2001.

Talbott, Strobe/Chanda, Nayan (Hg.): Das Zeitalter des Terrors. Amerika und die Welt nach dem 11. September. München/Berlin 2002.

Ulfkotte, Udo: Propheten des Terrors. Das geheime Netzwerk der Islamisten. München 2001.

Waldmann, Peter: Terrorismus. Provokation der Macht. 2. Aufl., München 2001.

Weitere Bücher zum
israelisch-palästinensischen Konflikt
und zur arabischen Welt im
PALMYRA VERLAG

Gernot Rotter/Schirin Fathi
Nahostlexikon
Der israelisch-palästinensische Konflikt von A-Z
Vorwort von Abdallah Frangi

544 Seiten · Zeittafel · Bibliographie · Webguide
14 Karten · 13,5 x 21 cm · Gebunden
€ 29,90 (D) · € 30,80 (A) · SFr 53,- · ISBN 3-930378-28-0

»Dieses Buch leistet einen unverzichtbaren Beitrag für den Frieden und für das Verständnis des Jahrhundertkonflikts – ein unverzichtbares Nachschlagewerk für jeden Leser.«
Aus dem Vorwort von Abdallah Frangi

»Gut geschrieben, hochaktuell und politisch ausgewogen – ein Meisterstück.«/Süddeutsche Zeitung

Rafik Schami
Mit fremden Augen. Tagebuch über den 11. September, den Palästinakonflikt und die arabische Welt

152 Seiten · 13,5 x 21 cm · Gebunden
€ 19,90 (D) · € 20,50 (A) · SFr 35,90
ISBN 3-930378-44-2

Edward W. Said
Frieden in Nahost? Essays über Israel und Palästina
Vorwort von Felicia Langer
Aus dem Amerikanischen von Michael Schiffmann
Register · Karte · 280 Seiten · 13,5 x 21 cm · Broschur
€ 9,90 (D) · € 10,20 (A) · SFr 18,30 · ISBN 3-930378-15-9

»Said bezieht eindeutig Stellung; seine Analyse des Friedensprozesses ist überzeugend.«/Süddeutsche Zeitung

»Saids Essays geben viele Denkanstöße und fordern zur Diskussion geradezu heraus.«/Westdeutscher Rundfunk

Gisela Dachs (Hg.)
Deutsche, Israelis und Palästinenser – Ein schwieriges Verhältnis
Vorwort von Joschka Fischer
296 Seiten · 13,5 x 21 cm · Broschur
€ 17,90 (D) · € 18,40 (A) · SFr 32,50 · ISBN 3-930378-25-6

»Mit diesem Band stellt sich der Palmyra Verlag ein mutiges Zeugnis aus.«/Das Parlament

Mahmoud Darwisch
Palästina als Metapher – Gespräche über Literatur und Politik
Vorwort von Hassouna Mosbahi
Nachwort von Nathan Zach
Aus dem Französischen von Michael Schiffmann
Glossar · Register · 280 Seiten · 13,5 x 21 cm · Gebunden
€ 19,90 (D) · € 20,50 (A) · SFr 35,90 · ISBN 3-930378-16-7

»Darwisch besticht nicht nur durch seine wunderschöne Sprache, sondern auch durch seine unbeirrbare Friedfertigkeit. Das Buch ist Zeitgeschichte und bedrückende Gegenwart zugleich. Darwisch ist nicht nur Anwärter auf den Literaturnobelpreis, sondern auch der bedeutendste Schriftsteller der arabischen Welt.«/Saarländischer Rundfunk

Mitri Raheb/Fred Strickert
Bethlehem 2000 – Eine Stadt zwischen den Zeiten
Fotos von Garo Nalbandian
Vorwort von Yassir Arafat und Hans-Jürgen Wischnewski
Bildband · 160 Seiten · 130 Farbfotos · 4 Karten · 22,5 x 29 cm
Gebunden · Fadenheftung · € 29,90 (D) · € 30,80 (A) · SFr 53,-
ISBN 3-930378-18-3
Das Buch ist auch in einer englischen Ausgabe erhältlich

»Ein faszinierendes, unvergleichliches Buch, das durch seine Texte und Bilder besticht.«/Frankfurter Rundschau

»Ein Bildband mit vorzüglichen Fotos.«/Der Spiegel

»Endlich gibt es ein gelungenes Buch über Bethlehem. Der Bildband enthält einen ausgesprochen sachlichen Text und ist vorzüglich bebildert – ein Buch, das in der Flut an einschlägiger Literatur guttut, ja Maßstäbe setzt. Der Palmyra Verlag hat sein Engagement und seinen Sachverstand für die Region erneut bewiesen.«/Katholische Nachrichtenagentur (KNA)

Amnon Kapeliuk
Rabin – Ein politischer Mord
Nationalismus und rechte Gewalt in Israel
Vorwort von Lea Rabin
Aus dem Französischen von Miriam Magall
Register · 240 Seiten · 13,5 x 21 cm · Broschur
€ 9,90 (D) · € 10,20 (A) · SFr 18,30 · ISBN 3-930378-13-2

*»Spannend wie ein Kriminalroman; eine ausführliche
Analyse, die manchen schockieren dürfte.«/dpa*

*»Für Israel-Interessierte sollte das Buch zur Pflichtlektüre wer-
den.«/die tageszeitung (taz)*

Danny Rubinstein
Yassir Arafat – Vom Guerillakämpfer zum Staatsmann
Aus dem Englischen von Torsten Waack
Zeittafel · Register · 208 Seiten · 13,5 x 21 cm · Gebunden
€ 17,90 (D) · € 18,40 (A) · SFr 32,50 · ISBN 3-930378-09-4

*»Eine spannend zu lesende Mischung aus politischer Biographie
und Psychogramm, wohltuend sachlich und unparteiisch im besten
Sinne.«/Süddeutscher Rundfunk*

*»Rubinstein bringt Arafat auf den Punkt; ein kluger Entmytho-
logisierungsversuch.«/Die Zeit*

Uri Avnery
Zwei Völker – Zwei Staaten. Gespräch über Israel und Palästina
Vorwort von Rudolf Augstein
200 Seiten · 19 Schwarzweißfotos · 13,5 x 21 cm · Broschur
€ 9,90 (D) · € 10,20 (A) · SFr 18,30 · ISBN 3-930378-06-X
*»Beredt und kundig gibt Avnery Auskunft über Hintergründe und
Hoffnungen des nahöstlichen Friedensprozesses.« /Frankfurter All-
gemeine Zeitung*

Uri Avnery/Azmi Bishara (Hg.)
Die Jerusalemfrage – Israelis und Palästinenser im Gespräch
Zeittafel · Karten · 320 Seiten · 13,5 x 21 cm · Broschur
€ 17,90 (D) · € 18,40 (A) · SFr 32,50 · ISBN 3-930378-07-8
Mit Beiträgen von Teddy Kollek, Hanan Ashrawi, Amos Oz, Fai-
sal Husseini, Ehud Olmert, Albert Aghazarian, Shulamit Aloni,
Nazmi al-Jubeh, Meron Benvenisti, Ikrima Sabri und Michel Sabbah.

*»Das Buch behandelt nahezu alles, was zu diesem Thema gedacht
und diskutiert worden ist.«/arte-Themenabend zu Jerusalem*

Ian Black/Benny Morris
Mossad · Shin Bet · Aman
Die Geschichte der israelischen Geheimdienste
Aus dem Englischen von Torsten Waack
Glossar · Register · 880 Seiten · 13,5 x 21 cm · Gebunden
€ 14,90 (D) · € 15,40 (A) · SFr 27,10 · ISBN 3-930378-02-7
»Ein Standardwerk über Israels Geheimdienste.«/Neue Zürcher Zeitung
»Die bislang seriöseste und umfassendste Geschichte des israelischen Geheimdienstes.«/New York Times

Yoel Cohen
Die Vanunu-Affäre – Israels geheimes Atompotential
Vorwort von Frank Barnaby
Aus dem Englischen von Josephine Hörl
Glossar · Register · 440 Seiten · 10 Schwarzweißfotos · 13,5 x 21 cm
Gebunden · € 12,- (D) · € 12,40 (A) · SFr 22,-
ISBN 3-930378-03-5
»Ein Atomthriller, der große Aktualität gewinnt.«/Focus
»Die detaillierteste und interessanteste Studie zur Vanunu-Affäre.«/ Frankfurter Allgemeine Zeitung

Ali H. Qleibo
Wenn die Berge verschwinden
Die Palästinenser im Schatten der israelischen Besatzung
Vorwort von Amos Oz
Aus dem Englischen von Arno Schmitt
280 Seiten · 13,5 x 21 cm · Gebunden
€ 12,- (D) · € 12,40 (A) · SFr 22,- · ISBN 3-9802298-8-2
»Ein faszinierendes Buch. Ali Qleibo ist eine einzigartige Mischung aus anthropologischer Dokumentation, Familiengeschichte, Reisebericht aus der eigenen Heimat und mitreißendem dichterischem Bekenntnis gelungen.«/Aus dem Vorwort von Amos Oz

Gernot Rotter
Allahs Plagiator – Die publizistischen Raubzüge des »Nahostexperten« Gerhard Konzelmann
180 Seiten · 13,5 x 21 cm · Broschur
€ 12,- (D) · € 12,40 (A) · SFr 22,- · ISBN 3-9802298-4-X
Das Buch zur Konzelmann-Affäre

»Rotter tranchiert den Autor von einem Dutzend Erfolgsbüchern rundum und kommt zu dem bitteren Schluß: Konzelmann entwerfe ein demagogisches Zerrbild der islamischen Welt.«/Der Spiegel

Verena Klemm/Karin Hörner (Hg.)
Das Schwert des »Experten«
Peter Scholl-Latours verzerrtes Araber- und Islambild
Vorwort von Heinz Halm
290 Seiten · 13,5 x 21 cm · Broschur
€ 9,90 (D) · € 10,20 (A) · SFr 18,30 · ISBN 3-9802298-6-6
Mit Beiträgen von Arnold Hottinger, Gernot Rotter, Petra Kappert, Sabine Kebir u.a.

»Als Warnung kommt die kritische Initiative der Islamkenner zur rechten Zeit.«/Prof. Dr. Udo Steinbach, Focus

Mohammed Arkoun
Der Islam – Annäherung an eine Religion
Vorwort von Gernot Rotter
Aus dem Französischen von Michael Schiffmann
Glossar · Register · 300 Seiten · 13,5 x 21 cm · Broschur
€ 17,90 (D) · € 18,40 (A) · SFr 32,50 · ISBN 3-930378-22-1

»Es ist dem Palmyra Verlag als hohes Verdienst anzurechnen, daß er dieses wichtige Buch auch dem deutschen Leser zugänglich macht.«/Aus dem Vorwort von Gernot Rotter
»Sachlich, lehrreich, eindringlich.«/Buchhändler heute

Georg Stein (Hg.)
Nachgedanken zum Golfkrieg
Vorwort von Robert Jungk
300 Seiten · 14 x 21 cm · Broschur
€ 14,90 (D) · € 15,40 (A) · SFr 27,10 · ISBN 3-9802298-2-3
Die erste kritische Gesamtdarstellung über Hintergründe und Auswirkungen des Golfkriegs. Mit Beiträgen von Johan Galtung, Horst-Eberhard Richter, Margarete Mitscherlich u.a.

»Ein sehr interessantes Buch. Besonders die Beiträge der Regionalexperten bieten fundierte Analysen und Hintergründe, die in dieser Dichte in den meisten Büchern zum Thema Naher Osten nicht zu finden sind.«/Süddeutscher Rundfunk

Frédéric Lagrange
Al-Tarab – Die Musik Ägyptens
Vorwort von Rabih Abou-Khalil
Aus dem Französischen von Maximilien Vogel
Glossar · Register · 192 Seiten · 26 Schwarzweißfotos · 13,5 x 21 cm
Gebunden · € 22,- (D) · € 22,70 (A) · SFr 39,50
ISBN 3-930378-31-0

»*Für Freunde der ägyptischen Musik ist das Buch wichtig.*«*/die tageszeitung (taz)*

»*Eine umfassende und lesenswerte Darstellung der ägyptischen Musik bis heute.*«*/Blue Rhythm*

Georg Stein
Die Palästinenser – Unterdrückung und Widerstand eines entrechteten Volkes
Vorwort von Erich Fried
Begleittexte in Deutsch, Englisch, Französisch und Spanisch
Bildband · 160 Seiten · 140 Farbfotos · 23 x 26,5 cm · Gebunden
€ 9,90 (D) · € 10,20 (A) · SFr 18,30 · ISBN 3-930378-43-4

»*Eindrucksvolle Photographie, die ohne Sensationslust scharf beobachtet.*«*/Die Zeit*

»*Durch die hohe Qualität der Fotos bietet der Band einen interessanten Beitrag zum Verständnis eines Konflikts, der täglich für Schlagzeilen sorgt.*«*/Frankfurter Rundschau*

NAHOSTARCHIV
HEIDELBERG

Dem Palmyra Verlag ist das Nahostarchiv
Heidelberg (NOAH) angeschlossen. Es umfaßt
neben einer umfangreichen Präsenzbibliothek
ein Foto- und Videoarchiv. Allen an Nahostthemen
interessierten Medien, Einzelpersonen und Organisationen bietet NOAH folgende Serviceleistungen:

Auswertung wichtiger in- und ausländischer Zei-
tungen und Zeitschriften / Artikelservice / Allgemeine
Recherchedienste / Zusammenstellung von Themen-
Dossiers und Adressdateien / Bibliographischer Service /
Erstellung von Literaturlisten / Internetpräsenz / Ver-
mittlung nationaler und internationaler Nahostkontakte
(auch in Israel und Palästina) in den Bereichen Politik,
Kultur und Medien. Rufen Sie uns an!